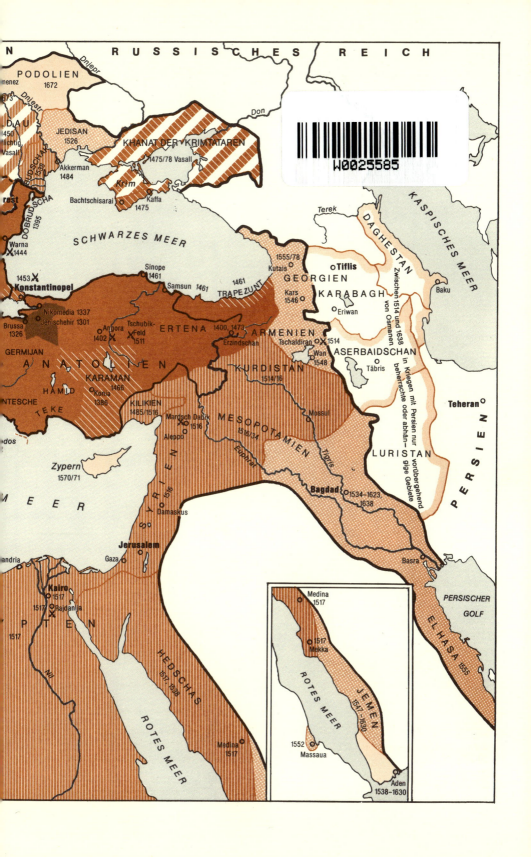

# Das Osmanische Reich
## 1300 – 1922

Ferenc Majoros/Bernd Rill

# Das Osmanische Reich
## 1300–1922

Die Geschichte einer Großmacht

Bechtermünz Verlag

Genehmigte Lizenzausgabe für
Verlagsgruppe Weltbild GmbH, Augsburg 2002
Copyright © by Friedrich Pustet Verlag, Regensburg
Einbandgestaltung: Georg Lehmacher, Friedberg (Bayern)
Einbandmotiv: Schlacht am Kahlenberg im Großen
Türkenkrieg 1683–99 (AKG, Berlin)
Gesamtherstellung: Wiener Verlag, Himberg
Printed in Austria
ISBN 3-8289-0336-3

# Inhalt

Vorwort . . . . . . . . . . . . . . . . . . . . . . . . . . . . . 9
Einige Begriffe vorab . . . . . . . . . . . . . . . . . . . . . 10

## ERSTER TEIL

*Kapitel I  Das Militärwesen* . . . . . . . . . . . . . . . . . . 17

Die Heeresorganisation . . . . . . . . . . . . . . . . . . . . 17
Die Waffen . . . . . . . . . . . . . . . . . . . . . . . . . . . 23
Die Kriegskunst im Landkrieg . . . . . . . . . . . . . . . . 28
Die Kriegsmarine . . . . . . . . . . . . . . . . . . . . . . . 36
Wesentliche Gründe für die osmanischen Siege . . . . . . . 39

*Kapitel II  Das Innere des Imperiums* . . . . . . . . . . . . . 44

Das Staatswesen . . . . . . . . . . . . . . . . . . . . . . . . 44
Die Gesellschaft im Vielvölkerstaat . . . . . . . . . . . . . 47

*Kapitel III  Außenpolitik. Freunde und Verbündete –*
*         Gegenspieler und Intimfeinde* . . . . . . . . . . . . 54

Osmanen und Franzosen . . . . . . . . . . . . . . . . . . . 55
Die Osmanen und das Reich der Habsburger . . . . . . . . 60
Ungarn – Eine tragische Feindschaft zwischen Vettern . . . 62
Italien . . . . . . . . . . . . . . . . . . . . . . . . . . . . . . 65

*Kapitel IV  Im Serail* . . . . . . . . . . . . . . . . . . . . . . 70

Die „vier Säulen des Reiches" . . . . . . . . . . . . . . . . 70
Die Roßschweife . . . . . . . . . . . . . . . . . . . . . . . . 71
Der Harem . . . . . . . . . . . . . . . . . . . . . . . . . . . 71
Diplomatie im Serail . . . . . . . . . . . . . . . . . . . . . . 74
Die „Geistlichkeit" des Reiches . . . . . . . . . . . . . . . 85

## ZWEITER TEIL
## DIE GESCHICHTE DES OSMANISCHEN REICHES (1300–1922)

*Kapitel I  Das erste Jahrhundert des Aufstiegs: 1300–1402* . . 91

Vom Ursprung der Osmanen . . . . . . . . . . . . . . . . . . . . . . . 91
Osman (um 1300–1326) . . . . . . . . . . . . . . . . . . . . . . . . . . 93
Der würdige Nachfolger Orhan (1326–1359) . . . . . . . . . . . 100
Zwei siegreiche Sultane und ihr tragisches Ende . . . . . . . . . 109

*Kapitel II  Tiefpunkt und neuer Aufstieg: 1402–1451* . . . . . . 132

Zerfall und Interregnum . . . . . . . . . . . . . . . . . . . . . . . . . 132
Die christliche Welt und die Osmanen . . . . . . . . . . . . . . . . 133
Das Innere des Reiches unter Mehmed I. (1413–1421) und
Murad II. (1421–1451) . . . . . . . . . . . . . . . . . . . . . . . . . . 137
Osmanisch-ungarische Waffengänge (1443–1448) . . . . . . . . 142

*Kapitel III  Der Weg zur Weltmacht – Mehmed II. der*
*Eroberer: 1451–1481* . . . . . . . . . . . . . . . . . . . . 154

Persönlichkeit Mehmeds . . . . . . . . . . . . . . . . . . . . . . . . . 154
Konstantinopel 1453 . . . . . . . . . . . . . . . . . . . . . . . . . . . . 156
Belgrad 1456 . . . . . . . . . . . . . . . . . . . . . . . . . . . . . . . . . 165
Kleinkrieg auf dem Balkan . . . . . . . . . . . . . . . . . . . . . . . . 168
Relative Ruhe an der Hauptfront: Mehmed und Ungarn 1456–1481 . 170
Die neue Stoßrichtung: Österreich . . . . . . . . . . . . . . . . . . 173
In Anatolien, an den Ufern des Schwarzen Meeres und in der Ägäis . . 173
Der Otranto-Feldzug 1480–1481 . . . . . . . . . . . . . . . . . . . . 175
Die Auslieferung eines Attentäters . . . . . . . . . . . . . . . . . . 177
Mehmeds Werk . . . . . . . . . . . . . . . . . . . . . . . . . . . . . . . 177
Des Eroberers Tod . . . . . . . . . . . . . . . . . . . . . . . . . . . . . 183

*Kapitel IV  Weiter aufwärts zum Gipfel: 1481–1580* . . . . . . 201

Bajasid II. (1481–1512) . . . . . . . . . . . . . . . . . . . . . . . . . . 201
Sultan Selim I. (1512–1520) und die Eroberung des Orients . . . . . 209

*Kapitel V  Das Goldene Zeitalter*
*Suleiman der Prächtige: 1520–1566* . . . . . . . . . 213

Suleimans Persönlichkeit . . . . . . . . . . . . . . . . . . . . . . . . 213
Die europäische Staatenwelt zu Suleimans Zeiten . . . . . . . . 216

Suleiman besteigt den Thron ..................... 217
Mohács 1526 ................................ 221
Suleimans Ungarnpolitik nach 1526 ................. 227
Die osmanische Seemacht und der Seekrieg im Mittelmeer ..... 232
Das Jahrhundertbündnis zwischen Frankreich und dem
Osmanischen Imperium ......................... 238
Das Weltreich erreicht seine äußersten Grenzen ........... 241
Malta 1565 ................................. 248
Suleimans Söhne: Die Thronfolge ................... 249

*Kapitel VI Die Zeit nach Suleiman: 1566–1600* ......... 251

Der Zypernkrieg und die Seeschlacht von Lepanto 1570–1571 .... 251
Der Perserkrieg 1578–1590 ....................... 253
Die Osmanen und das Habsburgerreich 1566–1599 .......... 254

*Kapitel VII Das düstere 17. Jahrhundert* ............. 259

Verfall des Imperiums? ......................... 259
Die Sultane nach 1600: Ein Reich ohne Herrscher? .......... 263
Die Osmanen und der Dreißigjährige Krieg (1618–1648) ....... 267
Die Zeit der tatkräftigen Großwesire: 1656–1683 ........... 272
Handelspolitische Beziehungen ..................... 273
Die Osmanen und der Norden ...................... 276
Der osmanisch-österreichische Krieg 1663–1664 ........... 278
Die Pforte, die ungarische „Türkenpartei" und Siebenbürgen
1664–1690 ................................. 279
Osmanenzug gegen Wien ........................ 280
Gegen das christliche Europa 1684–1699 ............... 284

*Kapitel VIII Das Imperium behauptet sich: 1700–1799* .... 289

Außenbeziehungen ............................ 290
Der Verlauf der Ereignisse ....................... 291

*Kapitel IX Abstieg des Reiches: 1800–1913* ........... 310

Der Pascha von Kairo und der Aufstand der Wahhabiten ...... 311
Der Serbenaufstand und der osmanisch-russische Krieg (1806–1812) 312
Der griechische Befreiungskampf 1821–1829 ............. 315
Die Nahostkrisen 1832–1841 ...................... 324
Die Osmanen und das revolutionäre Europa 1848–1849 ....... 327

Das Reformwerk Abdulmedschids I. (1839–1861) . . . . . . . . . . . . 329
Der Krimkrieg 1853–1856 . . . . . . . . . . . . . . . . . . . . . . 333
Äußerer Friede, innere Unruhe: 1856–1876 . . . . . . . . . . . . . 337
Krieg mit Rußland 1877–1878 . . . . . . . . . . . . . . . . . . . . 343
Der Berliner Kongreß (1878) . . . . . . . . . . . . . . . . . . . . 344
Weiterer Zerfall des Reiches auf dem Balkan und in
Nordafrika 1878–1908 . . . . . . . . . . . . . . . . . . . . . . . . 346
Deutsch-osmanische Zusammenarbeit 1878–1914 . . . . . . . . . 349
Abdulhamids „aufgeklärter Absolutismus" . . . . . . . . . . . . . 351
Der Verlust Libyens und die Balkankriege: 1911–1913 . . . . . . . 353

*Kapitel X Die Osmanen im Ersten Weltkrieg: 1914–1918* . . . 358

Der Bundesgenosse Deutschlands, Österreich-Ungarns und
Bulgariens . . . . . . . . . . . . . . . . . . . . . . . . . . . . . . . 358
Ostanatolien . . . . . . . . . . . . . . . . . . . . . . . . . . . . . . 360
Die Schlacht bei Gallipoli 1915–1916 . . . . . . . . . . . . . . . . 361
„Lawrence von Arabien" . . . . . . . . . . . . . . . . . . . . . . . 361
Waffenstillstand von Mudros (1918) und das Ende des
Osmanischen Reiches . . . . . . . . . . . . . . . . . . . . . . . . . 362

*Kemal Atatürk und die Gründung der türkischen Republik
1922/1923* . . . . . . . . . . . . . . . . . . . . . . . . . . . . . . . 365

Nachwort: „Die Osmanen und die Gegenwart" . . . . . . . . . . . 369

Anhang
   Chronologie der wichtigsten Ereignisse . . . . . . . . . . . . . 375
   Herrscher aus dem Hause Osman . . . . . . . . . . . . . . . . 380
   Literatur . . . . . . . . . . . . . . . . . . . . . . . . . . . . . . 381
   Register . . . . . . . . . . . . . . . . . . . . . . . . . . . . . . . 385
   Bildnachweis . . . . . . . . . . . . . . . . . . . . . . . . . . . . 396

# Vorwort

Die europäische Geschichte nach dem Untergang des Weströmischen Reiches wurde von Völkern gestaltet, die ihre Wohnsitze allesamt schon seit langen Jahrhunderten auch in Europa selbst hatten. Fremde Eindringlinge, wie Hunnen, Awaren, Chazaren und Mongolen, hielten sich nicht lange. Nur zwei fremde Völker, die aus Asien kamen, nämlich die Magyaren, ferne Verwandte der Finnen, und der osmanische Stamm der Türken, haben es vollbracht, die Historie des Kontinents über mehrere Jahrhunderte als Großmächte kräftig mitzugestalten.

Dieses Buch ist der Geschichte des Osmanenreiches gewidmet. Die Periode des Aufstiegs fasziniert am meisten: Zusammen mit der Blütezeit, die auf die Hochrenaissance entfällt, ist diese Periode etwa mit der ersten Hälfte der sechshundertjährigen Geschichte des osmanischen Imperiums identisch. Wie vermochte ein Reich, dessen Staatsvolk und Kernland – die Türken in Anatolien – mit einem West- und Mitteleuropa jenes Zeitalters auf dem Gebiet der wirtschaftlichen und der technischen Entwicklung generell doch nicht Schritt halten konnten, zu einer etablierten militärischen Großmacht aufzusteigen? Wie konnte es mit seiner Flotte das halbe Mittelmeer beherrschen? Weshalb konnte dieses Osmanenreich ganz Südosteuropa, große Teile Ostmitteleuropas, den Nahen Osten und fast die gesamte afrikanische Küste des Mittelmeeres dauerhaft okkupieren? Schließlich fallen diese Entwicklungen in die Zeit der Renaissance und der Reformation, in eine Epoche also, als in kriegerischen Auseinandersetzungen nicht mehr ausschließlich die blanke Klinge und die Tapferkeit der Truppe allein den Ausschlag gaben; ins Zeitalter der Feuerwaffen und des frühen Kapitalismus!

Eine Suche nach den verschiedenen Ursachen des osmanischen Erfolges soll sich wie ein roter Faden durch den ERSTEN TEIL dieses Bandes ziehen: Da werden markante Wesenszüge, originelle Institutionen und Gepflogenheiten dieses Staates skizziert, welche in erster Linie die Periode seines Aufstiegs zur Großmacht und den Höhepunkt seiner Entfaltung kennzeichnen. Heeresorganisation, Bewaffnung und Kriegskunst, außenpolitische Konzepte und Diplomatie, Motivation und Zusammensetzung der Truppe und des Kreises der höchsten Würdenträger, dynastischer Gedanke und staatliches Selbstverständnis, Religion und Tradition dieser eigenartigen Großmacht werden zunächst allgemein betrachtet. Dann fällt die Lektüre der eigentlichen, der Chronologie gehorchenden Darstellung im ZWEITEN TEIL um so leichter.

Eine Parallele zu dem Ideal-Reich der Europäer, dem Römischen Reich, kann dabei durchaus gezogen werden, und sie sollte unserem Geschichtsbild viel präsenter sein: Die lange Dauer der staatlichen Existenz und der Großmachtstellung, die Jahrhunderte des langsamen, aber sicheren Aufstiegs und der Blüte, die nicht blitzartig – wie etwa bei Hunnen, Mongolen –, sondern im Rhythmus der Fortbewegung auf einem Schachbrett erfolgende militärische Expansion sind allesamt Phänomene, welche der Geschichte Roms und des Osmanenreiches gemeinsam sind.

Auch im Verfall der beiden Reiche sind Vergleiche möglich. Der „kranke Mann am Bosporus" wurde von den Großmächten zu Tode kuriert wie Westrom von seinen germanischen Söldnern und Beschützern. Kurz gesagt: Die osmanische Geschichte ist nicht einfach ein exotischer Einbruch in Balkan und östliches Mittelmeer – sie folgt keinen anderen Gesetzen als die Geschichte unseres christlichen Abendlandes selbst.

*Einige Begriffe vorab*

Würdenträger

*Sultan*, arab. soviel wie Herrschaft, nannten die Osmanen ihre Herrscher erst seit Murad I. (1359–1389). Vorher wurden diese als Emir bezeichnet. Der Rang eines Kaisers wurde dem Sultan in der Staatenwelt erst nach der Eroberung von Konstantinopel (1453) zuerkannt; dann trat der Sultan quasi das Erbe der Herrscher von Byzanz an. Auch als *Padischah* (aus dem Persischen: „Großer Herrscher") pflegte man den Sultan zu bezeichnen.

*Emir*, gleich Fürst, war der Herrscher in den türkischen Stammesfürstentümern Anatoliens.

*Wesir* gab es anfangs (erstmalig unter Murad I., 1359–1389) nur einen. Später war die Zahl der Wesire in der Regel vier: sie bekleideten die höchsten Ämter im Staat, mit Ministern vergleichbar. Bei den Wesiren handelte es sich überwiegend um turkmenische Prinzen, die in osmanische Dienste getreten waren. Später dann, seit Bajasid I., fanden sich viele geborene Christen unter den Wesiren. *Großwesir* war der erste unter den vier Wesiren: der Ranghöchste im Staat nach dem Sultan, gewissermaßen dessen Stellvertreter, mit mehr Macht ausgestattet als etwa ein Kanzler im Abendland der Frühen Neuzeit.

*Pascha* war zunächst eine Art von Ehrentitel für höchste zivile und militärische Würdenträger; dieser wurde dem Namen hinzugefügt: Mahmud Pascha, Mustafa Pascha. Erst in der Hoch-Zeit des Reiches oblag Paschas auch eine Funktion, etwa als Statthalter eines bestimmten Territoriums.

*Beg* ist ein weiter Begriff. Dem Terminus werden wir am häufigsten begegnen, wenn die Rede von den Gouverneuren der wichtigsten Verwaltungseinheiten des Großreiches, nämlich der *Sandschaks* (siehe unten) sein wird, denen der Sandschakbeg vorstand. Zugleich war Beg auch Titel, dem Namen angehängt: Ahmedbeg. Jedoch: Bei „Beg" war die Funktion, nicht der bloße Titel der Regelfall, umgekehrt also wie beim Pascha.

*Beglerbeg* hat es anfangs nur einen gegeben: Dieser war der Oberbefehlshaber der Streitkräfte, unmittelbar dem Sultan untergeordnet. Nachdem dann auch europäische Territorien annektiert worden waren, wurden zwei ernannt: der Beglerbeg von Anatolien, Statthalter für die Gebiete Kleinasiens und für nichteuropäische Territorien schlechthin, und der Beglerbeg von Rumelien (siehe unten), Statthalter der europäischen Provinzen des Reiches.

Hatte der Beglerbeg über lange Zeit eine Spitzenfunktion inne, so sank seine Bedeutung im Großreich, als die Zahl der Beglerbegs wuchs. Immerhin standen sie an der Spitze großer territorialer Einheiten, nämlich der Wilajets (siehe unten).

Militärische Ränge und Einheiten

*Aga* war ein höchstrangiger Heerführer, der Aga der Janitscharen war es par excellence. Heute würde man ihn wohl als General bezeichnen.

*Kapudan Pascha* hieß der Oberkommandierende der Kriegsflotte.

*Tschausch* ist ein Sammelbegriff für gewisse untere Ränge. Er konnte Ordonnanzoffizier, aber auch ziviler Exekutivbeamter sein.

*Akindschi* waren halbreguläre Einheiten, eine leichte berittene Truppe, „Renner und Brenner", die das feindliche Hinterland verwüsteten und auskundschafteten; die Aktionen der Akindschi gehörten, neben dem Einsatz der regulären Infanterie, Kavallerie und Kriegsmarine, zur Kriegsführung der Osmanen.

*Janitscharen* ... Es gab sie vermutlich seit Murad I. (1359–1389), die yeniçeri = die „neue Truppe", eine Eliteeinheit von Infanteristen, ausschließlich aus geborenen Christen bestehend, welche islamisch und türkisch erzogen und gedrillt worden sind.

*Spahi* nannten die Osmanen ihre reguläre Kavallerie; die spezifische soziale Lage von Spahis im türkischen Staatsaufbau werden wir kennenlernen.

## Staatsgebiet

Naturgemäß gestaltete sich die territoriale und verwaltungsmäßige Gliederung des Riesenreiches etwa im 16. und 17. Jahrhundert anders als die einfache Struktur des kleinen osmanischen Emirats der Frühzeit.

*Rumelien* hießen annektierte europäische Territorien, so genannt direkt nach „Rom", „römisch": Byzanz – das Oströmische Reich – hatte sich als Nachfolgeimperium des antiken Römerreiches betrachtet (bzw. war der Idee nach identisch mit diesem). Da die Osmanen die ersten europäischen Gebiete, die sie besetzten, eben Byzanz entrissen hatten und sich nach 1453 selbst als Nachfolgestaat des untergegangenen Oströmischen Reiches verstanden, wurde der Name „Rumelien" für die Bezeichnung ihrer Eroberungen auf dem Balkan gebildet.

*Sandschak* war die territoriale Grundeinheit im Osmanenreich. An der Spitze der Verwaltung und des Militärwesens stand dort – wie gesagt – der Sandschakbeg.

*Wilajet* als Großprovinz vereinte mehrere Sandschaks und war einem Beglerbeg unterstellt.

## Staatsorganisation

Das Zentrum der Macht lag dort, wo sich der Sultan aufhielt. *Serail* war der gesamte Hofstaat. Äußerlich nahm er die Gestalt eines gewaltigen Palastes an. Besucher Istanbuls erleben die Wunder des Topkapi-Serail, des Sitzes der Sultane. Top ist Geschütz, Kapi das Tor – „Kanonentor", ein symbolträchtiger Name: Denn es war die Artillerie, der in der Frühzeit der Feuerwaffen eine bedeutsame Rolle beim Erfolg der osmanischen Streitmacht zukam.

*Pforte, Hohe Pforte* symbolisierte die Spitze des osmanischen Staates, seinen Herrscher und seine Regierung. Später waren die ausländischen Gesandten offiziell „an der Pforte akkreditiert".

*Diwan* hieß der Staatsrat, in dem sich der Großherr mit den höchsten Würdenträgern des Reiches beriet, wo er auch die Botschafter fremder Monarchen empfing. Diwan war auch der Rat im allgemeinen, auch z. B. die Offiziersversammlung der Janitscharen.

*Dragoman* war der Dolmetscher. Der „Hofdolmetsch", der bei den Audienzen des Großherrn übersetzte, war eine einflußreiche Persönlichkeit, oft eine echte politische Größe.

*Defterdar* nannte man Spitzenbeamte in dem – sauber geordneten – Finanzwesen des Reiches.

Andere, weniger häufig verwendete Worte und Begriffe werden dort erklärt, wo sie im Text vorkommen.

# ERSTER TEIL

Kapitel I

# Das Militärwesen

Das Osmanische Großreich entstand durch Eroberungen mit dem Schwert. Seine Kriegsmaschinerie garantierte über lange Zeit den Fortbestand der riesigen territorialen Gewinne; sie stand im Mittelpunkt der Staatsorganisation.

*Die Heeresorganisation*

Wie alle Landstreitkräfte wurden auch diejenigen des Osmanenreiches grundsätzlich in Infanterie und Kavallerie eingeteilt. Im 15. Jahrhundert entstand die mächtige Kriegsmarine. Marsigli (1658–1730), Autor einer Monographie über das „Militärwesen des Osmanischen Imperiums", spricht sogar schon von einer osmanischen Marineinfanterie – und das mehr als zwei Jahrhunderte vor den US-„Ledernacken"!

Organisation der Infanterie

Die Infanterie teilte sich in *Kapikuli* und *Serratkuli*. Den Kapikuli-Truppen (Kapi = Tor, Pforte) oblag der Dienst um die Hohe Pforte, um den Regierungssitz des Sultans nicht nur in der Hauptstadt, sondern auch im Felde, wenn der Padischah – wie über lange Zeit üblich – den Feldzug persönlich leitete. Die Serratkuli-Einheiten überwachten die Grenzen des Reiches und stellten die Garnisonen der Festungen. Unter Suleiman dem Prächtigen (1520–1566) wurde die Regel über den Einsatz der Kapikuli ausschließlich unter dem unmittelbaren Kommando des Herrschers allerdings durchbrochen, und ihre Einheiten beteiligten sich an den Kämpfen auf dem ungarischen Kriegsschauplatz auch in Abwesenheit des Sultans.

Die Janitscharen

Das Korps der *Janitscharen* war eine Infanterietruppe, Eliteeinheiten, in den ersten Jahrhunderten zahlenmäßig relativ klein, selbst zu Suleimans des Prächtigen Zeiten nur 10–12 000 Mann. Es ging in die Geschichte ein als eine ganz besondere Form der Heeresorganisation. Zum Erfolg der osmanischen Waffen haben die Janitschareneinheiten gefechts- und kriegsentscheidend beigetragen, wenigstens in den ersten Jahrhunderten des Reiches. Die Folge davon war, daß sie sich auch zu einem machtpolitischen Faktor mauserten, den Prätorianern im Römischen Reich nicht unähnlich.

Bevor von Christen bewohnte Territorien – auf dem Balkan – von den Osmanen erobert wurden, bildeten die Sultane die Janitscharentruppe aus ganz jungen, gefangenen Christenkindern.

Allmählich entwickelte sich das System der sogenannten Knabenlese („devşirme"): Junge Christen wurden für den Abtransport in türkische Gebiete ausgewählt – körperliche Kraft und wohlgefälliges Äußeres gaben den Ausschlag –, ihren Familien für immer entrissen und quasi zu neuen Menschen, zu fanatischen Moslems und zu Getreuen des Sultans erzogen.

Nun besetzten zwar auch Hunnen, Awaren, Ungarn, Mongolen in ihrer Zeit europäische Länder und schleppten ihre Bewohner in die Sklaverei – auf den Gedanken jedoch, die Feinde zur Speerspitze ihrer eigenen Streitkräfte zu machen, sind sie allesamt nicht gekommen. Von wem stammte sie denn, die teuflisch-geniale Idee?

Mehrere Quellen personifizieren die Urheberschaft. Hammer-Purgstall, Autor des ersten Monumentalwerkes über osmanische Geschichte in deutscher Sprache (ab 1827 in zehn Bänden), gibt sie dem Staatsmann, Heeresrichter und Wesir Kara Chalil Tschendereli, dessen langes Leben das gesamte 14. Jahrhundert umspannte. Er sei „der Erfinder des stehenden Heeres und der Rekrutierung der Janitscharen durch Christenkinder" gewesen. Hammer-Purgstall verlegt die Gründung der Janitscharentruppe damit vielleicht schon in die Zeit von Orhan (1326–1359).

Die Janitscharen hätten außerdem den Namen „neue Truppe", yeniçeri, „vom Derwische Hadschi Begtasch", der unter Sultan Murad (1359–1389) lebte, erhalten. Letzteren wiederum sieht Marsigli als Urheber des Janitscharenkonzepts. Marsigli registriert, daß „die Militärregierung viel Sorge darum trug, die Christenknaben zu erziehen, um eines Tages Nutzen aus ihnen ziehen zu können." Er nennt dann „Agis-Bictas (= Hadschi Begtasch, d. V.), einen großen Scheinheiligen seiner Zeit, der den Ruf eines tugendhaften Mannes durch sein gediegenes Äußeres erlangt hat". Ihn wollte Sultan Murad „in erster Linie zu Rate ziehen"; „Agis-Bictas befahl, daß diese Kinder mehrere Christen umbringen, damit sie sich dadurch an das Gemetzel und an die Grausamkeit Christen gegenüber gewöhnen; diese Kinder waren dazu bestimmt, ... die Grundlage der türkischen Infanterie zu bilden." Noch zu Marsiglis Zeiten nannten die Janitscharen „Agis-Bictas" in ihrem täglichen Gebete, sie verehrten ihn als den Gründer ihres Korps.

Sultan Murad I. bestimmte das Reglement der Janitscharen, das Marsigli wie folgt zusammenfaßt:

I. Gehorsam den Offizieren und Vorgesetzten gegenüber, selbst wenn diese Sklaven sind.

II. Die Janitscharen bilden ein einiges Korps mit einem gemeinsamen Quartier.

III. Die Janitscharen dürfen nichts Überflüssiges besitzen, das zum Luxus führen könnte.

IV. Die Truppe muß die Gebote von „Agis-Bictas" in bezug auf die Gebete befolgen. Und schließlich darf niemand in dieses Korps aufgenommen werden, wenn er nicht einem besiegten Volke angehörte und wenn er gebürtiger Moslem war.

Die Janitschareneinheiten waren kaserniert. Kein Janitschare durfte heiraten, Frauen halten. Korpsgeist, eiserne Disziplin und unmittelbare persönliche Hingabe dem Herrscher und dem Hause Osman gegenüber, religiöser Fanatismus, elitäre Stellung innerhalb des Heeres, gepaart mit vorbildlicher militärischer Ausbildung, mit Wetteifern um Kriegsruhm und oft mit herausragender persönlicher Tapferkeit garantierten die unerhörte Kampfkraft dieser stets mit den besten Waffen ausgestatteten Truppe.

Natürlich genossen die Janitscharen auch zahlreiche Privilegien; unter anderem erhielten sie einen höheren Sold und eine bessere Verpflegung. Schon rein äußerlich unterschieden sie sich von den „einfachen Soldaten" durch ihre besondere Uniform (s. Abb. S. 185).

Die berüchtigte „Knabenlese" diente jedoch nicht nur der Aufstockung des Janitscharenkorps. Begabte Christenkinder wurden auch dem Serail zugeordnet und zu Staatsmännern oder Gelehrten ausgebildet. So waren es keine Ausnahmefälle, vielmehr etablierte Praktiken, wenn christliche Familien auf dem Balkan die Durchführung der Knabenlese in ihren Dörfern forcierten, bei den osmanischen Behörden sogar eigens beantragten. Es kam sogar vor, daß die von der Knabenlese ausgeschlossenen Türken ihre Söhne in die Knabenlese geradezu „hineinschmuggelten" – unter falschem, christlichem Namen. Beispielsweise konnte aus einem Türkenjungen namens Khidr plötzlich ein „Georgios", aus einem Ali ein „Alexandros", werden. So umgingen Familien aus dem „unterprivilegierten" Staatsvolk die sonderbar anmutende, jedoch wohldurchdachte „Regel", wonach Söhne türkischer Familien bei der Besetzung hoher Ämter im Nachteil waren. Denn der Herrscher hatte diese entwurzelten Männer auch total im Griff, im Gegensatz etwa zu solchen aus türkischen Sippen: Söhne einfacher Türken konnten sich immerhin zu ihren Großfamilien zurückziehen. Mitglieder der Familien von Großgrundbesitzern, die Söhne des anatolischen Hochadels hatten sogar ihre Hausmacht, auf die sie gegebenenfalls noch als hohe Würdenträger im Serail zurückgreifen konnten.

Die Zucht der Krieger

Die hohe Disziplin der Truppe war kein Privileg der Janitscharen. Sie war für all die übrigen Infanterieeinheiten ebenso kennzeichnend wie für die schlagkräftige anatolische und rumelische Reiterei.

Bitter klagt 1566 Leonhart Fronsperger: „Der und ander ursachen / wann man des Türcken Ordnung und Gesetz gegen unserem besicht / so übertrifft es einander so weit / wie die Sonn den Mondschein uberlangt / auß welchem auch dann folget / daß die Türcken aus vilerley beweglichen ursachen besser Kriegßleut ... geben /" Nicht anders wird der Vergleich 1616 in Wallhausens Werk: „Ritterkunst" gezogen: Wenn die Türken „zu Feldt ziehen / so solstu ... nicht ein eintziges Weibsbild bey ihnen finden / geschweyge so viel Tausent Huren / als sich in unseren Zügen finden / lassen ... Zeige mir under deß Türcken seinem Kriegsvolck ein solches huriren / Frawen schenden / Fluchen / Schweren / Gottlästern / Fressen / Sauffen / Plündern / Balgen / Rauffen / Zanken und Haderen / Verwüsten / Verhergen und verbrennen / als under uns Christen gebreuchlichen und gewohnlichen".

Die fernen Garnisonen. Die Infanterie und die Kavallerie „Serratkuli"

Die Infanterie Serratkuli, also dasjenige Fußvolk, das in den weiten Gebieten des Reiches und insbesondere an den Grenzen Dienst tat, war den Provinzgouverneuren, den Beglerbegs und Paschas, nicht dem Großherrn direkt unterstellt – eine Dezentralisation, auf die angesichts der Ausdehnung des Imperiums nicht verzichtet werden konnte. Nur im Artilleriewesen wurde die zentrale Lenkung beibehalten: Auch auf den Außenposten, in fernen Grenzstädten und Burgen gehorchte das Korps der Kanoniere dem Topçu Aga, dem Oberbefehlshaber der – ansonsten der Infanterie Serratkuli zugeordneten – Artillerietruppe, einem „General", welcher unmittelbar der Pforte untergeordnet war.

Was die Zusammensetzung der gesamten Infanterie Serratkuli anbelangt, war die regionale Rekrutierung die Regel. Diese Krieger stammten aus der Provinz, die sie zu verteidigen hatten. Das heißt auch, in diesen Einheiten dienten sowohl Moslems wie Christen.

## Die Reiterei

Ganz nach dem Organisationsmodell Kapikuli – Serratkuli, also etwa zentral zusammengefaßte Truppen auf der einen, Grenzsoldaten auf der anderen Seite, war auch die Kavallerie eingeteilt. Die Kavallerie Kapikuli diente dem persönlichen Schutz des Sultans im Serail. Im Felde wurde sie, falls sie den Großherrn dorthin begleitete, meistens für Überraschungsangriffe eingesetzt.

Traditionen aus der Frühzeit, als die Reitertruppe noch als die einzige unter dem Banner des Herrschers focht, wurden sorgfältig gepflegt. „Der Erste Linke Flügel" der Kavallerie Kapikuli war eine besonders geschätzte Einheit, die ihren Ursprung auf den Reichsgründer Osman (um 1300–1326) zurückführte. Diesen Kavalleristen standen symbolträchtige Privilegien zu: Sie durften die Pferde des Padischah am Zügel führen; sie pflanzten die Roßschweife – eine Art Hoheitszeichen der Osmanen – vor dem Zelt des Großherrn auf.

Die Kavallerie Serratkuli war auf Garnisonen verteilt und schloß sich dann der Streitmacht des Großherrn an, wenn dieser ins Feindesland aufbrach. Sie hatte somit sowohl defensive als auch offensive Aufgaben. Sie wurde wie die Grenztruppen der Infanterie rekrutiert, also stets vor Ort. Die Kavallerie Serratkuli war eine gut ausgebildete, geachtete Truppe, die so manches Gefecht entschied. Für große Feldzüge in Europa reichte die dortige Rumelische Reiterei allein nicht aus, und die Anatolische Reiterei marschierte mit.

Durch sie blieb auch die hervorragende Pferdezucht in Kleinasien erhalten. Die Türken züchteten hauptsächlich Reitpferde, keine Zugpferde. Sie reisten mit Vorliebe im Sattel, bis in ein hohes Alter. Leichte Karossen gab es zwar, doch waren sie selten; sie wurden von höchstens zwei Pferden gezogen.

Die Zuchtpferde aus Anatolien waren grazil, sie bewegten sich leicht und außerordentlich schnell. Im europäischen Teil des Reiches gedieh die Pferdezucht ebenfalls. In den Gebirgsregionen des Balkans, in Serbien, Bosnien und Albanien züchtete man kleine, stämmige Pferde, in der Dobrudscha größere Tiere. Die Osmanen ritten auch Pferde aus den benachbarten Ländern und den Vasallenstaaten, beispielsweise die für lange Märsche geeigneten, robusten Pferde aus Siebenbürgen und der

Walachei. All diese Pferde, ebenso wie die ausdauernden, zum Überqueren von Flüssen besonders dressierten Pferde der Tataren wurden dann wiederum bei der Rumelischen Reiterei eingesetzt.

Eigentümlicherweise waren auch bei Paraden, zum Vorzeigen beim Ritt hoher Würdenträger in den Serail keineswegs grazile Pferde gefragt. Nur die hohe Statur gab den Ausschlag, und dafür boten sich besonders die Zuchtpferde aus der Dobrudscha an.

Mit dem Namen *Spahi* bezeichnete man die Reitertruppe im allgemeinen. Die Ausstattung eines Spahi, also eines berittenen Kriegers, war freilich viel kostspieliger als die Bewaffnung des Infanteristen. Dieser „Kostenfaktor" wurde durch die Vergabe von Land an die Spahi berücksichtigt. Das so verteilte Land konnte nicht vererbt werden und unterlag auch zu Lebzeiten des Spahi dem Recht des Sultans, es aus gewichtigen Gründen, etwa wegen Vernachlässigung der militärischen Dienstpflicht, zurückzufordern. Daraus entwickelte sich das spezifisch osmanische Feudalsystem, das auf dem Timar, der Kleinpfründe der Spahis, beruhte (s. S. 114, 180).

## Die Akindschi

Die Reiterscharen der Akindschi gab es bereits in der frühesten Zeit, schon im 13. Jahrhundert; sie soll sogar die einzige schlagkräftige Kampftruppe bei Auseinandersetzungen mit benachbarten Turkstämmen gewesen sein. Akindschi bedeutet: „Renner". Als „Renner und Brenner" sind diese irregulären Truppen denn auch in die Geschichte eingegangen. Sie plünderten und brandschatzten Territorien des Feindes. Ihre Streifzüge waren aber keineswegs von blanker Zerstörungswut und Planlosigkeit gekennzeichnet; vielmehr dienten sie, insbesondere von der Mitte des 14. bis ins 17. Jahrhundert der Verbreitung von Psychoterror im Feindesland und einer systematischen Auskundschaftung jener Gebiete, freilich auch dazu, Beute einzubringen, Menschen in türkische Sklaverei zu verschleppen.

Der Oberbefehl über die Akindschi vererbte sich von Generation zu Generation in der Familie Michaloglu: Sie waren die Nachfahren von Michalbeg oder Michaloglu Ali Beg, eines Heerführers Mehmeds II. (1451–1481). Sold erhielten die Akindschi nicht, die Truppe finanzierte sich selbst – aus ihrer Beute und dem Sklavenhandel.

Verwüstungsfeldzüge der Akindschi gegen Randgebiete des Reiches zu Mehmeds II. Zeiten werden wie folgt beschrieben:

„... ein Schwarm von 15 000 Mann, unter Ischak Pascha's, des Statthalters von Bosnien, eigener Führung" fiel durch Kroatien in Krain und Kärnten ein, wobei er „das hülflose Land bis unter die Mauern von Laibach mit der gewöhnlichen Barbarei ... in eine Wüste verwandelte und abermals viele Tausende von Menschen mit sich fortschleppte." Die „Raubzüge erneuerten sich von nun an mit jedem Jahre ... Die Berichte von Zeitgenossen, welche die Dinge, unter dem Eindruck des Selbsterlebten, freilich vielleicht eher in zu grellen Farben zeigen, als daß sie hinter der Wahrheit zurückbleiben sollen, sind voll von den Gräuelszenen..." (Zinkeisen).

Die „wilden", die „grausamen Türken", die „Mordbrenner", die Berserker in den Augen der Europäer waren eben diese Akindschi.

Die Streifzüge der irregulären Truppe gehorchten freilich der zeitlosen Methode von Monarchen und Regierungen, von einer Grauzone zu profitieren, in der die staatliche Verantwortung für Missetaten nicht zweifelsfrei feststeht. Die Regierung konnte beispielsweise, wenn kein offener Krieg gegen ein potentiell feindliches Land herrschte, die Verantwortung für kriegerische Handlungen auf Kommandeure von Freischärlern und auf Freibeuter „abwälzen". Das taugte auch für europäische Monarchen: so ließ Königin Elisabeth I. von England Sir Francis Drake zum Piratensturm auf die Spanier los, profitierte von den Verlusten, die er dem Feind zufügte, wusch jedoch ihre Hände dabei beständig in Unschuld.

## *Die Waffen*

### Die Artillerie

Der Aufstieg des Osmanenreiches im späten Mittelalter deckt sich mit der Zeit des frühen Einsatzes von Feuerwaffen. Die Verwendung des Schießpulvers für militärische Zwecke verbreitete sich in Europa in der ersten Hälfte des 14. Jahrhunderts; bald entstanden Rohre aus Bronze oder aus Eisen, welche es ermöglichten, den durch das Verbrennen des Schießpulvers entstandenen Druck zur Lenkung von Geschossen in eine bestimmte Richtung zu nutzen. Die ersten Geschosse waren Steinkugeln. Reichweite und Zielsicherheit der Geschütze waren gering. Mit dem Terminus „Artillerie" bezeichnet man auch Kriegsmaschinen, die vor den Feuerwaffen verwendet wurden, wie römische Katapulte, Ballisten und „Wurfgeschütze" des Mittelalters. Auch die Osmanen bedienten sich solcher Geräte, eine Zeit lang parallel zu den Feuerwaffen. Hier wenden wir uns aber nur der Artillerie im modernen Sinne zu.

Im allgemeinen schätzen die Militärhistoriker die Rolle der Artillerie bis zum 16. Jahrhundert in der Gesamtentwicklung des Militärwesens als „gering", als „sehr begrenzt" ein; man habe damals schwere Feuerwaffen sowieso fast ausschließlich für die Beschießung von Burgen benützt. Allerdings werden auch frühe Entwicklungen gewürdigt, so eine fahrbare Feldartillerie bei den Hussiten, technische und organisatorische Neuerungen des Burgunderherzogs Karls des Kühnen (1433–1477), durch welche der Einsatz von Geschützen manchmal gefechtsentscheidende Bedeutung erlangen konnte, und andere Ausnahmen. Die bedeutendste Ausnahme war wohl die durch Artillerie maßgeblich erzwungene Eroberung Konstantinopels durch die Osmanen (1453).

Es folgte danach auch ein folgerichtiger, vielseitiger Ausbau der türkischen Artillerie und der Topcy, der eigenständigen Artilleristentruppe; die Artillerie sollte dem Osmanenreich entscheidende Siege keineswegs nur bei Belagerungsschlachten bescheren.

Diese Waffe war ein höchstpersönliches Anliegen für Sultan Mehmed II. (1451–1481), er dachte Tag und Nacht über den Einsatz von Geschützen enormen Kalibers nach, die Riesenkugeln auf das Mauerwerk abschießen sollten. Mehmeds Weitsicht äußerte sich in der Erkenntnis, „daß durch den Gebrauch des Pulvers ein neues, andersartiges Zeitalter in der Entwicklung der Kriegskunst eröffnet worden war" (Jorga).

Außer den Belagerungsgeschützen ließ Mehmed großkalibriges Gerät für die neuen Befestigungen in den Meerengen herstellen. In den Burgen am Bosporus und an den Dardanellen wurden Geschütze zur Überwachung der Ein- und Ausgänge des Marmarameeres aufgestellt. Das größte Bronzegeschütz aus dem 15. Jahrhundert, das bis heute erhalten geblieben ist (man kann es im Tower von London besichtigen), wurde von den Osmanen benutzt: das Dardanellengeschütz. Der Name des Büchsenmeisters ist überliefert: Munir Ali goß das Riesengeschütz im Jahre 1464. Die Rohrlänge beträgt 5,18 m, der Kugeldurchmesser 63 cm.

Der Büchsenmeister war eine Art von „Artillerieunternehmer". Herstellung und Bedienung lagen meistens in einer Hand. Belagerungsgeschütze – Mörser – wurden oft vor Ort gegossen, dort also, wo sie sogleich auf die Burgmauern einhämmern sollten. An dieser Stelle müssen einige Begriffe klargestellt werden: In der heutigen Terminologie, die auch auf die frühe Artillerie übertragen werden kann, ist „Geschütz" der allgemeine Begriff für das Artilleriestück. „Kanonen" nennt man nur die Geschütze mit großer Rohrlänge und Reichweite. Eine Mittelstufe zwischen Kanonen und Mörsern stellen die „Haubitzen" dar, was die Rohrlänge anbelangt. „Mörser" sind meistens großkalibrig; sie dienen dem Steilfeu-

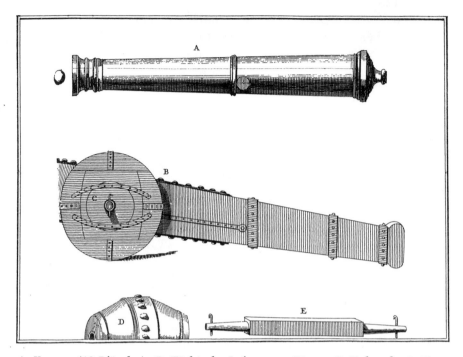

*A: Kanone (12-Pfünder); B: Türkische Lafette aus Eisen; C: Holzrad mit Eisen beschlagen (türkische Konstruktion); D: Faßförmiges Rad; E: Eisenachse. (Nach Marsigli)*

er. Sie haben eine relativ geringe Reichweite, die Flugbahn ist sehr stark gekrümmt, der Rohrerhöhungswinkel dementsprechend groß: 45°–80°! Die Mörser (den Namen gibt es ab dem 15. Jahrhundert) mit ihren „gen Himmel gerichteten Rohren" wurden schon immer hauptsächlich als Belagerungsgeschütze gegen starke Befestigungsanlagen eingesetzt. In Feldschlachten benützte man „Schlangen", die Geschosse durchflogen eine flache Flugbahn.

Der Oberbefehlshaber der Topey, den Marsigli Topey Pascha nennt, „der General der Artillerie, hat eine despotische Gewalt über all diejenigen inne, die an den Kanonen arbeiten; er muß stets über den Stand der Dinge in den Magazinen ... informiert sein." Wenn neue Geschütze den Streitkräften übergeben wurden, ging es nicht weniger feierlich zu als bei Kriegsschiffen, die von Stapel liefen. Zu Marsiglis Zeiten „sind, wenn Kanonen fertiggestellt werden, der Großwesir und die wichtigsten Minister der Pforte zugegen" gewesen.

Sowohl die osmanische Belagerungs- und Befestigungsartillerie als auch die Feldartillerie – letztere durch die gewaltige Konzentration von Geschützen in Feldschlachten, von mehreren hundert Rohren – haben sich als besonders effiziente Waffen bewährt: In der Artillerie ist ein entscheidender Faktor des militärischen Aufstiegs dieses Reiches zu erblicken.

Handfeuerwaffen

Die Handfeuerwaffen waren bis ins späte 15. Jahrhundert hinein nicht besonders effizient, war doch ein genaues Zielen bei der Luntenzündung unmöglich: Der Schütze war gezwungen, „blind" zu schießen, das heißt, darauf zu verzichten, das Ziel im Auge zu behalten; er war nämlich im Augenblick des Abfeuerns damit beschäftigt, Lunte oder Loseisen auf das Zündloch zu drücken. Die Reichweite der Bleikugeln beschränkte sich auf 30–50 Meter. Zum Nachladen kam es somit kaum mehr, weil der Feind, in dessen Reihen die erste Salve nicht viel Schaden anrichtete, die Schützen sogleich mit der Klinge angreifen konnte.

Mit dem Fortschritt der Waffentechnik entwickelte sich dann auch die Kunst, Gewehre zu schmücken. Im 17. Jahrhundert stolzierten die Janitscharen bereits mit Gewehren herum, die mit Silber beschlagen waren. Als erste trugen sie auch Pistolen. Auch nach der allmählichen Einführung der Handfeuerwaffen wurden Pfeil und Bogen, wurde die Armbrust weiterverwendet – sowohl bei den europäischen wie bei den osmanischen Heeren. Insbesondere die Armbrust wurde beständig verbessert und noch lange Zeit wirkungsvoll eingesetzt.

Hieb- und Stichwaffen

Unter den osmanischen Hieb- und Stichwaffen seien hier nur diejenigen erwähnt, die sich von denen europäischer Heere unterschieden. So waren die türkischen Schwerter im allgemeinen leichter als die gleichzeitig angewandten Klingen der europäischen Ritterheere. Die verbreitete Vorstellung, das Krummschwert sei eine Erfindung der Osmanen, ist allerdings falsch. Es war ursprünglich eine persische Waffe. Unter den Handwaffen – außer dem Schwert auch Streitkolben, Streitaxt, Lanze und Speer – soll der türkische Streitkolben, der Busdogan, hervorgehoben werden. Mit Vorliebe bedienten sich die Türken dieser für Steppenvölker schlechthin charakteristischen Waffe, deren osmanische Varianten sich in erster Linie dazu eigneten, Glieder, besonders die Arme des Feindes, zu brechen oder Reiter aus dem Sattel zu werfen. Der Kopf des Streitkolbens war mit

Stacheln oder Ecken und Kanten versehen, was es erleichterte, den Harnisch des Gegners zu durchdringen. Im Abendland ist auch die messerartige türkische Hiebwaffe, der Handschar, bekannt. Dieser war zweischneidig und bis zu 50 cm lang.

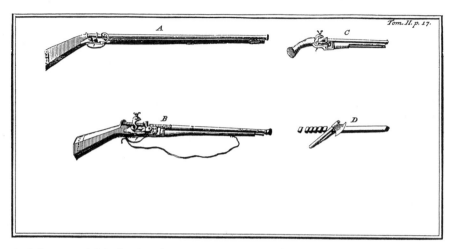

A: Schwere türkische Muskete mit Luntenzündung; B: Gewehrförmige türkische Muskete nach spanischem Modell; C: Türkische Pistole; D: Bleistange, die man mit einer Axt zerstückelte; die Stücke konnten Geschosse ersetzen. (Nach Marsigli)

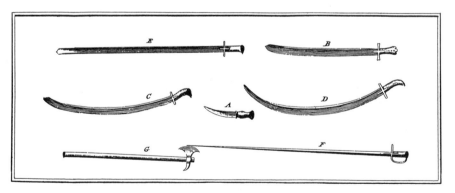

A: Kurzer „Handschar", den die Janitscharen am Gürtel trugen; B: „Gadar'a", leicht gekrümmter Säbel; C: „Klisch", gekrümmter türkischer Säbel; D: „Agiem-Klisch", persischer Krummsäbel; E: „Palas", türkisches Schwert; F: „Megg", Stichwaffe der osmanischen Truppen an der ungarischen Front; G: „Tebet", Streitaxt der osmanischen Reiterei. (Nach Marsigli)

*Die Kriegskunst im Landkrieg*

Die Schlachtordnung der Osmanen

Blicken wir kurz in die „Memoiren eines Janitscharen", verfaßt von dem Serben Konstantin von Ostroviza, der von 1455 bis 1463, bis zu seiner Gefangennahme durch die Ungarn, in der Janitscharentruppe mitfechten mußte. Die auf Defensive ausgerichtete Taktik der Türken „hauptsächlich bei einem entscheidenden Kampf" geht aus Konstantins Ausführungen klar hervor. Wohlgemerkt, es handelt sich da um eine wesentlich defensive Taktik bei eindeutig offensiver Strategie der expansiven Kriegsmacht:

*„Die Aufstellung des Heeres des Sultanhofes geschieht wie folgt: Die höfische Reiterei hat ihren Platz neben dem Sultan, vor ihm stehen die Janitscharen, hinter ihm die Kamele. Um sie herum werden von allen Seiten Gräben und Wälle aufgeschüttet. Unterhalb der Gräben werden Schilde in die Erde gerammt, auch scharfe Säbel liegen bereit und andere kostbar ausgeführte Waffen. Um die Gräben herum wird allenthalben ein Wall aufgeworfen, in den dicht nebeneinander Spieße hineingeschlagen werden. Dann werden Stückbette für die Geschütze aufgestellt, damit man aus den Kanonen schießen kann. Oberhalb der Schilde stehen Lanzen und andere notwendige Verteidigungswaffen dicht nebeneinander."*

Den Kern des Feldheeres bildete also das „Hofheer des Sultans" mit den Janitscharen – die Infanterie Kapikuli –, eine dort verschanzte, somit zwangsläufig relativ immobile Elitetruppe. Hier geht es nicht etwa um ein gesichertes Feldlager für die Übernachtung, um ein Marschlager, sondern vielmehr um die Schlachtordnung: Die mit Schanzen umgebene Kerntruppe findet ihre Verwendung mitten im Gefecht; ihre mächtige defensive Stellung erweist sich meistens als der Faktor, der die Schlacht entscheidet.

Rundet man die Schlachtordnung – auf Konstantins Spuren – ab, so sieht man an beiden Flanken weitere Infanterie- und Kavallerieeinheiten. Letztere schließen die Anatolische und die Rumelische Reiterei ein, somit Kontingente der Kavallerie Serratkuli, die Truppen aus der Tiefe des Reiches, welche eben den harten Kern der Armee, die „Sultansschanze", aktiv unterstützen. Zu den Aufgaben der Spahis, der Reiter aus Anatolien und Rumelien, die jeweils von den Beglerbegs befehligt werden, gehören mobile Operationen, überraschende Flanken- und Umzingelungsangriffe. Diese Attacken stellen dann den mobilen und offensiven Faktor im

Schlachtplan dar, dessen Herzstück aber die erfolgreiche – und so oft kampfentscheidende – Verteidigung der Sultansschanze bleibt.

Betrachten wir folgende typische Konstellation der Aufstiegsperiode: 1. Die gepanzerte Reiterei des Christenheeres durchbricht die vorderen Verteidigungslinien der Osmanen; sie zerstreut auch größere Verbände der türkischen leichten Kavallerie; sie dringt – meistens siegestrunken ob ihres fulminanten Vordringens – bis zum innersten Kern der türkischen Armee oder gar in die persönliche Nähe des Padischah vor. 2. Plötzlich wird der schnelle Vormarsch der schweren Kavallerie aufgehalten: bei der Janitscharentruppe der Sultansschanze angelangt, stößt sie auf Granit und erleidet blutige Verluste. 3. Die christliche Reiterei wird, nunmehr außer Atem und demoralisiert in Anbetracht eines vertanen Sieges, der bereits in greifbarer Nähe war, in die Flucht geschlagen und aufgerieben.

Nun kann es ebensowenig wie zwei gleiche Laubblätter, zwei Gefechte nach einem und demselben Schema geben. Dennoch hält diese Skizze der drei Phasen gescheiterter Kavallerieattacken abendländischer Heere einem Vergleich mit Entscheidungsschlachten stand, welche die Osmanen in Europa bis 1526 geschlagen haben.

Bei Mohács 1526 kam zur erfolgreichen Taktik der Türken bereits der massive Einsatz der Feldartillerie hinzu. Was übrigens den dem oben dargestellten Schema anscheinend widersprechenden Sieg der christlichen Waffen bei Belgrad 1456 anbelangt, wurde dieser nicht auf offenem Gefechtsfeld, sondern in einer komplizierten – und in ihrem Gesamtverlauf immer noch ungeklärten – Belagerungsschlacht errungen und kann somit nicht an der Taktik gemessen werden, welche in den Feldschlachten angewandt wurde.

Es stellen sich da zwei Fragen: Erstens, wieso konnte eine dermaßen auf Defensive, ja geradezu auf den Immobilismus einer verschanzten Kerntruppe aufgebaute, obendrein noch wenig variable und somit für den Feind vorhersehbare Taktik den Osmanen wiederholt so eklatante Siege bescheren? Und zweitens, weshalb haben denn die christlichen Feldherrn keine Konsequenzen aus den ersten Niederlagen gezogen, warum stellten sie sich nicht auf die Schlachtordnung des Feindes ein?

Der Janitschare Konstantin sieht einen Aspekt der osmanischen Bezwingung von schwerer Kavallerie recht nüchtern aus der Sicht des Infanteristen des 15. Jahrhunderts: *„Wenn die Türken auf gewappnete Menschen in Rüstungen treffen, befiehlt ihnen der Sultan, ihr Augenmerk mehr auf die Pferde als auf die Reiter zu lenken. Sie nähern sich von beiden Seiten mit Speer und Säbel und verschiedenen anderen Waffen, um die Pferde zu schlagen und zu verwunden, um dann mit den Reitern* *leichtes Spiel zu haben. Daher hüte sich jeder vor schwerem Rüstzeug. Und das ist doch leicht einzusehen, wenn du so beschwert einmal vom Pferde steigst ..."*

Neu war diese Art der Bekämpfung der Reiterei allerdings nicht: Die Verwundbarkeit der schweren Kavallerie des späten Mittelalters war seit der „Sporenschlacht" von Kortrijk (1302), dem Sieg des flandrischen Fußvolkes über die französischen Ritter, und insbesondere seit der Schlacht von Morgarten (1315) bekannt, wo das Fußvolk der Schweizer den Schlachtrossen der habsburgischen Ritter die Sehnen durchschnitt und die zu Fuß recht hilflosen Kavalleristen niederhaute.

Die Kriegskunst der beiden letzten Jahrhunderte des Mittelalters stand im Zeichen des allmählichen Aufstiegs der Infanterie; die einst so überlegenen Ritterheere, die schwere Kavallerie als kampfentscheidende Truppe, waren damit gleichzeitig zum Niedergang verurteilt.

Die Osmanen profitierten generationenlang von der Begriffsstutzigkeit der europäischen Militärs, die dieser Entwicklung nicht folgten. Ferner: Den Osmanen standen – bis auf Mohács – keine einheitlichen, sondern verschiedene christliche Kontingente gegenüber, so daß mangelnde Koordination oder gar Zwistigkeiten unter den Verbündeten die Schlachtpläne belasteten. Zum anderen überschätzten die christlichen Herrscher nach wie vor die Stoßkraft ihrer Kavallerieattacken.

Schließlich waren die abendländischen Heerführer des späten Mittelalters schlecht informiert über das osmanische Heerwesen und weit entfernt von der systematischen Generalstabsarbeit moderner Zeiten.

Befestigungswesen

Dem systematischen Bau von Trutzburgen, das heißt Gegenburgen, sowie von Uferbefestigungen am Marmarameer, der vorbildlichen Gestaltung und Bewachung von Marschlagern und kleinen Dauerbefestigungen eigener Art verdankten die Osmanen gewaltige militärische Erfolge. In der Belagerungskunst übertraf sie bis ins 17. Jahrhundert keine abendländische Streitmacht.

Trutzburgen und Zwingburgen

Im militärhistorischen Sprachgebrauch ist die Trutzburg – im Gegensatz zur Zwingburg, welche der Beherrschung und Überwachung von Gebieten dient – eine Befestigungsanlage, die zur Belagerung einer gegnerischen Burg erbaut wurde. Schon 1317, bei der Belagerung von Bursa im Nordwesten Anatoliens, wandte Reichsgründer Osman († 1326) diese Methode an. Nach der Kapitulation der Feste machten die Osmanen Bursa zu ihrer Hauptstadt.

Viel besser bekannt als die beiden Burgen vor Bursa und durch Quellen reichlich belegt, ist der Bau der mächtigen türkischen Trutzburg Rumeli Hissari gegenüber von Konstantinopel 1452: Die schnelle – in drei Monaten vollendete – Errichtung dieser Gegenburg versetzte die Bevölkerung der Kaiserstadt in Angst und Schrecken. Es war nicht zu übersehen: Der Sturm auf Konstantinopel würde nicht mehr lange auf sich warten lassen.

Die Trutz- und Zwingburgen standen unter dem zentralen Kommando des Großherrn: *„Der Sultan hält sämtliche Burgen in allen seinen Ländern in seiner Hand, indem er seine Janitscharen oder Zöglinge als Besatzung in sie legt. Er behält sie fest und gibt keine einzige Burg einem Herrn zu eigen. Selbst wenn sich eine Burg in einer umfriedeten Stadt befindet, bestimmt der Sultan allein über sie, nachdem er sie mit den Seinen besetzt hat. Die Janitscharen, die auf einer Burg sich aufhalten, werden vom Sultan versorgt, damit sie, falls sie eingeschlossen würden, keine Not zu leiden hätten ... Allvierteljährlich ohne Ausnahme geht ihnen ihr Lohn voll und ganz vom Hof des Sultans zu"* (Konstantin von Ostroviza). Nicht von ungefähr wird die pünktliche Auszahlung des Soldes vom praktisch denkenden Ex-Janitscharen betont – stets ein nicht zu unterschätzender Faktor im Militärwesen.

Wenn nun das klassische Befestigungswesen, nämlich die Zwingburgen, von den Türken mehr oder weniger vernachlässigt wurde, so muß man dies dem offensiven strategischen Denken der Osmanen zuschreiben. Gebiete erobern, immer neue Burgen einnehmen, nicht etwa die eroberten Fortifikationen ausbauen wollten sie ja, und es war die Ausnahme, wenn der Feind örtlich zum Gegenschlag ausholte und die Türken selbst zu Belagerten wurden. „Den Türken, die seit der Etablierung ihres Imperiums bis zur Belagerung Wiens kaum Gelegenheit hatten, an irgendwelchen Plätzen ein echtes Verteidigungsgefecht zu liefern, mangelte es auch an einer Methode, dieselben zu befestigen." (Marsigli) Erst ab 1683 fingen sie an, sich auf die Verteidigung einzustellen.

## Marschlager und kleine Forts (Palanks)

Beispielhaft beherrschten die Türken auch die Kunst der Auswahl des Terrains für Marschlager oder robuste Feldbefestigungen. Das Gelände sollte groß genug sein für die Aufnahme aller Truppenteile, der Geschütze und des Trosses; nach Möglichkeit sollte man sich an den Flanken auf

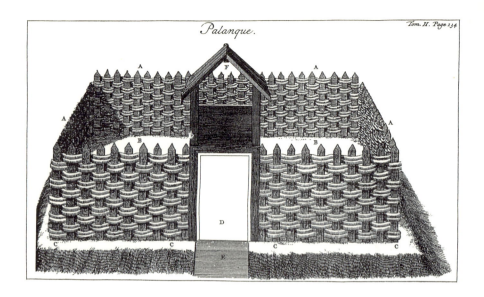

natürliche Hindernisse, Wasserläufe, Moraste, Wälder oder Hügel stützen können. In der Nähe sollten Wasser, Hafer und Holz zur Genüge vorhanden sein. Es sollte der Truppe leichtfallen, das Lager bei plötzlichem feindlichem Angriff schnell zu verlassen und sich zum Gefecht zu formieren – all diese Regeln des Kampierens wurden von den Osmanen penibel eingehalten. Die osmanischen Truppen gingen das Risiko eines nächtlichen Überraschungsangriffs durch den Feind gar nicht erst ein, dafür beobachteten sie mit Argusaugen, ob nun auch der Gegner die Nacht in sicheren Lagern verbringt oder aber, ob er sich Blößen gibt. An der Mariza, nur zwei Tagesmärsche von Adrianopel, dem heutigen Edirne, entfernt, soll eine ungarisch-serbisch-bosnisch-walachische Armee 1363 dem Leichtsinn ihrer Befehlshaber zum Opfer gefallen sein: Die Verbündeten hatten es versäumt, ihr Nachtlager zu sichern, die Krieger gaben sich sogar einem Gelage hin, so berichten türkische Chroniken. Die Osmanen hatten nur auf diese Gelegenheit gewartet. Aus ihrem eigenen, wohlgesicherten Lager heraus holten sie zum nächtlichen Schlag aus und überrumpelten den ahnungslosen Feind. Nur wenige konnten fliehen.

Die Kriegskunst der Osmanen brachte Ende des 15. Jahrhunderts auch eine eigene Gattung der Fortifikationen hervor, nämlich ein kleines Fort, unter dem Namen *Palank* bekanntgeworden, welches an die Kastelle der Römer erinnert. Die Palanks waren quadratförmig angelegte, dauerhafte feste Plätze, vornehmlich von gewaltigen, miteinander verflochtenen

Holzpfählen umzäunt. Im amerikanischen Wilden Westen des 19. Jahrhunderts und bei Frankreichs Fremdenlegion gab es später einigermaßen vergleichbare Forts, die der Dauerverteidigung dienten und gegenüber leicht bewaffneten Angreifern eine gewisse Sicherheit boten.

Zur Logistik

Nach einer Definition dieses modernen Terminus ist die Logistik, „Planung, Bereitstellung und Einsatz der für militärische Zwecke erforderlichen Mittel und Dienstleistungen zur Unterstützung der Streitkräfte" – ein recht weiter Begriff.

Die Osmanen nun, durch ihre Feldzüge über schwieriges Gelände auf dem Balkan, vor allem aber durch den Umfang ihrer Armeen besonders gefordert, bauten einen immensen Kriegsapparat aus, der all diesen Aufgaben exemplarisch gerecht werden konnte.

Über die strenge Ordnung, die im Heer der Osmanen herrschte, vermittelt beispielsweise die Beschreibung Konstantins aus Ostroviza ein lebendiges und zugleich recht genaues Bild. Geschildert wird der Troß des Sultansheeres und damit also der Infanteristen Kapikuli einschließlich der Janitscharen und der Reiterei Kapikuli Anfang der Regierungszeit Mehmeds II. des Eroberers (1451–1481):

„*Von den Berittenen gibt es zusammen 2450. Die höfischen Janitscharen-Fußsoldaten sind 3500 und etwas darüber an der Zahl ... Und so beträgt die Zahl der höfischen Fußsoldaten und Berittenen des Sultans etwa 6000.*" Für die 6000 Mann starke Truppe des Sultans gab es „*300 Kamele, die die Waffen tragen. Denn wenn sie in den Krieg ziehen, führen sie keine Wagen mit sich, um keinen Aufenthalt damit zu haben. Die Waffenschmiede, die die Waffen reinigen und fertigen, sind 60 an der Zahl, sie sind samt und sonders beritten ... Dann gibt es noch solche, die die Zelte des Sultans aufschlagen, es sind ihrer 60 ... Sie sind allesamt beritten ... Des weiteren werden zwölf vortreffliche Saumtiere gehalten, die das Bett, das Bettzeug und das Geld befördern, das dem Sultan zur Hand sein soll als sein persönlicher Schatz. Die Zahl der Lastkamele beträgt 412, doch werden darüber hinaus noch etliche ledige (unbeladene, d. V.) Kamele mitgeführt, damit für den Fall, daß einem Lastkamel etwas zustößt, gleich ein anderes an seine Stelle treten kann. Von den Waffenschmieden, denen, die die Zelte aufschlagen, und ... den Paukenschlägern gibt es 320.*"

Was nun die Pferde anbelangt, hat der Sultan „*jedes Jahr 1000 ledige Pferde unter seinem Sattel, wenn Bedarf besteht, werden diese Pferde, mit Sattel und Zaumzeug versehen, verteilt, besonders wenn ein großer Kampf im Gange ist. Es gibt 200 Stallmeister, die die Pferde versorgen, sie haben auch eigene Pferde vom Sultan".*

Besondere Sachkunde forderte nicht nur das Aufschlagen, sondern auch die dekorative und zugleich praktische Ausstattung der Zelte. Im Heeresmuseum zu Istanbul gibt es Riesenhallen, in denen Zelte aus verschiedenen Epochen ein Bild über die Ausmaße und die kostbare Inneneinrichtung vermitteln.

Zahlreiche Einzelheiten der Organisation schildert Marsigli mit der ihm eigenen Präzision. Der gelehrte Graf behandelt durchaus auch frühere Epochen, also nicht nur den Zustand in seiner Zeit, um die Wende des 17. zum 18. Jahrhundert. Dabei beschreibt er keineswegs nur den Transport und die Lasttiere, das Tuch, aus welchem die verschiedenen Uniformen gefertigt werden, Qualität und Menge des Pferdefutters oder ähnliche Dinge. Sein Augenmerk fällt auch auf die Militärmusiker und ihre Instrumente: Intensität und Rhythmus des türkischen Trommelschlags beim Gefecht lehrten die Christen das Fürchten.

Selbst während der Feldzüge wurden die strengen Badevorschriften eingehalten. Denn, was die – schon vom Islam vorgeschriebene – Sauberkeit des Körpers anbelangt, waren die Türken den Westeuropäern weit überlegen. Dies dürfte u. a. dazu beigetragen haben – über Statistiken der Sterblichkeit in der Truppe verfügen wir nicht –, daß ihre Krieger von Seuchen eher verschont blieben als ihre mitteleuropäischen Gegner: Ein Bonus, welcher das Kriegsgeschehen direkt beeinflußte, wie übrigens auch der Verzicht der Türken auf Alkoholgenuß!

Wesire, Beglerbegs und andere hohe Offiziere christlicher Abstammung ebenso wie ihrer Religion treu gebliebene Ausländer waren am Aufbau jenes gewaltigen Kriegsapparats gleichermaßen beteiligt. Hier einige Beispiele für führende Militärs christlicher Herkunft: Griechen von Geburt waren der tollkühne Beglerbeg Has-Murad, der am Euphrat im ersten Persekrieg Mehmeds II. an der Spitze seiner Reitertruppe fiel, ferner Messih Pascha, Befehlshaber der osmanischen Flotte bei der Belagerung von Rhodos 1480. Albaner von christlicher Geburt waren Beglerbeg Daud, der 1476 Skutari belagerte, also gegen die eigenen Landsleute kämpfte, und Gedik Ahmed Pascha, der 1476 Kaffa auf der Krim eroberte,

---

*A: Zelte der Kavallerietruppe; B: Holzbarrieren, die die Pferde daran hinderten, das Futter zu zertrampeln; C: Kochstellen; D: Latrine; E: Pflöcke, an denen die Pferde festgebunden waren. (Nach* **Marsigli***)*

1473–1477 einen Feldzug in die Moldau und dann 1480 den Otranto-Feldzug nach Apulien führte. 1473 war der gebürtige Serbe Karadscha der Statthalter von Myra in Lykien. Bei der Belagerung Konstantinopels befehligte der Bulgare Baltioglu die osmanischen Seestreitkräfte.

## Die Kriegsmarine

Die materiellen und geographischen Voraussetzungen für den Ausbau einer Kriegsflotte – Rohstoffe, Werften, Häfen, Küstenstreifen – umfassen auch die „Ressource Mensch". Zum Schiffsbau braucht man schöpferische Planer, Schiffsingenieure, Facharbeiter, zum Seekrieg Admiräle, erfahrene Marineoffiziere, in der Schiffahrt geübte, mit dem Kriegshandwerk vertraute Mannschaften.

Eine Kriegsmarine erwächst in der Regel aus Traditionen der Handelsschiffahrt und aus ihrer Schutzbedürftigkeit. Handelsschiffe müssen militärisch abgeschirmt werden, zu Friedenszeiten gegen Piraterie, im Kriegsfall gegen die feindliche Flotte. Die Seemächte Athen, später Karthago und Rom in der Antike, Spanien und Portugal, die Niederlande, auch Frankreich und England in der Neuzeit konnten allesamt auf reiche Erfahrungen ihrer Handelsschiffahrt zurückblicken. Nicht so die Osmanen. Und trotzdem wurde das Osmanische Reich spätestens im 16. Jahrhundert zu einer bedrohlichen Seemacht, die, wenn nicht das ganze Mittelmeer, so doch wenigstens gut die Hälfte davon beherrschte.

### Der Flottenbau

Der Ausbau einer gewaltigen Kriegsflotte ist mit den Namen der beiden Giganten osmanischer Geschichte verbunden, Mehmed II. (1451–1481) und Suleiman II. (1520–1566).

Mehmed schien sich „von der Notwendigkeit überzeugt zu haben, daß er neben seiner Landmacht eine schlagkräftige und vor allem ansehnliche Flotte bereithalten müsse...". Die Chronisten „beschreiben die Eile, mit der der Sultan die Ausrüstung und den Ausbau einer wehrhaften Seemacht betrieb, um, wenn möglich, auch die Herrschaft auf dem Meer in seine Hand zu bringen. Ob dem Großherrn bei der Schaffung der osmanischen Flotte das byzantinische Seewesen als Vorbild diente, ob ihm Abendländer bei der Herstellung von Kriegsschiffen und deren Ausrüstung behilflich waren, alles das ist bisher nicht erforscht worden, so daß eine Klärung... der Zukunft überlassen werden muß" (Babinger).

Es würde sich schon lohnen, diese historische Forschungslücke zu schließen und das Mitwirken der Abendländer zu belegen. Denn man kann kaum daran zweifeln, daß die Beteiligung von Christen, Italienern und Griechen zumal, entscheidend gewesen sein muß.

Die Quellenlage ist viel günstiger, was Suleimans Kriegsflotte anbelangt. Rückschlüsse auf die Zeit Mehmeds ergeben sich insbesondere anhand einer Zusammenfassung Zinkeisens: „Die Arsenale waren mit Allem gefüllt, was zum Bau und zur Unterhaltung einer großen Armata gehörte. Aber das Ganze war doch noch in einem sehr mangelhaften Zustande. Es fehlte an geschickten Schiffsbaumeistern, tüchtigen Werkleuten, einer guten Bemannung, erfahrenen, geübten Schiffsführern und vor Allem an einem Admiral. Die Leitung des Schiffsbaues zu Constantinopel war damals vorzüglich in den Händen eines Venetianers, Francesco Giustiniano; geschickte Werkmeister und Bauleute wurden namentlich aus Chios bezogen. Schon damals empfand man sehr wohl, daß die Türken, überhaupt kein handeltreibendes Volk, an dem eigentlichen Nerv einer Kriegsflotte, an einer tüchtigen Handelsmarine Mangel litten."

Zu Suleimans Spätzeit, 1565, als eine Schlüsselposition im Kampf für die Seeherrschaft im Mittelmeer, nämlich die Inselfestung Malta, durch die Osmanen angegriffen wurde, berichtete Monsieur de Petremol, Frankreichs Botschafter an der Pforte, über die gewaltigen Anstrengungen bei der Rüstung einer neuen Flotte. Gigantische Geschütze standen freilich im Vordergrund, diesmal für die Schiffsartillerie: „... zwanzig Geschütze von exzessiver Größe und von enormem Kaliber wurden gegossen ... Im Besonderen gibt es aber ein Stück, bei dem man denkt, kein Schiff ist groß genug, um es an Bord zu nehmen."

Kriegsschiffe von großer Tonnage wurden eiligst gebaut, aus allen Teilen des Reiches Transportschiffe zusammengezogen. Doch das Unternehmen mißlang, die Inselfestung Malta konnte nicht bezwungen werden.

Wer waren die Schiffsbauer, wer entwarf die Modelle, wer leitete die Arbeit auf den Werften?

Schenkt man Marsigli Glauben, der immerhin als Augenzeuge berichtete, so hatten die Türken die Kunst des Schiffbaus damals noch nicht erlernt. Er war in den Jahren 1679, 1680 und 1692 in den Werften zugegen und stellte schließlich fest: *„Christen aller Nationen leiteten den Bau von Kriegsschiffen ... Sie führten den Türken den Unterschied zwischen den von ihnen gebauten und denjenigen vor, welche die Türken selbst bauten."*

Ein „Renegat aus Livorno, Mohamed Aga genannt", erwies sich als besonders effizient bei der Rüstung der Flotte. Als Vertrauter des damaligen Großwesirs Köprülü beriet er die Türken gar in Finanzsachen.

Die Galata-Brücke und Istanbuls Stadtteil gleichen Namens sind feste Begriffe für heutige Türkeireisende. In Galata errichteten die Osmanen ihre Werften auf dem Gelände eines alten Friedhofs, nachdem die Toten zuvor umgebettet worden waren. Auch ein Quartier für den Flottenadmiral wurde eingerichtet. Dorthin zog er sich vor dem Auslaufen des Geschwaders 5 bis 6 Wochen lang mit den höheren Offizieren zurück, um unter anderem „über die militärische Disziplin und die Ausübung der richterlichen Gewalt an Bord" sowie über den notwendigen Munitionsvorrat zu beraten.

In den Werften von Galata wurden Kriegsschiffe verschiedener Größenordnung gebaut, konform den Modellen anderer Seemächte des 16. und 17. Jahrhunderts: Fregatten, Galeeren und Galeassen, auch „Maone" genannt. Die Schiffsartillerie beschreibt Marsigli wie folgt: „Die Galeere war nur mit einigen Kanonen bestückt. Die Galeasse trug hingegen nicht weniger als 24 Geschütze an Bord; somit konnte sie etwa auch Breitseiten abfeuern."

## Der Großadmiral

„Elemente einer brauchbaren Bemannung (der Flotte, d. V.) fanden sich nur unter den anatolischen und griechischen Seeräubern. Am empfindlichsten blieb bei diesen mißlichen Zuständen immer der Mangel erfahrener Seeoffiziere und eines tüchtigen Oberbefehlshabers der Kriegsflotte" (Zinkeisen).

Sicherlich war zu jener Zeit eine gewisse Verflechtung von regulärem Seekrieg und Korsarentum zu verzeichnen. Suleiman nun, ansonsten keine Abenteurernatur, kein Draufgänger, eher übervorsichtig im Kriegshandwerk, traf eine einzigartige Entscheidung bei der Auswahl des Oberkommandierenden der Seestreitkräfte, des Kapudan Pascha. Er ernannte dazu nämlich 1533 jenen kühnen Seeräuberhauptmann, „welcher unter dem Namen Haireddin oder Barbarossa, schon seit den Zeiten Sultan Selims I. der Schrecken des mittelländischen Meeres gewesen war..." (Zinkeisen). Dieser Haireddin war Sohn einer Griechin und eines Janitscharen, den der Sultan auf der Insel Lesbos angesiedelt hatte. Der hochbegabte Seefahrer und gefürchtete Freibeuter errichtete in Algier, das er seit 1518 beherrschte, eine Art von Korsarenstaat. Was bei der Ernennung des Seeräubers zum Großadmiral durch Suleiman ins Auge sticht, ist die uneingeschränkte Schätzung der Effizienz ohne Rücksicht auf alles, aber auch alles andere – und diese Denkweise war eine der wichtigsten Faktoren des spektakulären Erfolgs osmanischer Staats- und Kriegskunst.

## Wesentliche Gründe für die osmanischen Siege

Im 16. und 17. Jahrhundert wurde, so Manfred Kramer in der Einführung zum Nachdruck von Marsiglis militärhistorischer Monographie, meistens „ausschließlich nach einem metaphysischen Grund für die Unbesiegbarkeit der Osmanen gesucht". Fügen wir hinzu: Zum Teil gilt dies auch im 19., ja im späten 20. Jahrhundert, wenn noch einige seriöse Historiker, vor allem aber Bestsellerautoren unserer Tage die Geschichte der frühen Araber und der Osmanen undifferenziert unter dem Stichwort: „Siegeszug des Islam" zusammenschnüren, oder eher durcheinanderbringen.

So lebt denn immer noch etwa ein Bild des „fanatisierten türkischen Glaubenskriegers" weiter, der, um den wahren Glauben, den des Propheten, mit scharfer Klinge zu verbreiten und ungeduldig, nach seinem Heldentod ins Paradies einzuziehen, unaufhaltsam vorwärts stürmte und das Abendland in Angst und Schrecken versetzte.

Uns ist nun daran gelegen, die Historie der Türkenkriege zu entzaubern, ja der Dämonologie zu entreißen und ganz in die normale politische und Militärgeschichte zu integrieren, wohin sie auch gehört, und wo sie nüchterne Historiker auch lokalisieren. Jansky stellt in Schieders Europäischer Geschichte fest: „Die überkommene Vorstellung des Abendlandes, der hauptsächliche, ja womöglich einzige Anstoß zur Entstehung und kriegerischen Erweiterung des Osmanischen Reiches sei die religiöse Idee des Islams und das Streben nach seiner Verbreitung gewesen, bedarf einer Berichtigung. Die wahre ideelle Grundlage der Schaffung und des Aufstiegs des Osmanenreiches war der *Glaube an die Berufung des Hauses Osman zur Weltherrschaft,* die Quelle aber, aus der dieser Glaube und die auf ihm beruhenden Überlieferungen flossen, war ihrem Wesen nach unislamisch." Mit einigen Korrekturen, was nun die tatsächlich „unislamische" Motivation anbelangt, stimmen wir diesen Ausführungen zu.

Den islamischen Glauben kann man von der Geschichte der Osmanen natürlich nicht wegdenken. Er spielte in der Motivation der Krieger eine Rolle, ebenso wie der Kreuzzugsgedanke im christlichen Lager. Nur sollen wir die Rhetorik auf beiden Seiten, der osmanischen wie auch der christlichen, gebührend relativieren.

Inwiefern beeinflußten abendländische Theorie, Kriegskunst oder Kriegswissenschaft die Kriegsführung der Osmanen, in welchem Maße trugen Lehren und Kriegserfahrungen der Europäer zum eklatanten Erfolg der türkischen Waffen bei? Exakte Antworten gibt es auf diese Fragen nicht. Man ist auf Spekulationen und auf spärliche Quellen angewiesen, die in erster Linie wiederum mit Mehmed II. und Suleiman dem Prächtigen in Verbindung stehen.

Umfassende Arbeiten über Kriegskunst waren rar zu Mehmeds Zeiten. Ein Werk aus der Spätantike könnte der Eroberer eventuell gekannt haben, die Arbeit des Flavius Vegetius Renatus: Epitoma rei militaris, etwa: Abriß des Militärwesens (Ende des 4. Jahrhunderts). Ein Satz daraus dürfte ihn dann besonders beeindruckt haben: „Nichts anderes ermöglichte dem römischen Volk die Eroberung der Welt, als die Übung des Waffenhandwerks und die Disziplin ihrer Lager."

### Die Lehren von Clausewitz – auf die Türkenkriege angewandt

Der dank seiner Originalität und seiner Universalität, seinem souveränen Urteilsvermögen und seiner großartigen Systematik berühmte Militärwissenschaftler, Carl von Clausewitz (1780–1831), schrieb sein Werk „Vom Kriege" Jahrhunderte nach den offensiven Feldzügen der Osmanen. Er orientierte sich zwar unmittelbar an den Erfahrungen aus den friderizianischen und napoleonischen Kriegen; sein gesamtes Werk ist jedoch von tiefem Verständnis der gesamten Kriegsgeschichte durchdrungen. Es lohnt sich also, Clausewitz' Lehren auch einmal auf die osmanische Expansion anzuwenden. Was die Strategie und ihr Verhältnis zur Taktik angeht, ist sie „der Gebrauch des Gefechts zum Zweck des Krieges", welcher bei den Osmanen 1300–1683 einen generell offensiven Charakter hatte: Ihre Kriege auf europäischem Boden dienten stets dem Gebietsgewinn, einem offensiven strategischen Zweck par excellence. Somit gehorchten die Türkenkriege der folgenden Formel:
1. Strategie: Offensiver Feldzug, Angriffskrieg.
2. Taktik: Defensive „Konstruktion des Gefechts".

Als Kriterien einer erfolgreichen Strategie nennt Clausewitz „moralische Hauptpotenzen", darunter die „Talente des Feldherrn". Das Osmanenreich hat keinen Alexander oder Hannibal, keinen Friedrich oder Napoleon hervorgebracht. Im Landkrieg erwiesen sich dann zwar mehrere begabte Großwesire oder Beglerbegs als recht effizient; doch kann man im allgemeinen getrost feststellen, daß etwa ein „gutes Mittelmaß" überwog. Wenn es also keine herausragenden militärischen Genies bei den Osmanen gab, was oder wer hat dann zum enormen Erfolg ihrer Streitkräfte beigetragen?

*Die zahlenmäßige Überlegenheit von Armeen:* Zwar räumt Clausewitz ein, daß „die Überlegenheit der Zahl in einem Gefecht nur einer der Faktoren ist, aus welchem der Sieg gebildet wird ... Aber die Überlegenheit hat Grade, sie kann doppelt, drei-, viermal so groß gedacht werden usw. und" dann ist „die Überlegenheit der Zahl der wichtigste Faktor in dem Resultat eines Gefechts".

Man kennt die zeitgenössischen und auch die späteren Übertreibungen, was die Stärke der osmanischen Streitkräfte anbelangt, Schreckensbotschaften von Chronisten über riesige Türkenheere, die mehrere hunderttausend Mann zählten. Die annähernd genaue Zahl der Kombattanten kann man freilich schwer rekonstruieren. Sachlich arbeitende Historiker waren dennoch in der Lage, den enormen Troß und die kämpfende Truppe auseinanderzuhalten und die jeweilige Truppenstärke der türkischen Feldarmeen einigermaßen zuverlässig zu schätzen.

Nun kann man die fünf, uns im folgenden vornehmlich beschäftigenden großen Feldschlachten in Europa (1389–1526) keineswegs einheitlich beurteilen, was eine zahlenmäßige Überlegenheit der Türkenheere anbelangt. Nur in zwei Fällen – bei Varna 1444 im Verhältnis von etwa 4:1 und bei Mohács 1526 im Verhältnis 2,5:1 – war die bedrückende Übermacht des osmanischen Heeres schon allein gefechtsentscheidend. Bei den übrigen drei Schlachten wurden die magischen Zahlen 2:1 der Clausewitzschen Regel weder erreicht noch überschritten.

*Überraschung und List:* „Geheimnis und Schnelligkeit sind die beiden Faktoren" der Überraschung, schreibt Clausewitz. Und: „In der Taktik ist die Überraschung viel mehr zu Hause" als in der Strategie.

Was den Faktor „Geheimnis" anbelangt, blieb das strategische Ziel osmanischer Feldzüge nur in wenigen Fällen unbekannt. Es ist beispielsweise ein ungelöstes Rätsel, ob nach der Errichtung eines osmanischen Brückenkopfes bei Otranto in Apulien (1480) die Kriegsvorbereitungen Mehmeds II. einer massiven Invasion Italiens dienten oder nicht. Eine echte strategische Überraschung wäre also in dieser Konstellation möglich gewesen. Allerdings nahm der im Mai 1481 plötzlich verstorbene Eroberer das Geheimnis mit ins Grab.

Bei Feldzügen gegen Mitteleuropa – die zwischen 1521 und 1683 alle anderen Unternehmungen der Osmanen im Landkrieg verdrängten – blieb jedoch nicht verborgen, wenn ein großes Heer Richtung Nordwesten aufbrach: Der gewaltige osmanische Heerzug schlängelte sich von Edirne ausgehend jahraus, jahrein über den Balkan bis Belgrad. Dort wurde meistens eine kurze Ruhepause eingelegt. Dies war für den Gegner berechenbar, ebenso die Jahreszeit: Abmarsch im April oder im Mai, Ankunft in Belgrad nicht vor Juni. Es lag an der schwerfälligen, perfektionistisch durchorganisierten Struktur des osmanischen Militärapparats, daß es Überraschungen à la Alexander, Caesar, Friedrich und Napoleon kaum geben konnte.

Ein Überraschungsmoment folgte erst in dem Stadium des Feldzuges, als die Kräfte in Belgrad zusammengezogen wurden: Stoßen nun die Osmanen gen Nordwesten, etwa Richtung Wien, gen Norden oder Nordosten, in die ungarische Tiefebene vor, um Burgen einzunehmen?

Die Irreführung und Verunsicherung des Feindes gehörte manchmal also doch zum Repertoire osmanischer Kriegskunst. Den entscheidenden Faktor ihrer Erfolge stellten sie allerdings nicht dar.

*Optimale Kombination von Verteidigung und Angriff:* „Was ist der Begriff der Verteidigung? Das Abwehren eines Stoßes. Was ist also ihr Merkmal? Das Abwarten dieses Stoßes." – Dies sind die ersten Sätze von Clausewitz' 6. Buch. Darauffolgend wird die These selbst dargestellt: „Was ist der Zweck der Verteidigung? *Erhalten*. Erhalten ist leichter als gewinnen, schon daraus folgt, daß die Verteidigung bei vorausgesetzten gleichen Mitteln leichter sei als der Angriff. Worin liegt aber die größere Leichtigkeit des Erhaltens oder Bewahrens? Darin, daß alle Zeit, welche ungenutzt verstreicht, in die Waagschale des Verteidigers fällt. Er erntet, wo er nicht gesäet hat."

Spezifisch für die Taktik, das heißt, für einzelne Schlachten stellt Clausewitz fest: „In der Taktik ist also jedes Gefecht, groß oder klein, ein *verteidigendes*, wenn wir dem Feinde die Initiative überlassen und sein Erscheinen vor unserer Front abwarten."

Hat einmal das Abwarten seine Früchte getragen – ist der attackierende Feind einmal geschwächt –, muß der Gegenschlag erfolgen.

Geradezu auf Feldschlachten der Osmanen zugeschnitten ist da Clausewitz' Formulierung, wonach man „in einer starken und zweckmäßig verschanzten Stellung eines stärkeren Widerstandes fähig sei, und daß, wenn an diesem die Kräfte des Feindes sich halb erschöpft haben, auch ein wirksamerer Rückstoß gegen ihn erfolgen könne."

Wer erblickt hier nicht die Sultansschanze, den Block der Janitscharen, gegen den die Ritter erfolglos anrennen?

Unter einem spezifischen Aspekt kann der Verteidiger sogar die Vorteile einer Überraschung genießen. Bis zum Herzen der aufmarschierten gegnerischen Streitmacht – bis zum verschanzten Kern des Osmanenheeres – konnten Kundschafter (der Christen) kaum vordringen. So mußten die vorwärtsstürmenden Ritter in mehreren großen Feldschlachten plötzlich eine böse Überraschung erleben, eben als sie auf die uneinnehmbare Sultansschanze stießen. Dazu kam bei Mohács das mehr oder weniger unerwartete Feuer einer noch nie dagewesenen Konzentration von Geschützen.

Auf diese Weise haben es die Osmanen verstanden, das offensive strategische Ziel der territorialen Expansion systematisch zu verfolgen und gleichzeitig die Vorteile der Verteidigung in der Taktik auf dem Schlachtfeld voll auszuschöpfen!

Die wichtigsten Ursachen für die spektakulären und zugleich dauerhaften Erfolge der osmanischen Eroberungskriege lassen sich nach dem Gesagten folgendermaßen zusammenfassen:

*Disziplin und Ordnung:* Elementare Bedingungen für die Effizienz des militärischen Einsatzes haben bei den Osmanen der hohe Grad an Disziplin, die Ordnung in der gesamten Heeresorganisation und der systematische Aufbau ihrer Logistik gewährleistet.

*Einsatz der Artillerie:* Die Osmanen hatten die wahre Bedeutung der Artillerie frühzeitig erkannt. Mehmed II. und seine Nachfolger forcierten mit allem Nachdruck den weiteren systematischen Ausbau; sie ließen eine für ihre Zeit ungewöhnlich große Zahl von Geschützen mit damals anderswo noch unvorstellbar großen Kalibern gießen.

*Ausnutzung fremden Fachwissens:* Die osmanischen Herrscher registrierten, daß die Abendländer ein überlegenes Fachwissen im technischen, insbesondere im waffentechnischen Bereich besaßen. Also warben sie systematisch Konstrukteure an und ließen sie – um fürstliche Honorare – für sich arbeiten.

*Ausgewogene Kriegsführung auf der Ebene der Strategie:* Die der territorialen Expansion dienende Angriffsstrategie der Osmanen gehorchte einer langfristigen Planung. Die Expansion erfolgte langsam, eine Position, eine Burg nach der anderen wurde planmäßig belagert und eingenommen. Charakteristisch für die Heerzüge waren die logistisch perfekte Organisation und die langsame Fortbewegung der Armeen. Das Risiko bedrohlicher feindlicher Fortifikationen im Rücken ihrer Heere gingen die Sultane nur ausnahmsweise ein.

*Defensive in der Taktik:* Die Taktik der Osmanen in Feldschlachten war dadurch gekennzeichnet, daß sie die Vorteile der Defensive im Gefecht erkannt hatten; sie warteten geduldig, bis der Gegner angriff.

# KAPITEL II

# Das Innere des Imperiums

## Das Staatswesen

Ansätze für eine einheitliche, zentralistische Organisation des Osmanenreiches gab es bereits unter Bajasid I., um 1400. Der Versuch war verfrüht. Mehmed II. stellte die Weichen für die Verwaltung seines erweiterten Reiches auf der Basis des Zentralismus und konnte die Staatsorganisation festigen. Unter seinen Nachfolgern blieb die Kontinuität gewahrt.

Suleiman paßte den Staatsapparat – unter Wahrung der frühen, bewährten Institutionen – dem Ausmaß und der inneren Struktur des Osmanischen Weltreiches an, baute ihn weiter aus und schuf die Grundlagen des osmanischen Staatswesens für mehrere Jahrhunderte. Die hier folgende Skizze des Staatswesens soll daher auch die Zeit nach Suleiman illustrieren.

### Großwesire, Beglerbegs und Sandschakbegs

Wie schon lange vorher, war der Großwesir nach dem Sultan der zweite Mann im Staat. Unter Suleiman besaß er bereits eine größere Machtfülle als in der Regierungszeit von Mehmed II., die letzte Entscheidung blieb aber immer beim Sultan. Der Großwesir hatte ein höchstpersönliches Vertrauensverhältnis zum Sultan. War dies zerstört, gab es für ihn allenfalls im offenen, sehr risikobehafteten Appell an die unzufriedenen Janitscharen eine Rettung. Sonst wurde er vom Hofe verbannt oder auf der Stelle hingerichtet.

Charakteristisch für den „institutionalisierten Antirassismus" der Osmanen bei der Besetzung der Spitzenpositionen, von dem mehrfach die Rede war, ist eine Darstellung Klevers über die Herkunft der Großwesire von den Anfängen bis 1623: Von der Gesamtzahl der höchsten Würdenträger in dieser Zeitspanne waren nur fünf Türken. Elf waren Slawen vom Balkan, elf Albaner, sechs Griechen, je einer Italiener, Armenier und Tscherkesse von Geburt. Die Herkunft von zwölf Großwesiren ist nicht festzustellen; eine christliche Abstammung kann auch bei ihnen vermutet werden.

Drei Beglerbegs allein – erst einer für Rumelien, d. h. für die europäischen Gebiete, dann einer für Anatolien, später noch ein dritter für Ägypten – konnten den Regierungs- und Verwaltungsaufgaben im Weltreich nicht mehr gerecht werden. So wurde eine immer größere Zahl von Beglerbegs als Statthalter von Großprovinzen eingesetzt. Bis Anfang des 17. Jahrhunderts wuchs ihre Zahl auf 44. Die territoriale Grundeinheit war auch weiterhin der Sandschak, der dem Sandschakbeg gehorchte; in Suleimans Großreich gab es 250 Sandschaks. Es wurden nunmehr aber auch territoriale Großeinheiten, die Wilajets, gebildet, welche Sandschaks unterschiedlicher Zahl umfaßten. An der Spitze des Wilajets stand ein Beglerbeg. Als konsultatives Organ fungierte in jedem Wilajet ein eigener Diwan, welcher die leitenden Funktionäre des Gebietes umfaßte.

Militärische und zivile Verwaltung waren eng miteinander verflochten; dementsprechend deckten die Befugnisse des Beglerbegs beide Gebiete ab. Die Position des Beglerbegs „war eine eigenartige Mischung von Machtfülle und Ausgeliefertsein", sagt zutreffend der moderne ungarische Historiker Sinkovics. Der Beglerbeg hatte einen weiten Handlungsspielraum, solange seine Aktivitäten den militärischen und politischen Interessen der Zentralmacht dienten und diese nicht gefährdeten. Der Beglerbeg durfte sogar militärische Operationen von kleinerer Tragweite durchführen – bei Mißerfolg hatte er dann auch die Verantwortung zu tragen. Der Beglerbeg durfte auf der anderen Seite keine strukturellen Änderungen vornehmen. Im Finanzwesen waren seine Hände völlig gebunden, er konnte beispielsweise ohne die Genehmigung der Pforte nicht die geringste Gehalts- oder Solderhöhung vornehmen. Ernannt wurde der Beglerbeg von der Pforte. Die Beglerbegs wurden häufig ausgewechselt –, daß sie zu jedem Zeitpunkt abberufen werden konnten, war in Ermangelung eines „Beamtenrechts" im modernen Sinne eine Selbstverständlichkeit.


Der Kadi

Neben dem Sandschakbeg bedarf die Funktion des Kadi in der mittleren territorialen Verwaltung besonderer Erwähnung. Er war nicht nur Richter, sondern hatte vielmehr Aufgaben in der Steuerverwaltung und der militärischen Mobilmachung. Dem Kadi oblag auch die Aufsicht über gewerbliche Körperschaften, über die Märkte, Bauten und sogar über die verschiedenen Religionsgemeinden. Juristisch ausgebildet, nahm der Kadi auch notarielle Handlungen wahr.

Die Sprengel der Kadis, d. h. die Gebiete, für welche sie zuständig waren, stimmten nicht mit der allgemeinen territorialen Einteilung, also mit den Sandschaks überein. Generell gab es jeweils einen Kadi, der für rein weltliche Belange zuständig war, in größeren Zentren. Dafür war ein geistlicher Rechtsgelehrter, ein Mufti, jeweils für einen Sandschak zuständig. Der Mufti erstellte das Rechtsgutachten, die Fetwa. Von dieser machte der Kadi, falls erforderlich, Gebrauch, nicht unähnlich einem Amts- oder Landgericht unserer Zeit, das im Bedarfsfall Rechtsgutachten von Rechtsgelehrten einholt.

Der Beglerbeg übte die Aufsicht über den Sandschakbeg, den Kadi und den Defterdar, den „Spitzenfunktionär" im Finanzwesen, aus, aber eben nur die Aufsicht: Ernannt und mit Instruktionen versehen wurden sie allesamt von der Zentralregierung in Istanbul.

Auf der lokalen, der unteren Ebene der Verwaltung übten die Selbstverwaltungsorgane aus der Zeit vor der Eroberung ihre Tätigkeit weiter aus. Der osmanische Staat war weder willens noch in der Lage, seinen stramm durchorganisierten Verwaltungsapparat auf die unterste Ebene auszudehnen, er konnte nicht Angelegenheiten geringerer Tragweite in jedem Dorf erledigen. Das bedeutete, daß Christen auf dem Balkan – und in einem stärkeren Maße in den nach 1541 annektierten großen ungarischen Gebieten – als Dorfschulzen etc. weiter fungierten.

Einige Randgebiete und privilegierte Territorien innerhalb des osmanischen Machtbereichs wurden nicht in das Territorialsystem der Wilajets und Sandschaks eingegliedert: Die Walachei, Moldau und das Gebiet der Krimtataren – das letztere mit ständig variablen Grenzen – hatten eine Art von Vasallenstatus. Die Handelsstadt Ragusa – heute Dubrovnik – an der Adriaküste genoß völlige Autonomie im Herrschaftsbereich des Sultans. Den Sonderfall des Fürstentums Siebenbürgen, das zeitweilig zwischen dem Status eines freien Verbündeten und Vasallenstaates der Pforte schwankte, werden wir später behandeln.

Finanz- und Steuerpolitik

Besondere Präzision und Effizienz kennzeichneten das osmanische Finanzwesen: den zentralen Fiskus, die flächendeckende Finanzverwaltung, das gesamte Steuer- und Münzwesen. Der allgemeinen Charakterisierung von Suleimans Finanz- und Steuerpolitik durch den englischen Historiker Creasy ist zuzustimmen: „Reichliche Einkünfte, die sachkundig eingesammelt und vorsichtig, aber wiederum auch großzügig verteilt wurden, stellten einen der entscheidenden Vorteile Suleimans den zeitgenössischen Monarchen gegenüber dar ... Die Steuerlast des Einzelnen war leicht, und Suleiman erhob Sondersteuern nur zweimal während seiner Regierungszeit", aber auch diese waren geringfügig. Moslems, versteht sich, ohne Rücksicht darauf, ob sie etwa als Christen geboren worden waren, zahlten nur ausnahmsweise Steuern – eben nur die Sonderabgaben –, ansonsten waren sie steuerfrei.

Die Steuerverwaltung war territorial verteilt, die Steuereintreibung oblag außerdem noch den „Steuerunternehmern", die aber keine Steuerpächter mit weitem Gestaltungsspielraum waren. Ihre Bestellung – jeweils nur auf einige Jahre – erfolgte durch eine Art von Ausschreibung. Die Steuerunternehmer wurden dann für die Zeit ihrer Tätigkeit zu besoldeten Angestellten des Fiskus. Die Besitzlosen zahlten Pro-Kopf-Steuern, während Eigentümer von Haus, Hof und Vieh aufgrund ihres Vermögens veranlagt wurden.

An der Spitze der jeweiligen territorialen Finanzverwaltung stand der Defterdar, der „Schatzmeister".

Kein Historiker bezweifelt den hohen Organisationsgrad und die Effizienz der osmanischen Finanzverwaltung. Nur was das Münzwesen anbelangt, ist man kritischer; die äußere Erscheinungsform – nicht der Edelmetallgehalt – der Grundeinheit, des Silberlings (Aktsche), wird bemängelt, sie war „nie ganz rund" (Klever). Zölle und Gebühren wurden wo irgend möglich erhoben und mit gleicher Akribie wie die Steuern eingetrieben: Zahlen mußte man für die Überquerung von Brücken und Gebirgspässen, bei Fähren und Furten, bei Hafenbenutzung, usw. – Auch bei den Leuchttürmen wurden Gebühren erhoben. Wie die Herrscher im Abendland besaß auch der Sultan gewaltige eigene Ländereien, deren Einkünfte u. a. für Staatszwecke verwendet wurden.

### Die Gesellschaft im Vielvölkerstaat

Vernunft und Toleranz vertragen sich recht gut. Dennoch stellen wir klar, daß eher Klugheit als Güte die Grundhaltung der Sultane gegenüber den Menschen und ihren Gesellschaftsformen bestimmte, die sie auf den riesigen eroberten Gebieten vorfanden: Sie ließen die Gesellschaftsformen unverändert, insofern dies der Staatsräson nicht widersprach. Und diese Sultane waren unbewußt Vorboten der Aufklärung in dem Sinne, daß sie das Heil des Staates nicht im Bereich irgendeiner Ideologie erblickten. Diese Einstellung berührte in erster Linie die christliche Bevölkerung auf dem Balkan und in Ungarn. Im Nahen und Mittleren Osten lebten zwar überwiegend Moslems und nur wenige Christen, Völkerschaften aber, deren Lebens- und Gesellschaftsformen radikal von denen der Bewohner Istanbuls oder auch West- und Mittelanatoliens abwichen. Arabern, Nomaden, auch schiitischen Moslems und allen anderen gegenüber galt jedoch dieselbe Maxime wie auf dem Balkan, nämlich daß man diese Menschen nach ihren alten Gewohnheiten leben ließ, wenn das die Oberherrschaft nicht gefährdete. Die Osmanen waren eben keine Missionare des sunnitischen Islam.

Aber es gab einen sehr bedeutsamen Bereich, in welchem die Osmanen ihre Staatsräson zu Lasten der bestehenden Gesellschaftsstrukturen in Europa durchsetzten, und dieses war die Förderung ihres eigenen Schwertadels. Sie bedeutete nämlich: Wegnahme von Land, um die Spahis damit zu versorgen. (Siehe zum Spahi-Land, dem „Timar", auch S. 114, 180). Ansonsten blieben Wirtschaftsstrukturen und Eigentumsformen, Berufsausübung und Gemeindeverwaltung mehr oder weniger so wie sie vor der Okkupation waren – Religionsausübung, Sitten und Bräuche erst recht.

Alle Untertanen, ob Christen oder Moslems, welche keiner privilegierten Schicht (z. B. dem Schwertadel der Spahis, der Schicht der „Beamten" des Verwaltungsapparates) angehörten, wurden mit dem Sammelbegriff „Raja" = „Behütete Herde" bezeichnet.

Vorausgeschickt werden muß ferner, daß das Bild, welches hier vermittelt wird, die Bedingungen in „ruhigen Zeiten" widerspiegelt. D. h., die Greuel des Krieges, die Tötungen, die Verschleppung größerer Menschenmassen durch die Osmanen zum Zeitpunkt der Eroberung und kurz danach sind keineswegs vergessen. Da aber nach diesen Stürmen Ruhe einkehrte, die Osmanen in den längst annektierten, befriedeten Gebieten dann in der Regel keine massiven „Deportationen" mehr vornahmen, wenden wir uns dem Leben der Menschen zu, so wie sie es über Jahrzehnte und Jahrhunderte der Osmanenherrschaft im Alltag lebten.

Die bäuerliche Bevölkerung

Als erstes beschäftigt uns die Bauernbevölkerung, welche die überwältigende Mehrheit darstellte, im Osmanenreich wie auch im Abendland.

Nach einer allgemeinen Verteufelung der Osmanen als grausame Unterdrücker wandte sich das Blatt in der historiographischen Betrachtung und man ging zur Herausstellung so mancher Vorteile der christlichen Bauernbevölkerung im Osmanenreich über, im Gegensatz zur jämmerlichen Lage der Leibeigenen des Abendlandes der Frühen Neuzeit. Neuerdings scheint das Pendel wieder in die andere Richtung auszuschlagen. Es werden – neben der Anerkennung allgemeiner Vorteile der Bauern unter der Osmanenherrschaft – die verschiedensten Lasten und Schikanen stark betont, unter welchen die nichtmoslemische landwirtschaftliche Bevölkerung zu leiden hatte.

Ein letztes Urteil fällt schwer, wobei die verschiedenen Darstellungen mit Quellenmaterial belegt werden können. Wenn man sporadische Daten über die Lasten der Leibeigenen im Abendland den Berichten über die Abgaben des Bauern in der einen oder der anderen osmanisch besetzten Region gegenüberstellt, kann man Schlüsse in die eine und in die andere Richtung ziehen. Außerdem: Man lebt nicht von Brot allein, d. h. selbst wenn es flächendeckende statistische Angaben über die wirtschaftliche Lage hüben und drüben gäbe – was nicht der Fall ist –, würde man kein treues Bild über das Leben dieser Bauern gewinnen. Wie war es um die Menschenwürde bestellt...?! Außer acht gelassen werden darf freilich auch nicht der Unterschied zwischen den verschiedenen Ländern, was das Entwicklungsniveau der Wirtschaft, die geographischen und klimatischen Bedingungen anbelangt. Wie kann man denn Verhältnisse etwa in Montenegro oder Bulgarien mit der Lage im westeuropäischen Feudalismus, etwa auch im Herzen Deutschlands zur Zeit des Bauernkrieges vergleichen?

Irreführend kann auch wirken, daß die Historiker des öfteren vom Beispiel Ungarns aus generelle Schlüsse ziehen, wobei es sich da um den Sonderfall eines Landes handelt, das nicht gänzlich wie die Balkanländer, sondern nur zum Teil von den Osmanen besetzt wurde. Daneben gab es auch ein christliches Ungarn. Die Bevölkerung litt hier unter den Osmanen und den Kaiserlichen in unterschiedlichem Maße. Im Verlauf von 15 Jahren, 1627–1642, kamen beispielsweise unter den Türken in Ungarn 1194 Menschen zu Tode, 13 664 Rinder wurden von der Besatzungsmacht geraubt. Dafür gab es in Ungarn keine Knabenlese; die Religionsfreiheit wurde respektiert, auch die Tätigkeit der katholischen Pfarrer und der Jesuiten wurde nicht behindert. Die Timar-Besitzer, die Spahis, waren oft beliebter als die einheimischen Grundbesitzer, etwa im kaiserlichen Teil des Landes. So rebellierten die Bauern 1631 im Raum von Eger (Erlau) gegen ihre christlichen Grundherren und baten den dortigen Beglerbeg um Hilfe. Auf den Vorwurf, daß die Türken die Bauern aufhetzten, antwortete der Pascha von Buda: *„Diese armen Rajas* (raja = allg. behütete Herde = Untertanen) *müssen zwei Heere unterhalten wie eine Herde Schafe, die von zwei Hütern gemolken wird. Ihr habt sie dermaßen unterdrückt, daß sie sich von euch abwandten, obgleich ihr gleichen Glaubens seid."*

Die Bauernbevölkerung hatte es unter dem Feudalsystem der Timars insgesamt leichter als die Leibeigenen nördlich und westlich des osmanischen Herrschaftsgebietes. Unter den Osmanen erschöpfte sich die Abgabepflicht der Bauern in der Bezahlung des Zehnten, und sie litten allenfalls unter dem Zwang der Arbeitsleistung für den Feudalherrn. Der osmanische Staat erzwang in der Regel nicht die Abgaben an christliche Kirchen. Dies sind unbestreitbare Tatsachen. Dennoch ist es einseitig, wenn Creasy die folgende Quelle aus Suleimans Zeiten quasi als typisch zitiert: „Ich habe eine Vielzahl ungarischer Bauern gesehen, welche ihre Hütten in Brand steckten, und mit ihren Frauen und Kindern, mit ihrem Vieh und ihrem Arbeitsgerät in die türkischen Gebiete flohen, wo sie wußten, daß sie nach der Entrichtung des Zehnten unter keinen Steuern und Schikanen zu leiden hatten."

Wir kennen auch das im wesentlichen stichhaltige, allerdings scharf formulierte Urteil von Jorga über die Zufriedenheit der Menschen (noch zu Mehmeds Zeiten), sobald sie „die offenbaren Vorteile der osmanischen Herrschaft aus Erfahrung kannten."

Die Einschätzung der Lage im christlichen und im osmanisch beherrschten Gebiet hängt auch – neben den unzweifelhaften objektiven Merkmalen, von denen soeben die Rede war – weitgehend damit zusammen, daß es sich um die Epoche der Reformation, um das konfessionelle Zeitalter handelte. Aus protestantischer, aus griechisch-orthodoxer Sicht erscheinen da die Zustände im osmanischen Okkupationsgebiet in einem ganz anderen Licht. Seit der Zulassung des griechisch-orthodoxen Patriarchats in Istanbul durch Mehmed II. erfreute sich die Ostkirche einer Art von privilegierter Stellung unter den christlichen Kirchen im Reich; ihr gehörten die meisten Christen auf dem Balkan an. In Ungarn nun verdankte der – zu König János Zápolyas Regierungszeiten mehrheitliche, dann durch die Wiener Gegenreformation arg verfolgte – Protestantismus sein Überleben fast ausschließlich den Osmanen. Was Wunder, wenn die nichtkatholische Geschichtsschreibung andere Akzente setzt bei einer vergleichenden Darstellung des Lebens hüben und drüben?!

Christen und Moslems

Zu den Nachteilen der christlichen Bevölkerung auf osmanischem Gebiet gehörte vor allem die Steuerpflicht – im Gegensatz zur Steuerfreiheit der Moslems: Christen und Juden zahlten Kopfsteuer. Sodann durften die Christen generell keine neuen Kirchen bauen – die alten, die nicht gleich nach der Okkupation in Moscheen umgewandelt worden waren, nahm man ihnen allerdings nicht weg. Die Christen durften die Moslems in keiner Beziehung stören. Ein banales Beispiel für die Durchsetzung dieser allgemeinen Regel illustriert zugleich die Einstellung der Besatzer zu solchen Fragen des Zusammenlebens:

Schweine züchten, Schweinefleisch essen, Wein anbauen und trinken durften die Christen wie vorher. Darum kümmerte sich der osmanische Staat überhaupt nicht – solange dies die herrschenden Moslems eben nicht „störte". Denn Schweineherden durften nicht so getrieben, Weinfässer nicht befördert, Wein durfte nicht getrunken werden, wenn Moslems diese für sie verbotenen Sachen sehen konnten. Was dies bedeutete, wie diese Norm überhaupt durchgesetzt werden konnte, war nicht leicht zu sagen: Es bot jedenfalls ein weites Feld für Schikanen und Reibereien. Zu Christenverfolgungen seitens der Behörden, zu mörderischen Ausbrüchen der ortsansässigen Moslems führte dies alles jedoch nicht.

Durch Ansiedlung von Türken änderte sich die ethnische Zusammensetzung der ländlichen Bevölkerung während der drei bis vier Jahrhunderte Osmanenherrschaft auf dem Balkan relativ wenig. Auch nicht während der eineinhalb Jahrhunderte Okkupationszeit in Ungarn: Türken wurden nur ausnahmsweise – so z. B. in Skopje (Üsküb) in Makedonien – angesiedelt. Es lag den Sultanen fern, die besetzten Gebiete allesamt türkisieren zu wollen. Verschiebungen anderer Art gab es allerdings: Ein Teil der Albaner und der Südslawen nahm den moslemischen Glauben an. Die Initiative dazu ging von der Oberschicht aus. Viele Grundbesitzer wollten weder die Flucht in christliche Länder noch die offensichtlichen Nachteile in Kauf nehmen, welche ihnen etwa durch die Aufteilung ihrer Ländereien unter Spahis drohte. Sie traten also zum Islam über und zogen andere mit. Seitdem ist etwa eine Hälfte der Albaner moslemisch; die „Bosnier" von heute sind zum Islam übergetretene Serben und Kroaten. All diese Menschen behielten ihre Sprache, die albanische, die serbische und die kroatische.

Im Osmanischen Reich war die Annahme des Islam viel eher ein Bekenntnis zum Staat – und zwar ein bedingungsloses! – als ein Akt des Glaubensbekenntnisses, auch wenn der Wandel sofort mit den dazugehörigen religiösen Riten verbunden war. Die Nachkommen der frischgebackenen Moslems lernten dann ihre christlichen Blutsverwandten so zu hassen, wie es beispielsweise der Bürgerkrieg in Bosnien in unserer Zeit demonstriert hat.

Alles in allem gab es in ländlichen Gebieten relativ wenig Reibereien zwischen Türken auf der einen, Griechen, Serben, Bulgaren und Ungarn auf der anderen Seite, schon aus dem simplen Grunde nicht, weil in all diesen Gebieten nur wenig Türken wohnten. In den Städten gab es freilich Beamte und zahlreiche türkische Handwerker.

Die türkische Landbevölkerung im asiatischen Teil des Reiches lebte, was die wirtschaftlichen Grundbedingungen in den Timars anbelangt, grundsätzlich nicht viel anders als die Christen in Südosteuropa; nur waren dort die Produktionsarten und -mittel einfacher. Der Ackerbau breitete sich schon in der Frühzeit aus und gedieh gleichzeitig mit der Viehzucht. Neben seßhaften Bauern gab es auch weiterhin Nomaden.

Die allgemeine Lebensweise, die Bräuche in Kleinasien waren jedoch vollständig anders als im europäischen Reichsteil. Schlichte patriarchalische Sitten herrschten vor – sie prägen bis zum heutigen Tag das Leben der ländlichen Bevölkerung. Es gab allerdings viele Wechselwirkungen über den Bosporus hinüber. Hier nennen wir nur eine einzige, nämlich die Übernahme türkischer landwirtschaftlicher Produkte (Gewürze!) in Europa und die Beeinflussung durch die türkische Küche. Die heutige südslawische und die ungarische Küche sind weitgehend von der türkischen geprägt. Ihren Paprika verdanken die Ungarn ihren Besatzern. „Granoturco" – türkisches Korn heißt der Mais auf Italienisch.

Handwerker und Händler

Kam es zu keiner nennenswerten Umsiedlung türkischer Bauern nach Südosteuropa, so gestaltete sich die Lage ganz anders bei den Handwerkern. In den Städten der besetzten Länder entwickelte sich ein Nebeneinander von christlichen und türkischen Handwerkern und anderen Gewerbetreibenden, ein buntes Bild der – in bescheidenem Rahmen – florierenden Wirtschaft. Es gab bestimmte Berufe, in welchen sich die Türken durch ihr besonderes Geschick hervortaten und wiederum andere, wo Christen und Türken parallel tätig waren, miteinander konkurrierten. Türken behielten sich womöglich Berufe wie diejenigen des Waffenschmieds, des Schneiders, des Schusters, des Gärtners – auch des Bademeisters – vor. Türkische Sattler und Töpfer waren besonders begabt, ihre Produkte zeichneten sich durch künstlerische Gestaltung aus. Unter den Barbieren und Metzgern gab es Christen und Türken gleichermaßen. Dem Gewerbe des Kürschners wandte sich der morgenländische Türke nicht zu, obgleich es in Anatolien klirrenden Frost geben kann, niedrigere Temperaturen als in Europa üblich.

Der osmanische Staat hinderte den Außenhandel nicht, er profitierte ja davon durch satte Zolleinnahmen. Die Freizügigkeit der Kaufleute war beträchtlich, sie durften auch ihren Standort wechseln, sich diesseits oder jenseits der „Front" niederlassen.

Auf den Märkten der Städte herrschten Zucht und Ordnung. Auch in dieser Beziehung darf man kleinere Orte zwar nicht an den Maßstäben von Istanbul messen, aber schon von mittelgroßen Städten auf dem Balkan ist überliefert, daß die Händler ihre Waren über Nacht im Freien ließen, sie nur gegen Regen, nicht gegen Diebstahl schützen mußten, so wirksam war der städtische Wachdienst. Qualität und sauberes Auswiegen der Ware wurden penibel kontrolliert.

Die Juden werden hier in Verbindung mit dem Handel erwähnt, obgleich sie aus dem simplen Grunde nicht vorwiegend Handel und Geldgeschäfte trieben, weil sie das Verbot der Ausübung der meisten anderen Berufe unter osmanischer Herrschaft, anders als im Abendland, eben nicht traf. So betätigten sie sich außer im Klein- und Großhandel, wo sie stark vertreten waren, in diesem und jenem Handwerk, als Schneider und Schuster, als Bäcker und Goldschmied etc. Versperrt waren ihnen auch Landwirtschaft und Kriegshandwerk nicht – wie in den christlichen Ländern, wo man sie daraus im Früh- und Hochmittelalter ausschloß, um ihnen dann bis zum heutigen Tag vorzuwerfen, daß sie mit Pflug und Schwert nicht umzugehen verstünden. Bei den Osmanen durften sie allen Berufen nachgehen; wenn sie zum Islam übertraten, konnten sie, wie alle anderen, auch Spitzenbeamte werden. Jüdische Ärzte und Bankiers gab es im christlichen und im osmanischen Bereich gleichermaßen.

Wegen des Einflusses von „Hofjuden" wurde der Habsburgerkaiser Friedrich III. von Historikern getadelt, wenn auch nicht so heftig wie manche Sultane, insbesondere Mehmed II. und Suleiman. Wer eine besondere „Judenfreundlichkeit" der Osmanen mit theologischen oder psychologischen Argumenten zu erklären versucht, irrt allerdings. Nur Staatsräson und Effizienz zählten.

KAPITEL III

# Außenpolitik
# Freunde und Verbündete – Gegenspieler und Intimfeinde

Dieses Kapitel umfaßt die Periode 1451–1566, und zwar aus folgenden Gründen: Mit der Regierungszeit von Mehmed II. dem Eroberer (1451–1481) beginnt das Zeitalter, in dem das Osmanenreich durch das Abendland, eher nolens als volens, endgültig akzeptiert, in die Staatenwelt des Kontinents als Mitspieler „aufgenommen" werden mußte. Den Realitäten konnten sich die europäischen Mächte, insbesondere nach dem Gnadenstoß, welchen Mehmed Konstantinopel 1453 versetzt hat, nicht mehr verschließen.

Mit dem Regierungsantritt Suleimans II. (1520–1566) erreicht dann das Osmanische Reich den Höhepunkt seiner Macht. Gerade die Regierungszeit dieser beiden wohl größten Herrscher der türkischen Geschichte schlechthin war eine Hoch-Zeit erfolgreicher Außenpolitik und glänzender Diplomatie. Diese Darstellung ist also lohnend; und sie fällt auch nicht schwer, da die Quellenlage sehr gut ist. Botschafter, Unterhändler aller Art, Abenteurer, exotikbesessene Renaissanceschriftsteller, „Orientalisten" jener Zeit, Berufslügner Münchhausenscher Couleur und Schreiberlinge, wie auch türkische Hof- und Berufshistoriker berichteten ausgiebig. Viele erzählten tatsächlich nach Erfahrungen aus erster Hand: sie durften die Hand des Padischah küssen oder aber sie haben Bekanntschaft mit dessen Kerkermeistern gemacht – keine Seltenheit bei Gesandten feindseliger Mächte, welchen eben keine courtoisie und keine diplomatische Immunität zuteil geworden sind. In den diversen Quellen werden die – in der Gestalt der Sultane personifizierte – türkische Diplomatie und das merkwürdige Protokoll detailliert beschrieben. Zugleich erhalten wir Einblick in das Machtgefüge der europäischen Staatenwelt, der das Osmanenreich nunmehr angehörte. Mehr noch, wir erkennen die Kraftlinien der Außenbeziehungen in Europa, so wie sich diese von der Hochrenaissance bis ins 18. Jahrhundert mehr oder weniger kontinuierlich gestalteten: Langfristige Allianzen und Dauerfeindschaften prägen diese Epoche.

Es werden insbesondere die Beziehungen des Osmanischen Reiches zu denjenigen europäischen Mächten charakterisiert, die in seiner Geschichte eine besonders wichtige Rolle spielten: Frankreich, Habsburg, Ungarn und Italien (dort in erster Linie Venedig und Rom).

## Osmanen und Franzosen

Frankreich war das einzige Land, welches, fern vom Kriegsschauplatz auf dem Balkan und somit selbst nicht bedroht, zur Zeit der frühen osmanischen Expansion eine imposante Streitmacht gegen die Ungläubigen aufgeboten hat (Schlacht von Nikopolis 1396). Den Türken haben sich sonst nur die unmittelbar gefährdeten Völker Südosteuropas und vor allem die ungarische Großmacht gestellt, verstärkt von kleinen Kontingenten aus Deutschland und anderen christlichen Ländern. Die Franzosen allein waren es, die sich, noch vom Geist der frühen Kreuzzüge beseelt und zugleich auf Ruhm um des Ruhmes willen bedacht, massiv an dem Versuch beteiligten, die Türkennot abzuwehren.

Später, im frühen 16. Jahrhundert, war es wiederum Frankreich, das diesmal – sehr zur Aufregung aller übrigen europäischen Mächte – mit dem Osmanenreich ein Bündnis einging. Was war der Grund hierfür?

Anders als im späten 14. Jahrhundert, als noch der englisch-französische Dauerkonflikt die Politik Frankreichs beherrschte, fühlte sich dieses nach 1500 durch das habsburgisch-spanische Reich Karls V. bedroht. Zu Recht: denn Spanien stieg zur Weltmacht auf, und in Madrid wie in Wien herrschte das Haus Habsburg, eine auf territorialen Zugewinn der Familienländer ausgerichtete Dynastie. Habsburg war auf dem besten Weg, sich die schon seit Rudolf von Habsburg († 1291) so begehrte ungarische Landmasse durch den Erwerb der Stephanskrone einzuverleiben (die böhmische Wenzelskrone wäre gleichzeitig an Österreich gefallen).

Bis zum frühen 18. Jahrhundert war die Befreiung vom Würgegriff der spanischen und der österreichischen Habsburger der Eckpfeiler französischer Politik.

Im Südosten Europas dehnte sich die Macht der Osmanen Schritt für Schritt aus. Sie erreichte – und verletzte systematisch – die Südgrenze des seit dem Tod von König Mathias Corvinus 1490 geschwächten Ungarn. Hauptgegner des Türkenreiches war nunmehr und blieb über drei Jahrhunderte das Wiener Habsburgerreich. Im Mittelmeer stieß die türkische

Seemacht auf die spanischen Habsburger. Der Fanatismus des intoleranten Spanien im Kampf gegen die Ungläubigen spielte da ebenso eine Rolle wie Rivalitäten im Levantehandel.

„Die Feinde meiner Feinde sind meine Freunde": So streckte der König der Franzosen seine Hand zur Verbrüderung mit dem Großherrn aus.

### Franz I. von Frankreich und Suleiman der Prächtige

Die Verbindung zwischen König Franz I. (1515–1547) und Suleiman dem Prächtigen (1520–1566) kam unter Umständen zustande, die an Abenteuerlichem und Dramatischem kaum zu überbieten sind. Nach seiner vernichtenden Niederlage bei Pavia 1525 im Krieg gegen Karl V. wurde Franz als Gefangener des Kaisers nach Spanien gebracht. Um freizukommen und zugleich um Frankreich aus der Umklammerung durch die Reiche der Habsburger von Madrid und Wien mit Hilfe türkischer Waffengewalt mittel- oder langfristig herauszulösen, entschloß sich Franz I. schließlich, ein Bündnis mit dem „Erzfeind der Christenheit" in die Wege zu leiten.

Den ersten Schritt tat Franz' I. Mutter, Louise von Savoyen. Sie entsandte eine Delegation zum Großherrn. Ihre Getreuen trugen einen Brief – einen Hilferuf der verzweifelten Mutter – mit sich, und, versteht sich, kostbare Geschenke, darunter einen Rubin, den Franz noch bei Pavia getragen haben soll, goldene Kandelaber, viel Bargeld. Doch unterwegs in Bosnien wurden die Gesandten überfallen, ausgeraubt und ermordet.

Dann wurde Franz selbst aktiv. Aus der Gefangenschaft in Madrid sandte er eine Botschaft an Suleiman. In der Schuhsohle eines Vertrauensmannes soll ein Kassiber geschmuggelt worden sein. Mündlich vorgetragen wurden die Vorschläge des in die Enge getriebenen Königs von Johann Frangipani, der aus einem ungarischen Adelsgeschlecht italienischen Ursprungs stammte. Suleiman empfing Frangipani persönlich und gab ihm ein Schreiben an König Franz mit auf die Rückreise:

*„Du Franz, König des Landes Frankreich, hast durch Deinen treuen Agenten Frangipani einen Brief an meine Pforte, die Zufluchtstätte der Souveräne, geschickt und ihm zugleich einige mündliche Mitheilungen aufgetragen. Du thust mir zu wissen, daß Dein Feind sich Deines Landes bemächtigt hat und daß Du gegenwärtig im Gefängnisse bist, und verlangst hier Schutz und Hülfe zu Deiner Befreiung. Ich habe von Allem, was am Fuße meines Thrones, der Welt Zuflucht, niedergelegt worden ist, vollständige Kenntnis genommen. Es ist kein Wunder, daß Herrscher Niederlagen erleiden und in Gefangenschaft fallen. Fasse also Muth und*

*lasse Dich nicht zu Boden werfen. Unsere ruhmreichen Vorfahren und unsere erlauchten Ahnen (Gott lasse sein Licht über ihren Gräbern leuchten) haben niemals aufgehört, Krieg zu führen, um den Feind zurückzuschlagen und Länder zu erobern. Auch wir sind ihren Fußstapfen gefolgt, und haben zu jeder Zeit Provinzen und schwer zugängliche Schlösser erobert. Tag und Nacht steht unser Streitroß gesattelt und sind wir mit unserm Schlachtschwerte umgürtet."*

Doch die Befreiung Franz' I. aus der Gefangenschaft zu Madrid konnte weder durch die osmanische Diplomatie noch das osmanische Schwert und trotz des echten Interesses Suleimans an einer Freundschaft mit Frankreich nicht so schnell erzwungen werden, wie es sich die Mutter des Königs und dieser selbst erwünscht hätten. So blieb Franz nichts anderes übrig, als seine Freiheit 1526 durch den Frieden von Madrid zu erkaufen, der unter anderem auch die Entsendung eines französischen Korps, 15 000 Infanteristen und 5000 Mann Reiterei, gegen die Türken vorsah. Karl V. sagte in seinen Instruktionen für die Friedensverhandlungen: Die Streitmacht beider Parteien sei aufzustellen „gegen die Ungläubigen ..., um die vermaledeite Sekte der Mohamedaner auszurotten", und „um das Königreich Ungarn zu verteidigen."

Suleiman hatte ein gewisses Verständnis für den König von Frankreich, zumal dessen Verpflichtung zum Kreuzzug gegen die Osmanen nur auf dem Papier bestand und nicht in die Tat umgesetzt wurde. Der Ausbau der Beziehungen zwischen den beiden Reichen war ein langwieriger Prozeß. 1535 wurde ein ständiger Botschafter Frankreichs nach Istanbul entsandt. Dem ersten Botschafter, de la Forêt, folgten Diplomaten jeweils unterschiedlichen Temperaments. Nach dem Tod von de la Forêt übernahm Charles de Marillac, der spätere Erzbischof von Vienne, die Mission an der Pforte, „einer der bedeutendsten Diplomaten des 16. Jahrhunderts". Auch der nächste Botschafter, Antonio Rincón, war eine bedeutende Persönlichkeit. Er starb 1541 allerdings durch Mörderhand. Der letzte Botschafter Franz' I. war Polin de la Garde (1541–1547).

Obgleich die osmanisch-französische Freundschaft zu einer Konstante der Weltpolitik werden sollte, vereinbarten Franz I. und Suleiman kein formelles Bündnis im militärischen Sinn, kein Beistandspakt wurde unterzeichnet. Eine formelle Allianz mit den „Ungläubigen" gegen den „obersten Schirmherrn der Christenheit", Kaiser Karl V., konnte sich Franz gar nicht leisten. Dafür wurde über ein umfassendes Vertragswerk „betreffend diverse Angelegenheiten praktischer Art" bereits seit 1528 verhandelt. Die Ausarbeitung des Textes wurde durch Suleimans Perserkriege (1534–1535) verzögert. 1536 lag dann ein unterschriftsreifer Vertrag vor. Danach schlossen der König und der Sultan Frieden und Freundschaft für die Zeit ihres Lebens. Sie räumten den Untertanen ihrer Reiche gegenseitig Freizügigkeit im Personenverkehr und im Handel ein. Der Sultan sicherte den Untertanen des Königs eine eigene Gerichtsbarkeit in Zivil- und Strafsachen und freie Ausübung ihrer Religion auf osmanischem Territorium zu – ein bedeutsames einseitiges Zugeständnis. Alle sich in türkischer Sklaverei befindlichen Franzosen kamen sofort frei. Gegenseitige Freizügigkeit und weitgehende Zusammenarbeit in der Schiffahrt wurden ebenfalls vereinbart. Den osmanisch-französischen Vereinbarungen muß man allerdings hinzufügen, daß immer, wenn zwischen der Pforte und Venedig Frieden herrschte, den Untertanen – und den Schiffen – der Signoria mehrfach schon vorher ähnliche Freiheiten zugestanden worden waren.

Dies war der erste französisch-osmanische Freundschaftsvertrag. Er ist jedoch weder dem Inhalt des Textes nach – der keine Bündnisklausel enthält – noch der Form nach präzise: Denn die Unterzeichnung einer Urkunde 1536 ist historisch nicht belegt. Fest steht nur, daß ein Entwurf gleich nach der Rückkehr Suleimans aus dem Perserkrieg vorlag. Dieser Text wurde übrigens erst viel später auszugsweise gedruckt und im 19. Jahrhundert vollständig veröffentlicht. Geheimvereinbarungen, welche etwa den koordinierten diplomatischen und militärischen Einsatz gegen den gemeinsamen Feind Kaiser Karl zum Gegenstand gehabt hätten, waren auch in diesem – so spät publik gewordenen – Text nicht enthalten.

Der osmanisch-französische Vertragsentwurf von 1536 hatte allerdings eine historische Bedeutung über die Beziehungen der beiden Mächte hinaus: Er galt als Ausgangspunkt und Modell für die berühmten „Kapitulationen". Damit bezeichnete man einen Katalog von Sonderrechten, welche die Osmanen den Untertanen europäischer Mächte auf ihrem Territorium vertraglich einräumten. „Kapitulationen" wurden wiederholt mit Frankreich, später auch mit England, Holland usw. vereinbart. Die Bezeichnung darf nicht täuschen, sie hat nämlich mit einer Kapitulation im üblichen Sinn gar nichts zu tun. Vielmehr ist in diesem Zusammenhang „Kapitulation" ein neutraler Begriff, weil er nur die redaktionelle Einteilung einer Urkunde in „Kapitel" bezeichnet.

Die erste Vereinbarung mit Frankreich, welche die Freundschaft zwischen beiden Mächten und die Sonderrechte der französischen Untertanen im Geiste des Entwurfs von 1536 festschrieb und deren Abschluß historisch auch belegt ist, stammt aus dem Jahre 1569: Franz I. und Suleiman, die Väter der französisch-osmanischen Freundschaft, lebten nicht mehr, der Vertrag wurde zwischen König Karl IX. (1560–1574) und Sultan Selim II. (1566–1574) abgeschlossen. Auch ernsthafte Gefährdungen der Freundschaft zerrütteten die französisch-osmanische Interessengemeinschaft im Endeffekt nicht: Die französischen Botschafter an der Pforte mußten sich immer wieder mit – freilich vorwiegend durch die Emissäre der Habsburger am Hofe des Sultans in die Welt gesetzten – Gerüchten auseinandersetzen, die stets mit den Kernproblemen des Dreiecksverhältnisses der Großmächte Frankreich – Habsburg – Türkei zusammenhingen. Zuweilen trugen diese Fabeln phantastische Züge: So ging nach einem Gipfeltreffen Franz' I. mit Kaiser Karl im südfranzösischen Aigues-Mortes 1538 gar die Mär um, Frankreich und Habsburg, zwischen denen wiederum einmal die Waffen schwiegen, wollten nicht nur zu einem gemeinsamen Kreuzzug gegen die Osmanen aufbrechen, wie 1526 auf dem Papier vereinbart (S. 57), sondern Franz I. gar zum Kaiser von Konstantinopel krönen!

Nach dem Tod von Franz I. wurden die Beziehungen der beiden Mächte noch ernsthafter belastet. Der französische Botschafter Codignac war ein Elefant im Porzellanladen. 1556, als ihm der strenge Großwesir Rustem gewisse Schwierigkeiten protokollarischer Art machte, fuhr er den Osmanen mit einem höchst undiplomatischen Hinweis auf den Zweifrontenkrieg an, zu dem Frankreich Kaiser Karl gezwungen hat; damit habe der Verbündete die türkischen Eroberungen überhaupt erst ermöglicht; diese seien keineswegs den türkischen Waffen zu verdanken gewesen.

Ob die Behauptung stichhaltig war oder nicht, eine größere Beleidigung dem Sultan und dem Reich gegenüber war kaum vorstellbar: *„Ihr bildet Euch wol ein, daß Ihr Ofen, Gran, Stuhlweißenburg und alle übrigen Orte in Ungarn mit Euern Waffen erobert habt? – Da seid Ihr aber in einem großen Irrthum; nur uns habt Ihr sie zu verdanken. Denn wenn nicht jene ewigen Zwistigkeiten und unaufhörlichen Kriege zwischen unsern und den spanischen Königen stattgefunden hätten, so würdet Ihr, weit entfernt, Euch jener Städte zu bemächtigen, vor Karl V. kaum in Constantinopel sicher gewesen sein."*

Drei Jahre später, 1559, schloß Heinrich II. (1547–1559), Franz' I. Nachfolger, mit Philipp II. von Spanien (1556–1598) den Friedensvertrag von Cateau-Cambrésis. Zwar erinnerte der greise Suleiman in einem Brief an den König der Franzosen daran, daß – „obgleich er gegen diesen Frieden nichts einzuwenden habe" – alte Freunde nicht leicht zu Feinden, aber alte Feinde ebenso schwer zu aufrichtigen Freunden werden. Zwar riet Botschafter de la Vigne am 20. Oktober 1559 seinem König zu einer endgültigen Abkehr von der Pforte. Man sollte mit diesen „Barbarenhunden", die „eine tüchtige Bastonade verdienen", doch lieber brechen, damit man die Christenheit, den Kaiser und die Deutschen wieder für sich gewinnt. Zum Bruch kam es aber weder 1559 noch danach, trotz des Verdachts, daß Frankreich mit dem König von Spanien „auf einem zu guten Fuße stehe und ihn bei seinen Unternehmungen gegen das Osmanische Reich im Geheimen mit Schiffen unterstütze", wie Zinkeisen formuliert.

Doch war man sich auf beiden Seiten der weltpolitischen Bedeutung des Bündnisses, der langfristigen Interessengemeinschaft trotz aller Störfaktoren sehr wohl bewußt: Gemeinsam war der Erbfeind, gemeinsam das Interesse des Königreichs Frankreich und des Osmanischen Reiches. Wie hatte Franz I. doch einst gesagt: „Ich kann nicht leugnen, daß ich den Türken stark und für den Krieg gerüstet sehen möchte, wie nur irgend möglich..., um die Macht des Kaisers zu schwächen, um ihn zu schweren Ausgaben zu zwingen" – „totrüsten" würde man heute sagen.

## Die Osmanen und das Reich der Habsburger

Für die Osmanen erschienen die Beziehungen zum Reich der Habsburger schon unter Mehmed II. (1451–1481) recht klar: Mittel- und langfristig war Österreich der Hauptgegner, eine Macht, die es zu bezwingen galt, wenn man nach Mitteleuropa vorzudringen beabsichtigte, ein Ziel, das sich deutlich abzeichnete. Somit war es für die Osmanen nur eine Frage des militärisch geeigneten Zeitpunktes, zu dem sie gen Österreich marschieren würden. Dieser Zeitpunkt hing noch von ihrem Engagement in Asien, insbesondere vom Verhalten des späteren persischen Erbfeindes ab. Einen Zweifrontenkrieg zu führen, waren die Osmanen nämlich weder willens noch in der Lage, auch auf dem Höhepunkt ihrer Macht nicht. In den Beziehungen zu Österreich wie auch zu anderen europäischen Ländern hing also ihre „Friedfertigkeit" stets davon ab, inwiefern sie im Osten militärische Aufgaben erfüllen wollten oder mußten.

Die systematisch durchgeführten Streifzüge, welche Akindschi, die osmanischen „Renner und Brenner", unter Mehmed II. in Kärnten, in der Steiermark und sogar in Österreich an der Donau unternahmen, dienten allerdings schon dem strategischen Fernziel eines Eindringens in Mitteleuropa.

Aus der Sicht der Habsburger war die Außenpolitik den Türken gegenüber vielschichtiger. Kurz- und mittelfristig mußten sie die Sicherheit der Reichsgrenzen gegen die andauernden Überfälle sichern. Diesem Zweck dienten auch Geldzahlungen an die Pforte, verbunden mit ständigen Versuchen, einen Waffenstillstand für so lange Zeit wie irgend möglich auszuhandeln.

Darüber hinaus wurden die Habsburger von den anderen christlichen Staaten ständig aufgefordert, sich in einem Kreuzzug gegen die osmanische Gefahr zu engagieren. Doch faßte Friedrich III. während seiner langen Regierungszeit (1440–1493) eine direkte Konfrontation mit den Osmanen nicht ins Auge. Was ihm am allerfernsten lag, war der Kreuzzugsgedanke. Zwar war der Kaiser der Idee nach der oberste Schirmherr der Christenheit; aber seine Macht reichte bei weitem nicht aus, um die Reichsfürsten oder gar andere europäische Potentaten hinter sich zu scharen. Zudem hielt er unbeirrt an den Ansprüchen des Hauses Habsburg auf die böhmische und ungarische Krone fest. Daher konnte er nicht mit dem Ungarnkönig Mathias Corvinus (1458–1490) zusammenarbeiten, der in seinen Augen ein Usurpator war.

Dabei bildete das schlagkräftige „Schwarze Heer" des Mathias Corvinus ein hervorragendes, aber für sich allein unterstützungsbedürftiges Gegengewicht zum aggressiven Osmanenreich. Erst viel später und unter grundverschiedenen Bedingungen erfolgte eine radikale Wende in den türkisch-österreichischen Beziehungen: Zum Wandel kam es nicht vor einer rapiden inneren Schwächung Ungarns nach dem Tod des Mathias Corvinus 1490. Mit der ungarischen Niederlage bei Mohács 1526 war diese Umwälzung des mitteleuropäischen Machtgefüges vollzogen. Schließlich wurde 1541 Zentralungarn Besitz der Türken, das Fürstentum Siebenbürgen gehörte dem osmanischen Hegemonialbereich an. Währenddessen waren die Länder der böhmischen Krone und das westliche Drittel Ungarns durch dynastischen Erbgang endgültig an das Haus Habsburg gefallen. Die beiden Mächte, das erstarkte Österreich und Suleimans Osmanenreich, standen sich nun in Ungarn unmittelbar gegenüber.

Jetzt kam es zu einer massiven kriegerischen Auseinandersetzung zwischen Kaiser und Sultan. Freilich herrschte über 140 Jahre (1541–1683) eine militärische Pattsituation auf dem ungarischen Kriegsschauplatz, es gab ein relatives Gleichgewicht der Kräfte. Merkwürdigerweise haben in dieser Zeit beide Gegner den Entscheidungskampf gerade nicht gesucht.

Allerdings war die Unversehrtheit des österreichischen Territoriums durch das ungarische Glacis garantiert: Solange sich ein Streifen ungarischen Gebietes unter Habsburgerherrschaft befand, war Wien halbwegs gesichert. Das Fernziel der Österreicher blieb naturgemäß die Vertreibung der Türken aus ganz Ungarn und der Regierungsantritt im gesamten Reich der Stephanskrone.

Die spanischen Habsburger

Und die Habsburger, die im 16. und 17. Jahrhundert in Madrid regierten? Zwei Giganten der Hochrenaissance, Kaiser Karl V. und Suleiman II., bestiegen den Thron fast gleichzeitig, 1519 der eine, 1520 der andere, beide noch im Jünglingsalter. Über lange Zeit betrachtete der Sultan nur Karl als den eigentlichen Gesprächspartner, nicht dessen Bruder Ferdinand, den „König von Wien", den der Großtürke auf der diplomatischen Ebene so oft wie irgend möglich demütigte. Der echte Kontrahent, Kaiser Karl aus Madrid, möchte doch endlich auf dem Schlachtfeld in Erscheinung treten, es wagen, mit ihm die Klinge zu kreuzen, spottete und provozierte Suleiman.

Zur großen Landschlacht mit Spanien irgendwo im Herzen Europas ist es jedoch nie gekommen. Erst nach Karls und Suleimans Tod wurde der größte Seekrieg zwischen den beiden Mächten ausgefochten: die Lepantoschlacht 1571. Dabei ging es in erster Linie um die Herrschaft im Mittelmeer, um den Levantehandel, für die Monarchen wenigstens. Zahllosen Kriegern aber, und auch dem Papst, der zur Ausstattung der christlichen Flotte nach Kräften mitgeholfen hatte, ging es vor allem um die Verteidigung des christlichen Glaubens.

## *Ungarn – Eine tragische Feindschaft zwischen Vettern*

„Wie oft hast Du aufgepflanzt
Unsere Standarte
Nach siegreich geschlag'ner Schlacht
Auf des Türken Schanze ...
Oft erklang das Siegeslied
Von Lippen der Osmanen
Auf Trümmern des zerstörten Heer's
Geschlagener Magyaren."

Übersetzung aus der ungarischen Nationalhymne – einem poetischen Gebet an Gott –, wo der Dichter Ferenc Kölcsey (1790–1838) die Geschichte Ungarns Revue passieren läßt (Vertonung 1844 durch Ferenc Erkel).

Türken und Ungarn nannten wir „Vettern". Man könnte sie fast als „Brüder" bezeichnen, wenn man den überzeugenden Argumenten der neuesten Forschung und insbesondere unseres Zeitgenossen, des Turkologen und Finno-Ugristen Ligeti folgt: „Wenn man berücksichtigt, daß die Ungarn vom 5. bis zum 9. Jahrhundert ... mit Turkvölkern zusammen lebten, was nachgewiesen ist, dann stammt dieses Volk offensichtlich aus dem Osten und aller Wahrscheinlichkeit nach ist es ein Volk türkischen

Ursprungs." Eine Verwandtschaft mit Finnen und anderen Völkern finno-ugrischer Herkunft hat es in grauer Vorzeit, vor etwa zwei Jahrtausenden, wohl gegeben. Nur die Struktur – nicht das Vokabular – der ungarischen Sprache ist finno-ugrisch. Es gibt Mediävisten und Philologen, welche die Ungarn einfach als „Turkvolk mit finno-ugrischer Sprache" bezeichnen.

Die osmanisch-ungarische Feindschaft war also ein Konflikt zwischen „Verwandten". Tragisch war sie, weil sie vermeidbar war, den Interessen beider Staaten zuwiderlief und weil sie letzten Endes zum beginnenden Niedergang des Osmanischen Reiches und – um eine Haaresbreite – zur Auslöschung des ungarischen Staates, wenn nicht des Volkes der Magyaren führte.

Zur Zeit eines militärischen Gleichgewichts zwischen den Großmächten Osmanenreich und Ungarn führten Mehmed der Eroberer und König Mathias Corvinus ernsthafte Verhandlungen über ein Bündnis gegen Österreich. Die Verhandlungen über eine Allianz scheiterten zwar 1479, weil man über die Bedingungen nicht einig werden konnte, dies führte dennoch nicht zum großen Krieg zwischen Ungarn und Türken. Bis kurz nach Suleimans des Prächtigen (1520–1566) Thronbesteigung herrschte entweder Frieden zwischen den beiden Reichen oder es gab lediglich Gefechte kleinen oder mittleren Ausmaßes. Der Bruch erfolgte dann aber mit brutaler Schnelligkeit.

Der neue Sultan sandte dem 14jährigen Ludwig II. von Ungarn (1516–1526) eine Botschaft, welche von den meisten Historikern nur beiläufig erwähnt wird. Ihre historische Tragweite hat allerdings Baráthosi-Balogh erkannt, der sie wie folgt beschreibt:

Der junge Suleiman will „die Habsburger über Ungarn angreifen. Um dies zu gewährleisten, entsendet er zu König Ludwig II. Botschafter mit freundlichen Grüßen. Er lädt ihn zum Frieden ein, erbittet aber dafür einen jährlichen Entgelt (Tribut nannte er dies nicht)."

Nun forderten die Sultane Zahlungen gegen Waffenstillstand – Tribut genannt oder nicht – schon seit dem 14. Jahrhundert von Nachbarn, nicht nur von schwachen Staaten, nicht nur von Vasallen: Auch Habsburgerkaiser baten wiederholt die Pforte, sie möchte doch die Tributzahlung der Österreicher in Empfang nehmen und einen Waffenstillstand gewähren! (S. 61). Man kann also ausschließen, daß die Forderung Suleimans am ungarischen Hof als besondere Demütigung aufgefaßt worden wäre, weil man diese alte Praxis der Sultane etwa nicht kannte.

Baráthosi-Balogh fährt fort: „Gleichzeitig bittet er Ludwig II., den Durchzug seiner Heere über Kroatien nach der Steiermark zuzulassen, damit sie gen Wien marschieren. Er verspricht, nichts zu vernichten, für alles zu zahlen. In seinen Memoiren erklärt er mit Nachdruck, daß er, falls ihm Ungarn versprochen hätte, die Habsburger zu verjagen, seine Expansion nie über die Save hinaus getrieben hätte. Seine Kriege waren nicht gegen die ungarische Nation und ihren König gerichtet, sondern gegen die Habsburger und ihre Parteigänger." Das Schicksal des türkischen Botschafters beschreibt nun Zinkeisen wie folgt: „Als einzige Antwort auf Suleiman's Anträge ließ man seinen Gesandten samt seinem Gefolge sofort ins Gefängnis werfen, sie dort erdrosseln und dann ihre Leichen, um diese Verletzung des Völkerrechts mit dem Schleier des Geheimnisses zu bedecken, in einen Fischteich versenken. Dennoch drang die Kunde von diesem Gesandtenmord bald bis nach Constantinopel durch..."

Vielleicht hätte man die Gesandten etwas freundlicher behandeln sollen, und zwar auch aus politischem Kalkül. Den Status eines Königreichs Ungarn im osmanischen Machtbereich, das gewissermaßen gemeinsame Sache mit der Pforte macht, sich in ihr militärpolitisches Konzept einfügt, zum Durchmarschgebiet gegen das Habsburgerreich wird, kann man sehr wohl nach der folgenden Praxis beurteilen: Erstens an der Lage, in welcher sich König János Zápolya (1526–1540), Herrscher eines vernichtend geschlagenen Ungarn, befand, und zweitens an dem Schicksal des Fürstentums Siebenbürgen im osmanischen Machtbereich etwa 1540–1690.

Eine pro und contra vergleichbare Behandlung wurde eigentlich während der gesamten Geschichte des Osmanenreiches keinem fremden Fürsten zuteil. János war zwar kein ebenbürtiger Verbündeter, wie etwa der König von Frankreich, aber fürwahr auch keine Marionette; mit der Situation der bezwungenen Länder auf dem Balkan hatte das Los König János' und seines Landes nichts zu tun. Dieses Ungarn schlicht als Vasallen zu bezeichnen, widerspricht den historischen Fakten. Ferner zeugt eine klar zu erkennende Linie der Ungarnpolitik der Sultane von Suleiman bis ins 18. Jahrhundert noch zusätzlich davon, daß die Osmanen dem Königreich Ungarn langfristig die Rolle eines zwar abhängigen, aber respektablen Pufferstaates zugedacht hatten. Das war kein Zeichen von Schwäche in der Expansion; es war ein Experiment, um gegen den Hauptfeind, den Kaiser, die bestmögliche Ausgangsbasis zu bekommen.

Die Sultane förderten folgerichtig immer wieder die Vereinigung des 1541 dreigeteilten Königreichs unter einer ungarischen Persönlichkeit, welche aus der „Türkenpartei" in Ungarn hervorging. So war es unter János Zsigmond, König János' Sohn, Fürst von Siebenbürgen (1541–1571), im Fall von Bocskay (1604–1606) und Gábor Bethlen (1613–1629), Fürsten von Siebenbürgen, deren Krönung mit der Stephanskrone das Ziel der Pforte war; so war es im Fall von Thököly Ende des 17. Jahrhunderts.

Die spezielle Behandlung des Fürstentums Siebenbürgen paßte in diese Grundlinie: es war unter osmanischer Suzeränität und diente als mögliches, osmanisch überwachtes „Piemont" für Gesamt-Ungarn. Besonders für diejenigen, die die habsburgische Herrschaft über Ungarn für ein historisches Unglück dieser Nation halten (ein vom deutschen Blickwinkel aus weniger bekannter Standpunkt), ergibt sich aus der angedeuteten osmanischen Alternative: Ein zwar geschwächtes, aber nicht unterworfenes Ungarn hätte als Verbündeter der Pforte zwischen 1520 und 1690 auch nicht schlechter abgeschnitten. Beweisbar ist das zwar nicht, aber die Spekulation darüber entbehrt deshalb nicht des Interesses, weil sie in Suleimans Angebot von 1520 und in der sonstigen Außenpolitik der Osmanen in Europa eine faktische Grundlage hat.

Die Tragödie war also alles andere als unvermeidlich, doch ist es dann eben zum ungarisch-türkischen Trauerspiel gekommen:

Während im dreigeteilten Ungarn der östliche Teil, Siebenbürgen, sein eigenes Leben lebte, während der westliche Teil, auf den schmalen Gebietsstreifen unter des Habsburgerkönigs effektiver Kontrolle reduziert worden ist, wurde der größte, der mittlere Teil, zum türkischen Okkupationsgebiet. Es war das besetzte, das annektierte, das rechtlose Gebiet der ungarischen Tiefebene, das geplagte Herz Ungarns. Den wenigen Vorteilen der Türkenherrschaft, wie etwa der Religionsfreiheit – der ungarische Protestantismus, dem heute ein knappes Drittel der Magyaren angehört, hätte ohne den konfessionellen Liberalismus der ansonsten brutalen Besatzungsmacht kaum überleben können –, standen die Verwüstungen des nicht mehr aufhörenden Krieges und vor allem die Qualen der ausgelieferten Bevölkerung gegenüber: Unterdrückung, Verschleppung in die Sklaverei, wirtschaftlicher Niedergang, vor allem aber Entvölkerung und ein Blutvergießen ohne Ende auf dem Kriegsschauplatz.

Und doch wurde Ungarn zum Grab der osmanischen Größe: nicht aus seiner eigenen Kraft, sondern weil das Stehenbleiben in seinen westlichen Bezirken das Ende der osmanischen Expansionskraft signalisierte.

*Italien*

Der Heilige Stuhl und der Erzfeind der Christenheit

Der Papst erblickte in den europastürmenden Osmanen die Geißel der Menschheit. Rom stellte beachtliche Geldsummen für die Türkenkriege zur Verfügung, rüstete Galeeren für den Seekrieg, vor allem aber wurde die päpstliche Diplomatie nicht müde, europäische Mächte für den Kreuzzugsgedanken zu mobilisieren. Doch die Päpste waren hierin nur selten erfolgreich. Gleichgültigkeit, Engstirnigkeit, aber auch Geiz und Feigheit überwogen in vielen Fällen.

Aus der Sicht der macht- und militärpolitisch denkenden Osmanen war der Papst der Hauptorganisator von Kreuzzügen gegen die im christlichen Europa immer weiter vordringenden Türken. Die Sultane erkannten, daß der Pontifex derjenige war, der die Osmanen ohne machtpolitisches Kalkül unbeirrbar zu bekämpfen gedachte.

Der große Renaissancepapst Pius II. (1458-1464) war ein besonders tragischer Held des Kreuzzugsgedankens. Er begnügte sich nicht mit unermüdlicher diplomatischer Tätigkeit im Interesse eines Großkampfes gegen die Türkennot. Der greise, schwerkranke Pontifex setzte sich 1464 schließlich selbst an die Spitze der Kreuzfahrer und rief alle Kardinäle auf, ihm zu folgen:

*„Wir wollen nicht leugnen, daß wir einen, namentlich für uns, die wir altersschwach und krank sind, gefährlichen Zug unternehmen und daß wir, als Priester, das Eisen nicht zu führen verstehen. Der Herr wird aber das in Demut zerknirschte Herz nicht verachten; wir widmen dieses graue Haupt und diesen schwachen Körper seiner Barmherzigkeit; er wird unser eingedenk sein, wenn er uns die Rückkehr versagt..."*

So geschah's denn auch: Der Pontifex trat die Reise an, starb aber unterwegs in Ancona. Der Kreuzzug fand nicht statt, statt dessen kam es zu einem langen Krieg zwischen Venedig und den Türken.

Drei Jahre vor seinem Tod, 1461, hatte Pius II. eine Initiative ohnegleichen ergriffen, er machte nämlich „den eiteln Versuch..., die Macht der Osmanen dadurch zu brechen, daß er Mehmed allen Ernstes zum Christentum bekehren wollte, während er doch auf der anderen Seite die ganze christliche Welt gegen ihn ... in Bewegung setzte." (Zinkeisen)

Pius' II. Botschaft an den Sultan lautete: *„Wenn Du Deine Herrschaft unter den Christen erweitern und Deinen Namen mit Ruhm bedecken willst, so brauchst Du kein Geld, keine Waffen, keine Heere, keine Flotten. Eine unbedeutende Kleinigkeit kann Dich zum Größten, Mächtigsten und Berühmtesten aller jetzt lebenden Sterblichen machen. Du fragst, was dies ist? - Es ist nicht schwer zu finden, man braucht nicht weit zu gehen, um es zu suchen; es ist überall zu haben: ein ganz klein wenig Wasser, womit Du Dich taufen läßt... Dich zum Christentum bekehrst und den Glauben an das Evangelium annimmst. Wenn Du das getan hast, wird es auf dem Erdkreis keinen Fürsten mehr geben, der Dich an Ruhm überträfe oder Dir an Macht gleich kommen könnte. Wir* *werden Dich Kaiser der Griechen und des Orients nennen...*" In einem Atemzug mit diesem Angebot der weltlichen Herrlichkeit für einen getauften Sultan versprach der Papst dem Osmanen die Funktion eines militanten Verfechters des Katholizismus gegen die orthodoxen Abtrünnigen: *„Wir würden ... Deinen Arm gegen die in Anspruch nehmen, welche sich bisweilen die Rechte der Römischen Kirche anmaßen und gegen ihre eigene Mutter die Hörner erheben."*

Die Botschaft Pius' II. blieb – wie nicht anders zu erwarten – erfolglos. Es wird sogar bezweifelt, ob sie den Sultan je erreicht hat. Sie kann als verzweifelte Don-Quijoterie betrachtet werden, gleichzeitig weist sie auf einen Abgrund christlicher Uneinigkeit hin. Denn während die byzantinischen Orthodoxen den „Turban" aus Haß auf die Lateiner am Ende dem „Krummstab" vorzogen, versuchten die Lateiner durch die Botschaft des Papstes, den „Turban" gegen die abtrünnigen Orthodoxen zu instrumentalisieren! So haben am Ende die Osmanen von der mittlerweile ein Jahrtausend alten Feindschaft zwischen West- und Ostrom, zwischen Lateinern und Griechen, den historischen Vorteil gehabt.


Venedig und Genua

Großmacht im Handel und in der Schiffahrt, Virtuose der Diplomatie und der Staatskunst, Mittelmacht im Seekrieg, aber ohne fremde Söldner und Verbündete eher nur ein Zwerg im Landkrieg – wie konnte die Krämerrepublik der Früh- und Hochrenaissance dem aufsteigenden, mächtigen Osmanenreich Paroli bieten? Sie versuchte es dennoch; die Kette der Kriege zwischen Türken und Venezianern riß nicht ab.

Der Dauerkonflikt war unausweichlich. Er folgte aus der geographischen Lage des Venezianischen Reiches, dem Territorien und Küstenstreifen angehörten, welche die Osmanen erobern und beherrschen wollten: Venedig hatte im Spätmittelalter eine Art von mediterranem Inselimperium aufgebaut. Es beherrschte die Inseln entlang der Dalmatinischen Küste, Korfu und Kefalonia im Ionischen, zahlreiche Eilande im Ägäischen Meer, einschließlich der großen Insel Euboia (damals: Negroponte), außerdem Rhodos und auch Kreta, baute starke Positionen auf dem Peloponnes aus. Handelskontore bedurften des Schutzes durch Forts, Seetransporte durch eine kräftige Kriegsmarine. Die Handels- und die Kriegsflotte brauchten gut ausgebaute Häfen. Die Balkanhalbinsel und die Binnenmeere, welche sie umgaben, eigneten sich vortrefflich für den Ausbau von Venedigs maritimem Imperium, zumal in den Jahrhunderten, als der Levantehandel die Lagunenrepublik ernährte: Es war die Zeit nach den Kreuzzügen des 12. und des 13. Jahrhunderts.

Als die osmanische Landmacht im 15. Jahrhundert daran ging, die Eroberung der Balkanhalbinsel in Angriff zu nehmen, standen ihr die venezianischen Territorien und Forts auf dem Festland im Wege. Naturgemäß konnten sich aber die osmanischen Eroberer auch damit nicht abfinden, daß die Küstenstreifen, welche sie auf dem Balkan einen nach dem anderen okkupierten, von einer Kette der venezianisch beherrschten Inseln „eingeschnürt" und somit vom Meer abgeschnitten waren. Als dann die Osmanen im späten 15. und besonders im 16. Jahrhundert zur maritimen Großmacht wurden, unternahmen sie alles, um die Venezianer nicht nur vom Festland, sondern auch von der Inselwelt zu verdrängen, welche die Balkanhalbinsel umgibt.

Venedig leistete zähen Widerstand, doch standen sich da zwei ungleiche Mächte gegenüber: Nicht nur Christentum und Islam lagen zwischen ihnen, nicht nur ihre Größenordnung und ihr Staatskonzept waren so unterschiedlich; vor allem trennten sie Welten in ihrem Verhältnis zum Krieg. Venedig war Meister des Frühkapitalismus, Istanbul stand für Militärmacht par excellence. Die Venezianer sahen in den Waffengängen nur das notwendige Übel, um ihre Kolonien, Handelsniederlassungen und ihre Warentransporte abzuschirmen.

Die Söhne Osmans dagegen fühlten sich im Krieg in ihrem Lebenselement. Sie mußten die Venezianer als Seemacht ernstnehmen, aber als Handelsmacht verachteten sie diese „Republik von Fischern", wie sie auch sonst an Handel und Wandel ausschließlich die Frage interessierte, wieviel seine Besteuerung in die Kasse des Großherrn brachte. Man hat den osmanischen Imperialismus als „parasitär" bezeichnet, in dem Sinne, daß er keine systematischen Maßnahmen der Wirtschaftsförderung ins Auge faßte, weil ihm der Gedanke fremd blieb, daß das finanzielle Wohlergehen der Untertanen unterstützt werden müßte, um den Wohlstand des Padischah zu sichern. Das berücksichtigten die europäischen Staaten des späten Mittelalters auch noch zu wenig. Aber als ab dem 17. Jahrhundert die Lehren des Merkantilismus in Europa den Staat als Subjekt und Motor der Wirtschaft zu begreifen begannen, da zog man am Bosporus überhaupt nicht mit. Griechen, Juden und Armenier durften den Handel ohne weiteres an sich reißen und fielen notfalls einer administrativen Intrige zum Opfer, wenn ihr Reichtum nach Meinung des Sultans ihnen politische Selbständigkeit zu verschaffen drohte; mehr an „Wirtschaftspolitik", die über das einseitige Schröpfen hinausging, bestand nicht.

Es gelang den Venezianern, unter den Augen des Sultans, sich der

Südküste Anatoliens gegenüber im Jahre 1489 Zypern zu sichern und damit die Nachfolge des letzten aus der Ära der Kreuzzüge übriggebliebenen christlichen Königreichs anzutreten. Sie hätten sich selber aufgegeben, wenn sie nicht versucht hätten, der osmanischen Übermacht zum Trotz ihre Position in der Levante zu wahren. Um ihr privilegiertes Viertel in Istanbul halten zu können, waren sie aber zu fast jedem Kompromiß bereit, zahlten Tribut dafür, einen Stützpunkt länger behalten zu dürfen, belieferten die Türken zu Freundschaftspreisen mit Getreide aus Kreta und mußten sich das Spottlied gefallen lassen: „Diese gehörnten Alten rüsten zur Hochzeit mit dem Meer („Gemahl des Meeres" war der Ehrenname des Dogen!), sind dann sein Gemahl, aber der Türke ist der Hausfreund!"

Die Genueser besaßen als Stützpunkte zunächst noch beispielsweise Lesbos und Chios in der Ägäis und Kaffa auf der Krim. Da sie die Byzantiner während der Belagerung Konstantinopels unterstützt hatten, mußten auch ihre Besitzungen Stück um Stück den Osmanen zum Opfer fallen. Als zu den Verlusten im östlichen Mittelmeer auch noch die Verlagerung großer Handelsströme auf den Atlantik kam – nach der Entdeckung Amerikas –, da sanken Venedig und Genua endgültig zu „quantités négligeables" herab, beide Konkurrenten gleichzeitig.

Dabei hätten Venezianer und Türken nicht Erbfeinde zu bleiben brauchen, denn beide verband ein gemeinsames handelspolitisches Interesse von größter Bedeutung: die Sicherung des Gewürz- und Luxuswarenhandels von Indien über Persien und die Levante nach Europa. Nachdem nämlich die verblüffend kühnen Entdecker und Seefahrer aus Portugal am Ende des 15. Jahrhunderts den Seeweg nach Indien rund um Afrika herum erschlossen (Vasco da Gama!) und damit den Handel mit Indien zu insgesamt günstigen Kosten an sich zu reißen begonnen hatten, sahen sich die Moslems zwischem Goldenem Horn und Hindustan sowie deren hinduistische Zulieferer und auch venezianische Lagerhalter für Europa ernsthaft in ihrem Profit bedroht. Die letzten Mamelukensultane Ägyptens hatten kaum der dringenden Vorhaltungen Venedigs bedurft, um sich dagegen durch eine Expedition in den Indischen Ozean auch kriegerisch zur Wehr zu setzen. Doch während die Mameluken dort in einer Seeschlacht entscheidend unterlagen, taten die Osmanen selbst nach ihrer Eroberung Ägyptens 1517 nichts, um sich mit den Venezianern abzustimmen, obwohl es doch auch um ihren Profit ging. Sollte man dies etwa als einen weiteren Beweis für die schon erwähnte wirtschaftspolitische Ideenlosigkeit des Großherrn werten dürfen?

# Kapitel IV

# Im Serail

Der Serail war Hofstaat und Sitz des Sultans, Regierungssitz und auch „Kaderschmiede" – das Zentrum der Macht.

### Die „vier Säulen des Reiches"

Dort tagte der Diwan, der Staatsrat, in welchem die vier Wesire und auch andere hohe Würdenträger zu den Geschicken des Reiches Stellung nahmen. Die Entscheidungen traf der Padischah allein, die Meinung seines beratenden Gremiums hatte er keineswegs zu beachten. Der Sultan war im Diwan nicht immer zugegen, und falls er es war, ergriff er nicht jedes Mal das Wort. Oft hörte er sich die Argumente seiner Wesire klammheimlich an, er verbarg sich hinter einem Vorhang, um den Beratungen des Diwans zu lauschen.

Die magische Zahl vier, der man bei den Osmanen immer wieder begegnet, soll auf die Frühzeit zurückzuführen sein: sie symbolisierte die vier Stangen des Nomadenzeltes. „444" Kämpfer des Stammvaters Ertogrul sollen ihre erste Feldschlacht in Anatolien geschlagen haben; es gab vier Wesire – und „vier Säulen des Reiches", auf welchen die osmanische Staatsführung ruhte:

1. Die eigentliche „Regierung" bildeten der Sultan mit seinen vier Wesiren, unter ihnen dem Großwesir, dem das Reichssiegel anvertraut war und der als eine Art von Stellvertreter des Padischah galt. Die effektive Machtstellung der Großwesire gestaltete sich stets in Abhängigkeit vom Charakter und vom Regierungsstil des Sultans. Formal waren sie, in modernen Worten ausgedrückt, die Spitze der Exekutive.

2. Die „zweite Reichssäule" war die höchste Instanz im Justizwesen: Der Kadiasker, der oberste „Heeresrichter", stand an der Spitze der rechtsprechenden Organe, übte aber auch Funktionen eines modernen Justizministers aus: Der Kadiasker berief die Richter (Kadi) der mittleren und unteren Instanzen. Zur „zweiten Säule des Reiches" rechnete man auch den Mufti, die höchste religiöse Instanz.

3. Die Schatzmeister, die Defterdare, standen dem Finanzwesen vor. Nur ein Defterdar residierte im Zentrum des Reiches. Mit der Ausdehnung der osmanischen Macht auf immense Territorien erwies sich eine Dezentralisierung als unumgänglich: Defterdare standen jeweils der Finanzverwaltung der Provinzen vor, sie sorgten für die – auch im Abendland als vorbildlich anerkannte – Ordnung der osmanischen Finanzen.

4. In den „Kanzleien" der Regierung wurden die Rechtsnormen, Gesetze, Verordnungen, Beschlüsse formuliert. Die Sekretäre, die Nischandschis, führten auch die Protokolle, sie sorgten für die Ausfertigung der kaiserlichen Erlasse.

## *Die Roßschweife*

Wie die Zahl der Liktoren, der Leibwächter mit Rutenbündeln und Beil im antiken Rom – 12 für den Konsul, 6 für den Prätor usw. –, so symbolisierte die Zahl der ihnen zustehenden Roßschweife die Hierarchie der höchsten Würdenträger bei den Osmanen. Dem Sultan standen neun, dem Großwesir fünf, dem Beglerbeg zwei, dem Sandschakbeg ein Roßschweif zu. Für die Roßschweife benützte man stets die Haare von Rappen; die schwarzen Roßschweife wurden auf Stangen gesteckt, die über zwei Meter lang waren. Sie wurden im Feldlager vor dem Zelt des Würdenträgers aufgepflanzt.

## *Der Harem*

Die Bezeichnung entstammt dem arabischen Wort „haram", das eine „Sperrzone", ein Reservat, einen verbotenen Ort kennzeichnet. Charakteristisch für den Harem war die Geheimhaltung eher noch als die Aufsicht über die Frauen. Der Sultansharem im Serail ebenso wie der Harem eines Sandschakbegs oder eines reichen Kaufmannes stellte die „Privatsphäre" par excellence dar. Keinen, aber auch keinen Außenstehenden ging es etwas an, wer und wie man im Harem lebte, was innerhalb jener Wände vor sich ging.

Nach islamischem Recht sind vier Ehefrauen für einen Moslem erlaubt – das ist aus abendländischer Sicht Vielweiberei. Die dem Mann darüber hinaus im Harem zur Verfügung stehenden Frauen waren Konkubinen. Der Sultan hatte 300, später 500 Haremsdamen. Aber es versteht sich von selbst, daß die meisten türkischen Männer nur eine einzige Gemahlin

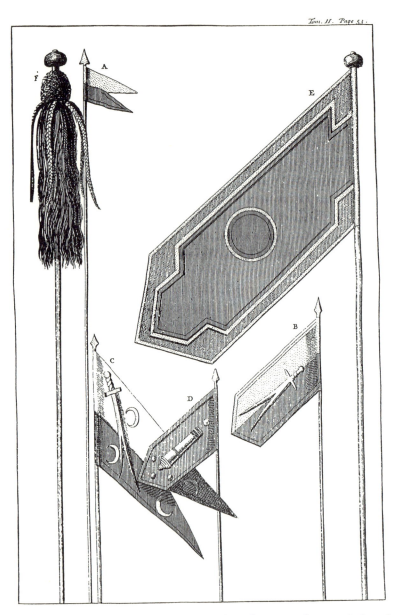

A: An einer Lanze befestigte Standarte; B: Fahne der Janitscharen; C: Standarte einer Kavallerietruppe; D: Standarte der Artillerietruppe; E: Fahne der Wesire und Paschas, mit Gold bestickt; F: Roßschweif. (Nach **Marsigli**)

ernähren konnten und daher in einer unfreiwilligen Monogamie aus finanziellen Gründen verharrten.

Aus den spärlichen glaubwürdigen Informationen und der blühenden Phantasie der Abendländer gingen zahllose „Berichte", belletristisch anmutende Beschreibungen, Histörchen oder primitive Pseudo-„Sexreports" über den Harem hervor. Den Historiker sollten eher die Organisation des kaiserlichen Harems und seine Einwirkung auf die politische Geschichte beschäftigen.

Eine der zwei herrschenden Figuren im Harem war der Kislar Aga, der „Herr der Mädchen", ein Eunuch schwarzer Hautfarbe, der eine Art von Kommandeur in der geschlossenen Welt des weiblichen Geschlechts war und die „Truppe" der schwarzen Eunuchen befehligte. Die Abendländer nennen sie Haremswärter, was eigentlich nur auf diejenigen unter ihnen zutrifft, welchen die Aufsicht über die Damen im engeren Sinne oblag. Darüber hinaus gab es weitere Funktionen im Harem, vom Buchhalter bis hin zum Musiklehrer oder zum Küchenchef. Diese Tätigkeiten übten die schwarzen Eunuchen aus, wobei man unter „schwarz" alle dunkeln Hautfarben verstand, welche der afrikanische Kontinent hervorbrachte. Die Eunuchen rekrutierten sich aus der Reihe der unglücklichen Knaben, an denen Sklavenhändler einen – oft lebensgefährlichen – chirurgischen Eingriff zur Entfernung der Geschlechtsorgane durchführen ließen. Zum vierfachen Preis, verglichen mit demjenigen eines normalen männlichen Sklaven, kauften dann die „Acquisiteure" für den Harem diese Eunuchen auf dem Sklavenmarkt.

Es war nicht die Aufgabe der Eunuchen, die Mädchen zu quälen oder zu züchtigen. Darüber hinaus, daß für Disziplin und Ordnung gesorgt werden mußte, kümmerte man sich um die – berufliche und kulturelle – Ausbildung der Haremsdamen. Sie lernten nähen, stricken, häkeln und sticken, in ihren Werkstätten produzierten sie wertvolle Tücher und Gewänder. Auf der anderen Seite brachten die Eunuchen den Mädchen das Spielen auf Musikinstrumenten bei; die Frauen lernten singen und tanzen, die dafür geeigneten wurden auch zur intellektuellen Unterhaltung des Sultans ausgebildet.

Die andere Schlüsselgestalt im Harem war die Sultansmutter (valideh). Ihre Herrschaft über die Haremsdamen war keine „militärische" oder „administrative", wie im Fall des Kislar Aga. Doch sie zog alle Fäden, indem sie großen Einfluß darauf ausübte, welches Mädchen der Sultan zu Gesicht bekam, welche Ausbildung der einen oder der anderen Frau zuteil wurde und überhaupt, welche Rolle den Einzelpersonen in dieser sonderbaren Frauenwelt zukam. Alle anderen Mädchen mußten in ihren Gemächern ausharren, sooft der Sultan über die Korridore des Harems ging. Es wurde Register darüber geführt, welches Mädchen den Sultan wann ins Schlafzimmer begleitet hatte, damit man das später geborene Kind richtig „zuordnen" konnte.

Eine überaus wichtige Aufgabe der Sultansmutter bestand – im Übereinklang mit dem osmanischen Verständnis der Staatsräson – darin, monogamen „Gelüsten" des Herrschers womöglich entgegenzutreten, das heißt, zu verhindern, daß sich der Sultan einer Einzelperson allzu sehr oder gar ausschließlich zuwandte. Eine einzige Favoritin, einer Gattin gleich, konnte gefährlichen politischen Einfluß auf den Padischah ausüben, und das sollte natürlich vermieden werden. Hier handelte es sich also keineswegs nur um die Eifersucht einer Mutter; vielmehr ging es um die Abschirmung von persönlicher Einflußnahme aus Staatsräson. Scheiterte die Sultansmutter mit dieser Abschirmung, so konnten die Interessen des Reiches ernsthaften Schaden nehmen: Ein abschreckendes Beispiel war der Fall von Roxelane, der übermächtigen Frau, die einen großen Herrscher wie Suleiman den Prächtigen zu verhängnisvollen Justizmorden bewegen konnte (S. 250). Unter so manchem schwachen Sultan drohte dann die Gefahr nicht nur von einer Lieblingsfrau, sondern von der Sultansmutter selbst, die große Politik machte und ihren Sohn dominierte. Daß sie dabei Haremsmädchen zur Beeinflussung in Anspruch nahm, überrascht nicht. Erwies sich aber der Sultan als willensstark, kam er der Mutter und ihrer Gehilfin auf die Schliche, so konnte das Manöver scheitern. So mißlang die Intrige der Mutter von Mehmed III. (1595–1603), den sie mit Hilfe einer Schönheit aus dem Harem davon abhalten wollte, gegen das Habsburgerreich in den Krieg zu ziehen. Das armselige Werkzeug mütterlicher Kabale wurde zum Opfer, der Sultan „enttarnte" das Mädchen und brachte es eigenhändig um.

## *Diplomatie im Serail*

Politische Gipfeltreffen zwischen osmanischen Herrschern und christlichen Monarchen waren rar. Für den Sultan, der sich als Kaiser verstand und als solcher nach der Eroberung von Konstantinopel 1453 allmählich auch anerkannt wurde, kam es nicht in Betracht, sich zu einem fremden König zu begeben.

So wäre theoretisch die Möglichkeit von Besuchen fremder Monarchen beim Padischah, eventuell Begegnungen an einem neutralen Ort, geblieben. Bis auf wenige Ausnahmen kam es jedoch zu solchen Treffen nicht.

Der Hauptgrund dafür war wohl, daß sich unabhängige christliche Staatsoberhäupter trotz aller Anerkennung osmanischer Weltmachtstellung auch mit Rücksicht auf die öffentliche Meinung doch scheuten, einem „Herrscher der Ungläubigen", dem „Erzfeind der Christenheit", die Ehre ihres Besuches zu erweisen.

Allerdings gab es Feierlichkeiten ganz besonderer Art, zu denen der Großherr sehr wohl auch fremde Staatsoberhäupter einlud. Beispielsweise zu den mit unvorstellbarem Pomp veranstalteten Beschneidungszeremonien, bei denen in der Regel gleichzeitig mehrere Söhne des Sultans nach dem islamischen Ritual beschnitten wurden. Doch Einladungen ausgerechnet zu solchen Festen Folge zu leisten, bei denen dieser für Christen jener Zeit so abstoßende „heidnisch-barbarische" Eingriff praktiziert wurde, das ging dann wohl doch zu weit für einen abendländischen Monarchen. 1530 hatte Suleiman der Prächtige wieder einmal zu einem Beschneidungsfest geladen. Gleich vier Prinzen sollten beschnitten werden. Neben anderen Gästen wurde auch der Doge von Venedig, Loredano, vom Padischah als „Freund und Nachbar" zur Teilnahme gebeten. Es war seine „Gebrechlichkeit", die den Dogen an der Reise gehindert haben soll, jedenfalls entschuldigte er sich mit seinem hohen Alter.

Ein „beglückwünschender Botschafter und Stellvertreter des Dogen" sollte allerdings zugegen sein, schreibt Mocenigo, einer der vier venezianischen Berichterstatter über das Ereignis: Die drei Wochen lang dauernden Feierlichkeiten wurden am 20. Juni 1530 nach dem Einzug des Sultans mit seinem gesamten Hofstaat in den Hippodrom eröffnet. Eingangs empfing der Padischah die Glückwünsche, Handküsse und die Geschenke. Am dritten Tag huldigten dem Sultan auch die fremden Gesandten und boten ihre Geschenke dar, deren Pracht alles Vorherige übertraf. Arabische Stuten, türkische Hengste, Edelsteine, chinesisches Porzellan und tatarisches Pelzwerk –, man könnte die Aufzählung beliebig fortführen. Als Schauspiel wurden zwei hölzerne Festungen gestürmt, Scheingefechte mit Flinten, Schwertern und Lanzen wurden gehalten. Am vierten Tag bewirtete der Sultan Gelehrte. Am Tage danach fanden Turniere statt. An den Abenden gab es Feuerwerk. Am achten und neunten Tag führten Seiltänzer und Musikanten ihre Künste vor. Am zehnten Tag wurden wiederum Gelehrte bewirtet. Sodann wurden die Gäste über drei Tage mit Kunstübungen von Gauklern, Schattenspielern und Possenreißern amüsiert. Etwa in der Mitte der 21 Tage fand das Großbankett des Sultans statt. Die hohen Militärs kamen natürlich auch nicht zu kurz. Die Generäle der Reiterei und des Munitionswesens machten ihre Aufwartung, und auch der Aga der Janitscharen durfte nicht fehlen. Erst am

18. Tage fand die Feierlichkeit der Beschneidung selbst im Diwansaale des Palastes statt...

Außerhalb von solchen merkwürdigen Anlässen wurden also christliche Herrscher so gut wie nie zum Sultan eingeladen.

Die Regel war die Aufrechterhaltung diplomatischer Kontakte durch Botschafter. Diese Diplomaten, des öfteren auch besondere Emissäre, gewährleisteten den Austausch von schriftlichen und mündlichen Botschaften zwischen dem Osmanenherrscher und den fremden Monarchen.

Im Briefwechsel wurde der Rang von Herrschern und hohen Würdenträgern peinlich beachtet. Gleichrangige waren untereinander „Brüder". So betrachtete Ibrahim, der allmächtige Großwesir Suleimans, Ferdinand von Habsburg als „seinen Bruder", war doch in seinen Augen der Großwesir des Sultans einem Erzherzog von Österreich ebenbürtig. Daß der Großherr als kaiserliche und nicht als königliche Majestät geehrt werden mußte, akzeptierten ohne weiteres auch die christlichen Gesandten, zumal zu Zeiten des großen Suleiman. Dem türkischen Protokoll Folge leistend, zögerte somit beispielsweise Cornelius Schepper, ein Gesandter Wiens, keineswegs – 1533, anläßlich einer der zahllosen Verhandlungen zwischen dem Habsburgerreich und der Pforte –, Großwesir Ibrahim mitzuteilen, daß „König Ferdinand den Kaiser der Türken als Vater, Ibrahim als Bruder" grüßen ließ. Ferdinand als König zu ehren, weigerten sich wiederum die Osmanen, die König János als rechtmäßigen Träger der Stephanskrone anerkannten.

Protokollarisch gleichgestellt war für Suleiman allenfalls Franz I. von Frankreich, ein privilegierter Verbündeter der Pforte: „Sa Majesté très chrétienne", Seine „allerchristlichste" Majestät – so bezeichnete sich selbst der König von Frankreich – sprach der Padischah im Briefwechsel stets als „seinen Bruder" an.

Botschafter, Gesandte und „Agenten"

Die diplomatischen Kontakte zwischen Staaten hatten bis zur Frührenaissance einen eher gelegentlichen Charakter. Gesandtschaften begaben sich zu den Herrschern fremder Länder, um Allianzen, dynastische Ehen, Friedensverträge in die Wege zu leiten, um strittige Fragen, auch in Handelssachen, zu schlichten, stets im Interesse einer Regelung von konkreten Angelegenheiten. Im 15. Jahrhundert wurden ständige diplomatische Missionen zwischen den Stadt- und Flächenstaaten Italiens errichtet. Venedig war schon immer Vorreiter im Ausbau und in der Pflege diplomatischer und konsularischer Beziehungen. In der zweiten Hälfte des Jahrhunderts erwogen die Franzosen die Errichtung ständiger diplomatischer Vertretungen. Zur Tat schritt aber erst Franz I. (1515–1547). Eine der ersten ständigen Missionen war diejenige von Jean de la Forêt an der Hohen Pforte (siehe oben S. 57).

Doch noch lange nach der Etablierung der ständigen französischen Mission beschränkte sich der diplomatische Austausch zwischen dem Sultan und den Herrschern anderer Großmächte nur auf gelegentliche Botschaften.

Wenn die Quellen abwechslungsweise von Botschaftern, von Gesandten, von „Agenten" sprechen, so darf man daraus nicht etwa ableiten, daß es schon damals eine Art diplomatischer Hierarchie gegeben habe. Sie ist erst eine Erfindung des 17. Jahrhunderts. An dieser Stelle soll auch ein sprachlich bedingtes Mißverständnis geklärt werden, das selbst einige Historiker zu irrtümlichen Rückschlüssen verleitet hat. Es heißt in den Quellen oft, ein Herrscher habe einen „Agenten" an den Hof des Sultans entsandt. Nun bedeutet in der französischen, auch in der englischen Sprache „agent" in diesem Sinne eine offizielle Amtsperson mit diplomatischem Auftrag unterhalb des Niveaus eines Botschafters, und nicht einen Vermittler oder einen Kundschafter. „Echte" Geheimagenten gab es daneben natürlich auch.

Regeln des Protokolls beim Empfang ausländischer Diplomaten

Die Ehre, die dem Botschafter und damit seinem Monarchen entgegengebracht wurde, die politische Bedeutung des Gedankenaustausches, die Wirkungskraft eventuell zu treffender Vereinbarungen wurden in erster Linie dadurch bestimmt, auf welcher Ebene – durch den Großherrn, den Großwesir oder durch einen anderen Würdenträger – der Diplomat empfangen wurde.

Nach den Regeln des türkischen Protokolls hatten die ausländischen Diplomaten dem Sultan die Hand zu küssen, was für sie angeblich eine besondere Ehre bedeuten sollte, aber unter Osmanen als Demutsgeste galt. Auch dem Großwesir gebührte der Handkuß. Es war auch üblich, das Gewand hoher türkischer Würdenträger zu küssen.

Eine erstklassige Bedeutung kam den Geschenken zu, die von den ausländischen Botschaftern überbracht wurden. Sie hatten nicht nur rein protokollarischen Charakter, vielmehr dienten sie zugleich der Sache, in welcher der Diplomat vorsprechen wollte. Handelte es sich um größere Geldbeträge oder um Gegenstände von besonderem Wert, so gab es freilich keine trennscharfe Unterscheidung zwischen Geschenk und Bestechung; letztere kam jedoch nur bei den Würdenträgern mittleren, oft auch hohen Ranges, nicht beim Großherrn selbst in Frage.

Die fremden Diplomaten erhielten ebenfalls Geschenke von der Pforte, sowohl für sich als auch für ihren Herrscher. Qualität und Quantität der Geschenke drückten, viel eher als die Großzügigkeit – oder den Geiz – des Stifters, die Wertschätzung aus, welche dem Beschenkten, seinem Monarchen und der Sache entgegengebracht wurde, die Gegenstand des diplomatischen Austausches war. Geschenkt wurden kostbare Gewänder, Waffen und Juwelen, Reitpferde und Windhunde, Raubkatzen und Kamele. Auch Schenkungen recht merkwürdiger Art sind überliefert: 1520, beim Regierungsantritt Suleimans II., herrschte gerade Frieden zwischen den Türken und Venedig. Dem jungen Sultan wurde der Sieg über einen aufrührerischen Statthalter gemeldet, versteht sich, mit dem Kopf des Besiegten. „Der Siegeskunde freute sich Suleiman so sehr, daß er die Trophäe des Kopfes zum Beweise seiner Freundschaft durch einen besonderen Gesandten seinem Freunde, dem Dogen Loredano ... senden wollte." Nur durch diplomatische Schachzüge konnte dem Christen in Venedig die Inempfangnahme des Geschenkes erspart werden.

Der Verlauf eines Empfangs durch den Padischah selbst richtete sich nach der politischen Großwetterlage zwischen dem Osmanenreich und dem Entsendestaat des Botschafters.

Sich zur Sache verbindlich zu äußern, war dem Sultan selbst vorbehalten. So geschah es immerhin bei der Audienz des Bevollmächtigten Laszky des Königs János von Ungarn am 27. Januar 1528, als Suleiman einen Bündnisvertrag mit Ungarn in der Audienz verkündete und begründete. Bei einem erneuten Empfang am 3. Februar wurde dann der Vertrag feierlich bekräftigt; „... Ich will deinem Herrn wahrer Freund und redlicher Bundesgenosse sein, und verspreche wider alle Feinde in Person und mit aller meiner Macht ihm beizustehen, beim Propheten, bei unserem Gottgeliebten Propheten Mohammed, bei meinem Schwerte."

Dann leistete der Gesandte den folgenden Eid: „... bei dem lebendigen Gott und bei Jesus dem Erlöser, der auch Gott ist", schwöre ich, daß mein König „der Freund der Freunde Suleimans, der Feind seiner Feinde sein" wird.

Es kam auch vor, daß der Sultan Gesandte zwar persönlich empfing, diese aber keines Wortes würdigte und lediglich die Inempfangnahme eines ihm zu Füßen gelegten Schreibens des fremden Fürsten bestätigte, indem er mit dem Kopf nickte.

Schlimmeres gab es auch, freilich immer dem politischen Gehalt der Unterredung, der Art der Beziehung der Pforte zum entsendenden Herrscher und nicht etwa der Laune des Sultans entsprechend, zumal bei Suleiman. Der Großherr demütigte beispielsweise mit großer Vorliebe die Gesandten des Ferdinand von Habsburg, den er zu seines Verbündeten König János' Lebzeiten nur als den Statthalter (des echten Machthabers, nämlich Kaiser Karls V.) in Wien, eine Art von „Bürgermeister von Wien" behandelte, oft auch als „König von Wien" titulierte.

Der Botschafter Laszky, dem 1528 die außergewöhnliche Ehrung zuteil wurde, über welche wir soeben gelesen haben, trat nach dem Tode seines Königs János in die Dienste Ferdinands über. Des Habsburgers Königswürde in Ungarn wurde aber von Suleiman auch nach János' Tod keineswegs anerkannt. Da mußte Laszky etwas ganz anderes erleben als 12 Jahre

*Sultan Suleiman der Prächtige empfängt ausländische Botschafter; zeitgenössischer Stich aus dem Jahre 1531.*

zuvor. Als er am 7. November 1540 vor dem Sultan erschien, schrie ihn dieser an: ‚‚,Hast du deinem Herrn gesagt, daß Ungarn mein Reich sey, was kommt er in dasselbe?' Dann brach er in Schimpfworte aus, unter deren Tosen der Bothschafter hinausgeführet ward..."

Keine diplomatische Immunität

Nach Botschafter Laszkys Hinauswurf aus der Audienz am 7. November 1540 wurde im Diwan der Krieg gegen Österreich beschlossen, Laszky eingesperrt. Doch kam der „Pfortendolmetsch" Junisbeg, ein besonders einflußreicher Mann, ihn zu trösten. Der Schilderung Hammer-Purgstalls nach verlief die Unterredung wie folgt: Junisbeg habe Laszky gesagt, „er solle guthen Mutes seyn, es werde ihm kein Leid geschehen, weil die Falken, die er mitgebracht, dem Kayser sehr gefallen." Ein alter Eunuch „habe zwar darauf angetragen, daß man ihm Ohren und Nase abschneide, der Sultan sey aber darauf nicht eingegangen." Laszky blieb in Ehrenhaft, im Hause des Großwesirs! Er erhielt Diäten, und dem gebürtigen Polen wurde auch das „Privileg" zuteil, die Messe in der Kirche des griechischen Patriarchats hören zu dürfen. Großwesir Lutfi redete auf ihn ein, er möchte in Suleimans Dienste übertreten. Mit Hinweis auf seinen Besitz und seine Familie lehnte Laszky ab, doch war dies für den Großwesir „keine haltbare Entschuldigung": „Schlösser und Weiber werde er genug bekommen..."

Nicht alle Diplomaten Österreichs kamen so glimpflich davon. 1549 wurde Botschafter Malvezzi, nachdem er – „in Ermangelung von Instruktionen" von Ferdinand – im üblichen Streit der Teilermächte über ungarisches Territorium keine die Türken zufriedenstellende Antwort geben konnte, in den fürchterlichen Kerker der Burg Anatoli am Bosporus geworfen. Nach einem Protest Ferdinands faßte Suleiman in einem Erlaß folgendermaßen zusammen, was er von „diplomatischen Immunitäten" hielt: „... die Gesandten" seien „Bürgen ... für das gegebene Wort ihrer Herren und" müßten „als Geisseln die Verletzung desselben büssen."

Waren die persönliche Freiheit und das Leben der Diplomaten im 15.–16. Jahrhundert alles andere als gesichert, so genossen sie in jener Zeit vor der Entstehung des modernen Völkerrechts auch andere Privilegien nicht, die heute als selbstverständlich gelten: die diplomatische Post war keineswegs sakrosankt. Die Rede ist hier weniger von Überfällen auf die Boten unterwegs, die oft von Regierungen inszeniert wurden, um in Kenntnis der Berichte zu gelangen. Vielmehr trafen auch systematische

Kontrollen oder Sperren der gesamten Auslandspost die Korrespondenz diplomatischer Missionen.

Informationen über solche Maßnahmen verdanken wir den Diplomaten Venedigs. So registrierte der Missionschef der Republik in Istanbul – der „Bailo" –, Domenico Balbi, 1462 eine generelle „Überwachung der gesamten fürs Ausland berechneten Briefschaften". Untersagt wurde jede für das Ausland bestimmte Post, wenn sie nur die geringste Information darüber enthielt, was sich im Osmanischen Reich ereignete.

## Des Sultans Diplomaten

Was die eigenen Diplomaten der Pforte anbelangt, rekrutierten sich diese aus den verschiedensten Völkern. Genossen zum Islam übergetretene Europäer, Griechen, Serben, Albaner, Christen und Juden aus Italien, Ungarn und andere, den Vorzug bei der Besetzung von hohen Ämtern im Serail schlechthin, kamen da Söhne des türkischen „Staatsvolkes" zu kurz, so galt dieses Prinzip der Selektion erst recht für die Diplomatie. Gebürtige Türken waren rar, wenn es um Verhandlungen mit fremden Mächten auf mittlerer und höherer Ebene ging. Die besondere Effizienz von Diplomaten abendländischen Ursprungs war evident: Sie waren sprachgewandt, kannten die Mentalität der Christen und konnten sich gut auf dem europäischen Parkett bewegen. Was Gehorsam und absolute Loyalität anbelangt, waren bei den Diplomaten die gleichen Faktoren zu verzeichnen wie bei allen Würdenträgern, Wesiren und Generälen: Auch die osmanischen Botschafter von christlicher Geburt waren entwurzelte Männer, hatten keine Familienbande, ihr „Vater" war der Sultan, dem sie alles verdankten und durch dessen Entschluß sie alles, auch ihr Leben verlieren konnten.

Berufsdiplomaten im modernen Sinn gab es nicht vor dem 17. Jahrhundert. Der Sultan selbst und der Großwesir pflegten die Beziehungen zu ausländischen Botschaftern und anderen Persönlichkeiten, die man für würdig fand, durch die Staatsspitze empfangen zu werden. Hohe Würdenträger, Wesire, Sandschakbegs, aber beispielsweise auch ein politisch einflußreicher Leibarzt des Padischah – Jakub Pascha (Maestro Iacopo di Gaeta) unter Mehmed II. – oder der persönliche Dolmetscher („Hofdolmetsch") Suleimans II., Junisbeg, wurden mit delikaten diplomatischen Aufgaben betraut.

Ein ganz besonderer Fall – die Tätigkeit einer christlichen Fürstin in der osmanischen Spitzendiplomatie! – ist unter Mehmed II. zu verzeichnen. Es handelte sich um die Fürstin Mara, Tochter des großen Serbenfürsten

Georg Branković (1427–1456), die Sultan Murad II. (1421–1451), Vater von Mehmed, 1435 geehelicht hatte. (Mehmeds II. leibliche Mutter war Mara jedoch nicht – deren Identität ist unbekannt.) Diese, ihrem Glauben treu gebliebene Christin wurde von Mehmed in die Wahrnehmung der Interessen des Reiches auf hoher Ebene einbezogen.

Mara, die hochoffiziell als „Stiefmutter des Großtürken" bezeichnet wurde, verdankte ihr hohes Ansehen weniger ihrer fürstlichen Herkunft und ihrer Ehe mit einem Sultan, als vor allem ihrer Intelligenz und ihrer diplomatischen Begabung: „Die Gesandten des Abendlandes nahmen ... gar manches Mal den Umweg über den Witwensitz ..., um den Rat dieser staatsklugen weisen Fürstin einzuholen, bevor sie ihren Weg zur Pforte fortsetzten. Gar mächtig war der Schutz, den die gottesfürchtige Frau ihren christlichen Glaubensgenossen angedeihen ließ" (Babinger).

Spionage im Dienste der Diplomatie

Die beeindruckende Systematik, mit welcher das Osmanenreich seine expansive Außen- und Militärpolitik in allen Himmelsrichtungen betrieb, setzte ein langfristig angelegtes, sorgfältiges Sammeln von Informationen über die Staaten, ihre Territorien und Streitkräfte voraus, die als Ziele von türkischen Eroberungszügen der Zukunft galten. Für kurz- und mittelfristige Zwecke der Spionagetätigkeit brachten des Großherrn Kundschafter Nachrichten über Geschehnisse an fremden Höfen, über außenpolitische und militärische Pläne, die dort geschmiedet wurden, über unmittelbare Reaktionen auf aktuelle Entwicklungen und auf Tagesereignisse.

Auf der Apenninenhalbinsel war der osmanische „Geheimdienst" besonders gern tätig. Nach der Einschätzung Babingers gab es in Italien einen „über die gesamte Halbinsel ausgebreiteten, ständigen und geheimen Nachrichtendienst. Die großherrlichen Helfershelfer waren fast ausschließlich Italiener, die sich, teils um schnöden Gelderwerb, teils um einem verabscheuten oder nebenbuhlerischen Stadtherrn einen Streich zu spielen, in den Dienst der Pforte stellten."

Parallel mit Berufskundschaftern wurden also „Amateure" tätig. Manche unter ihnen vereinten in sich die Eigenschaften von Politikern und Publizisten, von Chronisten und Pamphletisten, von Geschäftsleuten und eben auch von Gelegenheitsspionen. Die schillernde Persönlichkeit des Florentiners Benedetto Dei (1418–1492), der für Mehmed II. – in erster Linie gegen das von ihm gehaßte Venedig – auch nachrichtendienstlich tätig wurde, ist ein Paradebeispiel.

Dubiose Dienste boten dem Sultan selbst italienische Fürsten an, so auch Sigismondo Malatesta (1417–1468), Herr von Rimini. In griechischen Gewässern brachte 1461 die venezianische Flotte den Hofmaler Malatestas, Matteo dé Pasti auf. Der Künstler war unterwegs zu Mehmed II., um den Sultan zu porträtieren, soll aber ein Traktat neuesten Datums über die Kriegskunst und eine ausführliche Karte des Adriatischen Meeres mit sich geführt haben. Weder das opus über das Militärwesen noch die Karte waren harmlose Geschenke. Das Werk des Roberto Valturio, gerade als Manuskript fertiggestellt, enthielt Abbildungen des neuesten Kriegsgeräts. Die Karte der Adria wiederum, mit ihren detaillierten Eintragungen, bot sich als treffliche Unterlage für die militärische Planung einer Invasion Italiens an. Der Maler erreichte das Ziel seiner Reise nicht: Die Signoria sah zwar davon ab, ihn zu bestrafen, verwehrte ihm aber die Weiterfahrt nach Istanbul.

Aus der österreichischen Chronik von Jakob Unrest (1472) erfährt man, daß *„der Turckisch kayser hat inn den Landen all Stett lassen abmallen und ist unterweyst worden von ainem vertriben Pfarrer und von zwein Prelaten, die der Turckh haymlich ausgeschickt hat in den Landen all Stett lassen abmallen."*

Teilnehmer an deutschen Reichstagen rekrutierte der türkische Geheimdienst mit Vorliebe, denn deren Debatten über Türkenhilfe fanden das besondere Interesse der Pforte.

Auf dem flachen Land herrschte „Spionenfurcht" (Babinger), zumal in Süddeutschland. Den Landständen wurde gegen Ende der Regierungszeit Mehmeds II. gemeldet, daß „ain speher von den Turgken" im Land umherreise, oft nach Wasserburg (Oberbayern) komme, mit einem „grauen Mantel angetan auf einem Rößlein fürbaß reite und die Fallsucht vortäusche".

In den letzten Jahren von Mehmeds Regierungszeit gelang dem osmanischen Geheimdienst ein großer Coup. Die Ungarn hatten bei einem Gefecht einen Mann gefangen genommen, der zum Meisterspion am ungarischen Hof werden sollte. Er nannte sich Vuk Kuličević und war Südslawe. War diese Gefangennahme inszeniert? Haben ihn die Türken auf diese Weise nach Ungarn eingeschleust? Vuk fiel jedenfalls durch seine Intelligenz und seine Sprachkenntnisse auf. Ein Bruder von ihm diente in Istanbul – ein Faustpfand für den osmanischen Spionagechef, um die Treue des Agenten zu gewährleisten.

Der Zufall wollte es, daß ein Geheimbericht des Meisterspions Vuk Kuličević aus dem Jahre 1487 erhalten geblieben ist. Es war ihm gelungen, bis ins Zentrum der Macht im Ungarnreich vorzudringen. Als Hofdolmetscher hatte er Zugang zur diplomatischen Tagespost und Direktkontakt mit König Mathias, dessen Vertrauen Vuk erschlichen hatte. Er wohnte einigen Sitzungen des Kronrats bei, war im Hauptquartier des Königs bei der Belagerung von Wiener Neustadt zugegen.

Dieser Vuk Kuličević oder Ključević (auf türkisch: Kulutschegowik) berichtete beispielsweise von der spontanen Reaktion Mathias', als ihm einer der brisantesten Zwischenfälle in den Beziehungen zu Istanbul gemeldet wurde: Ein Botschafter Ungarns an der Pforte, nämlich Dmitar Jakšić, Südslawe auch er, wurde unterwegs nach Hause ermordet: damals nicht ungewöhnlich, nichtsdestoweniger ein schwerwiegender Zwischenfall. „Als die Kunde von Jakšić' Ermordung eintraf, war ich beim König... er sprang auf, klatschte erzürnt mit den Händen und rief aus: ‚Des Sultans Wort ist ein großes Wort, doch ist es hohl.'" Es ging um Mehmeds Nachfolger, Bajasid II. (1481-1512). Anschließend hat dann Mathias den Kronrat einberufen, wo über die möglichen Gegenmaßnahmen diskutiert wurde. Vuk notierte und berichtete sorgfältig weiter, aus unmittelbarer Wahrnehmung, aber auch darüber, was er von blauäugigen – und geschwätzigen – ungarischen Würdenträgern erfahren hatte. „Führungsoffizier" des Spitzenagenten war der Sandschakbeg von Smederevo (Bosnien), Ali Mihalioglu. Vuks Informationen wurden erst dem Beg übermittelt. Die auf serbokroatisch geschriebenen Berichte wurden dann ins Türkische übersetzt, exzerpiert und dem Sultan unterbereitet. Ein solcher Auszug blieb für die Nachwelt erhalten.

Gentile Bellini in Istanbul

Beziehungen zwischen Künstlern und dem Serail konnten aber auch sehr wohl den diplomatischen – und den kulturellen – Austausch im klassischen Sinne fördern.

Das Interesse Mehmeds des Eroberers für Geschichte, Wissenschaft und Kunst des Abendlandes war echt. Gewiß spielte da der imperiale Snobismus des orientalischen „Emporkömmlings im Club der europäischen Großmächte" eine Rolle; doch nicht die entscheidende. Die bewußte Anknüpfung an die Traditionen von Byzanz, auch an die Prunksucht Ostroms war ebenfalls ein Faktor. Darüber hinaus faszinierte aber die abendländische Kultur den Genießer Mehmed; zugleich erkannte der Staatsmann den Nutzen kultureller Kontakte im weitesten Sinne.

1479 hatten das Osmanenreich und Venedig ihren Krieg beendet. Nach dem Friedensschluß legte der Sultan besonderen Wert auf den Ausbau guter Beziehungen und plante ostentative Gesten dem Dogen Mocenigo gegenüber. Ein Sonderbeauftragter des Großtürken, einer seiner jüdischen Diplomaten, begab sich im Sommer 1479 nach Venedig; er hatte verschiedene Aufgaben. Den Dogen sollte der Emissär zu den Beschneidungsfeierlichkeiten einladen, von denen bereits die Rede war. Gleichzeitig wurde die Signoria gebeten, einen Maler zu benennen und zu entsenden, der im Serail arbeiten sollte. Dem venezianischen Meister Gentile Bellini (1429–1507) wurde nun die Aufgabe zugedacht. Welche Bedeutung der Bitte des Sultans beigemessen wurde, ergibt sich aus dem Verzicht der Regierung auf die Fortsetzung der seit fünf Jahren dauernden großangelegten Restaurationsarbeiten Gentile Bellinis an den Fresken im Sitzungssaal des Rates im Dogenpalast, nur, damit sich der Künstler dem Großherrn zur Verfügung stellen konnte. So unterbrach Bellini diese Arbeit, ging mit vier Gehilfen an Bord eines Schiffes und traf Ende September 1479 in Istanbul ein, wo er dann bis Ende 1480 oder, nach anderen Quellen, bis Januar 1481 blieb. Auch ein Bildhauer und ein Bronzebildner sollten auf Bitten Mehmeds entsandt werden. Für die letztere Aufgabe war Bartolomeo Vellano bestimmt, ein Schüler Donatellos; doch schien der Bronzebildner Bedenken gehabt zu haben, sich ins „Reich des Antichrists" zu begeben: Vellano machte sein Testament; die Reise hat der Meister aber dann doch nicht angetreten.

Bellini nun sollte Mehmeds Kaiserpalast mit Liebesbildern schmücken. Diese wurden als „Gegenstände der Wollust" bezeichnet, es waren wohl Szenen mit Nymphen und Satyrn. Mehmeds Sohn, Bajasid II., ließ die lüsternen Bilder später entfernen; nur ein Bruchteil blieb erhalten.

Das bekannteste künstlerische Ergebnis von Bellinis Aufenthalt in Istanbul ist sein Porträt von Mehmed, zugleich ein historisches Dokument von unschätzbarem Wert: Das heute in der National Gallery von London aufbewahrte Bildnis wurde am 25. November 1480 fertiggestellt; am 3. Mai 1481 starb der Eroberer (s. Abb. S. 187).

## Die „Geistlichkeit" des Reiches

Da der Sultan sich auch als Kalif und damit als Oberhaupt eines Staates auf theokratischer Grundlage verstand, müssen wir nun nach der Rolle derjenigen Männer im Aufbau von Staat und Gesellschaft fragen, die hauptamtlich mit der Religion befaßt waren. Die Formulierung muß tatsächlich so umständlich gewählt werden, denn eine „Geistlichkeit", im präzisen, auch kirchenrechtlichen Sinne der Christen, kennt der Islam nicht.

Der Mufti von Istanbul

Der Mufti von Istanbul war die höchste Autorität in Sachen der Religion und des Rechtswesens. Sogar mit dem Papst in Rom verglichen den Mufti, den „Scheich ul Islam", die abendländischen Botschafter, welche über die Macht und die Herrlichkeit dieser Würdenträger im 16. und im 17. Jahrhundert berichteten. Der Scheich ul Islam war auf der „weltlichen Ebene" dem Großwesir gleichgestellt, nur diese beiden höchsten Staatsdiener wurden vom Sultan unmittelbar ernannt.

Es versteht sich von selbst, daß die Funktion eines obersten Hüters der Reinheit der Religion und des Rechtswesens mit erheblicher politischer Macht verbunden war, welche der Mufti dann auch bei der Entscheidung so mancher Schicksalsfragen des Reiches ausüben konnte. Seine Waffe war die Fetwa, das „Rechtsgutachten", sein „Heer" die Ulema, die Gesamtheit der Amtspersonen, die religiöse und juristische Funktionen auf hoher Ebene ausübten. In der abendländischen Literatur versteht man unter Ulema die Gesamtheit der Rechtsgelehrten. Rechtswissenschaft und Theologie gehen nämlich in der islamischen Welt Hand in Hand. Die religiöse Offenbarung des Koran und der aus ihm abgeleiteten „Scharia", des alltäglich anzuwendenden Rechts, erheben den Anspruch, das Leben der Gläubigen in buchstäblich allen seinen Aspekten erschöpfend zu regeln. Eine Trennung in Staatsrecht, Zivilrecht, Kirchenrecht ist wegen des gemeinsamen Ursprungs in Allahs Offenbarung nicht zwingend durchführbar, die christliche Lehre von den „zwei Reichen", dem weltlichen und dem das religiöse Heil beförderden, ist im Islam undenkbar – jedenfalls in der Auslegung, die für die osmanischen Herrscher verbindlich war.

Aber entgegen den erwähnten Vergleichen mit dem Papst in Rom fand man den Sultan niemals in der Rolle der mittelalterlichen Kaiser, die sich der geistlichen Gewalt oft genug hatten unterordnen müssen. Keines der Ereignisse, bei denen der Scheich ul Islam mit seiner Autorität mitwirkte, hatte er selbst angestoßen, keines verschaffte seinem Amt eine irgendwie gefestigte Überlegenheit über den Herrscher; fast immer war der Sultan-Kalif stärker als sein Scheich ul Islam. Die Vergleiche mit dem Papst übertreiben.

Der Scheich ul Islam und die Ulema durften ursprünglich nicht rechtsschöpferisch tätig werden, sie durften das „fikh", die islamische Rechtswissenschaft, über die Interpretation der frühen arabischen Rechtslehrer hinaus nicht „weiterentwickeln". Doch blieb das Leben nicht auf der Stufe der ersten Nachfolger des Propheten stehen, und die Verhältnisse im

Osmanischen Reich waren sowieso nicht mit denjenigen der frühen islamischen Staaten zu vergleichen. Es blieb also dem Scheich ul Islam genügend Spielraum, um durch seine Interpretation des Rechts neuen Verhältnissen politischer, sozialer, wirtschaftlicher und kultureller Art Rechnung zu tragen. So faßt Hilmar Krüger, einer der profundesten zeitgenössischen Kenner des islamischen Rechts, die Gestaltungsmöglichkeiten des Scheich ul Islam zusammen. Letzterer und die Ulema konnten also gesetzgeberische Akte des Sultans als dem islamischen Recht zuwiderlaufend erachten und damit für ungültig erklären! Wer denkt da heute, in einer Hoch-Zeit der Verfassungsgerichtsbarkeit, nicht an die Kontrollmöglichkeiten der modernen Verfassungsgerichte!

Gesetzeslücken durfte diese höchste Instanz in Rechtssachen ebenfalls ausfüllen. So kannte das Islamische Recht beispielsweise das für die Rechtssicherheit so wichtige Rechtsinstitut der Verjährung zunächst nicht. Erst 1550 wurde die Verjährung in das osmanische Rechtssystem eingeführt: Ein entsprechender Erlaß Suleimans erhielt durch eine Fetwa des Scheich ul Islam Ebu Su'ud (dieser amtierte mit großem Ansehen von 1545 bis 1574) seinen Segen.

Direkt in die Geschicke des Reiches griffen die Spitzen der Geistlichkeit ein, indem sie Kriegserklärungen oder gar die Absetzung eines Sultans (so Selims III. 1806) durch ihre Fetwa billigten. Dem Fortschritt konnten die Rechtsgelehrten, welche ansonsten eher den Konservativismus vertraten, ebenfalls dienen: So hieß eine Fetwa des Scheich ul Islam Abdullah Efendi (1718–1730) die Einführung des Buchdrucks 1727 gut – was nach europäischen Maßstäben allerdings spät genug war.

# ZWEITER TEIL

# DIE GESCHICHTE DES OSMANISCHEN REICHES (1300–1922)

Kapitel I

# Das erste Jahrhundert des Aufstiegs 1300–1402

## Vom Ursprung der Osmanen

Den Übergang von der grauen Vorzeit bis zur Gründung der osmanischen Dynastie charakterisiert Hammer-Purgstall in blumiger Sprache wie folgt: „Der Strom türkischer Geschichte, der sich bisher vom verborgenen Quellenhaupte der Sage durch das Gestrüppe gestürzter Stämme und vielfach verflochtener Zweige in eingeengtem Rinnsale mühsam durchgearbeitet hat, wird nun, sobald er nach Vereinigung mehrerer Zuflüsse und Zurücklassung ihrer Nahmen, den der Familie Osman's, angenommen, in breiterem und bequemerem Thalwege ruhiger und klärer fortfliessen."

„Das verborgene Quellenhaupt" – damit meint Hammer-Purgstall den Ursprung der Turkvölker, von denen die Osmanen der in Europa bekannteste Teil geworden sind. Die Türken, deren Urheimat in Zentralasien derjenigen der Mongolen eng benachbart ist, wanderten in mannigfaltiger Stammeszersplitterung vom Altai, der Dsungarei, der Wüste Gobi aus nach Westen und nach Süden und gründeten kurzlebige Reiche (die vielleicht an Dimension, nicht aber innerer Organisation und Dauerhaftigkeit den Vergleich mit dem späteren Osmanischen Reich aushalten). Das bekannteste davon wurde das Reich Attilas, des Hunnen, in der Völkerwanderungszeit. Der Kontakt mit der überlegenen islamischen Zivilisation wurde entscheidend, sowohl kulturell als auch geographisch, denn die Zersplitterung des Kalifenreiches begünstigte das Vordringen der Turkvölker nach Westen, bis in die kleinasiatische Halbinsel hinein.

Den „bequemeren Thalweg" erblickt und beschreitet Hammer-Purgstall mit dem frühen 13. Jahrhundert, mit der Beschreibung des Lebens von Osmans Großvater Suleiman. Wir folgen ihm erst mit dem Jahre 1300, als Osmans eigenständige Herrschaft beginnt. Jene Jahrhundertwende ist eine echte Zäsur, dort fängt die Geschichte des Osmanischen Reiches an. Die „graue Vorzeit" also entzieht sich zwar nicht völlig der Geschichtsschreibung, gestattet aber kaum, Legende von Historie zu unterscheiden.

Der Name der Oghusen, eines Zweiges der Turkvölker, wird auf den legendären Oghus Khan, der Seldschukenstamm auf den Oghusenhäuptling Seldschuk zurückgeführt, der um die Jahrtausendwende lebte. Sowohl die Seldschuken als auch die Osmanen werden dem oghusischen Zweig der Turkvölker zugerechnet.

Die Osmanen erhielten ihren Namen nach Osman (1258-1326), dem ersten Herrscher ihres Stammes, dessen Leben und Wirken historisch belegt ist und der die Grundlagen des späteren Großreiches gelegt hat.

Mit dem semitischen Volk der Araber sind die Turkvölker ebensowenig verwandt wie mit dem indogermanischen Volk der Iraner. Allerdings nahmen die Turkvölker im 10./11. Jahrhundert allmählich den sunnitischen Islam an, den die arabischen Glaubenskrieger in allen Himmelsrichtungen zu verbreiten bemüht gewesen waren.

Bevölkert und erobert haben die Turkvölker Anatolien, das spätere Zentrum des Osmanischen Reiches, ab dem 11. Jahrhundert. Davor gehörte die Halbinsel größtenteils dem Byzantinischen Reich an. Die Schlacht bei Manzikert in der Nähe des Vansees in Ostanatolien (1071), in der die von den Seldschuken angeführten Turkstämme ein byzantinisches Heer vernichtend schlugen, wird als Meilenstein im Aufstieg des ersten Seldschukenreiches betrachtet. Bereits um 1080 konnten dann die Seldschuken Iconium in Zentralanatolien erobern, das zu ihrer Hauptstadt werden sollte: Es ist die heutige Provinzhauptstadt Konya, wo eine Vielzahl von kostbaren Denkmälern aus der Seldschukenzeit erhalten geblieben ist. Von 1134 bis 1300 herrschte dort die Dynastie der Rum-Seldschuken, welche aus einem Zweig des Seldschukenstammes hervorgegangen ist.

Die Vorfahren Osmans waren mit anderen Turkstämmen um 1230 von Zentralasien nach Anatolien gewandert, oder eher geflüchtet. Schuld daran war der Mongolensturm unter Dschingis Khan (1206-1227).

Die Namen von Suleiman († 1237?), dem Großvater Osmans, und von Ertogrul († 1281?), seinem Vater, sind überliefert: Sie sind als die ersten historisch zweifelsfrei nachweisbaren Persönlichkeiten der osmanischen Vorgeschichte zu betrachten. Mit Ertogruls Namen sind freilich auch zahlreiche Legenden verbunden, die besonders geeignet waren, Mentalität und Aufstieg dieses Geschlechts zu veranschaulichen. So sollen sich bereits bei der Wanderung von Ertogruls Stamm die türkischen Krieger als kräftig, im Gefecht kampfentscheidend und zugleich als ritterlich erwiesen haben: Als Ertogrul und einer seiner Brüder mit nur 400 Familien das Gebiet östlich von Erzurum erreichten, hörten sie plötzlich Schlachtengetöse. „Noch vom Schlachtfeld entfernt, und ohne noch unterscheiden zu können, wem die größere Truppe, wem die kleinere angehöre, faßte

*Ertogrul*, d. i. der *gerade Mann*, den ritterlichen Entschluß, dem kleineren Haufen wider den größeren beyzustehen. Seine Hülfe entschied den Sieg", erzählt Hammer-Purgstall.

Türken, in der oben erwähnten Schlacht Seldschuken, und Tataren standen sich als Feinde gegenüber; ein Türkenstamm, nämlich die Oghusen Ertogruls, eilte einer anderen Türkenschar zu Hilfe. Und ferner: Ertogrul, der zum Sieg der Seldschuken über die Tataren so entscheidend beigetragen hatte, unterwarf sich den Seldschukenherrschern, die sein Sohn Osman später – als Emir eines der kleinen Nachfolgestaaten – „beerben" sollte. Der Sultan der Seldschuken soll dann dem Oghusenstamm Ertogruls neue Weidegründe zugewiesen haben, und zwar in Westanatolien, unweit der Küste des Marmarameeres. Dort endete die Wanderung des kleinen Nomadenstammes.

## Osman I. (um 1300–1326)

Mit der Jahrhundertwende 1299/1300 tritt Osman I. als selbständiger Herrscher – allerdings erst nur über ein winziges Territorium – in die Geschichte ein. Zu jenem Zeitpunkt starb der letzte Seldschukensultan, Alaeddin II., von der Hand der Mongolen oder des eigenen Sohnes – man weiß es nicht –, und sein Reich zerfiel, wie es heißt, in zehn Teile. Stammeshäuptling Osman wurde damit eigener Herr in seinem kleinen Gebiet.

Die Gründung großer Reiche wird durch die Tatsachen ihres historischen Aufstiegs legitimiert, durch die Fakten eben, die ihre eigene gewaltige Sprache sprechen. Zugleich schöpfen sie ihre Kraft aus sinnbildlichen Legenden, welche die Nachwelt durch ihre Symbolik beeindrucken, das Staatsvolk mitreißen. Die Gründungssagen mancher großer Reiche der Weltgeschichte sind einander so unähnlich nicht ...

*„Eines Abends, als Osman im Hause Edebali's (Scheich aus Adana in Südostanatolien, d. V.), als Gast übernachtend, zu Bette gegangen war, leuchtete ihm aus verborgener Welt das folgende Traumbild in das, von außen schlummernde, nach innen geöffnete Auge. Er sah sich und den Scheich, seinen Gastherrn, ausgestreckt liegen. Aus Edebali's Brust stieg der Mond auf, der wachsende, der sich zu Osman neigend als Vollmond in dessen Busen barg, und versank. Da wuchs aus seinen Lenden ein Baum empor, und wuchs und wuchs an Schönheit und Stärke immer größer und größer, und breitete seine Äste und Zweige aus, immer weiter und weiter, über Länder und Meere bis an den äußersten Gesichtskreis*

*der drey Theile der Erde seinen Schatten verbreitend. Unter demselben standen Gebirge wie der Kaukasus und der Atlas, der Taurus und der Hämus (= antiker Name für das Balkangebirge, d. V.), gleichsam die vier Pfeiler des unendlichen Laubzeltes; es strömten, als die vier Flüsse dieses paradiesischen Baumes unter den Wurzeln desselben, der Tigris und der Euphrat, der Nil und der Ister (= antiker Name für Donau, d. V.) hervor."*
(Nach Hammer-Purgstall)

Osman berichtete Edebali über seinen Traum, woraufhin der Scheich sprach: *„Heil dir, mein Sohn Osman – Allah der Erhabene hat dir und deinem Geschlecht Herrschertum zugedacht! Gesegnet sei es euch! Und meine Tochter Malhun ist dir zum Weibe bestimmt."* Ein anderes Zeichen, das Osman und seinen Nachfolgern Macht und Ruhm verkündete, kam durch das Erscheinen eines Geiers, eines Vogels, der für die Abendländer keine sympathischen Eigenschaften symbolisiert, jedoch im Morgenland hoch verehrt wird. Daß der Geier sich von Aas ernährt, hält man ihm hierzulande nicht zugute. Doch bei Persern und Türken lobt man ihn, weil er dann kein lebendiges Tier tötet, und weil er unter seinen weiten Schwingen die Jungen wie unter einem Schutzmantel birgt.

Und so soll es geschehen sein, nach der Überlieferung des Chronisten Mewlana Idris († 1523): Der Derwisch Abdal Kumral war Augenzeuge im Gebirgspaß von Ermeni, als ein Königsgeier mit seinen Flügeln das Haupt des jungen Osman überschattete. Der fromme Mann legte dieses Wahrzeichen als Vorbedeutung osmanischer Herrschaft aus, deren „Flügel" bald zwei Meere und zwei Erdteile, Asien und Europa, decken würden. In diesem westanatolischen Gebirgspaß errang dann Osman einen ersten Sieg über die Byzantiner; dort errichtete er zum Gedenken an das Erscheinen des Königsgeiers ein Kloster, in dem ein Säbel Osmans aufbewahrt wurde. Den hatte er dem Derwisch anläßlich der geschichtsträchtigen Weissagung gestiftet ...

Diese Legenden, die mit ihrer kaum religiösen, sondern eher politischen Tendenz an die Propaganda-Sagen der Römer aus deren Frühzeit erinnern, lenken unseren Blick auf den wesentlichen Unterschied, der zwischen der arabischen Eroberung nach dem Tode Mohammeds und dem osmanischen Vormarsch aus Kleinasien heraus besteht: Zwar geschahen beide unter dem Banner des Islam, doch ist dieses im osmanischen Fall auf Weltherrschaftsträume aufgesetzt, die keine islamischen, sondern zentralasiatisch-schamanistische Wurzeln haben. Das Haus Osman war nach diesen Vorstellungen zur Weltherrschaft berufen, und alles Land, das seine Heere und seine Rosse jemals betreten hatten, galt ohne weiteres als sein Eigentum. Osman galt als „Ghazi", d. h. als Glaubenskrieger. Doch da war kein Widerspruch. Die Osmanen sind von Jacob Burckhardt als Usurpatoren in der islamischen Welt bezeichnet worden. Genau das waren sie auch, denn sie benutzten die traditionelle islamische Legitimation des Ghazi-Tums, um mit ihrer Hilfe dem Traum von der Weltherrschaft nachzujagen. Und dessen Traditionen weisen nicht nach Mekka und Medina, sondern auf den fürchterlichen Dschingis Khan zurück, insofern den verborgenen Ur-Vater aller osmanischen Sultane und Kalifen.

Eroberungskriege, Verbündete

Kurz nachdem Osman zum unabhängigen Emir geworden war, schlug er am 17. Juli des Jahres 1301 (oder 1302?) die siegreiche Schlacht gegen die Byzantiner bei Kujunhissar, in der Nähe von Nikomedeia, dem heutigen Izmit. Dieser Erfolg schien Osmans Kriegern den Weg zu Territorien unter oströmischer Herrschaft geebnet zu haben. Sie eroberten mehrere befestigte Plätze, deren Umfeld sie verwüstet oder die sie ausgehungert hatten. Osman hat jedoch die Einnahme der drei stolzen Städte Bursa (1326), Nikaia (Iznik, 1331) und Nikomedeia (Izmit, 1337) nicht mehr erlebt, dazu war seine Belagerungskunst noch zu wenig entwickelt.

Osmans Eroberungszüge bezweckten Territorialgewinn sowie die Unterwerfung der benachbarten Turkstämme, welche aber nicht vernichtet, sondern in das werdende Staatswesen Osmans eingegliedert wurden. Die Hauptgegner, auf deren Kosten er sein Herrschaftsgebiet am meisten ausdehnte, waren byzantinische Provinzen und Kleinfürstentümer in Nordwestanatolien. Zu einer wirklich großen Konfrontation mit dem Anfang des 14. Jahrhunderts bereits arg geschwächten Byzantinischen Reich kam es jedoch noch nicht. Schon gar nicht konnte davon die Rede sein, daß Stammesfürst Osman europäische Territorien besetzte. Allerdings registrierte Hammer-Purgstall „zwanzig Übergänge der Türken" nach Europa bis 1357, wobei er Streifzüge anderer Turkstämme mitzählt. Der zweite und der dritte Übergang sollen zu Osmans Regierungszeit erfolgt sein: 1307 handelte es sich um „Turkmanen aus Aidia", die „unmittelbar bey Constantinopel von Asien nach Europa" übersetzten, 1321 dann „folgte der erste Streifzug osmanischer Türken, welche mit Schiffen die macedonische und thracische Küste beunruhigten".

Ernstgenommen wurde Osman von den Byzantinern schon seit dem ersten Gefecht zwischen ihnen und den Kriegern des Emirs bei Kujunhissar. Man nannte ihn zu jener Zeit den „Beherrscher des Gebietes bei

Nikaia", und unterschiedslos alle Türken, welche sich an Kämpfen mit den Griechen beteiligten, waren für letztere „die Leute von Osman."

In den beiden letzten Jahrzehnten der Herrschaft Osmans beteiligten sich aber an den Kriegszügen längst nicht mehr die Männer seines Stammes allein: Krieger anderer Turkstämme und auch Christen schlossen sich Osman an. Historisch belegt und symbolträchtig war Osmans innige Freundschaft und Waffenbrüderschaft mit Köse Michal, einem christlichen Burgherrn. Der Grieche hatte sich Osman schon vor 1300 angeschlossen und ihm mit Rat und Tat geholfen. Die beiden kämpften gemeinsam in so mancher Schlacht. Noch bei der Belagerung von Bursa (1326) saß Köse Michal in Osmans Kriegsrat. Dieser Berater und kluge „Entwicklungshelfer" der jungen osmanischen Streitmacht ist schließlich auch zum Islam übergetreten. Sein Wirken begründete und symbolisierte zugleich die einzigartige osmanische Tradition einer zielbewußten massiven Einbeziehung von Abendländern in die Heeres- und Staatsführung.

Die kurz- oder langlebigen Allianzen Osmans hatten alles andere als einen religiös-ideologischen Charakter: Er bekriegte und unterwarf moslemische Türkenstämme, er verbündete sich – über die Verbrüderung mit Köse Michal hinaus – mit christlichen Burgherren und sogar mit Machthabern in Konstantinopel: Bereits seit der Zeit des Reichsgründers wurden Söldnerdienste der Osmanen für Byzanz ebenso wie Einmischungen der Türken in die häufigen und verworrenen inneren Zwistigkeiten des untergehenden Imperiums zur Tradition.

Über Osmans Volk und Staat

Um 1300 herrschte Osman über ein winziges Gebiet von etwa 1500 km$^2$. Durch seine Eroberungszüge erweiterte er sein Territorium schließlich auf mehr als 18 000 km$^2$. Auf diesem Gebiet entstand während der Regierungszeit des Reichsgründers ein echtes Staatswesen. Diese Metamorphose war mit Umwandlungen der ursprünglichen Stammesgesellschaft und mit der Schaffung von ersten Institutionen verbunden:
– Die Bevölkerung setzte sich vorwiegend aus Halbnomaden zusammen, also Hirten, welche sich, saisonalbedingt, zeitweise der Viehzucht und zeitweise dem Kriegshandwerk, zum Teil aber auch schon einem einfachen Ackerbau zuwandten. Kleinere Städte gab es bereits auch, insbesondere auf den neuen, den Byzantinern genommenen Gebieten. Die Bevölkerung bestand schon zu Osmans Zeiten aus mehreren Turkstämmen.

- Die landwirtschaftliche und die kleine städtische Bevölkerung der neu eroberten Gebiete erwies sich als kostbar: Sie produzierte, solange die Krieger in den Kampf zogen. Geschont und gefördert wurde sie von Osman primär aus diesem Grunde. Die Erweiterung des Ackerbaus und ein rudimentärer Handel waren vonnöten. Auch die Viehzucht mußte gesteigert werden, die Pferdezucht mußte gedeihen, denn Osman brauchte Schlachtrösser.
- Während Osmans Regierungszeit entstand bereits eine Schicht von Berufskriegern, deren Anzahl beständig wuchs.

Der Emir belehnte Militärführer und verdiente Krieger mit Land. Es entwickelte sich allmählich eine „feudale Mittelschicht".

Die Chronik Derwisch Ahmeds berichtet darüber: Osman kämpfte *„gegen die Giauren der umliegenden Gegenden. Er eroberte alle ihre Länder und führte diese durch Gerechtigkeit und Billigkeit zur Blüte. Den Gazi (= Kriegern) ging es gut; allen verlieh er Dörfer und Ortschaften und bedachte jeden nach seinem Stande. So wurden die Gazi im Gefolge des Osman Gazi immer stärker und wollten immer neue Kriegszüge unternehmen."*

Staatsorganisation und Gesetzgebung

Hören wir dazu ebenfalls ein Beispiel aus Derwisch Ahmeds Chronik:

*„... wie jede Stadt eingerichtet wurde.*
*Als er Karacahisar (= in Westanatolien, d. V.) eingenommen hatte, standen die Häuser der Stadt leer."* Aus verschiedenen Gebieten *„kamen viele Leute und baten den Osman Gazi um Häuser. Osman Gazi gab sie ihnen, und die Stadt blühte in kurzer Zeit auf. Er gab ihnen auch einige Kirchen, die sie zu Moscheen umgestalteten. Und auch Markt ließ er halten. Diese Leute meinten einhellig: ‚Wir wollen das Gemeinschaftsgebet verrichten und auch um einen Kadi bitten.'"*

Osman war also nicht daran interessiert, bereits eroberte Siedlungen dem Erdboden gleichzumachen. Er nutzte sie vielmehr, um seine Leute dort anzusiedeln und unterstützte deren Bemühen um den Bau von Dörfern, Städten und Moscheen, um die Schaffung einer Justiz. Die Aussage der Chronik über das, was man heute Gesetzgebung, Zollwesen und die Organisation des Marktes nennen würde, ist höchst aufschlußreich:

*„Die Bestimmungen der Satzung des Osman Gazi.*
*Es wurden ein Kadi und ein Subasi eingesetzt, der Markt wurde*

*eingerichtet und die Freitagspredigt gehalten. Nunmehr verlangte das Volk ein Gesetz.*

*Da kam* „ein Mann, der sagte: ‚Verpachtet mir den Zoll für diesen Markt!' Das Volk sagte: ‚Geh zum Han!'"

(Ein Subasi hatte militärische und polizeiliche Funktionen inne; Han nannte man den Herrscher, hier Osman.)

„Der Mann kam zum Han und sagte ihm seinen Wunsch. Osman Gazi fragte: ‚Zoll? Was ist das?'

Der Mann sagte: ‚Von jedem, der auf den Markt kommt, nehme ich dafür Geld.'

Osman Gazi fragte: ‚Schuldet dir denn diese Marktfahrer etwas, daß du von ihnen Geld forderst?'

Der Mann antwortete: ‚Mein Han, das ist eben so Brauch und Sitte. Das gibt es in jedem Land, das von einem Herrscher erobert worden ist.'

Osman Gazi fragte: ‚Lautet so das Gebot Allahs, oder haben das die Herrscher selbst gemacht?'

*Wiederum antwortete der Mann: ‚Das ist eben so Brauch, mein Han, seit eh und je.'*

*Da geriet Osman Gazi in Grimm und sprach: ‚Wenn sich jemand etwas verdient, so ist das sein Eigentum. Was habe ich denn zu seinem Besitz dazugetan, daß ich sagen sollte: ‚Gib mir Geld!'? – Mann, hebe dich hinweg und führe mir nicht solche Reden, daß dir von mir kein Schaden widerfahre!'"*

Osman hatte also – vorerst – kein Verständnis für die finanziellen Ansprüche des Staates auf dem Markt aufgebracht: Um so mehr Respekt zollte der Emir dem „uneingeschränkten Privateigentum" – so würde man sein Gebaren in moderner Sprache auslegen. Doch ließ sich Osman – durch „das Volk"! – überzeugen:

„Das Volk sagte: ‚Mein Han, es ist üblich, daß man denen, die den Markt bewachen, eine Kleinigkeit gibt.'

Osman Gazi sagte: ‚Nun, da ihr es so sagt, so soll jeder, der eine Warenlast herbringt und hier verkauft, zwei Silberlinge bezahlen. Und jedem, der gegen dieses mein Gesetz verstößt, soll Allah seinen Glauben und sein Hab und Gut verderben! Und wem ich ein Lehen gegeben habe, dem darf man es ohne Grund nicht wegnehmen; wenn er stirbt, so soll man es seinem Sohn geben; auch wenn er noch ein Kind ist, soll man es ihm geben, und dann sollen im Falle eines Kriegszuges eben seine Diener ins Feld ziehen, bis er selber zum Felddienst taugt. Wer gegen diese Satzung verstößt, dem soll Allah seine Gnade entziehen..."

In einem Atemzug mit der Einführung von Marktgebühren regelte somit Osman Fragen des Lehnswesens, des Erbrechts und der „Wehrpflicht".

Eine Reihe von staatlichen Institutionen nahmen erst unter Osmans Sohn Orhan Gestalt an, der das Gründungswerk tatkräftig fortsetzte. In jedem Fall berichten die Quellen ausgiebiger über jene spätere Zeit.

## Über die Persönlichkeit des Reichsgründers

Was ist uns über das Aussehen und die Charaktereigenschaften des Mannes bekannt, mit dessen Namen sich das Osmanische Reich identifizierte und der die Fundamente des osmanischen Staates gelegt hat?

Vor etwa 1450 sind Porträts rar. Eine Ahnung vom wahrhaftigen Erscheinungsbild früherer Herrscher haben wir höchstens dank einiger weniger Votivbilder, Miniaturen und vor allem Skulpturen oder Hermen. Im Serail zu Istanbul wurden die Porträts der Sultane aufbewahrt; diese hat man dann in Europa „schlecht aber getreu nachgestochen". Dieses Bildmaterial und freilich auch Beschreibungen der Chronisten benützte Hammer-Purgstall für die Darstellung des Äußeren Osmans:

„Fast eben so lange, als die herabhängenden Aermel" seines Gewandes „waren Osman's Arme, die über seine Knie reichten, ein im Morgenlande für Fürsten günstig erachteter Gliederbau, weil nach demselben schon einer der mächtigsten alten persischen Könige, der Langhandige genannt, das alte Wort von den langen Händen der Könige in Schwung brachte, übrigens wohlgestaltet zum Ritt, bocknasig, von schwarzen Haaren, Augenbrauen, Bart, und schwärzlicher Gesichtsfarbe. Daher wurde er schon von seiner Jugend an Kara Osman, d. i. der schwarze Osman genannt, was in dem Munde der Morgenländer für einen Ehrentitel der Schönheit gilt."

Die Tradition religiöser Toleranz in den Beziehungen zu all denjenigen Christen, gegen welche die Osmanen nicht gerade Krieg führten, kann auf den Reichsgründer zurückgeführt werden: Sie ist sowohl bei Ertogrul als auch bei Osman historisch belegt.

Äußerste Härte konnte Osman allerdings sehr wohl auch zeigen: Kurz nach 1300 tagte Osmans Kriegsrat; ein Feldzug zur Eroberung von Karacahissar in Westanatolien sollte beschlossen werden. Osmans hochbetagter Onkel Dindar war zugegen. Der Oheim riet ab vom Waffengang, war doch Osmans militärische Lage prekär, sein Gebiet sowieso schon von vielen Feinden umgeben. Doch „Osmans Feuermuth ertrug die eisige Klugheit des Greises nicht, dem Pfeile des Wortes entgegnete er zornig mit dem Pfeile des Bogens, und der Oheim sank vom Neffen erschossen; eine blutige Lehre für den künftigen Widersprecher des vom Herrn gefaßten Beschlusses ..." (Hammer-Purgstall).

Daß der Herrscher seine Mannen persönlich in den Kampf führte, daß er mit Tapferkeit im Gefecht ein Beispiel setzte, war eine Selbstverständlichkeit. Osman erwies sich als guter Krieger und schlauer Taktiker zugleich. Derwisch Ahmed und andere frühe Chronisten berichten, daß er ein Meister der Kriegslist gewesen sei.

Osman herrschte als unabhängiger Emir circa 27 Jahre lang. Er erreichte ein Alter von etwa 68 Jahren. Kriegszüge überließ er während seiner letzten Lebensjahre seinem ältesten Sohn Orhan, denn der greise Osman litt an Podagra (Fußgicht), dies ist mehrfach belegt. Die geliebte Gemahlin Malchatun war kurz vor Osmans Tod 1326 verschieden. Nach der Überlieferung des Chronisten Idris hat Osman seinem Nachfolger aufgetragen, mit Milde und Gerechtigkeit zu regieren, den Islam aufrechtzuerhalten und ihn, Osman, in Bursa, dessen Einnahme kurz bevorstand, beizusetzen. So geschah es denn auch. Hammer-Purgstall berichtet über Osmans einfachen Nachlaß: „Weder Gold noch Silber hinterließ er, sondern nichts als einen Löffel, ein Salzfaß, einen verbrämten Rock und einen neuen Kopfbund von Leinwand, Fahnen aus rothem Dünntuch..., einen Stall trefflicher Pferde", eine kleine Viehherde und „einige Heerden gewählter Schafe..."

Welche Bedeutung und welchen Ruf Osman in den Augen des Volkes hatte, dies drückte sich in den Worten des Gebets beim Regierungsantritt neuer Sultane aus: „Möge er so gut sein wie Osman."

## Der würdige Nachfolger: Orhan (1326–1359)

Das Herrschergeschlecht, das aus der Ehe von Osman und Malchatun hervorging, war gekennzeichnet von geistiger Begabung, meistens auch von Gesundheit und körperlicher Kraft. Lange Regierungszeiten waren die Regel: Von den ersten zehn Herrschern (1300–1566) regierten sieben über drei Jahrzehnte oder länger.

Osmans Sohn Orhan festigte das Gebäude des neuen Staates zielbewußt und erfolgreich. Er vervierfachte sein Herrschaftsgebiet, von etwa 18 000 km² auf rund 75 000 km², und erweiterte es damit auf ein Territorium, das die heutige Gesamtfläche der Beneluxländer übertrifft. Unter Orhan faßten die Osmanen festen Fuß auch in Europa.

Orhan wird als ein Mann beschrieben, der bei aller Tatkraft und Beherrschung des Kriegshandwerks doch auch mitunter die Ruhe schätzte, vor allem keinen Fanatismus und Kampfeseifer um seiner selbst willen entfaltete. Er war kein romantischer Ritter und kein Streiter für den Glauben, sondern der nüchterne und besonnene Baumeister eines Reiches.

## Eroberungen und Außenpolitik

Erweiterung des Herrschaftsgebiets in allen Himmelsrichtungen, ohne „Blitzfeldzüge", ohne große Risiken und ohne ungedeckte Flanken, dem Rhythmus nach immer wieder an die Schritte auf dem Schachbrett erinnernd, welche so typisch für die gesamte Aufstiegsperiode des Osmanenreiches waren – all diese Merkmale prägten auch Orhans lange Regierungszeit. Und was der Emir an Gebietsgewinn für sein Reich erzielte, konnte sich sehen lassen: Es gelang ihm, den Byzantinern die drei wichtigen Städte Nordwestanatoliens zu entreißen: Bursa 1326, kurz nach seinem Regierungsantritt, die spätere Hauptstadt der Osmanen, deren Eroberung schon der Vater von langer Hand vorbereitet hatte; Nikaia (Iznik) 1331 und Nikomedeia (Izmit) 1337. Weiter ostwärts fiel Orhan 1354 das damals allerdings noch nicht bedeutende Angora (Ankara) in die Hände.

## Die Schlacht von Philokrene 1329

List, Diplomatie und dynastische Politik kennzeichneten Orhans Siegeszug viel eher als Ruhm auf dem Schlachtfeld. Doch auch diesen wußte er zu ernten: 1329 besiegte er den byzantinischen Kaiser Andronikos III. Palaiologos (1328–1341) bei Philokrene (Tavaschayil), am Marmara-Meer zwischen Konstantinopel und Nikomedeia gelegen. Das Gefecht beschäftigt uns vor allem wegen der charakteristischen osmanischen Schlachtordnung, die hier erstmalig erwähnt wird und die auch in den späteren Eroberungszügen so erfolgreich angewandt wurde.

Jorga schildert uns diese Schlacht, wobei er sich auf den Bericht des nachmaligen byzantinischen Kaisers Johannes VI. Kantakuzenos (1296–1383; Kaiser 1347–1354) stützt:

*„Der Sultan hält den Gipfel der Höhe von Philokrene besetzt; seine Ghazis, nach der Rechnung des kaiserlichen Geschichtsschreibers Kantakuzenos 1000 an Zahl, umgeben ihn; ein Graben schützt diesen Kern der osmanischen Kriegsmacht, der wahrscheinlich aus Fußvolk besteht, während 300 Reiter des Vortrabs bereit sind, die Feinde mit ihrem Pfeilhagel zum Kampfe zu reizen und sich dann eilig wie die alten Parther und die Barbaren aller Stämme zu zerstreuen; eintretendenfalls sind sie*

*aber auch imstande, die Flucht des Feindes in eine Katastrophe zu verwandeln. Andere 2000 Mann endlich, die Inhaber der militärischen Lehen, die Spahis aus den Timars, bilden die Flügel des kleinen Heeres, dessen größter Teil in kunstvollem Versteck gehalten wird."*

Auch der Verlauf des Gefechts von Philokrene kündigt bereits die Vorgänge mancher späterer Schlachten großen Ausmaßes an, in denen die christlichen Ritter – vermeintlich – „bis an die Schwelle des Sieges" angelangt, dann aber niedergekämpft worden sind.

*„Dreimal gelangen 300 Reiter des Kaisers bis zu dem Graben, der ihrem Anprall Einhalt tut, aus dem die Heiden in Sicherheit ihre Pfeile senden können. Aber trotz des heißen Junitages ermüden die Christen nicht... Da kommt endlich das ganze osmanische Heer zum Vorschein, der Bruder des Sultans erhält Befehl, energisch gegen den hartnäckigen Feind vorzugehen. Der Kaiser selbst wirft sich dem türkischen Angriff entgegen und bricht ihn."*

Jorga fährt mit Kantakuzenos fort: *„Aber Andronikos ist außerstande, den türkischen Herrscher aus seiner starken Stellung zu vertreiben; bei anbrechendem Abend muß er sich zurückziehen. Einige türkische Haufen setzen dem byzantinischen Heere mit großer Kühnheit nach... Da erst weicht der Sultan nach langem Widerstreben dem wiederholten Rate seiner alten ‚Tapferen' und ordnet die regelrechte und allgemeine Verfolgung der Christen durch die Spahis an."*

Die ersten Früchte des Sieges von Philokrene ernteten die Osmanen in den dreißiger Jahren, als ihnen wichtige byzantinische Bastionen in Nordwestanatolien in die Hände fielen.

Die Bollwerke Nikaia und Nikomedeia

Den Fall von Nikaia – am 2. März 1331 – faßt Hammer-Purgstall wie folgt zusammen: Die stark befestigte Stadt, „nach der Niederlage bey Philokrene aller weitern Hoffnung von Entsatz beraubt, erschöpft durch Hunger und Pest, ergab sich" der ganzen Heeresmacht Orhans. „So fiel Nicäa, das festeste Bollwerk... wider die Osmanen."

Der Besatzung von Nikaia hatte Orhan laut Derwisch Ahmed freien Abzug zugesichert: „Orhan Gazi willigte ein, denn er sagte sich: ‚Großmut ist die trefflichste Art des Glaubenskampfes.' Dem byzantinischen Festungskommandanten wurde gestattet, ... hinauszuziehen... Die Bevölkerung der Stadt blieb zurück und auch die meisten Ritter zogen nicht fort. Sowie der Befehlshaber ausgezogen war, ritt Orhan Gazi durch das

Yenischir-Tor in die Burg hinein." Jorga berichtet allerdings, daß die Bewohner Nikaias später „als Sklaven fortgeführt" wurden ...

Nikomedeia, das heutige Izmit am Marmarameer, war sechs Jahre später, 1337, an der Reihe. Türkische Chroniken sprechen von einer Kriegslist, jener der Griechen mit dem trojanischen Pferd nicht unähnlich. Danach soll Orhan in Kisten mit kostbaren Geschenken 40 Mann in die Stadt geschmuggelt haben, von denen dann die osmanische Streitmacht nach Nikomedeia hineingelassen wurde. Es gibt – bei byzantinischen Chronisten – allerdings auch andere Versionen der Einnahme von Nikomedeia.

### Die Heerzüge von Orhans Sohn Suleiman Pascha

Orhan regierte nach der Eroberung von Nikomedeia noch 22 Jahre lang. Doch überließ der Emir das Kriegshandwerk mehr und mehr seinem militärisch begabten ältesten Sohn, Suleiman Pascha. Bei Turkvölkern wurde diese Art der Aufgabenteilung zwischen einem betagten Herrscher und dem Thronfolger zur Institution.

Suleimans Feldzüge dienten folgenden Zwecken: 1. Die Osmanen eroberten weitere Gebiete in Anatolien, sie unterwarfen dort Turkstämme, die nicht bereit waren, sich Orhan zu fügen und sich den Osmanen als treue Vasallen anzuschließen. 2. Suleimans kampferprobte Krieger wurden durch die Byzantiner und bereits auch durch slawische Balkanvölker als Söldner angeheuert und beteiligten sich an den kriegerischen Auseinandersetzungen der innerbyzantinischen Bürgerkriegsparteien sowie an Kämpfen zwischen Ostrom und dessen Nachbarn auf dem Balkan. 3. Es wurde geplündert, Beute geholt. 4. Schließlich eigneten sich Suleimans militärische Operationen auf europäischem Boden dazu, sich dort mit dem Gelände vertraut zu machen und Gebiete auszukundschaften, welche die Osmanen zu einem späteren Zeitpunkt erobern sollten.

Thronfolger Suleiman war wohl dazu bestimmt, die Früchte dieser Erfahrungen zu ernten: Als erfahrener Heerführer und Kenner der Verhältnisse sollte er später als Sultan diese Gebiete auch in Besitz nehmen. Doch wurde dies durch seinen frühen Tod vereitelt. Bei einer Jagd soll er „in einen Graben gestürzt" sein (1357).

### Dynastische Ehe zwischen Byzantinern und Osmanen

Im oströmischen Restimperium herrschte eine Art permanenten Bürgerkriegs. Die Kontrahenten waren die Kaiser aus der letzten byzantinischen

Dynastie; die Palaiologen (1259-1453) auf der einen, die Magnatenfamilie Kantakuzenos und ihr Anhang auf der anderen Seite. Berühmtestes Mitglied der Kantakuzenos war der spätere Kaiser Johannes VI. (1346-1354). Dieser hatte die Partei angeführt, die in einem verheerenden Bürgerkrieg (währenddessen Bursa wehrlos wurde und daher in die Hände der Osmanen fiel, s. S. 101) ihren Kandidaten aus der Palaiologen-Dynastie, Andronikos III., auf den Thron setzte (1328). Doch Andronikos blieb nichts anderes übrig, als 1333 den Osmanen ihre bisherigen, im Windschatten des Bürgerkrieges gemachten Eroberungen zu bestätigen und ihnen sogar Tribut zu zahlen. Mehr noch: vom Emirat Aydin aus operierte der verwegene Seeräuber Umur, den die Osmanen gewähren ließen, nicht nur, weil sie überhaupt keine Flotte hatten, sondern weil er gegen die Venezianer und Genuesen kämpfte, die ihre Herrschaften auf den Inseln der Ägäis etabliert hatten. Und weil Venedig und Genua gegen Umur einen „Kreuzzug" unternehmen wollten und dazu auch die Unterstützung des Papstes fanden, waren sowohl Orhan als auch Andronikos III. aufs höchste alarmiert und schlossen mit dem türkischen Piraten ein Bündnis! Es gab schon so etwas wie eine politische Symbiose zwischen Griechen und Türken, aus der beide den Lateinern gegenüber Vorteile zogen.

Kantakuzenos verbrüderte sich also lieber mit Orhan und stützte sich auf osmanische Söldnertruppen.

Mehr noch, der Byzantiner gab 1346 seine jugendliche Tochter Theodora dem betagten Emir zur Frau –, dergleichen hatte es noch nicht gegeben. Aber all die Turkstämme Kleinasiens im Einzugsbereich von Konstantinopel hatten gewaltigen Respekt vor dem griechischen „Basileus", weniger wegen seiner offenkundig schwindenden Macht als wegen seines Pomps und der Überlegenheit der traditionsgesättigten griechischen Kultur. 1341 starb Andronikos III., ohne eine klare Erbfolgeregelung hinterlassen zu haben. Kantakuzenos ergriff die Chance und ließ sich außerhalb von Konstantinopel, inmitten seiner thrakischen Landgüter, zum Kaiser ausrufen. Die Palaiologen-Partei reagierte durch die Proklamierung von Johannes V., dem minderjährigen Sohn des Andronikos III. Wieder wurde das Reich von Bürgerkrieg heimgesucht, Kantakuzenos versicherte sich osmanischer Truppenhilfe, im Februar 1347 erzwang er seinen Einmarsch in Konstantinopel. Man fand den Kompromiß, Kantakuzenos als Johannes VI. 10 Jahre lang gemeinsam mit dem Palaiologen als Johannes V. regieren zu lassen. Orhans und Umurs Söldner mußten nun fürstlich entlohnt werden, und die Aversion der orthodoxen Griechen gegen diese Fremdlinge aus dem Schoße Asiens wuchs so gefährlich an, daß sie den tüchtigen Kantakuzenos viele Sympathien kostete.

Es gab auch noch andere Mächte, die sich der – für sie nicht ungefährlichen – osmanischen Heerscharen bedienen wollten. Es bemühten sich um Orhans – und vor allem um Truppenführer Suleimans – „freundschaftliche Dienste" auch die Palaiologen. Ferner: Das Byzantinische Reich brauchte das osmanische Schwert gegen die Serben, auch gegen die Bulgaren. Die Serben selbst nahmen die Osmanen gegen Byzanz in Anspruch; die Kriegsparteien in der Auseinandersetzung zwischen den Handelsrepubliken Venedig und Genua hatten ebenfalls Orhans Untertanen als Söldner. Der zermürbende Krieg um die Handelskolonien an den Küsten des Schwarzen Meeres und in der Ägäis, den die beiden italienischen Staaten gegeneinander führten, komplizierte noch die sowieso verworrene Lage. Doch all diese Auseinandersetzungen dienten letztlich den Osmanen.

Der Sprung nach Europa

Ein Ereignis von herausragender politischer und militärhistorischer Bedeutung fiel in die letzten Lebensjahre Orhans: Dank ihrer militärischen Stärke und Effizienz und der damit verbundenen Autorität, vor allem aber dank einer klugen Diplomatie und der besonderen Gunst der Stunde schafften die Osmanen 1353 den Sprung nach Europa – möglicherweise ohne Schwertstreich. Diesmal handelte es sich nicht um einen der üblichen Streifzüge, sondern um die Errichtung eines soliden Brückenkopfes auf dem Nordufer der Dardanellen. Es waren die Kantakuzenos zur Verfügung stehenden osmanischen Krieger, die in Tzympe, nordöstlich von Gallipoli, eine Art Militärkolonie errichteten; diese statteten sie mit einer eigenen Gerichtsbarkeit und einer örtlichen Verwaltung aus.

1354 wurde das Nordufer des Marmarameeres von einem Erdbeben besonderer Stärke heimgesucht. Die dortige Bevölkerung, die byzantinische Verwaltung und die Garnisonen ergriffen allesamt die Flucht. Da entschlossen sich die Osmanen, massiv einzugreifen, sie bemächtigten sich der ganzen Landzunge von Gallipoli sowie des Küstenstreifens wenigstens bis Rodosto (Tekirdag), etwa auf dem halben Weg von den Dardanellen bis nach Konstantinopel. Die Osmanen besiedelten die leerstehenden Städte, der Aufbau einer Verwaltung im gesamten Gebiet nahm seinen Anfang.

Kurz vor seiner – gegen die Abmachung von 1347 erzwungenen – Abdankung als Kaiser bemühte sich Johannes VI. Kantakuzenos noch, die Osmanen über den diplomatischen Weg wenigstens zu einem Teilrückzug zu bewegen. Vergebens. Der Grieche begab sich sogar ins osmanisch besetzte Nikomedeia, um dort Orhan zu treffen. Doch dieser erschien nicht. Glücklicher war da schon der wiedereingesetzte Palaiologenkaiser Johannes V., allerdings nicht in der Sache, sondern nur auf der protokollarischen Ebene. Nach Kantakuzenos' Abgang begab sich Orhan zu einem Treffen in Arkla, nahe Konstantinopel, und verhandelte mit dem Palaiologen-Sproß. Einen Rückzug der Osmanen von der europäischen Küste konnte allerdings auch Johannes V. nicht erreichen, dafür wurde eine neue dynastische Ehe vereinbart. Suleimans jüngerer Bruder Chalil vermählte sich bald danach mit der zehnjährigen Tochter Johannes' V. Vater Orhan überlebte – wenn auch kurz – nicht nur Suleiman, sondern auch Chalil, den „tapferen und verständigen Schwiegersohn des Kaisers" von Konstantinopel.

Staats- und Heeresorganisation

Der Beitrag Orhans zum weiteren Aufbau des vergrößerten Staates war beträchtlich. Die höchsten Funktionen waren nunmehr diejenigen des Wesirs und des Beglerbegs. Der erste Wesir, der von Orhan berufen wurde, Alaeddin, starb bereits Anfang der dreißiger Jahre. Sein Nachfolger wurde der älteste Sohn Orhans, Suleiman Pascha († 1357).

Allerdings kann man die Funktion von Wesir und Beglerbeg in jener Zeit noch nicht recht auseinanderhalten. Die unterschiedlichen Aufgaben von Wesir und Beglerbeg kristallisierten sich erst im späteren Verlauf des 14. Jahrhunderts heraus.

Eine kollektive beratende Funktion des Diwans, einer Art Staatsrat, entwickelte sich bereits unter Orhan. Auch die Territorialeinheiten, Sandschaks genannt, an deren Spitze der Sandschakbeg stand, entstanden zu Orhans Zeit. In der Hand des Sandschakbegs wurden Militärwesen und Zivilverwaltung vereint.

Das Heerwesen, das den Charakter des Stammeskriegertums schon unter Osman allmählich abgeschüttelt hatte, baute Orhan weiter aus. Die Zahlung von Sold (die erste osmanische Münze wurde 1328 geschlagen) an die Reiterei und an die nun erstmalig organisierten Einheiten von Fußsoldaten wurde – gemäß den Quellen allerdings nur während der Feldzüge – zur Regel. Immer mehr nahmen die Streitkräfte die Gestalt eines stehenden Heeres an.

Die erste osmanische Kleiderordnung

In den Türben – den Grabhäusern – der Sultane zu Bursa und zu Istanbul steht der Besucher respektvoll vor den in grünes Tuch gehüllten, leicht schräg zur horizontalen Lage aufgestellten Särgen der Sultane, auf welchen oben der Turban des Verstorbenen plaziert ist. Kein sonstiger Schmuck, überhaupt kein anderer Gegenstand ist dort zu sehen. Dies drückt die Bedeutung und die Verehrung aus, welche dieser Kopfbedekkung bei den Osmanen zukam. Wie der Turban des Großherrn und der von anderen Würdenträgern gestaltet, aus welchem Stoff er angefertigt werden mußte, wurde durch die mit peinlicher Sorgfalt ausgearbeitete osmanische Kleiderordnung vorgeschrieben. Die erste Kleiderordnung stammt aus der Regierungszeit Orhans.

Um die Osmanen von anderen Turkvölkern mit ihren Mützen aus rotem Filz und von den Griechen, die goldgestickte Hauben trugen, „zu unterscheiden, wurden Mützen aus weißem Filze als die allgemeine Kopfbedeckung der Krieger und Fürstendiener eingeführt; die Form derselben vermuthlich rundlich gespitzt, in der Gestalt eines Palmenkohls, wie am Turbane Sultan Urchan's auf seinem Grabmahle zu Bursa vor der Zerstörung durch das Feuer zu sehen war. Im Felde trugen selbst die Bege nur die Mütze allein aus weißem Filze. ... in feyerlichem Aufzuge aber umwanden sie dieselbe, nach dem Beyspiele der Fürsten, mit einem wulstförmigen weißen Dünntuch" (Hammer-Purgstall).

Orhans Hauptstadt Bursa

Zwischen 1326 und 1365 war Bursa Hauptstadt des werdenden Osmanischen Reiches. Die heutige Halbmillionenstadt in der Nordwesttürkei gilt als die Wiege des osmanischen Staates. Der Genius loci nimmt für den Touristen dank der zahlreichen erhaltenen Denkmäler aus frühosmanischer Zeit bildliche Gestalt an. Malerisch am Fuß des Ulu Dag, des „Bithynischen Olymp", etwa 20 km von der Küste des Marmara-Meeres gelegen, hat Bursa einen besonderen historischen und landschaftlichen Reiz.

Die Geschichte des früheren „Brussa" führt in die Antike zurück. Ihren Namen erhielt die Stadt nach dem mutmaßlichen Gründer, dem bithynischen König Prusias I. († um 180 v. Chr.). 1339/40 ließ Orhan den nach ihm Orhan-Gazi-Moschee benannten ersten Sakralbau in Bursa errichten. 1419, zur Zeit des Krieges mit dem mächtigsten rivalisierenden Emirat, Karaman, wurde die Moschee zerstört. Unter den bis heute noch erhalte-

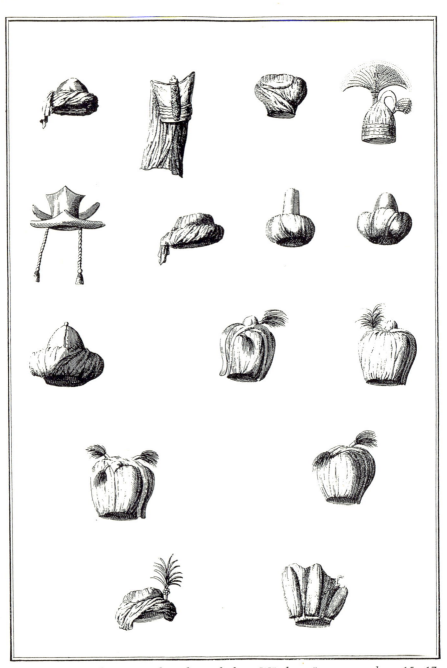

*Turbane von Sultanen und anderen hohen Würdenträgern aus dem 15.–17. Jahrhundert.*

nen frühosmanischen Sakralbauten ist die Murad I.-Moschee der älteste. Neben ihr befindet sich die Türbe mit dem Grab des Sultans († 1389).

Um 1400 wurde die Bajasid-Moschee erbaut. Das Grabhaus des Bauherrn und Namensgebers († 1403) steht neben der Moschee. Auch Murad II. (1421–1451) stiftete eine Moschee (1425). Die Türbe dieses Sultans unterscheidet sich dadurch, daß sie nicht überdacht ist, weil es Murads Wille war, daß sein Grab „dem Regen ausgesetzt" werde.

*Zwei siegreiche Sultane und ihr tragisches Ende*

Murad I. (1359–1389)

Im Gegensatz zu Orhan, der als erprobter Heerführer Osmans die Nachfolge seines Vaters angetreten hatte, wissen wir aus Murads I. Leben vor dem Zeitpunkt seiner Übernahme der Herrschaft nichts. Vermutlich, weil er bis zuletzt nicht für die Regierung bestimmt war. Murad hatte seine jungen Jahre im Schatten der älteren Brüder Suleiman Pascha und Chalil verbracht. Durch ihren frühen Tod fiel der Thron überraschend an ihn. Da die Überlieferung auch zu seiner Regierungszeit nur spärlich ist, wird er trotz seiner großen Bedeutung für den weiteren Siegeslauf der osmanischen Macht als Person kaum greifbar, bleibt er noch halb eingehüllt vom Schatten der Frühzeit.

Bis zur Mitte des 14. Jahrhunderts hatte sich im westlichen Europa und im Herzen des Kontinents eine Staatenwelt entwickelt, die ihre definierten Formen hatte und die höchstens ein halbes Dutzend fest etablierte, stabile Königreiche in sich aufnahm: England, Frankreich und Ungarn, das mittelalterliche Deutsche Reich – das Heilige Römische Reich –, nicht einheitlich, aber doch mächtig; schließlich die Königreiche Böhmen (als Teil des Heiligen Römischen Reiches) und Polen.

Grundverschieden war hingegen die politische Karte des Balkans, der das unmittelbare Ziel der osmanischen Expansion war. Der Balkan glich Mitte des 14. Jahrhunderts in politischer Hinsicht einem Leopardenfell. Byzanz war nunmehr verdrängt, nachdem es den Höhepunkt seiner Macht schon im 12. Jahrhundert überschritten hatte; es hielt sich nur noch an den Rändern der Halbinsel, um Konstantinopel und an wenigen Stellen in Griechenland. Das einst so mächtige Bulgarische Reich existierte nur noch in der Form von geschwächten Teilstaaten. Abgesehen von Serbien und Bosnien gab es dann im übrigen Balkangebiet nur kleine „Duodezfürstentümer", Stammesgebiete, Handelskolonien italienischer Seefahrerrepubliken, vornehmlich Venedigs. Sie alle waren außerstande, den Osmanen irgendwelchen dauerhaften Widerstand zu leisten. Serbien und Bosnien allerdings verfügten noch – selbst wenn sie sich nicht auf die Stabilität und die Traditionen der west- und mitteleuropäischen Staaten jener Epoche stützen konnten – über nicht zu unterschätzende Kräfte.

Mit dem echten, dem starken Gegner einer nahen Zukunft, mit der ungarischen Großmacht, geriet Murad noch wenig in Berührung.

Fortschritt der hundertjährigen Kesselschlacht
um Konstantinopel (1353–1453)

Vorbereitet worden war die Einkreisung von Byzanz noch unter Orhan. Im Jahre 1353 war der erste Brückenkopf in Europa gebildet worden, anschließend hatte Orhan an der Nordküste des Marmarameeres kräftig ausgegriffen. Murad hat dann den Kessel geschlossen und seine Wände kräftig ausgebaut: Das, was dann vom Oströmischen Reich im wesentlichen noch übrig blieb, war der Raum von Konstantinopel. Westlich und nördlich von Konstantinopel eroberte Murad das Gebiet der heutigen europäischen Türkei und dehnte seine Militärmacht auf weitere Gebiete Südosteuropas aus. Die gewaltige Expansion auf dem Balkan erfolgte schrittweise, den Gesetzen kluger Umsicht folgend. Von 1371–1387 wurde Mazedonien vom Golf von Saloniki bis in die Gegend von Skopje durchdrungen; Zentralbulgarien fiel in den 80er Jahren ebenfalls, 1385 ergab sich Sofia. Das Staatsgebiet wurde dank Murads Feldzügen insgesamt von 75 000 km$^2$ auf mehr als das Dreifache vergrößert, auf 260 000 km$^2$.

Einen besonders wichtigen Erfolg erzielte Murad bereits 1361 mit der Einnahme von Adrianopel, des heutigen Edirne, am unteren Lauf der Marica. Die große, günstig gelegene, klimatisch angenehme Stadt wurde nur wenige Jahre später zur Hauptstadt des Osmanischen Reiches (1365). Edirne blieb die zweite Hauptstadt und Sommerresidenz der Sultane, auch nachdem das 1453 eroberte Konstantinopel zur großartigen Metropole ausgebaut worden war.

Die Umstände, unter welchen Murad I. Adrianopel in Besitz nahm, sind umstritten. Zu einem blutigen Sturm auf die Feste ist es wohl nicht gekommen, nach einer Überlieferung wurde aber eine für die Osmanen siegreiche Feldschlacht gegen ein byzantinisches Heeresaufgebot unweit der Stadt geschlagen, und danach kapitulierte Adrianopel. Nach einer anderen Version fiel sie durch Verrat. Damit war der Ring um die vorerst unbezwingbare Weltstadt am Bosporus eng geschlossen, die mit Saloniki wichtigste Außenfestung der Griechen gewonnen. Murad wurde mit ihrem Besitz sogar zum Herren der für Konstantinopels Versorgung unerläßlichen Getreidefelder Thraziens. Die Byzantiner mußten das Getreide nunmehr von den Osmanen kaufen. Und da dies eine Demütigung bedeutete, durfte Murad den Kaufpreis als Tribut bezeichnen.

Es wurde allmählich zu einer Tradition, man könnte sagen, zu einem ungeschriebenen Gebot, daß von nun an fast alljährlich im Frühjahr ein Heer gen Norden oder Westen zum Eroberungsfeldzug auf der Balkanhalbinsel aufbrach. Die Streitkräfte versammelten sich nun in Adrianopel, das nach und nach zu einem gewaltigen militärischen Stützpunkt ausgebaut wurde, gleichzeitig allerdings auch seine Bedeutung als Handelsstadt nicht verlor. Es ist charakteristisch für die osmanische Macht, daß sie beständig zweierlei Schwerpunkte haben mußte, einen asiatischen und einen europäischen. Die Geographie zwang sie damit in dieselbe Situation wie ihre Vorgänger, die Byzantiner. Mit der Gewinnung von Adrianopel jedoch verlegte sich der Schwerpunkt bis zur Jahrhundertwende eindeutig nach Europa.

Bedeutsam war auch die Eroberung von Philippopolis, dem heutigen bulgarischen Plovdiv an der Marica, weiter flußaufwärts von Adrianopel, das den Osmanen 1363, nach manchen Quellen erst einige Jahre später, in die Hände fiel. Die Türken nannten die Stadt Filibe und bauten sie für ihre Zwecke wie Adrianopel zu einem Militärstützpunkt und durch den dort von ihnen eingeführten Reisanbau zu einem landwirtschaftlichen Zentrum aus, das später große Teile des osmanisch beherrschten Balkans versorgen sollte. Filibe wurde auch zum Sitz des Beglerbegs von Rumelien, die Bezeichnung für den europäischen Teil des Osmanischen Reiches seit 1353/54.

Mit der Erweiterung und Festigung des osmanischen Gürtels um Konstantinopel wurde der Fall der Kaiserstadt selbst nur noch mehr zu einer Frage der Zeit. Zunächst aber kam es noch zu einer Art Waffenruhe: Der Kaiser von Ostrom unterwarf sich dem Sultan und verpflichtete sich sogar, Kontingente für seine Kriegszüge zu stellen.

### Kampf gegen Serbien vor 1389

Murads stärkster Gegner auf dem mittleren Balkan, Serbien, verfügte über eine eigene Staatlichkeit und ein starkes Militärwesen. Unter Stephan IX. Dušan (1331–1355) hatte Serbien nicht nur den Höhepunkt seiner Macht und die größte Ausdehnung seines Territoriums – von Belgrad bis zum Golf von Korinth – erreicht, sondern auch eine hohe wirtschaftliche und kulturelle Blüte. Dušan, der sich „Zar" zu nennen begann, soll sogar die Eroberung von Konstantinopel geplant haben, um sich dort zum Kaiser krönen zu lassen. Nachdem der Tod Dušan ereilt hatte, bevor er diesen – angesichts seiner militärischen Macht durchaus nicht unrealistischen – Plan in die Tat hätte umsetzen können, zerfiel auch Serbien in mehrere Fürstentümer. Diese waren aber immerhin noch kräftig genug, um den Osmanen entgegenzutreten.

Die Aussage der verschiedenen Quellen über einen ersten – offensiven – Feldzug der Serben gegen die Osmanen ist widersprüchlich, was das Datum und den Verlauf des Waffengangs, die Stärke und die Zusammensetzung des christlichen Heeres anbelangt. Fest steht nur, daß die feindlichen Heere am Fluß Maritza, nur „zwei Tagesmärsche flußaufwärts von Adrianopel", aufeinanderstießen und daß die Osmanen den Sieg davontrugen. 1363 und 1371 sind mögliche Zeitpunkte des Gefechts. Die Osmanen sollen die Leichtsinnigkeit des Gegners ausgenutzt und ihn bei Nacht in seinem mangelhaft geschützten Lager überfallen haben.

Der psychologische Effekt der Niederlage war für die Serben verheerend, sie betrachteten sie als ein „Nationalunglück" (Jorga), zumal ihre Fürsten Vukašin und Ugleša, zwei Brüder, dort den Tod gefunden hatten. Danach herrschte relative Ruhe im Verhältnis zwischen Osmanen und Serben. Der Mißerfolg des Marica-Feldzuges hatte keine unmittelbaren, eher langfristige Folgen für Serbien. Die Schlappe war, rein objektiv gesehen, nur von mittelmäßiger militärischer Bedeutung, es waren keine großen Heere in das nächtliche Gefecht verwickelt gewesen. Auf osmanischer Seite waren weder Murad noch der Beglerbeg von Rumelien zugegen; lediglich ein Vortrab unter dem Kommando von Hadschi Ilbeki hatte die unerwartete Gelegenheit genutzt und bei Dunkelheit das schlecht bewachte christliche Lager überfallen. Die Serben und ihre Verbündeten hatten kaum 20 000 Mann ins Feld gestellt.

Die Türken setzten jedoch einem geschlagenen Gegner selten nach, sie besetzten das ungeschützte Feindesland nicht – wenigstens nicht sofort – und ließen die Serben also vorläufig in Ruhe. Die langfristig denkenden, vorsichtigen Osmanen ließen sich durch „Zufallssiege" nicht von ihren planmäßigen Eroberungszügen abhalten, die sie, so auch nach jenem nächtlichen Gefecht, in andere Richtungen führten.

Dabei folgten sie dem Gesetz des geringsten Widerstandes. Sie zogen also einem kriegsentscheidenden Großkampf mit den starken Serben die Expansion auf bulgarischem und griechischem Gebiet vor, wo sie sich mit dem tödlich geschwächten und zerstückelten Bulgarien und den Kleinstfürstentümern Griechenlands auseinanderzusetzen hatten, kurzum, wo ihnen kein starker Gegner den Weg versperrte.

Obgleich kaum jemand auf dem Balkan daran zweifelte, daß ein Entscheidungskampf unvermeidlich war, verstanden es weder Serben noch Bosnier oder auch Bulgaren, die kostbare Zeit davor günstig zu nutzen und zum gemeinsamen Kampf gegen die Bedrohung zu rüsten. Ganz im Gegenteil, innere Machtkämpfe charakterisierten all diese Jahre serbischer Geschichte, und auch in der gesamten Region herrschte Uneinigkeit. Erst viel zu spät entstand eine Art von „kleiner Kriegskoalition" unter der Führung des serbischen Königs Lazar I. († 1389), welcher neben den Serben auch Bosnier, Bulgaren und Albaner angehörten. Das Hauptgewicht trugen in jedem Fall die Serben Lazars, den Jorga wie folgt beschreibt: „Ein frommer Fürst..., kein großer Freund vom Kriege und nicht geneigt, im Kampf mit dem mächtigen Sultan persönlichen Ruhm zu suchen."

Die Schwäche der Lazarschen Kriegskoalition lag darin, daß sich – aus ganz verschiedenen Gründen – Bosnien und Ungarn Ende der achtziger Jahre nur geringfügig im Kampf gegen die Osmanen engagierten:

Der ehrgeizige bosnische Herrscher Twrtko († 1391) war allzusehr mit den eigenen – unrealistischen – Plänen der Errichtung eines Großreiches beschäftigt und kooperierte nur halbherzig mit Lazar. Und es fehlte die Kraft Ungarns; seit dem Tode König Ludwigs (1382), der ohne männlichen Nachkommen gestorben war, hielten die inneren Machtkämpfe im Land an.

Vorspiel für den entscheidenden Feldzug war ein Gefecht, wiederum etwa „in Divisionsstärke", wie einst an der Maritza. Auf der christlichen Seite kämpften Serben und eventuell auch Bosnier. Ungewiß ist, wer die Truppen befehligte.

Die Osmanen, möglicherweise unter dem Beglerbeg von Rumelien, Lala Schahin, rückten über Nisch hinaus bis zum Fluß Toplitza vor und begegneten dem christlichen Heer bei Plotschnik. Es war das Jahr 1387. Diesmal trugen die Slaven den Sieg davon. Sie mochten für eine kurze Zeit glauben, die Türken in die Schranken gewiesen zu haben.

Murads Staat

Es war Murad I., der erstmalig nicht mehr Emir, sondern Sultan genannt wurde. Dieser Rang entsprach im Abendland etwa dem eines Königs. Nach der Eroberung von Konstantinopel (1453) eignete sich der Sultan der Osmanen Mehmed die Würde eines Kaisers an.

Im Aufbau des Staates erwies sich Murad I. als ein würdiger Nachfolger Osmans und Orhans. Er verstand es, herausragende Männer als militärische und zivile Würdenträger an der Staatsspitze einzusetzen. Seinem hocheffizienten militärischen Stab gehörten an: Lala Schahin, der bereits erwähnte Beglerbeg von Rumelien, Feldherr und Staatsmann zugleich; der begabte Heerführer Evrenos; der draufgängerische Truppenführer mittelgroßer Einheiten, Hadschi Ilbeki; gegen Ende von Murads Regierungszeit der nächste Beglerbeg von Rumelien, der nicht minder talentierte Timurtasch. Thronfolger Bajasid erwies sich auch schon zu Vaters Lebzeiten als recht kriegstüchtig.

Wohl die bedeutendste Persönlichkeit während Murads Regierungszeit war aber Kara Chalil Tschendereli. Er soll bereits bei Osmans Bestattung zugegen gewesen sein, Orhan stand er mit Rat und Tat zur Seite – er war damals oberster Richter (Kadi) zu Bursa –, und sogar noch unter Murads Nachfolger, Bajasid I. (1389–1402), war er aktiv. Seine Lebenszeit dürfte sich etwa mit dem gesamten 14. Jahrhundert gedeckt haben. Unter Murad wurde Kara Chalil Tschendereli als erster in das 1362 neu geschaffene Amt des Heeresrichters, des Kadiaskers, berufen. Der Kadiasker war zugleich oberster Richter im Staat. Auch mit der Gesetzgebung war er befaßt, denn das Religionsgesetz allein erwies sich zunehmend als zu lückenhaft.

Kara Chalil Tschendereli wurde von Murad später auch zum ersten Großwesir des Reiches ernannt. Durch die ihm damit übertragene Leitung der Staatsverwaltung war auch eine qualitative Änderung der Funktion des vorherigen Wesirs erfolgt: Während dieser dem Herrscher vorwiegend nur als Berater zur Verfügung gestanden hatte, leitete nun der Großwesir die Exekutive.

In Murads Regierungszeit fiel auch der gezielte Ausbau der Militärlehen: Es wurde gesetzlich verankert, daß jeder bewährte Krieger Anspruch auf eine Kleinpfründe (timar) geltend machen konnte. Als Gegenleistung hatte er als belehnter Reitersoldat (spahi) zu dienen. Für höhere militärische Ränge führte Murad 1375 die Großpfründen (ziamet) ein. Erst später wurden auch Zivilbeamte Nutznießer des zunächst exklusiv militärischen Timar-Systems. Anders als im Lehenssystem des Heiligen Römischen Reiches waren die Timars und Ziamets ursprünglich nicht vererblich.

Die Nichterfüllung der Kriegspflicht hatte für den Betreffenden den Verlust des Timars zur Folge: Vergeben wurden die Timars zunächst vom Sultan und auch vom Beglerbeg, dann ab Suleiman dem Prächtigen nur noch vom Sultan. Mehrere Timars bildeten einen Sandschak, eine Verwaltungseinheit. Fünf solcher Verwaltungseinheiten, darunter diejenigen von Bursa und Ankara, sollen von Murad organisiert worden sein.

Der Sultan ließ eine ganze Reihe von sakralen Bauten, Moscheen, Klöstern und Koranschulen errichten, sowie auch Paläste und Bäder. Der hohe Herr war indes Analphabet; der 1365 für Ragusa (Dubrovnik) ausgefertigte „Schutzvertrag" trägt anstatt einer Unterschrift des Sultans die „Tughra", einen Abdruck des in die Tinte getauchten Ballens der Hand und der fünf Finger. Diese Art von Unterfertigung wurde institutionalisiert und selbst dann noch praktiziert, als die Sultane schreiben konnten.

Gegen Ende von Murads Herrschaft ereignete sich die „Verschwörung der Prinzen" –, eine recht eigenartige Kombination von innen- und außenpolitischen Intrigen. Sandschi, einer von Murads Söhnen, und Andronikos, ältester Sohn des byzantinischen Palaiologenkaisers Johannes V., der als Vasalle der Osmanen während der Zeit der „Waffenruhe" in der Mausefalle Konstantinopel lebte, spannen Fäden miteinander; sie wollten sich beide ihrer betagten Väter entledigen und selbst regieren. Die Väter verständigten sich jedoch ihrerseits miteinander und vereinbarten, die aufsässigen Prinzen zu überwältigen und – nach byzantinischem Brauch – zu blenden. Beide Punkte der Vereinbarung konnten eingehalten werden, die Väter wurden der verschwörerischen Söhne habhaft und ließen sie blenden. Sandschi kam ums Leben, ob er an den Folgen des grausamen Eingriffs starb oder hingerichtet wurde, darüber berichten die Quellen unterschiedlich. Andronikos hatte mehr Glück: Er blieb nicht nur am Leben, sondern behielt angeblich auch noch ein wenig Sehkraft, nachdem ihm Essig in die Augen gegossen worden war.

Jorga faßt Murads Persönlichkeitsbild in groben Zügen zusammen: *„Gegen seine Moslems war er freigiebig und ritterlich und ihnen ein guter Kamerad gewesen, gegen die Christen ein milder, schonender Herr, der nicht nur zu besiegen, sondern auch zu gewinnen verstand. Der Grieche Chalkokondylas beschreibt ihn als einen wohlwollenden Mann, der selten sprach, aber, wenn er es tat, schöne Worte zu gebrauchen pflegte, als einen unermüdlichen Jäger und edeln Ritter."*

Erst im 20. Jahrhundert wurde dann das mysteriöse „Chronikon" eines unbekannten griechischen Verfassers entdeckt, das vermutlich aus der ersten Hälfte des 16. Jahrhunderts stammt und im Codex Barberinianus Graecus erhalten geblieben ist. Hierin ist über Sultan Murad etwas abweichend zu lesen: *„Es heißt, in seinem Jähzorn habe er mit eigener Hand viele Paschas und Begs umgebracht, wenn einer einen Fehler begangen hatte. Jedoch war er mild zu jenen, die sich ihm zu Füßen warfen. Er verfügte über große Körperkraft und pflegte sein Wort zu* *halten. In seinem Leben führte er siebenunddreißig Kriege gegen seine Feinde."*

## Die Schlacht auf dem Amselfeld 1389

Kurz und bündig faßt Leopold von Ranke die Quellenlage und den Ausgang des Gefechts zusammen: „Einzelheiten" der Schlacht auf dem Amselfeld 1389 „sind durch nationalen Stolz und den vagen Charakter der Überlieferung verdunkelt, aber das Ergebnis ist sicher: Von dem Tage an waren die Serben der türkischen Macht unterworfen."
Hammer-Purgstall, der sich auf den osmanischen Chronisten Neschri und den Hofhistoriker Saededdin stützt, registriert, daß „Murad's Heer dem an Zahl weit überlegenen der verbündeten Fürsten von Serbien, Bosnien, Herzegowina und Albanien" gegenüberstand. Auf der Seite der Osmanen nahm „Murad seine gewöhnliche Stelle im Herzen des Treffens, Prinz Bajesid die Befehlshaberstelle des rechten, Prinz Jakub die des linken Flügels ein."
Nach Jorga eröffneten nicht die Osmanen, sondern die Serben den Kampf: „Murad schloß sich nach der gewöhnlichen osmanischen Taktik im eisernen Kreise der Janitscharen ein; um den Feind aufzuhalten und zu schrecken, hatte man die Kamele der asiatischen Truppen vor dem Lager aufgestellt."
Auch wenn die Quellen widersprüchlich über die Amselfeldschlacht berichten und wohl tatsächlich Einzelheiten nicht mehr geklärt werden können – einigen Fragen versuchen wir doch nachzugehen, zumal sie uns helfen können, die Gründe für den durchschlagenden Erfolg osmanischer Kriegskunst aufzudecken.
1. Die Kräfteverhältnisse: Alle abendländischen und türkischen Quellen berichten über die zahlenmäßige Überlegenheit des christlichen Heeres – mit einer Ausnahme: Runciman, Verfasser eines Standard-Werkes über die Kreuzzüge, spricht von einer „großen zahlenmäßigen Überlegenheit der Türken" auf dem Amselfeld. Trotz dieser Gegenmeinung muß man zumindest annehmen, daß die Osmanen den Sieg nicht dank der Größe ihres Heeres davongetragen haben.
2. Einheit des Kommandos bei den Osmanen – Uneinheit im christlichen Heer: Während an der Einheit des Kommandos auf der osmanischen Seite keine der Quellen zweifelt, berichten sämtliche Historiker über Uneinheit bis hin zum Verrat in der Führung des bunt zusammengewürfelten christlichen Heeres. Zwar hatte der Serbenkönig Lazar wenigstens nominell das Oberkommando; doch registrieren die verschiedensten

Quellen Ungehorsam und politisch bedingte Zwietracht der einzelnen Truppenkommandeure. Vuk Branković, Lazars Schwiegersohn, soll mit seinem Kontingent die Schlacht sabotiert und passiv zugesehen haben (Hóman). – Der mächtige Bosnierfürst Twrtko († 1391) hielt das Gros seiner Truppen dem Gefecht fern, weil er sie eher für seine Großmachtspläne gegen die anderen Balkanvölker einsetzen wollte – so wird einhellig berichtet. Ob Twrtko auf dem Amselfeld überhaupt zugegen war, ist unsicher. Hóman meint, ein ungarischer Magnat habe Twrtkos Bosnier in der Schlacht befehligt. Der Janitschare Konstantin von Ostrovica resümiert: „Die Herren, die ... Lazar zugetan waren, kämpften mannhaft und ausdauernd ..., die anderen aber sahen durch die Finger und schauten dem Kampfe tatenlos zu ..." Gemeint ist wohl die Passivität des Vuk Branković, die den Thronwirren am serbischen Hof zuzuschreiben war und einem Verrat gleichkam.

Matuz erklärt zum Ausgang des Gefechts: „Trotz der zahlenmäßigen Überlegenheit der christlichen Koalitionstruppen trug die straff geleitete osmanische Armee den Sieg über die zusammengewürfelten gegnerischen Einheiten davon."

3. Taktische Schachzüge, Feuerwaffen der Osmanen: Im osmanischen Kriegsrat wurde nach langen Diskussionen beschlossen, Kamele vor der türkischen Front zu plazieren, um den Feind zu verwirren. Diese List brachte aber den Osmanen nicht viel ein, weil Lazars schwungvolle Reiterattacke die vorderen Linien des Türkenheeres doch durchstieß und erst an der Sultansschanze zusammenbrach. – Hammer-Purgstall berichtet über „Büchsenmeister Heiders Geschütz". Die meisten Quellen schweigen allerdings über einen osmanischen Artillerieeinsatz in dieser Schlacht. Selbst wenn es ihn tatsächlich gegeben hat, konnte er ebensowenig gefechtsentscheidend gewesen sein, wie es von der damaligen Anwendung von Feldschlangen in den Schlachten zwischen Abendländern bekannt ist: Der Griff der Osmanen nach der Artillerie erfolgte erst unter Mehmed II.

4. Die „gewöhnliche osmanische Taktik", das Abwarten des feindlichen Reiterangriffs in der Sultansschanze: Dieser Schlachtplan erwies sich als kampfentscheidend auf dem Amselfeld, zumal eine organisierte Janitscharentruppe erstmalig hier zum Schutz des befestigten Gefechtsstandes des Sultans eingesetzt werden konnte. An der Sultansschanze zerbrach der Reiterangriff Lazars.

Den Ausschlag für den Sieg der Osmanen gab also ihre – schon bei Philokrene bewährte – defensive Taktik (Punkt 4), wobei die Uneinigkeit und teilweise auch die Disziplinlosigkeit im christlichen Lager (Punkt 2) Lazars Siegeschancen noch zusätzlich schwächten.

## Murads Ermordung

Während wir das Geburtsjahr Murads nicht kennen und nichts über seine Jugendzeit wissen – zum Zeitpunkt seines Todes 1389 soll er nach dem byzantinischen Chronisten Chalkokondylas 57, nach türkischen Quellen aber 68 Jahre alt gewesen sein –, so ist sein tragisches Ende auf dem Amselfeld überliefert. Die Quellen berichten ausführlich, jedoch recht widersprüchlich über Umstände und Einzelheiten von Murads Ermordung. Mehr oder weniger fest stehen nur die Identität des Täters: der Serbe Miloš Obilić; der Tag und der Tatort: der 15. Juni (nach neuem Kalender: 28. Juni) 1389 im türkischen Lager auf dem Amselfeld; sowie das Motiv, dieses allerdings nur sehr generell gesehen: der Attentäter wollte den Herrscher der feindlichen Macht umbringen.

Erklärbar ist auch, weshalb serbische Quellen auf der einen, osmanische auf der anderen Seite so widersprüchlich berichten: Aus der Sicht der Serben ist Miloš Obilić ein Nationalheld und Märtyrer, für die Osmanen ein Meuchelmörder, der das Vertrauen seines Opfers heuchlerisch erschlichen hat. Denn Miloš habe sich nach osmanischer Darstellung als Überläufer getarnt und sich auf dem Schlachtfeld um eine „Audienz" bei Murad bemüht. Er habe behauptet, zum islamischen Glauben übertreten und sich in den Dienst des Großherrn begeben zu wollen. Die Wachen hätten Miloš den Zutritt zwar zunächst verweigert, aber sein Anliegen dennoch dem Sultan gemeldet. Daraufhin habe der Sultan befohlen, den Bittsteller durchzulassen.

Gemäß einer zusätzlichen Version, über welche mehrere christliche Quellen berichten und die Jorga zusammenfaßt, soll Miloš übrigens nicht allein gewesen sein. Vielmehr soll er einem Himmelfahrtskommando angehört haben: Es wird „die Heldentat von zwölf tapferen, jungen Edelleuten ... erwähnt, die, durch einen Eid verbunden, bis zum Zelte des Sultans vordrangen: auf diese Weise gelangte, wie weiter erzählt wird, ... Milosch Obilitsch an den türkischen Herrscher, den er durch zwei Stiche in Hals und Unterleib tötete."

Was nun die Stellung Miloš am Hofe König Lazars und zugleich zusätzliche Motive zum Attentat anbelangt, erzählt Hammer-Purgstall, daß dieser Mann König Lazars Schwiegersohn gewesen sei; zwei Töchter des Herrschers haben „über der Männer Tapferkeit, jede den ihrigen über den der Schwester erhebend", gestritten. Eine Ohrfeige schallte, anschließend kam es zum Zweikampf zwischen den beiden Schwägern, Miloš besiegte den Schwager, der wiederum „unedel und verräterisch gesinnt, ... seinen Besieger eines Einverständnisses mit den Türken" anklagte. „Am Vorabend der Schlacht zechte König Lazar mit seinen Edlen" und sprach zu Miloš: ‚„Trinke auf meine Gesundheit..., wiewohl der Verräterei beschuldigt."' Der zutiefst Betroffene erwiderte: ‚„... der morgige Tag wird meine Treue bewähren."'

Schließlich erfahren wir, daß König Lazar gefangengenommen und vor den Augen Murads enthauptet worden sei.

Bajasid I., „der Blitz" (1389–1402)

Man nannte ihn „Bajasid Yildirim", „Bajasid der Wetterstrahl", „Bajasid der Blitz". Dem Temperament nach glich er sicherlich weder seinem Großvater Orhan noch Vater Murad; beiden weisen und überlegt handelnden Herrschern folgte ein Haudegen, staatsmännisch hochbegabt, gleichzeitig allerdings eine Art von Draufgänger. Er scheint die Armee als erster zu Eilmärschen gezwungen zu haben. War er das rare Genie unter den bewährten militärischen Traditionalisten?

Gleich nach Murads Ermordung reagierte Bajasid mit einer finsteren Handlung: Den ahnungslosen Bruder Jakub, der von dem Tod des Vaters noch nichts wußte, beorderte er – gemäß der Chronik von Derwisch Ahmed – unter dem Vorwand, Vater Murad ließe ihn rufen, zu sich und ließ ihn ohne viel Federlesens hinrichten. So wollte Bajasid jedem Thronstreit vorbeugen und führte damit den „prophylaktischen" Brudermord bei der Thronbesteigung der Sultane ein, der bis 1595 praktiziert wurde.

Unter Bajasids Herrschaft wehte ein eisiger Wind im osmanischen Reich. Annexionen und stramme, direkte osmanische Verwaltung zog er der Praxis seiner Vorgänger, sich mit unterworfenen Emiren in Anatolien, mit christlichen Fürsten auf dem Balkan als Vasallen und mit dem eingekesselten Byzanz zu arrangieren, entschieden vor.

Und die Strategie...? Bajasid setzte den im Großkampf besiegten christlichen Heeren nicht nach; ausgedehnte Gebiete nahm er nach gewonnener Schlacht selbst dann nicht „blitzartig" in Besitz, wenn diese für seine Truppen offenstanden.

In der Auseinandersetzung mit den Kleinstfürstentümern auf den Territorien des Mittleren und des Südlichen Balkans, welche die Osmanen vorher noch nicht okkupiert hatten, verfuhr er planmäßig-bequem, gar nicht als „Blitz". Auch dort, wo ihm kein kräftiges Staatsgebilde mit widerstandsfähigem Heerwesen mehr gegenüberstand, eben auf der Landkarte Südosteuropas, verzichtete er auf spektakuläre Sprünge; er hat das mürbe Leopardenfell nicht mit keckem Finger zerrissen, vielmehr nagte er daran geduldig weiter.

In seiner für osmanische Herrscher bisher zu kurzen Regierungszeit erweiterte Bajasid das Gebiet des Osmanischen Reiches von 260 000 km$^2$ auf knapp 700 000 km$^2$, also auf etwa $^9\!/_{10}$ des gesamten Territoriums der heutigen Türkischen Republik: 780 576 km$^2$. Die meisten Eroberungen entfielen auf Anatolien, dessen größten Teil Bajasid durch taktlose und rücksichtslose Politik den dortigen Turkstämmen und ihren Emiraten gegenüber an sich riß.

Für diesen Fehler mußten er und sein Reich noch bitter büßen.

Eroberungen auf dem Balkan

Kurz und bündig berichtet Derwisch Ahmed:
*„Was Bayezid Han unternahm,*
*nachdem er den Thron bestiegen hatte*
*Er entsandte Leute in das Land des Laz (= Lazar, serb. König) und ließ das Bergwerk von Kiratova mit seinem Gebiet und seinen sämtlichen Gruben in Besitz nehmen. Nach Üsküb sandte er den Pasa Yigit Beg..., nach Vidin sandte er den Firüz Beg..."*

Ahmed schrieb also nicht etwa über Bajasids Schwert und Heldenmut, sondern berichtete in erster Linie darüber, daß der neue Sultan nach dem Sieg auf dem Amselfeld wirtschaftlich Wertvolles für sein Reich zu sichern bemüht war. Serbiens Bodenschätze, Edel-, vor allem aber Buntmetall wie Kupfer, sind bis heute nicht erschöpft, sie haben ihre wirtschaftliche und militärische Bedeutung beibehalten. Bajasids Waffenschmieden und Kanonengießern fehlte es dann auch nicht an Rohmaterial.

An zweiter Stelle sagt uns der Chronist, daß Bajasid in Skopje (türkisch: Üsküb) – der heutigen Hauptstadt der ehemaligen Teilrepublik Mazedonien des auseinandergefallenen Jugoslawien – ein wichtiges Verwaltungszentrum errichtete und dieses einem Pascha unterstellte. Der Ausbau eines Militärstützpunktes ging damit einher. Der allgemeinen osmanischen Praxis entgegen, die ethnische Substanz der Bevölkerung eroberter Gebiete nicht zu ändern, siedelte Bajasid in und um Üsküb Türken an.

In Vidin (heute Bulgarien) entstand später ein anderer bedeutsamer Stützpunkt.

Dem besiegten Serbien gegenüber verhielt sich Bajasid als Hegemonialherr. König Lazars Sohn Stephan mußte dem Sultan seine Huldigung darbringen. Gleichzeitig verschwägerte sich aber Bajasid mit dem Vasallen, indem er dessen Schwester zur Frau nahm. Die Serben wurden zur Heeresfolge verpflichtet.

Bajasid wußte nur zu gut, daß sich mit den tapferen Serben auf dem Balkan weit und breit niemand im Kriegshandwerk messen konnte. Nach der Überlieferung des Konstantin von Ostrovica ist auch der Bau von Belgrad und seiner mächtigen Burg auf die damaligen Vereinbarungen zurückzuführen: „Sultan Bayezid setzte damals über die Donau und sagte zum Despoten, seinem Schwager: ‚Despot, bleibe hier und baue dir eine Burg an dieser Stelle; ich werde dich dabei nicht stören ...'"

Was Bosnien anbelangt, griff Bajasid das Land, das noch im vollen Besitz der eigenen militärischen Kräfte war – wir wissen ja, daß Twrtko auf das Amselfeld nur wenig Truppen entsandt hatte –, nicht mit seiner Hauptmacht an. Nur eine Akindschi-Truppe drang in Bosnien ein; Twrtko setzte aber den „Rennern und Brennern" übel zu.

Daß die Bulgaren vor und während der Schlacht auf dem Amselfeld im christlichen Heer kämpften, anstatt für die Osmanen Kontingente gestellt zu haben, vergalt der annexionsfreudige Bajasid dadurch, daß er dieses Land 1393 einfach seinem Reich einverleibte. Auch die alte bulgarische Residenzstadt Tirnowo fiel in die Gewalt des Halbmondes.

Auf dem südwestlichen und südlichen Balkan, auf albanischem und griechischem Gebiet fanden die Osmanen eine etwas anders geartete Situation vor, als etwa in Serbien oder auch in Bulgarien, wo sie es mit einst mächtigen Staaten zu tun hatten. In Albanien und in Griechenland gab es damals überhaupt kein nennenswertes einheitliches, schon gar nicht ein starkes Staatsgebilde, das Leopardenfell war dort besonders bunt. Spezifisch für Albanien und Griechenland wie auch für die dalmatinische Küste war zudem, daß dort die See- und Handelsmacht Venedig eine Reihe von Basen errichtet und zu Handels- oder auch zu militärischen Stützpunkten ausgebaut hatte, etwa Monemvasia (Napoli di Romania) auf dem Peloponnes, die Insel Kythera (Cerigo), die Küstenfestungen Modon und Koron. Auf der griechischen Halbinsel gab es außerdem noch Gebiete, die, freilich vom eingekesselten Konstantinopel isoliert, unter byzantinischer Herrschaft standen, z. B. Lakonien mit der Burg von Mistra als Herrschaftssitz. Zunächst wandte sich Bajasid Thessalonike (Saloniki), der damals wie heute wichtigen, reichen Handels- und Hafenstadt, zu. Als Datum ihrer Eroberung durch seine Truppen wird der 25. Mai 1391 angenommen.

Bajasid ging planmäßig vor, er besetzte strategisch und wirtschaftlich wichtige Städte und befestigte Punkte, errichtete Verwaltungszentren. Ein flächendeckendes Okkupationsregime, das sich auf das gesamte Territorium der besiegten Feinde erstreckte, entstand allerdings nicht.

## Bajasid und Byzanz

1391 kam es zur ersten systematischen Belagerung von Konstantinopel. Eine lückenlose taktische Einschließung war nicht möglich, wohl aber eine ständige Bedrohung durch ein Heerlager vor der Stadt, wodurch die Zufuhr weitgehend unterbunden wurde. Für „sturmreif" hielt Bajasid Konstantinopel noch nicht.

Kaiser Manuel II. (1391–1425) war jedoch nicht der Mann, der den Fall von Konstantinopel als ein unabwendbares Verhängnis hinzunehmen bereit war. Er entwickelte europaweit eine fieberhafte diplomatische Tätigkeit, von der er sich eine massive politische, finanzielle und militärische Unterstützung seitens der lateinischen Mächte gegen die Osmanen erhoffte. Doch der Versuch eines Kreuzfahrerheeres, Konstantinopel aus der Umklammerung zu befreien, wurde von den Osmanen bei Nikopolis an der Donau erfolgreich abgewehrt.

## Der Nikopolis-Feldzug 1396

Seit 14 Jahren war König Ludwig von Ungarn (1342–1382) tot. Er hatte es nicht für notwendig erachtet, sich in einen Entscheidungskampf gegen die auf dem mittleren Balkan Schritt für Schritt vordringenden Osmanen einzulassen, weil er nicht empfand, daß diese eine Bedrohung für Ungarn, für die Christenheit darstellten. Bis zum Regierungsantritt des Sigmund von Luxemburg (1387–1437 – des späteren Römischen Kaisers) und seiner Gemahlin und Mitregentin Maria (1387–1395), Tochter von König Ludwig, wurde Ungarn von Thronkämpfen geplagt. Die Übermacht verfeindeter Feudalherren überdauerte die Regelung der Thronfolge von 1387; die dadurch geschwächte, verunsicherte Großmacht griff deshalb auch nicht in den Feldzug ein, der auf dem Amselfeld endete. Doch die Niederlage Serbiens schuf eine neue Lage auf dem nördlichen Balkan, den nun die Akindschi verwüsten und auskundschaften konnten, ohne daß sie irgend jemand ernsthaft daran gehindert hätte. Nun war die ungarische Südflanke ganz deutlich bedroht, und Sigmund raffte sich zum Handeln auf. Er leitete zunächst eine diplomatische Großoffensive ein, um eine christlich-europäische Streitmacht zu mobilisieren. Papst Bonifatius IX. (1389–1404) machte sich den Gedanken eines Kreuzzuges zu eigen und entsandte den Dominikaner Johannes von Gubbio auf eine Mission zur Mobilisierung Westeuropas. Die europäischen Mächte, die sich schließlich am Feldzug beteiligten, waren keiner unmittelbaren osmanischen Bedrohung ausgesetzt. Ihr Einsatz entsprach dem Ideal eines Kreuzzuges der Christenheit gegen den Islam.

Allen voran engagierte sich die französische Großmacht. König Karl VI. (1380–1422) entsandte eine imposante Armee unter dem Kommando des Grafen Johann von Nevers. Dem Heer gehörten höchste Würdenträger, der Connétable de France, Admiräle und die Elite des hohen Adels an. Weitere Verbündete waren Böhmen, der Markgraf von Mähren, österreichische Herzogtümer und auch Bayern. Venedig rüstete eine Flotte, die gemeinsam mit einem französischen Geschwader über die Dardanellen und den Bosporus in die Donaumündung segeln sollte. Das durch die türkische Umklammerung bereits tödlich geschwächte Byzanz konnte keine unmittelbare Militärhilfe leisten, spendete jedoch viel Geld. Auch die deutsche Beteiligung war beachtlich: Der rheinische Pfalzgraf Rupprecht, Johann von Hohenzollern, mehrere Herren aus Bayern, Truppen der Städte Straßburg und Nürnberg gesellten sich zu den Kreuzfahrern. Das Gros des Heeres, ca. zwei Drittel, stellten freilich die unmittelbar bedrohten Ungarn. Der ungarische Reichstag hatte im Dezember 1395 die allgemeine Mobilmachung des Adels – „den Aufstand der Adeligen" – beschlossen.

Im Juli 1396 setzte sich das vereinte christliche Heer von der ungarischen Hauptstadt Buda aus in Marsch. Unter dem Oberkommando von Jean de Vienne, Admiral von Frankreich, segelte eine Donauflottille von 70 Schiffen stromabwärts.

Das christliche Heer schlug am 12. September sein Lager an der Unteren Donau vor der bulgarischen Stadt Nikopolis – „Nicopolis ad Histrum oder ad Haemum" auf. Sultan Bayasid mit seinem Heer erreichte die bulgarische Stadt Tirnowo am 26. September.

140000 Mann sollen die Osmanen stark gewesen sein, wohl einschließlich der serbischen Verbände. Das Kreuzritterheer wird auf knapp 90000 Mann geschätzt. Ganz widersprüchlich sind die Angaben über das französische Kontingent: Die Zahlen schwanken zwischen 6000 und 30000 Mann. Den Christen sollte ihre Uneinigkeit über den Schlachtplan zum Verhängnis werden. Anstatt nach dem Prinzip: „Getrennt marschieren, vereint schlagen", marschierten sie vereint, um dann getrennt zu schlagen! Die Franzosen wollten den ersten Schlag unbedingt allein führen. Sie ließen sich auch nicht von dem in das französische Lager geeilten König Sigmund von der Notwendigkeit überzeugen, ihren

Schlachtplan mit dem der Ungarn zu koordinieren. So gab es also zwei Schlachten von Nikopolis: die Franzosenschlacht und die Ungarnschlacht. Erst attackierten die Franzosen und wurden geschlagen, dann griff das Heer Sigmunds an, und auch dieses wurde besiegt.

Auch der Mangel an Flexibilität der abendländischen Kriegsführung wirkte sich verheerend aus: Man hatte auf der christlichen Seite immer noch nicht begriffen, daß die Aufstellung von leichter Kavallerie und auch von Fußtruppen in den vorderen Linien der Osmanen nur einer ersten, nicht entscheidenden Phase des Gefechts diente. Egal nun, ob die christliche schwere Kavallerie die Spahis schlug und deren – flexible – Schlachtlinie durchbrach, was meistens der Fall war, oder auch nicht, für die Osmanen war die entscheidende, die Königsschlacht diejenige vor der Sultansschanze, wo die Janitscharen aufmarschiert waren. Eine in der abendländischen Berichterstattung stets wiederkehrende Formel: „Der Sieg war schon unser, und dann stießen wir plötzlich auf die Janitscharen", drückte einen sich wiederholenden fatalen Irrtum der christlichen Ritter aus.

So ähnlich geschah es wohl in der Franzosenschlacht und in der Ungarnschlacht zu Nikopolis auch. Ziemlich fest steht, daß im Fall der Ungarnschlacht die anfangs erfolgreichen Magyaren in der Endphase des Gefechts durch den tatsächlich unerwarteten Eingriff einer osmanischen Reservetruppe, nämlich der serbischen Reiterei, um den Sieg gebracht wurden. Die disziplinierte osmanische Militärmaschine hatte über die zerstrittene Ansammlung europäischer Feudalritter triumphiert. Bei Nikopolis fand eine ganze Reihe von französischen und ungarischen Magnaten den Tod. Viele Würdenträger gerieten in Bajasids Gefangenschaft, um eine Haaresbreite sogar König Sigmund; doch gelang es schließlich seinen Recken, ihn auf ein Donauschiff zu retten.

Die Aufzeichnungen des Johannes Schiltberger

Es liegt uns der Bericht eines deutschen Kreuzzugteilnehmers, des Nikopoliskämpfers Johannes Schiltberger aus Freising vor; doch die Schilderung des sechzehnjährigen Knappen vom Verlauf der Schlacht sollte man nicht überschätzen. Details erlebte er unmittelbar, eine Übersicht über die komplizierte Doppelschlacht konnte er jedoch kaum gehabt haben. Glaubhafter ist wohl eher Schiltbergers Beschreibung dessen, was nachher geschah: Der Sultan begab sich *„auf das Schlachtfeld und besah sich die Gefallenen seines Heeres. Als er erkannte, wie viele Männer ihm erschlagen worden waren, ergriff ihn großes Leid, und er schwor, das* vergossene Blut nicht ungerächt zu lassen. Er befahl seinen Männern bei Strafe an Leib und Gut, daß sie am nächsten Tag alle Gefangenen vor ihn bringen sollten.

Am folgenden Tag kamen sie, und ein jeder führte an einem Seil alle Männer, die er gefangengenommen hatte. Auch ich wurde mit zwei anderen an einem Seil vorgeführt. Als man die Gefangenen vor den König brachte, nahm dieser den Herzog von Burgund zu sich, damit er mitansehe, wie der König für seine getöteten Männer Rache nehme. Der Herzog erkannte den Zorn des Königs und bat ihn, daß er ihm zwölf Männer nach eigener Wahl überlasse. Das wurde ihm gewährt..."

Bajasid befahl dann, „daß ein jeder seine Gefangenen töte, und wer das nicht tun wollte, für den bestimmte er andere, die es für ihn ausführten. Auch meine beiden Mitgefangenen wurden gepackt, und man schlug ihnen die Köpfe ab. Als ich an der Reihe war, da erblickte mich der Sohn des Königs und erwirkte, daß ich am Leben blieb. Man führte mich zu den anderen Knaben, denn keiner unter zwanzig Jahren durfte getötet werden, und ich war zu der Zeit kaum sechzehn Jahre alt."

Nach mehreren Quellen, Schiltberger eingeschlossen, wurden etwa 10 000 Kriegsgefangene getötet: „Das Blutvergießen dauerte vom Morgen bis zum frühen Abend. Als die Berater des Königs das Blutbad sahen und erkannten, daß noch kein Ende abzusehen war, standen sie auf, knieten vor dem König nieder und baten ihn, um Gottes Willen seinen Zorn zu vergessen. Des Blutvergießens sei jetzt genug, sonst könnte auch ihn Gottes Rache treffen. Der König gewährte die Bitte und befahl, mit dem Töten aufzuhören und die restlichen Gefangenen zu versammeln. Daraus wählte er seinen Anteil an Gefangenen und überließ den Rest denen, die sie gefangen hatten. Ich wurde den Gefangenen des Königs zugeteilt."

Auch über das weitere Schicksal Schiltbergers, über den gescheiterten Fluchtversuch von sechzig Christen und über vieles andere erfährt man aus seiner Chronik: „Ich kam an den Hof des türkischen Königs. Da mußte ich, zusammen mit den anderen, sechs Jahre lang überall, wohin er zog, zu Fuß vorneweg marschieren, denn es ist dort üblich, daß man zu Fuß vor den Herren hergeht. In diesen sechs Jahrn erwarb ich mir das Verdienst, ein Reittier zu haben, und ich ritt sechs weitere Jahre mit ihm, so daß ich insgesamt zwölf Jahre bei ihm war. Was jener türkische König in diesen zwölf Jahren vollbrachte, ist so bemerkenswert, daß ich es Stück für Stück aufgeschrieben habe."

Anatolien

Bajasids Politik in Anatolien war undifferenziert und ungeduldig. Der Sultan wollte eine Annexion riesiger Gebiete innerhalb kurzer Zeit erzwingen und nahm dabei keine Rücksicht auf die türkischen Emirate. „Demütige nicht denjenigen, den du nicht vernichten kannst" – so lautet eine zeitlose Regel Machiavellis. Doch Bajasid mutete den türkischen Fürstentümern, die immerhin schon einige Generationen Bestand gehabt hatten, sofortige osmanische Zentralverwaltung zu. Die Emire als Kollaborateure oder Vasallen der Osmanen an der Herrschaft zu lassen – diese Politik subtilerer Art verwarf er. Gegen das mächtigste unter den Emiraten, Karaman, das sich mit seiner Hauptstadt Konya als Nachfolger des Seldschukenreiches verstand, führte Bajasid mehrere Kriege.

Timur und Bajasid

Dschingis Khans selbsternannter Erbe, Eroberer West- und Zentralasiens, fanatischer Moslem, genialer Staatsmann und Heerführer, blutrünstiger Großmeister im Overkill, kultivierter Förderer der Wissenschaften und der Künste: Das alles war Timur Lenk – „Timur der Lahme" genannt, weil er mit einem Bein hinkte, im Abendland auch als Tamerlan bekannt (1335–1405) –, der das Osmanenreich mit einem einzigen fürchterlichen Schlag fast zerschmetterte.

Es ging zunächst um Territorien an den Nahtstellen zwischen dem osmanischen und dem Timurschen Machtbereich. Das Reich Timurs erstreckte sich über Südrußland rund um die Wolga, auf die heutigen Territorien der zentralasiatischen Republiken der ehemaligen Sowjetunion, auf Persien, den Irak und Syrien. Nun war Bajasid gierig und unvorsichtig genug, in die Hegemonialsphäre Timurs am Oberlauf des Euphrat vorzudringen, und lieferte somit den ersten Grund zum Konflikt. Zum anderen wurde Timur von den anatolischen Kleinfürsten auf den Plan gerufen, welche Bajasid um ihre Emirate gebracht und sogar gefangengenommen hatte. Mehrere konnten fliehen, sie suchten Schutz bei Timur. Das noch immer starke Emirat Karaman sah sowieso immer schon in jedem Feind der Osmanen seinen eigenen Verbündeten.

Die Europäer, zuerst die Genuesen, erfuhren von Timurs Anmarsch. Von diesen erfuhren es die Byzantiner. Möglicherweise ist ein Angebot von Bajasids Mutter zur Rückgabe von erobertem Gebiet an die Griechen als Versuch des Sultans zu sehen, sich den Rücken für den bevorstehenden Kampf im Osten freizuhalten. Der Direktkontakt zwischen Timur und

Bajasid erschöpfte sich in Affronts und Provokationen. Timur schickte Gesandte zum Sultan und verlangte von ihm, er solle die anatolischen Emirate räumen –, dann würde er, Timur, die Herrschaft der Osmanen in ihrem Kernland noch dulden. Für Bajasid, der damit praktisch zu Timurs Vasallen degradiert worden wäre, waren diese Forderungen in jedem Fall unannehmbar. Der Sultan ließ die Gesandten Timurs mißhandeln; im weiteren Briefwechsel, der überliefert ist, kam es dann zu einer Eskalation der gegenseitigen Beleidigungen. In die Korrespondenz wurden Angelegenheiten des Harems des anderen Herrschers eingebracht, so ungefähr das Schlimmste zwischen Moslems. Timur nahm sich dabei die kunstvollen Schimpfreden aus der persischen Heldensage zum Vorbild, und Bajasid leistete eine der ersten Reverenzen des Hauses Osman vor der verfeinerten iranischen Kultur, indem er ihm mit gleicher Münze zurückzahlte.

Zum großen Krieg gab es ein grausiges Vorspiel im Jahre 1400: Timur drang in osmanisches Gebiet vor und belagerte die wichtige Stadt Sivas in Zentralanatolien. Nach tapferer Verteidigung fiel Sivas. Der Wüterich befahl die Brandschatzung, Plünderung und Ermordung des größten Teils der Bevölkerung. Mit der Besatzung geriet auch ein Sohn Bajasids, Ertogrul, in Gefangenschaft. Timur ließ ihn nach einigen Tagen hinrichten. Bajasid eilte mit seinem Heer nach Anatolien, doch Timur hatte das osmanische Gebiet bereits verlassen und sich mit seinem Heer nach Syrien begeben. Erst 1402 kam er wieder. Der Sultan war zu schwach, ihn so weit zu verfolgen. Inzwischen ruhte allerdings die „Diplomatie" nicht, die zwischen den Hauptfeinden nach wie vor nur aus Schmähreden bestand. Der Byzantiner Chalkokondylas erzählt, Timur „habe von dem verachteten osmanischen Beg Butter und Zelte für seine Krieger, 2000 Kamele" Tribut sowie das Zugeständnis der beiden traditionellen Souveränitätsrechte moslemischer Herrscher, also das Münzrecht sowie die „Ausrufung seines Namens in allen Moscheen und Entsendung eines der Söhne Bajasids als Geisel für die Treue des Vaters verlangt."

Dennoch soll man Bajasid im Kriegsrat zum Einlenken geraten haben, so berichtet – auch aufgrund byzantinischer und anderer Quellen – Hammer-Purgstall, der an diesem Sultan kein Haar ungekrümmt läßt. Timur sei auch dadurch begünstigt worden, daß in Bajasids Heer „durch seine strenge Behandlung und unregelmäßige Bezahlung des Soldes" ein „Geist von Unzufriedenheit" herrschte. Wäre Bajasid nicht so cholerisch gewesen, dann hätte er seinen Truppen mehr Geld gegeben und Timur nicht in offener Feldschlacht, sondern mit hinhaltendem Kleinkrieg in den anatolischen Gebirgen und Wüsten Widerstand geleistet.

## Die Schlacht bei Ankara 1402

Wie dem auch sei, der Sultan überschätzte die Schlagkraft des eigenen Heeres, als er sich Timur am 28. Juli 1402 bei Ankara stellte. Der Kampf begann um 6 Uhr morgens „mit dem Geschmetter tatarischer Schlachttrompeten und dem Feldgeschrey Sürün auf der einen, unter dem Getöse der türkischen Trommel und dem Schlachtruf Allah auf der andern Seite."

Schiltberger war erneut dabei – diesmal im osmanischen Heer. Er berichtet über den Kampf von insgesamt drei Millionen Kriegern: 1 600 000 an Timurs, 1 400 000 an Bajasids Seite – natürlich absurde Zahlen. Realistischer ist da wohl eher die Schätzung von Matuz, wonach das osmanische Heer mit 70 000 Mann und Timur mit 160 000 Mann kämpften.

Was die Zusammensetzung der Heere anbelangt, betonen die Quellen, daß Timurs Armee größtenteils nicht aus Mongolen, sondern aus Kriegern der zentralasiatischen Turkvölker – aus Turkmenen, Kasachen, Kirgisen, Tataren und Uiguren – bestand. Dazu kamen die Karamanen und andere Überläufer aus Anatolien. An Bajasids Seite kämpften neben Türken auch Serben und andere christliche Kontingente vom Balkan.

Kampfbereitschaft und Heldenmut kann man den Truppen Bajasids nicht absprechen: Hammer-Purgstall schildert, wie „die Servier wie Löwen fechtend die Kühnheit des Angriffs" von Timurs rechtem Flügel „züchtigten". Gegen Ende der Schlacht harrte Bajasid in der auf einer Anhöhe errichteten Sultansschanze – wider jede Vernunft, viel zu lange – mit seinen Janitscharen heldenhaft aus. Timurs Männer nahmen ihn schließlich gefangen.

Über den Verlauf der Schlacht von Ankara gibt es wieder einmal widersprüchliche Darstellungen. Die Schlacht der Männer wird nachträglich zur Schlacht der Überlieferungen. Die nicht umstrittenen, wesentlichen Faktoren, welche den Tag schließlich entschieden, kann man etwa folgendermaßen zusammenfassen:
1. Die zahlenmäßig weite Überlegenheit von Timurs Streitmacht war schon allein kampfentscheidend. 2. Überläufer aus Anatolien – wahrscheinlich eine fünfstellige Zahl – schwächten Bajasids Armee wohl auch moralisch. 3. Die Serben – nunmehr eine Elite-Reitertruppe im osmanischen Heer – kämpften besonders tapfer, konnten aber den Ausgang der Schlacht nicht beeinflussen. 4. Bajasids starres Festhalten an der Verteidigung in der Sultansschanze, welche sich in den Gefechten mit christlichen Heeren bisher als erfolgreich erwiesen hatte, war falsch im Kampf gegen Timurs asiatische Riesenarmee.

Darüber hinaus war es auch aus politischen Gründen ein fataler Fehler, daß sich der Sultan aus seiner befestigten Stellung nicht rechtzeitig absetzte, um so einer drohenden Gefangennahme zu entgehen. Denn: zur Staatskrise und zum Zerfall des Osmanischen Reiches wäre es unter einem „nur" besiegten Bajasid kaum gekommen. So aber war das Osmanische Reich führerlos seinem Schicksal überlassen.

Gefangener Timurs

Bajasid starb etwa ein Jahr nach der Schlacht in der Gefangenschaft, über die es zahlreiche widersprüchliche Berichte gibt, Horrorgeschichten ebenso wie auch Legenden. Die in der Timur-Bewunderung und Timur-Apologie wetteifernden Historiker werden nicht müde, den Edelmut und die Ritterlichkeit Timurs einem ihm ausgelieferten, aber noch immer kecken und provokativ auftretenden Bajasid gegenüber hervorzuheben. Des Sultans Ehrenhaft wurde erst nach einem Fluchtversuch in eine stramme Überwachung umgewandelt. Fest steht, daß Timur den vornehmen Gefangenen mitschleppte – angeblich in einem eisernen Käfig. Der osmanische Hofhistoriker Saededin sagt uns dazu:

„Was in einigen türkischen Geschichten Mährchenerzähler von der Einsperrung in einen Käfig melden, ist erdichtet. Hätte eine ähnliche Behandlung wirklich stattgefunden, so würde Mewlana Schereseddin (= Timurs Lobredner) dieselbe mit vieler Mühe prahlend gepriesen haben. Da der ihm (= Bajasid) verhaßte Anblick der Tataren seinen Eifer aufregte, so wählte er in eine Sänfte zu ziehen. Wer sich in seine Lage setzen kann, wird verstehen, daß er wirklich auf diese Art gereist sey, und wird fühlen, daß es seinem Eifer unmöglich gewesen, den Anblick der Feinde alle Tage zu ertragen."

Verwirft Saededin die Version vom Käfig nur, weil eine solche Erniedrigung des Großherrn der Würde des Reiches auch Jahrhunderte später noch geschadet hätte ...? Man kann nur rätselraten und vermuten, daß es sich um eine Sänfte mit Eisengitter handelte, die einem Käfig nicht unähnlich ist.

Ob Bajasid eines natürlichen Todes, durch Mord – oder gar durch Selbstmord starb, ist völlig ungewiß. Fest steht nur das Jahr seines Todes, 1403. Über den Fluchtversuch und eine – besonders grausame – Version des Freitodes berichtet der unbekannte Verfasser des Chronikon im Codex Barberinianus Graecus:

„Während Tamerlan den Bayezid gefangen hielt, stifteten nach einer Weile etliche Türken Sultan Bayezids, die sich auf freiem Fuß befanden, *einige Leute an und versprachen ihnen viel Geld, wenn sie ein Mittel schüfen, daß Bayezid aus seiner Haft entfliehen und sich in Sicherheit bringen könne. Diese sagten es zu und gruben nächtlicher Weile von außen einen Gang, durch den er entweichen sollte. Aber mit ihrem Graben kamen sie (drinnen) gerade dort heraus, wo sich die Wächter aufhielten, und die merkten es und liefen herbei, ergriffen sie und schlugen ihnen die Köpfe ab.*

*Tamerlan führte nun Bayezid bis zu dessen Tode mit sich, am Hals mit goldener Kette gefesselt, durch ganz Anatolien und ganz Syrien und wohin immer er zog. Und wenn er sein Pferd bestieg, ließ er ihn zu Boden stoßen, trat ihm auf den Rücken und saß so auf.*

*Bayezid starb in I(k)onia, in der Stadt, in der Tamerlan damals weilte... Ein Jahr lang war er in Gefangenschaft gewesen. Einige erzählen, daß er, während er von Tamerlan gefangen gehalten wurde, vor Erbitterung mit dem Kopf gegen die Mauer geschlagen habe und daran gestorben sei. Er war ein starrsinniger Mensch. Er war ein tapferer Krieger."*

Im März 1403 verließ Timur Anatolien. Das unterworfene Land hat er seinem Schicksal überlassen: Der Weltenstürmer wollte sich China zuwenden, Dschingis Khans Nachfolge damit vollenden. Doch ehe er sein Ziel erreicht hatte, starb er (1405).

## In Bajasids Reich und Serail

In seiner 13jährigen Regierungszeit verstand es Bajasid, die eroberten Gebiete in Europa und Anatolien gut zu organisieren. Mit Vorliebe schuf er – wie wir bereits erfahren haben – seine Verwaltungszentren in wirtschaftlich ergiebigen Gegenden. Hier sei das Beispiel des antiken Pompeiupolis, des späteren türkischen Kastamonu in Paphlagonien genannt. Dort organisierte Bajasid eine Statthalterschaft, die er dem Prinzen Suleiman zur Verwaltung übertrug. Und so beschreibt Hammer-Purgstall dieses an Bodenschätzen reiche Gebiet: „Dieses Land, das Erzgebirge des osmanischen Reichs, erfreut sich vielfältiger Vorzüge der Natur und der Cultur. *Kastemuni* die Hauptstadt ... verarbeitete ehemals einen Theil des reichen Ertrags der benachbarten Bergwerke in kupfernen Geschirren".

Das geographische, 1728 in Istanbul edierte Monumentalwerk „Dschihannuma" (persisch: „Weltenbuch"), das eine Erdbeschreibung Asiens umfaßt, enthält Angaben über die Gruben im Gebiet von Kastamonu. Nach dieser Quelle soll „der Ertrag dieses Erzbergwerkes auf jährliche 10 000 Batman Erz verpachtet worden" sein, ein „Batman zu 9 Okka, d. i.

also beyläufig 2000 Centner, wovon ein Drittheil auf die Kosten gewendet, die beyden andern dem Ärarium eingeliefert wurden; der Antheil des Ärariums ward aber hernach auf 4000 Batman herabgesetzt."

Für einen großangelegten zusätzlichen Ausbau des von Großvater Orhan und Vater Murad I. entwickelten, gut funktionierenden Staatsapparats war die Regierungszeit Bajasids zu kurz und allzusehr mit Kriegen ausgefüllt.

In der Hauptstadt Bursa hielt sich Bajasid relativ viel auf. Hier ließ der Sultan den nach ihm benannten „Yildirim-Bajasid-Külliyesi", den „Wetterstrahl – Bajasid"-Baukomplex (1398–1402) errichten. Er umfaßt einen Palast, eine Moschee, eine Türbe und eine Koranschule (Medrese), die noch heute zu besichtigen sind. Bajasid soll die Moscheen allerdings nicht aus Freude an der Kunst, sondern nur auf das Anraten frommer Männer gebaut haben, als Sühne für seine Laster und Sünden. Denn er soll auf Anstiftung seiner christlichen (serbischen) Gemahlin mit dem un-islamischen Weintrinken begonnen haben und es seinem Wesir nicht verdacht haben, daß der die „Knabenlese" weidlich zur Knabenschändung mißbrauchte.

Aber der Mann, der einem Timur so keck die Stirn bot, mag halsstarrig gewesen sein, aber nicht verweichlicht, schon gar nicht ein alkoholgeschwächtes Wrack.

Die Päderastie wurde nach Hammer-Purgstall allmählich zu einem negativ-staatstragenden Element des Reiches:

*„So schlich sich das widernatürliche Sittenverderbniss des Morgenlandes ins osmanische Reich ein, und wucherte nicht nur durch das Beyspiel von Sultanen und Wesiren, sondern auch durch das von Gesetzgelehrten so ausgelassen fort, daß es zum auszeichnenden Lieblingslaster des Hofes, des Heeres, und des Volkes, daß es zum wirksamsten Mittel der Beförderung zu Ehren und Reichthum, und nicht selten zum triftigsten Beweggrunde eines Christenkriegs ward, dessen Beute die verdünnten Reihen der Rekruten und Pagen mit neuem Anwuchs von Macht und Lust zu füllen verhieß."*

Eine Regel wird man aus diesem Verhalten jedoch wohl kaum machen können. Jedenfalls ist die Effizienz des osmanischen Staates ganz sicher nicht der Homosexualität zum Opfer gefallen!

Kapitel II

# Tiefpunkt und neuer Aufstieg 1402–1451

## Zerfall und Interregnum

Das erste Jahrzehnt des 15. Jahrhunderts war insbesondere gekennzeichnet durch die Machtkämpfe von Bajasids Söhnen um das osmanische Erbe. Nach dem Chronisten Derwisch Ahmed hat Bajasid sechs Söhne hinterlassen:

*„Von fünfen ist das Schicksal bekannt; einer aber blieb verschollen. Die fünfe waren Emir Süleyman, Mehmed, Isa, Musa und Kasim; der war ganz klein und noch im Saray. Derjenige, der verschollen blieb, war Mustafa."*

Suleiman, der älteste Sohn Bajasids, herrschte auf den europäischen Gebieten des Osmanischen Reiches mit der Hauptstadt Edirne. Er hatte die christlichen Vasallen auf seiner Seite. Isa beherrschte das osmanische Kernland mit Bursa, Mehmed wiederum andere Gebiete Anatoliens. Musa erhielt keinen Teil des zerfallenen Reiches.

Die Legitimität schien einerseits Suleiman zu stützen: Er war der älteste Sohn Bajasids, und die höchsten Würdenträger des Reiches standen hinter ihm. Doch galt ein Herrschaftsgebiet eben nicht als Osmanenreich, welches keinen Quadratkilometer anatolischen Bodens und damit des Kernlandes umfaßte. Suleiman war zunächst also nur ein türkischer Emir auf Territorien des Balkans.

In die Bürgerkriege zwischen 1403 und 1413 waren vier Brüder verwickelt. Erst bekämpften sich die beiden in Kleinasien etablierten Brüder Isa und Mehmed. Isa unterlag nach mehreren Waffengängen (1405). Ein Prätendent war damit ausgeschieden.

In der Zwischenzeit war es Suleiman gelungen, anatolische Gebiete zu besetzen und dadurch seine Position und zugleich seine Legitimität zu stärken. Musa, der bei der Teilung des Reiches 1403 ohne Land gebliebene Bruder, meldete sich aber ebenfalls zu Wort. Er bekriegte Suleiman und besiegte ihn. 1411 wurde dieses zweite Opfer des Bruderkrieges – wahrscheinlich durch die Männer Musas, jedoch nicht auf dessen Befehl – ermordet. Suleiman soll die schwächste Persönlichkeit unter den Brüdern gewesen sein, angeblich ein Trunkenbold.

So blieben nur noch zwei Brüder in der Arena: Musa, nunmehr Herr des Westens, also Rumeliens, und Mehmed. 1413 errang Mehmed den militärischen Sieg über Musa und damit die Alleinherrschaft über das, was vom Osmanischen Reich übriggeblieben war.

## Die christliche Welt und die Osmanen

Der Versuch einer übersichtlichen Darstellung der komplizierten, historisch zum Teil nicht erschlossenen Beziehungen zwischen dem Abendland und den Osmanen während des Interregnums und der ersten drei Jahrzehnte danach führt zu mehreren Fragen. Erstens: Wieso wurde denn der Zerfall des Reiches jener europastürmenden „ungläubigen" Eroberer nicht zu einer generellen Abrechnung mit den darniederliegenden Osmanen genutzt? Wie verhielten sich die Kurie und Sigmund, Kaiser des Heiligen Römischen Reiches und König von Ungarn? Zweitens: Wie gestalteten sich die Beziehungen der Osmanen zu ihren anderen Nachbarn während dieser Periode? Und drittens: Wie viele Territorien konnten die Osmanen in der neuen Aufstiegsperiode zurückerobern?

1. Ein massives, wenigstens einigermaßen koordiniertes Vorgehen des christlichen Europa gegen die Osmanen wäre naturgemäß nicht nur während des Interregnums, sondern auch in der darauffolgenden Schwächeperiode des Reiches vielversprechend gewesen. Ohne Zweifel ist da eine außergewöhnliche historische Chance vertan worden.

Die Schlüsselpersonen, welche die Initiative zu einem konzentrierten Vorgehen auf dem Balkan, bis hin zu einem großangelegten Befreiungsfeldzug Richtung Konstantinopel hätten ergreifen können, waren naturgemäß der Papst und der König von Ungarn, das Oberhaupt der katholischen Kirche und der Herrscher der unmittelbar betroffenen Großmacht. Der Kaiser von Konstantinopel konnte nicht mehr viel tun.

Und König Sigmund war ein gebranntes Kind, Nikopolis lag nicht so weit zurück. Dennoch gibt es durchaus Hinweise auf Pläne Sigmunds, sich an die Spitze eines neuen Kreuzzuges zu stellen. Die politische Situation in Europa – und die Lage der Kirche – begünstigten jedoch solche Initiativen nicht mehr, ganz im Gegenteil. Eine massive Unterstützung aus westeuropäischen Ländern, zumal aus dem vom Hundertjährigen Krieg gegen England arg geplagten und freilich auch durch Nikopolis bitter enttäuschten Frankreich konnte sich Sigmund nicht versprechen. Der König von Frankreich hat einen Prälaten, der bei ihm den Kreuzzugsgedanken ventilieren wollte, gar nicht erst empfangen.

Der ungarische Mediävist Hóman behauptet, König Sigmund habe um 1408 „kein Interesse mehr an der östlichen Gefahr gehabt", weil er sich nur westlichen Problemen zuwandte. Denn das Schisma innerhalb der lateinischen Kirche, in der drei Päpste um die Anerkennung stritten, trieb gerade zu der Zeit einem Höhepunkt zu, als Sigmund zum deutschen König gewählt wurde (1410). Sigmund war entschlossen, seine Rolle als Schutzvogt der Christenheit nicht durch erneuten Kampf auf dem Balkan zu erfüllen, sondern durch seine Vermittlung zur Beilegung des unerhörten Schismas der katholischen Kirche. Hätte jedoch auch Einheit in der Kirche geherrscht, selbst dann hätte es einer besonders starken, aktiven Persönlichkeit auf dem Stuhl Petri bedurft, um die zerstrittenen, zumal die nicht direkt interessierten weltlichen Mächte mit den Mitteln der päpstlichen Diplomatie für eine gemeinsame Aktion wider die Türken zu gewinnen.

In den Jahren nach dem Interregnum, also nach 1413, als die Osmanen noch immer viel zu schwach waren, um einem gut geführten, mächtigen christlichen Heer Paroli zu bieten, ging es noch schlimmer zu in Westeuropa. 1415 starb der Reformator Johann Hus in Konstanz auf dem Scheiterhaufen, und des Märtyrers Anhänger in Böhmen empörten sich gegen Kirche und Reich. Ein Aufstand der Böhmen mit sozialen und nationalistischen Untertönen löste dann Sigmunds Reaktion und die Hussitenkriege aus (1420-1434). An die Osmanen, deren Reich langsam wieder erstarkte, die sich aber vorerst noch nicht anschickten, großangelegte Eroberungszüge zu führen, dachte man damals wenig.

Eine Konfrontation größeren Ausmaßes zwischen Ungarn und Osmanen nach Nikopolis fand 1428 bei Galambóc an der unteren Donau statt. Die Festung Galambóc, türkisch: Gögerdschinlik, am rechten Ufer des Stromes zwischen Semendria und Orsova, befand sich in osmanischer Hand und wurde von Sigmund zu Wasser und zu Land belagert. Da erschien ein – wahrscheinlich von Sultan Murad II. selbst befehligtes – osmanisches Heer und entsetzte die Burg, welche kraft eines Waffenstillstandes mit den Ungarn dann auch den Osmanen überlassen wurde. In den dreißiger Jahren wurden Akindschi-Einheiten ins ungarische Kernland eingeschleust: die Osmanen überquerten die Donau und verwüsteten Teile Siebenbürgens.

1439 belagerte Murad die historische serbische Hauptstadt Semendria an der unteren Donau. Die Ungarn befürchteten, daß die Osmanen, einmal im Besitz dieser Burg, das Magyarenland dauernd gefährden würden und entsandten ein Entsatzheer. Dieses wurde von König Albert (Albrecht, 1437–1439), Sigmunds Nachfolger, befehligt. Albert starb jedoch noch vor einem entscheidenden Gefecht mit den Osmanen an einer Seuche. Semendria wurde von Murad eingenommen. Sowohl der Galambóc-Feldzug 1428 als auch Alberts Unternehmen 1439 waren Einzelaktionen mittleren Ausmaßes mit beschränkten Kriegszielen. Mit einer groß angelegten Verdrängung der Osmanen aus Europa hatten diese Feldzüge nichts zu tun.

2. Konstantinopel konnte die Atempause, welche es der Ankaraschlacht (1402) verdankte, nicht lange genießen. Überlebt hat die Stadt allerdings noch über ein halbes Jahrhundert. Mehr Bewegungsfreiheit erlangte allenfalls der Herrscher Ostroms persönlich, Kaiser Manuel war beispielsweise noch 1414 – also bereits nach der Herstellung der Alleinherrschaft von Sultan Mehmed I. – in der Lage, sich unbehelligt auf den Peleponnes zu begeben, griechische Inseln aufzusuchen, in Thessaloniki zu weilen, denn die Byzantiner hatten sich dieser Großstadt nach dem Zerfall des Osmanischen Reiches wieder bemächtigt. Doch diesen Erfolg liquidierten sie selbst wieder: 1427 verkaufte der Kaiser die Stadt an die expandierende Republik Venedig. Schon drei Jahre nach dieser Transaktion konnten die erneut vordringenden Osmanen dieses wichtige Bollwerk abermals an sich reißen.

Bereits 1422 war es unter Murad II., dem Sohn Mehmeds I., zu einer neuerlichen Belagerung Konstantinopels gekommen. Doch dann zog das osmanische Heer plötzlich wieder ab. Aus welchen Gründen dieser Rückzug geschah, darüber berichten griechische und türkische Quellen recht widersprüchlich. Es gibt auch die Version, daß Murad sich plötzlich seines Bruders, der als Usurpator auftrat, erwehren mußte.

Gut zwei Jahrzehnte nach der Ankaraschlacht war also Konstantinopel wieder in seiner Existenz gefährdet, die Kesselwand wieder erstarkt, der Gürtel um die Kaiserstadt enger geschnürt; die Metropole wurde allerdings wieder einmal gerettet.

Innere Kämpfe und der noch immer zu verzeichnende Mangel an einer überlegenen Waffentechnik, welche zur Eroberung Konstantinopels im Großkampf erforderlich war, bewegten den sowieso nicht kriegslüsternen Murad II. dazu, sich mit einer politischen Zwischenlösung zufrieden zu geben. 1424 wurde ein Vertrag ausgehandelt, in dem Konstantinopel wieder Tributleistungen zusagte. Denn es war nach wie vor von Getreidelieferungen aus dem osmanischen Gebiet abhängig.

– Serbien erfreute sich nach 1402 ebenfalls eines größeren Handlungsspielraums. Bei Ankara hatten die Serben zwar auf der Verliererseite gekämpft, doch setzte Timur nicht nach Europa über. 1427 starb der fähige Serbenfürst Stephan; ihm folgte eine besonders starke Persönlichkeit, Georg Branković, der es den Osmanen während seiner langen Regierungszeit (1428–1456) nicht leicht machen sollte. Zunächst arrangierte er sich politisch mit Murad II.: Serbien verpflichtete sich, mit Ungarn militärisch nicht mehr zu kooperieren, dafür aber dem Sultan wieder Truppen zur Verfügung zu stellen und Tribut zu zahlen. Die Verständigung zwischen der Pforte und Branković ging dann 1433 so weit, daß sich der Sultan mit der Tochter des Serbenfürsten, Mara – von deren späterer diplomatischer Tätigkeit bereits die Rede war (s. S. 81 f.) – vermählte.

Das bislang unbedeutende Belgrad war noch vor dem Regierungsantritt von Branković in den Besitz der Ungarn übergegangen, die es zur großen Festung ausbauten.

– Die rumänischen Fürstentümer Moldau und Walachei waren bereits zu Bajasids Zeiten ins Aktionsfeld der Osmanen geraten. Nach 1402 fühlten sie sich völlig frei von jedem Zwang. Die Walachei – das Fürstentum zwischen den Südkarpaten und der Unteren Donau – wurde sogar offensiv, drang nach Bulgarien ein, engagierte sich gegen Mehmed I. in den neuen osmanischen Thronwirren. Schließlich entgingen die Fürstentümer jedoch nicht ihrem Schicksal: sobald die Osmanen neue Kraft schöpften, degradierten sie diese Staatsgebilde zu Vasallen. Das hieß genauer: sie unterstanden bei vollständiger innerer Autonomie der außenpolitischen Kontrolle des Sultans. Provinzen des Reiches wurden sie nie, und wenn sie dem Sultan den Gehorsam aufsagten, galten sie als ernstzunehmende Feinde.

– Venedig nutzte die Ohnmacht der Osmanen systematisch, um vor 1400 verlorene Positionen – Handelskolonien und Stützpunkte auf dem Balkan, insbesondere in Albanien und auf dem Peloponnes, von den Italienern Morea genannt – zurückzuerobern und kräftig auszubauen. In Verbindung mit Venedig muß ein ernsthafter Versuch der Osmanen hervorgehoben werden, den ersten großen Krieg zur See zu riskieren. Mehmed I. konnte sich nicht damit abfinden, daß die venezianische Flotte die osmanische Kriegsmarine in den äußersten Nordosten der Ägäis, eben in den Raum von Gallipoli (Gelibolu) zurückdrängen und das Binnenmeer mit den zahlreichen Inseln beherrschen wollte. So stellte sich ein osmanisches Geschwader, mit „meist von Renegaten und rebellischen Griechen aus den Kolonien der Republik Venedig geführten Fahrzeugen" (Jorga) am 29. Mai 1416 einer venezianischen Flotte bei Gallipoli – und erlitt eine schwere Schlappe. Aus den türkischen Emiraten an der Ägäis war im

14. Jahrhundert eine Anzahl gefürchteter Seeräuber hervorgegangen, die bis zur osmanischen Landung in Gallipoli die umliegenden Mächte mehr beschäftigt hatten als Osman und Orhan. Doch hatte die Besetzung der Küste von Pergamon (Bergama) bis Attalia (Antalya) durch Bajasid I. den Osmanen keinen Zuwachs an Kenntnissen oder gar Eifer für den Seekrieg vermittelt. Hier war und blieb eine offene Flanke der Macht, die zu Lande immer stärker wurde.

– Anatolien: Bajasid war letzten Endes an seiner Kleinasienpolitik gescheitert; hier mußte in der Periode der Erholung des Reiches ein neues Zeichen gesetzt werden. Von Herzlichkeit, von Bruderküssen und dynastischen Ehen, wie etwa zu Orhans oder zu Murads Zeiten, war zwar weniger die Rede, doch im großen und ganzen funktionierte vorerst der „Osmanische Frieden" in Kleinasien: Treue Vasallen wurden in Ruhe gelassen, unruhige Emire, zumal wenn sie sich in die Bürgerkriege auf der Seite von Gegnern des Sultans einmischten, wurden besiegt und unterjocht. Karaman, eine Regionalmacht von mittlerer Größe, mußte immer wieder mit dem Schwert zur Räson gebracht werden. Besiegt aber war es noch nicht.

3. Als Mehmed I. 1413 die Macht übernahm, verfügte der Sultan vorerst nur über die Hälfte des ehemaligen Bajasidschen Reiches von etwa 700 000 km$^2$. Es sollte mehrere Jahrzehnte dauern, ehe sich das geschrumpfte Reich durch Zurückeroberung verlorener Gebiete wieder auf die Fläche erstreckte, welche den Osmanen um 1400 schon gehört hatte. Die erneute territoriale Erweiterung erfolgte wieder in allen Himmelsrichtungen, das heißt sowohl in Anatolien als auch auf dem Südlichen, dem Mittleren und dem Nördlichen Balkan.

*Das Innere des Reiches unter Mehmed I. (1413–1421) und Murad II. (1421–1451)*

Wirtschaftlicher, sozialer und kultureller Niedergang kann in Ländern eintreten, die von Bürgerkriegen heimgesucht werden. Der Verfall ist aber keine Selbstverständlichkeit: Chaos und bewaffnete Auseinandersetzungen erschüttern die Gesellschaft nicht zwangsläufig in ihrer Tiefe. Was die Lage in Anatolien im ersten Drittel des 15. Jahrhunderts anbelangt, so ist die Nachwelt schlecht informiert. Es fehlen Quellen wie im Abendland mit den penibel geordneten Archiven der Fürstenhöfe und der Städte, mit der Fülle fein säuberlich aufgesetzter notarieller Urkunden. Wir wissen zwar von der Heimsuchung Anatoliens durch Timur, der dann jedoch bald wieder abzog. Aber inwiefern die anschließenden Waffengänge zwischen den Bajasidsöhnen die Bevölkerung daran hinderten, ihrer vorher blühenden Rinder-, Pferde- und Schafzucht wieder nachzugehen, Äcker neu zu bebauen, in den Städten einen Handel kleineren oder mittleren Ausmaßes weiterzubetreiben, darüber wissen wir viel zu wenig. Doch hätte Mehmed I. 1416 keine Flotte ausrüsten können, wenn Anatolien vollständig darniedergelegen wäre. Auch die Errichtung von Prachtbauten in Bursa und ein schneller kultureller Aufschwung unter Mehmed I. zeugen nicht allein von den intellektuellen Qualitäten dieses Herrschers, sondern auch von der Kontinuität einer Gesellschaft und eines Systems, deren Zähigkeit und Qualität zu den Voraussetzungen einer Wiedergeburt des Reiches gehörten.

Aufstand der Derwische

1413 wurde das Reich unter Mehmed I. wieder vereint, zur Ruhe aber kam es vorerst noch nicht. 1420 wurde es von einem Bürgerkrieg heimgesucht, der unter dem Namen „Derwischaufstand" in die Historie eingegangen ist.

Beweggründe und Verlauf dieses Aufstandes beschäftigten die Chronisten und Historiker von der spätbyzantinischen Zeit bis in die Gegenwart. Mehr oder weniger einig ist man in der Feststellung, daß er für die Geschichte des Reiches atypisch war; nichts Vergleichbares geschah im darauffolgenden halben Jahrtausend. Was waren die Hintergründe?

Die Osmanen von damals wie auch die Türken der heutigen laizistischen Republik gehören den – innerhalb des Islam weltweit mehrheitlichen – Sunniten an. Diese sind – im Gegensatz zu den Schiiten beispielsweise – weniger ideologisch, eher nüchtern und pragmatisch orientiert. Doch traf dies wohl nicht auf die Scharen zu, die sich 1420 dem „Derwischaufstand" anschlossen. Soziale Ursachen, herrührend aus einer gewissen Verarmung des Landes nach dem Einfall Timurs, fanden in der Öffentlichkeit ihre Formulierung in religiöser Unruhe. Es war ähnlich wie beim gleichzeitigen Hussiten-Aufstand in Böhmen, dessen nicht geringste Wurzel in der sozialen Zurücksetzung der Tschechen durch die Deutschen während der letzten Generationen lag. Opposition gegen das Haus Osman kleidete sich dann in Begeisterung für die religiöse Gegenwelt zum offiziellen Staats-Sunnismus, für die mystischen, intellektuell überhaupt nicht und politisch kaum zu kontrollierenden „Sufi"-Bruderschaften. In diesen kristallisierte sich religiöse und mitunter politische Gegenmacht. Ein Scheich Bedreddin trat auf, dessen pantheistische Beredsamkeit die Massen hinriß. Dann kam Bürklüce Mustafa dazu, der seinen Anhängern Gemeineigentum und freiwillige Armut predigte. Vagabundierende Turkmenen (deren Streifzüge nicht nur das Gebiet der späteren Sowjetrepublik Turkmenistan, sondern ganz Persien und auch Anatolien einbegriffen), in der Sekte der „Torlak" unter dem Banner des religiösen Fanatismus zusammengefaßt, gesellten sich zu den „Mustafiten" des Armutspropheten. Im Gebiet des ehemaligen Emirats Aydin, d. h. rund um den Flußlauf des Mäander (Büyük Menderes) hatten die osmanischen Eroberer nichts getan, um die traditionelle Ausbeutung der Bauern durch die Grundherren zu lindern, etwa indem sie das Timar-System einführten. Von dort kamen die Bauernkrieger, gegen die der Sultan nun einschreiten mußte.

Die vereinte rumelische und anatolische Heeresmacht des Padischah setzte sich in Bewegung und traf schließlich bei Karaburun (= „schwarze Nase") auf die Rebellen. Nach blutigem Kampf wurden die Aufständischen besiegt, Bürklüce Mustafa wurde gefangengenommen, nach Ephesus gebracht und grausamer Folter unterworfen. Der Fanatiker war nicht bereit, seinen Lehren abzuschwören. Schließlich wurde er ans Kreuz geschlagen, samt Kreuz auf ein Kamel geladen und durch die Stadt geführt. Seine gefangenen Jünger wurden gesammelt, und der sterbende Mustafa mußte zusehen, wie diejenigen unter ihnen, die nicht abschwören, hingerichtet wurden.

Dann zog das osmanische Heer gegen Torlak Kemal, der einen Haufen von 3000 Mann aufbieten konnte. Die Derwische wurden im Gefecht bei Magnesia (Manisa) geschlagen, Torlak Kemal starb am Galgen.

Scheich Bedreddin aber war noch am Leben und verbreitete nun seine Lehren in Rumelien. Mehmeds Heer stöberte ihn auf, schlug die Schar seiner Anhänger und ließ ihn aufhängen.

Mehmed I. überlebte die Niederwerfung des „Derwisch-Aufstandes" nicht lange. Noch vor seinem Tod (1421) meldete sich aber der Thronprätendent Mustafa zu Wort, der zu einer neuen Bedrohung für den inneren Frieden des Reiches wurde: Er behauptete, mit dem seit der Schlacht von Ankara (1402) verschollenen Sohn Bajasids I. identisch zu sein – was wahrscheinlich keine Anmaßung war. Timur hatte seinerzeit eine systematische Hetzjagd auf die entkommenen Söhne Bajasids veranstaltet, ja sogar auf dem Schlachtfeld nachforschen lassen, ob sich unter den Gefallenen nicht ein Prinz befände. Bajasids Sohn Mustafa konnte weder unter den Toten noch sonstwo gefunden werden, er galt zunächst als „verschollen".

Tod Mehmeds I.

Mehmeds Regierungszeit war nicht ausreichend lang, um das zerrüttete Reich endgültig zu konsolidieren. Kurz vor seinem Tod begab er sich höchstpersönlich nach Konstantinopel, und so kam eines der äußerst seltenen Gipfeltreffen von Sultanen mit fremden Staatsoberhäuptern zustande. Dem Sultan gelang es, die Einkünfte der wichtigen Erzgruben von Kastamonu wieder für die Osmanen zu sichern.

Zu Adrianopel und zu Bursa vollendete Mehmed den Bau von Moscheen, welche von seinen Vorfahren begonnen worden waren: Die 1421 fertiggestellte Ulu Dschami, die Große Moschee, wahrscheinlich schon unter Murad I. begonnen, ist die zweitälteste Moschee in Bursa. Dort, in der alten Hauptstadt ließ Mehmed 1421 durch seinen Architekten Ilyas Ali auch eine eigene neue Moschee erbauen, die Yeschil Dschami, die wunderschöne Grüne Moschee, die bis heute erhalten geblieben ist. Von besonderem Wert sind der reiche Stalaktitenschmuck des Portals der Eingangshalle und die persischen Fayencekacheln der Logen im Obergeschoß. Ihren Namen verdankt die Moschee den grünen Kacheln an den Wänden der beiden Haupträume des Bauwerks.

Im Grünen Mausoleum, einer 1419 von Haci Ivaz erbauten achteckigen Türbe in der Nähe der Moschee, ruhen die sterblichen Überreste Mehmeds.

Der Sultan war 1421 in Adrianopel gestorben. Nach einer Quelle kam er durch Unfall ums Leben, er soll vom Pferd gefallen sein; den Sturz soll ein epileptischer Anfall des Reiters verursacht haben.

Die bei den Osmanen aus Staatsräson immer wieder praktizierte Verheimlichung des Todes von Sultanen ist im Fall Mehmeds I. mit besonderer Ausführlichkeit überliefert, makabre Einzelheiten wurden aufgezeichnet: Die Wesire Bajasid Pascha und Ibrahim wollten vermeiden, daß ein erneuter Bruderkrieg, diesmal zwischen Söhnen Mehmeds, ausbreche. Sie beschlossen, den Erstgeborenen, Murad, herbeizuholen, ehe die Kunde über den Tod des Sultans dem Heer bekannt wurde. Truppenteile sollten abkommandiert werden, doch diese begehrten vor dem Aufbruch, „den Sultan von Angesicht zu sehen, um sich selbst, dass er noch lebe, zu überzeugen". Hinweise darauf, daß zu viele Bewegungen dem kranken Sultan schadeten und er deshalb nicht in Erscheinung treten dürfe, reichten nicht. So schlug ein Leibarzt des Verschiedenen vor, „dem Begehren des Heeres ... zu willfahren. Der Sultan wurde ... angekleidet, auf den Thron gesetzt, und hinter dem Leichnam sass einer ... der Pagen, welcher die Hände in die Aermel des Staatspelzes steckend, dieselben, als ob der

Sultan noch lebte ... bewegte. So zogen die Janitscharen und Spahi vorbey" (Hammer-Purgstall). „Als die Aga gesehen hatten, wie der Großherr sich mit eigener Hand den Bart strich, da gingen sie wieder fort und gaben Ruhe" (Derwisch Ahmed). Auf diese Weise gelang es tatsächlich, die Zeit bis zur Thronbesteigung Murads II. zu überbrücken.

Der neue Sultan: Murad II.

Der Sultan war installiert, doch lag Prätendent Mustafa immer noch auf der Lauer, und zwar in Konstantinopel. Den Regenten (1421–1425) und späteren Kaiser Johann VIII. (1425–1448) köderte er mit großzügigen Gebietsabtretungen an die eingekesselte Kaiserstadt für den Fall, daß er den Sultansthron besteigen könne. So wurde er von den Byzantinern kräftig unterstützt. Als es bei Adrianopel zur Feldschlacht in einem neuen Bürgerkrieg zwischen Mustafas Anhängern und Murads Heer kommen sollte, gelang es dem Prätendenten, des Sultans Truppen zum Überlaufen zu bewegen. Deren Befehlshaber, den treuen Bajasid Pascha, der einst den kleinen Prinzen Mehmed auf dem Rücken vom Schlachtfeld bei Ankara getragen und so vor Timur Lenk gerettet hatte, ließ Mustafa enthaupten. Jetzt wollte der Thronanwärter Murad in Kleinasien bekriegen, doch hatte er dort kein Glück; er fand keine Verbündeten, auch die schlauen Karamanen setzten auf Murad, nicht auf Mustafa. Die Truppen des Prätendenten ergriffen die Flucht, ehe es zu einer Schlacht gekommen war. Mustafa floh ebenfalls, wurde aber ergriffen und „nicht als echter osmanischer Prinz mit der Bogensehne erdrosselt, sondern schmählich, als ein gemeiner Betrüger und Verbrecher erhängt", so Jorga im Übereinklang mit der Chronik von Dukas.

Dafür, daß Mustafa ein echter Prinz aus dem Hause Osman war, sollen sein Äußeres und sein Gebaren gesprochen haben. Nach dem tragischen Tode des wahrscheinlich echten Mustafa versuchten noch mehrere Pseudo-Mustafas ihr Glück, doch der junge Murad konnte ihrer aller Herr werden und das Konsolidierungswerk fortsetzen.

Murad II. führte fast ununterbrochen Kriege und gewann durch planmäßige Eroberungspolitik den größeren Teil der nach 1402 verlorenen Territorien zurück. Bei seinem Tode umfaßte das Reich ein Gebiet von etwa einer halben Million km$^2$, also das doppelte dessen, was nach dem Debakel übriggeblieben war, allerdings noch immer weniger als Bajasids Reich von 700 000 km$^2$.

Ein kriegslüsterner Mann war Murad II. dennoch nicht; die Expansion betrieb er pflichtgemäß, um dieser durch die Staatsräson vorgezeichneten

Aufgabe Genüge zu tun. Der im 14. Jahrhundert aufgebaute gute Staatsapparat funktionierte wieder, ja erstarkte unter Murad. Vier Wesire standen dem Sultan zur Seite. Das erweiterte Reich unterstand auf dem Balkan dem Beglerbeg von Rumelien, in Kleinasien dem Beglerbeg von Anatolien. Das System der Territorialeinheiten, der Sandschaks, umfaßte alle annektierten Gebiete. Ausnahmen waren die balkanischen Fürstentümer und anatolischen Emirate mit Vasallenstatus.

Das Heerwesen straffte Murad II. planmäßig und mit großem Erfolg; die osmanische Armee wurde bereits Ende der dreißiger Jahre wieder zu der durchorganisierten, schlagkräftigen, überall gefürchteten Streitmacht, die sie vor 1400 gewesen war.

Wurde die Janitscharentruppe unter Murad I. organisiert, so baute Murad II. die Aushebung durch die nunmehr institutionalisierte Knabenlese, die berüchtigte „devşirme" weiter aus (ab 1438). Eine pro Jahr unterschiedliche Zahl von Christenknaben wurde von den Osmanen auf dem Balkan systematisch „als Tribut" geholt, das heißt, den Familien durch Gewalt entrissen. Wieviel es waren, ist statistisch natürlich auch nicht annähernd festzustellen.

Der Sultan entschloß sich 1444, nachdem er glaubte, sich mit dem Hauptgegner Ungarn arrangiert zu haben, zu einem in der osmanischen Geschichte recht ungewöhnlichen Schritt, nämlich zur Abdankung, ohne daß Alter oder politische Enttäuschung dafür als Ursache feststellbar wären. Er übertrug die Regierungsgeschäfte auf seinen minderjährigen Sohn, den späteren großen Herrscher Mehmed II. den Eroberer.

Ein unerwartetes neues Schlachtgetöse rief Murad im Spätherbst 1444 allerdings noch einmal auf den Plan. Nachdem er aber den angreifenden Polen- und Ungarnkönig Wladislaw I. Jagiello, der einen Waffenstillstand gebrochen hatte, bei Varna im November besiegt hatte, entsagte er abermals dem Thron. Bald danach mußte er aber die Regierungsmacht erneut übernehmen, diesmal, um eines Janitscharenaufstandes 1445 Herr zu werden.

## *Osmanisch-ungarische Waffengänge (1443–1448)*

Knapp anderthalb Jahrhunderte nach der Gründung des osmanischen Staates hatte dieser zwar den Höhepunkt seiner Macht noch keineswegs erreicht, sich aber kräftig vom Desaster der Timurschlacht und von der Staatskrise erholt. In dieser Phase kam es zu Kriegen gegen Ungarn, die an

Intensität und Risikoreichtum nur noch von den späteren Kriegen der Osmanen mit den Kaisern aus dem Hause Habsburg überboten worden sind.

## János Hunyadi

Die historische Schlüsselfigur, welche in Ungarn die Kriegsführung gegen die Osmanen in den Jahren 1443–1448 beherrschte, wesentliche politische Entscheidungen traf und die ungarischen Heere in den meisten Gefechten selbst befehligte, war János Hunyadi (um 1403/08–1456).

Hunyadis Herkunft ist ungeklärt. Keine zeitgenössische Urkunde berichtet davon, doch gibt es Indizien für die Annahme, daß Hunyadi aus einer Romanze Sigmunds – eines ausgewiesenen Frauensammlers seiner Zeit – mit einem ungarischen Edelfräulein aus Siebenbürgen stammte. Seine ungarische Mutter war mit einem Walachen verheiratet (die Bezeichnung „Rumäne" war im späten Mittelalter noch nicht üblich). Er wuchs in einer siebenbürgischen Familie auf, die dem kleinen oder dem mittleren Adel zuzurechnen war. Allerdings verließ er früh die Familie. Schon im Knabenalter erlernte er das militärische Handwerk; er diente in den Trupps verschiedener Würdenträger in Ungarn, auch am Hofe ausländischer Fürsten, und war eine Zeitlang Kondottiere: er befehligte eine Söldnertruppe. Schließlich tat er militärischen Dienst im königlichen Heer von Sigmund. Hunyadi ist als „Türkenbezwinger" in die Annalen eingegangen, weil er in der Aufstiegsperiode der Osmanen der einzige Feldherr war, welcher diese auch im Großkampf zu besiegen verstand. Den Ausschlag für Hunyadis bedeutsame Rolle gab aber das Zusammentreffen der folgenden Gegebenheiten im osmanisch-ungarischen Verhältnis um 1440–1450:

1. Das Osmanische Reich war wieder auf dem Vormarsch. Die Osmanen bedrohten nunmehr nicht nur – wie einmal schon zum Zeitpunkt des Nikopolisfeldzuges 1396 – Ungarns südliches Glacis, sondern das magyarische Kernland selbst.

2. Auch die ungarische Großmacht hatte sich in Sigmunds († 1437) Spätzeit von den Thron- und Parteikämpfen – allerdings nur teilweise – erholt, welche das Reich seit 1382 erschütterten. Nur teilweise, weil die Frage der Thronfolge nach der 50jährigen Regierungszeit Sigmunds wieder Sorgen bereitete. Die Erbansprüche des Hauses Habsburg standen gegen den Unwillen der Magnaten, in ihrem freien Wahlrecht nicht ernstgenommen zu werden. Die Parteigänger des durch die Stände frei gewählten jungen polnischen Königs Wladislaws (Ulászló) I. aus dem Hause der

Jagiellonen und die von Albrechts posthumem Sohn Ladislaus (* 1440) bekämpften einander.

3. Unter König Wladislaw (1440–1444) und während der Kindheit des danach als König anerkannten Habsburgers Ladislaus V. (1444–1457) war Hunyadi – zeitweilig als Reichsverweser – der erste Mann im Staate nach dem König. Und er war entschlossen, die Osmanen ein für allemal zurückzuschlagen.

4. Hunyadi verstand es, das militärische Potential seines Staates mehr auszuschöpfen, als das damals im Abendland üblich war.

Vorspiel zum Großkampf

Drei Waffengänge sind zwischen 1443 und 1448 zu verzeichnen. 1442 gab es allerdings ein Vorspiel zum Großkampf. Es handelte sich um einen

*Der ungarische Feldherr und Staatsmann János Hunyadi (1403/8–1456); Stich aus der Augsburger Ausgabe der Thuróczi-Chronik, 1488.*

ungarischen Erfolg in der „strategischen Defensive". Er hatte zwar keine entscheidende militärische Bedeutung, man muß aber verstehen, daß jede Schlappe der Osmanen, deren Ruf als „Unbesiegbare" sich um 1440 wieder zu etablieren begann, großen psychologischen Effekt zeitigte. Da fiel zwar kein vom Sultan befehligtes Reichsheer, doch immerhin die gesamte rumelische Armee unter dem Kommando des wackeren Mesid Beg im Frühjahr 1442 in Siebenbürgen ein, plünderte weite Gebiete und schleppte Gefangene aus der Zivilbevölkerung mit. Ein Okkupationswille lag wohl nicht vor, besetzen wollten die Osmanen damals lediglich die weiter südlich, jenseits der Karpaten liegende Walachei. Es wird über drei Gefechte berichtet. In der ersten Schlacht wurde Hunyadi geschlagen. Zur nächsten Begegnung kam es vor den Toren von Hermannstadt. Die Türken belagerten die Burg, Hunyadi wollte sie entsetzen. Mesid Beg trug seinen Spahis auf, den feindlichen Feldherrn tot oder lebendig zu holen. Doch Hunyadi tauschte seine Rüstung mit Simon Kemény – und überlebte die Hetzjagd, während Kemény dran glauben mußte. Dann machte die Besatzung von Hermannstadt einen Ausfall, und die Türken wurden geschlagen. Der siegreiche Hunyadi schickte den Kopf von Mesid Beg als Trophäe an den Serbenherrscher Branković, der diesmal als Verbündeter der Ungarn auftrat. Anschließend rückte ein größeres osmanisches Heer an – wie stark es war, darüber berichten die Quellen widersprüchlich – das von Hunyadi ebenfalls besiegt wurde.

Murad II. bot den Ungarn im Hochsommer 1442 einen Frieden an, Ungarnkönig Wladislaw, der junge polnische Hitzkopf und religiöse Eiferer, lehnte ab und drängte zum Krieg. Die Friedenskonditionen Murads waren tatsächlich unannehmbar: Der Osmane forderte die Übergabe von Belgrad, dessen Schlüsselbedeutung Murad längst erkannt – und das er 1440 erfolglos belagert – hatte. Eine erneute militärische Konfrontation war unvermeidlich.

### Der erste Waffengang: Der „Lange Feldzug" Hunyadis 1443–1444

„Der Reichstag versammelte sich 1443 zu Pfingsten. Nach der Exhortation des päpstlichen Legaten, des ... Georg Branković und der Magnaten von der Kriegspartei, welche immer mehr unter die Führung von János Hunyadi geriet, entschied er sich für den Beginn des Angriffsfeldzuges. Aufgrund dieses Beschlusses brach Wladislaw in der zweiten Julihälfte von Ofen auf" (Hóman).

Das Heer überschritt die Donau bei Belgrad, eroberte Kragujewatz und Kruschewatz und folgte dann dem Lauf der Morawa. Auf Befehl des Königs ritt Hunyadi an der Spitze einer 12 000 Mann starken Kavallerietruppe voraus. Wladislaws Heer folgte ihm im Abstand von zwei Tagesmärschen. Anfang Oktober besetzte und brandschatzte Hunyadi Nisch (heute in Serbien). Drei kleinere türkische Heereseinheiten, die versucht hatten, sich dort zu vereinigen, besiegte Hunyadi nacheinander. Im Laufe der Verfolgung der fliehenden Osmanen erhielt Hunyadi Kunde von dem Herannahen einer feindlichen Armee – von 30 000 Mann? –, die, wie es hieß, sich anschickte, das 20 000 Mann starke Heer von König Wladislaw anzugreifen. Doch die Osmanen hielten sich zurück, nachdem Hunyadi seinem König zu Hilfe geeilt war.

Das Christenheer brach nun weiter Richtung Südbalkan auf. In der zweiten Novemberhälfte wurde Sofia eingenommen. Es wurde Winter. Die Versorgungslage verschlechterte sich rapide. Dennoch erreichte das inzwischen durch Krankheiten dezimierte Heer die Balkan-Gebirgskette. Es fand den Übergang an der Trajan-Pforte verschlossen; dann wandte es sich gen Osten, zum Slatiza-Paß, doch auch hier versperrte die türkische Streitmacht den Übergang; sie bezog in den Bergen ihre befestigte Stellung. Die Ungarn belagerten die zäh verteidigten starken Positionen vergebens; es mangelte nicht an Kampfgeist, trotzdem hielten die Heerführer eher den Rückzug für ratsam.

Nur darauf wartete der Sultan. Am Heiligen Abend stürzte er sich am Fuß des Berges Kunawitza auf die von Branković befehligte ungarische Nachhut. Doch war Branković auf den Angriff dank Hunyadis Warnung vorbereitet gewesen, er harrte aus, bis ihm Hunyadi zur Hilfe eilte. Im Gefecht gewannen wieder die Ungarn die Oberhand, und Hunyadi konnte den Schwager des Sultans und den türkischen Oberbefehlshaber, Kassim Pascha, gefangennehmen. Doch konnte von Verfolgung, von erneutem Angriff keine Rede sein. Man war heilfroh, daß die von Hunger, Kälte und Krankheit schwer mitgenommene Armee die Grenze ungehindert erreichte.

Am Tage von Mariä Lichtmeß 1444 zog König Wladislaw triumphierend in Ofen ein und ging barfuß zum Hauptaltar der Heiligen Jungfrau. Die erbeuteten osmanischen Fahnen legte er zu ihren Füßen. Der gefangene Beglerbeg von Rumelien, Kassim Pascha, wurde im Triumphzug mitgeführt. So endete dieser Waffengang, der als „Hunyadis Langer Feldzug" in die Geschichte einging – „lang" wegen der großen Entfernungen, nicht wegen der Dauer.

Sinn und Stellenwert des „Langen Feldzuges"

Der Erfolg der ungarischen Waffen war hauptsächlich moralischer Art gewesen. Doch da Branković wichtige Teile des Serbenlandes zurückgewinnen konnte, verlagerte sich die Hauptverteidigungslinie nunmehr wieder weiter nach Süden.

Der Winterfeldzug 1443–1444 löst, aus der Sicht einer dynamischen Kriegsführung der Beteiligten – im Zusammenspiel von Angriff und Verteidigung, – Gedankengänge aus, deren Weiterverfolgung die am meisten faszinierende Aufgabe in den ersten vier Jahrhunderten osmanischer Militärgeschichte darstellt. Denn anders als bei den jährlichen Eroberungszügen auf dem Balkan und beim darauffolgenden Stellungskrieg der Osmanen in Ungarn (16.–17. Jahrhundert), pulsiert im Balkanfeldzug 1443–1444 das dramatische Geschehen der Bewegungskriege.

1) Warum wurden die Osmanen von den Ungarn angegriffen?
Die überlieferten Fakten erlauben es, die Zielsetzungen der Ungarn bei ihrem Balkanfeldzug 1443–1444 wie folgt zusammenzufassen: Weder eine direkte Okkupation von Gebieten noch eine große Entscheidungsschlacht wurde von den Ungarn angestrebt. Vielmehr handelte es sich da um einen Feldzug, wo „wir uns mit einem Siege begnügen wollen, um das Gefühl der Sicherheit beim Gegner zu brechen, ihm das Gefühl unserer Überlegenheit zu geben und ihm also für die Zukunft Besorgnisse einzuflößen": Diese Clausewitzsche Definition mancher Feldzüge trifft hier haargenau zu: Der Schlüssel zum Winterfeldzug 1443–1444 scheint gefunden zu sein. „Angriff eines Kriegstheaters ohne Entscheidung" beschreibt dann Clausewitz, der doch in der Regel von dem Vorteil des Verteidigers dem Angreifenden gegenüber ausgeht, den Bonus des Angreifers in diesem spezifischen Fall: Wir müssen „eines bedeutenden Vorteils gedenken, den in Kriegen dieser Art der Angreifende ... über seinen Gegner hat, nämlich ihn seiner Absicht und seinem Vermögen nach besser beurteilen zu können". Denn der Verteidiger ist da gezwungen, so fährt Clausewitz sinngemäß fort, seine Absichten, seine Taktik sofort preiszugeben, „seine Maßnahmen früher zu nehmen", während „der Angreifende den Vorteil der Hinterhand" hat, das heißt, er kann, da er die Initiative in der Hand behält, länger verbergen, was in seiner Absicht liegt. Denn im Gegensatz zum Fall, daß der Angreifer aufs Ganze geht und dies erkennbar ist, enthüllt er hier seine – eben begrenzten und variablen! – Ziele nicht; dies ist es ja, was ihm den Vorteil einbringt.

Wahrscheinlich beabsichtigte Hunyadi mit dem Balkanfeldzug: 1. die militärische Macht seines Reiches zu demonstrieren und dadurch 2. die Osmanen zu verunsichern; 3. ihren Willen zum strategischen Angriff, aber auch zu Verheerungszügen gegen das ungarische Kernland und sein südliches Glacis (hier ging auch die Rechnung von Branković auf) zu schwächen, das heißt, sie abzuschrecken und 4. mehr über die Kriegsführung des Gegners zu erfahren, sein Verhalten in der gegebenen Situation – und nebenbei freilich auch das Gelände aus erster Hand – kennenzulernen, eine wesentliche Zielsetzung, der Machtdemonstration und Abschreckung (1.–3.) ebenbürtig.

2) Welchen Charakter hatte die allgemeine Reaktion der Osmanen auf die ungarische Offensive?
Daß auch Murad nicht an einer Entscheidungsschlacht interessiert war, kann aus den folgenden Momenten abgeleitet werden:

Murad konzentrierte die verfügbaren Kräfte nicht in einer Hauptstreitmacht, welche von ihm selbst befehligt wurde. Über ein Kommando des Großherrn bei dem einen oder anderen osmanischen Korps, das während des Winterfeldzuges in Erscheinung trat, und sich auf Gefechte einließ, wird nicht berichtet. Die gesamte Geschichte der osmanischen Aufstiegsperiode zeugt jedoch davon, daß eine Entscheidungsschlacht nur unter dem persönlichen Befehl des Sultans geschlagen wurde.

Welche war nun die Antwort der Osmanen auf diesen weiträumigen Angriff des Gegners? In der osmanischen Militärgeschichte hat es während der gesamten Aufstiegs- und Stagnationsperiode des Reiches keine auch nur annähernd vergleichbare Situation gegeben. Die Betrachtung der Reaktion der Osmanen auf den ungarischen Angriffsfeldzug führt also zu Erkenntnissen, die bei anderen Kriegen nicht zu holen sind.

Beim unverkennbaren Willen, keine Entscheidungsschlacht zu liefern, wählte Murad eine mobile Verteidigung mit dem beschränkten Risiko von Gefechten „in Korpsstärke", also mit dem Einsatz von Verbänden mittlerer Größe. Dabei bewies er beachtenswerte Flexibilität: Der Sultan verstand es sehr wohl, auf völlig unerwartete Operationen des vorrückenden Gegners offensiv zu reagieren: Wir haben gesehen, daß sich ein osmanisches Heer – angeblich 30 000 Mann, es handelte sich aber wohl doch nicht um die Hauptstreitmacht – anschickte, Wladislaws Armee prompt anzugreifen, sobald sich Hunyadi mit der großen Reitertruppe von seinem König trennte und Richtung Nisch vorpreschte (S. 146). Es lag nur an Hunyadis guten Spähern und an seinem Eilmarsch zurück zur Hauptarmee, daß die Türken den geschwächten Jagiellonen nicht überrumpeln konnten. Ein zweites Mal reagierten die Osmanen blitzschnell und offensiv auf die Bewegungen des Feindes – diesmal bei dessen Rückzug –, als Branković mit einer Nachhut zurückblieb. Auch hier vereitelte ein Eilmarsch Hunyadis das Gelingen des osmanischen Planes, schwächere, getrennte Einheiten des Gegners plötzlich zu attackieren.

Daß der Sultan die Pässe im Hochgebirge blockierte, war eine Selbstverständlichkeit. Murad erreichte dieses Ziel durch die Aufstellung von Truppen, durch die Errichtung von mechanischen Sperren und durch allerlei Kunstgriffe, worüber die Quellen eindrucksvoll berichten. Zum Beispiel vergossen die Osmanen während der Frostperiode große Wassermengen auf das Gebirgsgelände, um so spiegelglatte Eisflächen zu bilden, welche jeden Vormarsch des Feindes vereitelten.

Alles in allem haben die Ungarn im Winterfeldzug ihre Ziele erreicht, es war ein Sieg, der günstige Voraussetzungen für einen zweiten Waffengang gewährleistete. Murad konnte sich zwar schnell auf den Feldzug der Ungarn einstellen, schlug sich geschickt, erlitt aber einige Schlappen. Der weitere Ausgang des großen Krieges blieb völlig offen.

Ein „friedliches" Zwischenspiel im Sommer 1444

Das Heer der „Giauren" ist im Januar 1444 abgezogen. Murad mußte kurz darauf nach Anatolien ziehen, wo Karaman wieder zu den Waffen gegen die Osmanen gegriffen hatte – übrigens von den christlichen Mächten zur Erhebung angestachelt, doch stellte das Fürstentum Karaman nie eine Lebensgefahr für das Osmanische Reich dar. Der Krieg in Südanatolien war nicht von langer Dauer, der Sultan verwüstete Konya, die Hauptstadt des Fürstentums, und schloß Frieden mit Karaman. Bereits im Frühjahr kehrte Murad wieder nach Europa zurück und entsandte eine Delegation nach Ungarn, die beauftragt war, einen Friedensvertrag auszuhandeln. Warum der Sultan dies tat, ist schwer herauszufinden. Es wird behauptet, die türkische Gesandtschaft sei von Branković inszeniert worden, dieser hätte also auf diese Weise den ersten „Türken gebaut". Denn Branković wollte seine Gewinne nicht durch einen erneuten ungarisch-osmanischen Krieg aufs Spiel setzen. Aber Hunyadi war auch für den Frieden, der neben der Sicherung Serbiens und der Herzegowina für Branković die Anerkennung der ungarischen Oberhoheit über die Walachei brachte. Und gegen Branković' „Türken" spricht der Umstand, daß Murad sich nach Abschluß des Friedens durchaus an dessen Bedingungen hielt. Er begab sich dann nach Anatolien, um bei der Beisetzung seines plötzlich verstorbenen ältesten Sohnes Alaeddin zugegen zu sein.

Doch der Kaiser von Konstantinopel und der Papst drängten nun König

Wladislaw, den mit den Ungläubigen beschworenen Frieden für null und nichtig zu erklären und den Sultan, solange er im fernen Kleinasien weilte, noch einmal anzugreifen. Daraufhin rang sich der Jagiellone zum verhängnisvollen Entschluß durch, seinen feierlichen Eid zu brechen. Ein kleines christliches Heer, angeblich nur 10000 Mann stark, brach im September gen Südosten auf ...

Der zweite Waffengang: Der Tag von Varna

Die ungarische Streitmacht marschierte nach Bulgarien, umging das Balkangebirge und erreichte über die Küstenebene die Hafenstadt Varna.

Wie konnte Hunyadi wahnwitzige Entscheidungen dieser Art mittragen: sich mit einer Streitmacht, die kleiner war als „das Jagdgefolge des Sultans", im Spätherbst Hunderte von Kilometern von der Heimat entfernen und dort eine offene Feldschlacht gegen eine zahlenmäßig vielfach überlegene Armee riskieren? Denn Murad setzte sehr wohl wieder nach Europa über und zwar über den Bosporus und nicht bei den Dardanellen, wo eine päpstliche Flotte seinen Weg – vielleicht – blockiert hätte. Der Sultan zog mit seinem Heer von 40000 Mann blitzschnell auf die Ebene von Varna.

Wenn schon die Ungarn ihre durchaus guten Siegeschancen nach dem erfolgreichen Winterfeldzug durch ihren übereilten Marsch nach Varna vorläufig verspielt hatten, wenn Hunyadi sich beim König nicht durchsetzen konnte, um den Krieg im Spätherbst 1444 zu verhindern – so versuchte er wenigstens, von einer offensiven Taktik in der bevorstehenden Feldschlacht abzuraten.

Im ungarischen Kriegsrat sollen vor dem Gefecht auch der päpstliche Legat (!) und zwei magyarische Bischöfe dafür gestimmt haben, ein befestigtes Lager zu errichten und „mittels Graben und Wagenburg ... den Angriff des Feindes abzuwarten".

Hunyadi errichtete tatsächlich eine Wagenburg – eine Taktik, die die Hussiten wirkungsvoll bekannt gemacht hatten.

Am 10. November 1444 standen die Osmanen den Ungarn in ihrer gewohnten Schlachtordnung gegenüber: Sultansschanze in der Mitte, auf den Flügeln die Spahis von Rumelien und von Anatolien unter dem Befehl ihrer Beglerbegs. Hunyadi gelang es, in der üblichen ersten Phase des Gefechts die ihm gegenüberstehende osmanische leichte Kavallerie zu bezwingen.

Der Sultan und seine Janitscharen warteten ruhig ab, wie immer. Vor

*Streitwagen. Die Besatzung war jeweils etwa 20 Mann stark. Aus dem Zusammenschluß mehrerer Streitwagen entstand die Wagenburg – eine Erfindung der Hussiten –, welche 1443–1448 in Hunyadis Kriegen gegen die Osmanen eingesetzt wurde.*

Murad war angeblich „auf einer Lanze die Urkunde des auf das Evangelium geschworenen Vertrages" aufgepflanzt.

Da ließ sich schließlich König Waldislaw hinreißen, die Janitscharen anzugreifen. Der Mißerfolg war vorgezeichnet: Erst hackte ein Janitschare dem Roß des Königs in die Beine, der König stürzte, und schon war ein anderer Janitschare zur Stelle, um ihm den Kopf abzuhauen. Das Leben des Herrschers war ausgelöscht, die Schlacht für die Ungarn verloren. Nun ließ Murad zum Angriff blasen und erstürmte Hunyadis Wagenburg. Nur ein kleiner Haufen entkam, darunter Hunyadi, das ungarische Heer war vernichtet.

Der letzte Waffengang: Die zweite Schlacht auf dem Amselfeld 1448

Sultan Murad II. nahm 1445 seine Eroberungszüge auf dem südlichen Balkan planmäßig wieder auf. Unbeirrbar drang er dort langsam und geduldig vor. Das bei Varna geschlagene Ungarn anzugreifen und so die Früchte seines Sieges zu ernten, wagte er allerdings nicht. Die Kriegsmaschinerie des wiedererstarkten Reiches hatte aber ihre alte Dynamik wiedergefunden.

In den Jahren 1444–1448 waren die Kräfte Ungarns durch die Auseinandersetzung mit dem Hause Habsburg wieder einmal an der ungarischen Westgrenze gebunden. Auch diesmal gab es offenen Krieg zwischen Ungarn und Kaiser Friedrich III., der ungarische Territorien besetzte und nie daran dachte, auf seine Erbansprüche zu verzichten.

Hunyadis Emissäre schwärmten unterdessen dennoch aus, um das Abendland für den nächsten Türkenkrieg zu mobilisieren. Der Ungar hoffte besonders auf den Papst sowie auf kleinere Kontingente aus verschiedenen europäischen Staaten, etwa von Alfons V., König von Neapel, Sizilien und Aragon (1416–1458), der selbst Anspruch auf osmanisch besetztes Territorium auf dem Balkan erhob und dadurch unmittelbar interessiert war. Hunyadi bot Alfons oder seinem Sohn Ferrante sogar die Krone Ungarns an, aber dieser Plan zerschlug sich.

Letzten Endes eröffnete Hunyadi den Krieg 1448 allein: Im September setzte sich das Ungarnheer in Marsch. Hunyadi hatte 24000 Mann, einschließlich eines walachischen Kontingentes und 2000 deutsche und böhmische „Büchsen", d.h. Kanoniere, „Füsiliere" mit Handfeuerwaffen und auch Arkebusiers. Außerdem sollte zu ihm das albanische Heer des Skanderbeg (Georg Kastriota) stoßen, der bisher den Osmanen in seinen wilden Bergen erfolgreich Widerstand geleistet hatte. Murads Heer soll „hundert fünfzigtausend Mann stark" gewesen sein, nach einigen Quellen sogar 200 000 – was wir wieder einmal nicht glauben müssen.

Am 17. Oktober begegneten sich die feindlichen Heere auf dem Amselfeld, doch kam es lediglich zu Vorgeplänkeln, zu Duellen zwischen ungarischen und türkischen Kämpfern. Vorerst blies keiner der Gegner zum Angriff. Die Osmanen sowieso nicht, weil sie dem üblichen, für sie so erfolgreichen defensiven Schlachtplan folgten, und auch Hunyadi nicht, weil er den Vorteil der Verteidigung sicherlich gekannt und doch noch darauf gehofft hat, daß sich diesmal der Feind zum Angriff verleiten lassen würde. Erneut hatte er eine Wagenburg errichtet, eine mit Feuerwaffen angereicherte, infanteriegeschützte, starke defensive Stellung, um dort den Feind abzuwarten. An beiden Flügeln des ungarischen Heeres war die magyarische, einschließlich der siebenbürgischen Reiterei aufmarschiert, am linken Flügel standen auch walachische Hilfstruppen, in der Mitte die deutschen und böhmischen Soldaten mit Feuerwaffen. Bei den Osmanen standen, wie üblich, die europäischen Truppen auf dem rechten, die asiatischen auf dem linken Flügel, in der Mitte die Janitscharen.

Am 18. Oktober begann der Großkampf. Hunyadi griff an, nachdem er jede Hoffnung aufgegeben hatte, daß der Feind die Initiative ergreifen würde. Es kam zu einer Serie von blutigen Kavalleriegefechten. Bis Sonnenuntergang tobte ein verlustreicher, unentschiedener Kampf. Im Kriegsrat Hunyadis riet dann angeblich ein Türke, der im ungarischen Heer diente, zum nächtlichen Angriff auf die Sultansschanze. Aber auch diesem Unternehmen war kein Erfolg beschieden.

Am dritten Tage dann entschied die erdrückende zahlenmäßige Überlegenheit der Osmanen die Schlacht: Die rumelischen Truppen konnten die Ungarn umgehen.

Der letzte Versuch Hunyadis, die Osmanen doch noch entscheidend zu schlagen, war mißlungen.

Als Murad II. 1451 starb, hatte er ein erstarktes Osmanisches Reich hinterlassen und es deutete alles darauf hin, daß es aus Europa nicht mehr zu verdrängen war.

Kapitel III

# Der Weg zur Weltmacht
## Mehmed II. der Eroberer (1451–1481)

*Die Persönlichkeit Mehmeds*

Der Mann im Turban mit dem auffallend scharfen Blick und der feinen Raubvogelnase, dessen Porträt von Gentile Bellini (1480) den Besucher der Londoner Nationalgalerie als Kunstwerk und als historisches Denkmal fasziniert, machte Weltgeschichte.

Während Bellinis Gemälde oder Schaumünzen der italienischen Künstler Costanzo da Ferrara und Bertoldo di Giovanni der Nachwelt über die äußeren Züge des etwa 50jährigen Mehmed ein Bild von großer Authentizität vermitteln, fällt die Beschreibung seines Charakters, seiner Persönlichkeit allerdings recht schwer.

So wirkungsvoll und notwendig ein genaues Porträt dieses genialen Mannes wäre – abermals lassen uns die Quellen im Stich. Für einige seiner byzantinischen Zeitgenossen war Mehmed II. „ein Monster", ein „Satanslehrling in der Form einer Schlange", so beispielsweise Chronist Dukas. Georgios Phrantzes (Sphrantzes, 1401–1477), dessen Sohn Mehmed hinrichten ließ und dessen Tochter der Sultan in den Harem holte, hält sich allerdings zurück und beschimpft Mehmed nicht. Für den vormaligen Janitscharen Konstantin von Ostrovica „hatte Mehmed eine glückliche Herrschaft. Aber er war sehr listig und betrog, wen er konnte. Um den Glauben ... kümmerte er sich nicht, aber er war ein berühmter Kriegsmann, dem das Glück hold war, die Treue aber hielt er niemandem. Wenn ihn jemand deshalb rügte, brauste er auf wie ein Wahnsinniger."

Liest man moderne Beschreibungen Mehmeds, fällt auf, daß das von ihnen vermittelte Bild sich von dem anderer abendländischer Renaissancefürsten nicht wesentlich abweicht: Da ist fast immer von „schillernden", „widersprüchlichen" Persönlichkeiten die Rede, die „edle Ritter", Meister spitzfindiger Diplomatie, hochgebildete Mäzene, gerechte Richter, Idole ihres Volkes auf der einen, rücksichtslose Unterdrücker, wortbrüchige Zyniker, unverbesserliche Ränkeschmiede oder gar blutrünstige Henker auf der anderen Seite waren.

Jorga erblickt im Staatsmann Mehmed „... eine ehrgeizige Seele, die er durch Lesen der ins Arabische übersetzten Volksbücher von Alexander dem Großen oder Julius Cäsar ... nährte und beflügelte; aber sein Verstand blieb immer scharf und ruhig ... Ein eiserner Körper, schlank aber ausdauernd, half ihm jede Gefahr und Müdigkeit und Härte des Klimas zu überwinden."

Mehmeds II. Intellekt läßt sich noch am besten rekonstruieren: Der Sultan war kein Universalgenie, auch kein herausragendes Feldherrntalent. Seine phantasiereichen Entscheidungen – wie bei der Belagerung von Konstantinopel – und seine beispiellosen Erfolge in den späteren Eroberungskriegen – die er vornehmlich im geduldig geführten unspektakulären Kleinkrieg auf dem Balkan erntete – lassen sich eher von seinem staatsmännischen Scharfblick und von seiner Aufnahmefähigkeit und Aufgeschlossenheit allem Neuen gegenüber ableiten als von der Kriegskunst eines brillanten Feldherrn. Auf dem Gebiet von Außenpolitik, Diplomatie, Gesetzgebung und Organisation war er weitaus souveräner. Er beschäftigte sich mit Astronomie, war ein Bewunderer der griechischen Antike und sprach sechs Sprachen: Türkisch, Griechisch, „Fränkisch", Arabisch, Chaldäisch und Persisch.

Die Überlieferungen über zahlreiche Gespräche mit abendländischen Humanisten, allerlei Fachleuten und Militärexperten bestätigen die sehr klare Zielrichtung seiner Wißbegier und seiner Studien. Sie sollten sämtlich seiner Vervollkommnung als Staatsmann dienen. Der intellektuelle Genießer, der „Humanist", als den man ihn gerne darstellt, war er also nicht. Er machte sich einigermaßen mit den christlichen Lehren vertraut, nicht etwa, weil er mit ihnen generell sympathisierte, sondern weil er seine Feinde besser kennenlernen wollte.

Zu Exzessen, sogar zu individuellen Morden, die möglicherweise auch aus Triebhaftigkeit resultierten, kam es bei ihm allerdings auch. Da war die Hinrichtung des hohen byzantinischen Würdenträgers Lukas Notaras samt Familie, angeblich nur, weil sich der Unglückliche nach der Eroberung Konstantinopels weigerte, seinen Sohn als Lustknaben Mehmed zu überantworten, keineswegs das einzige Beispiel. Mehmeds Bisexualität ist zweifelsfrei belegt. Den Harem suchte er ebenfalls nur allzugerne auf.

Aber weder durch Frauen noch durch Lustknaben ließ sich der Sultan beeinflussen. Auch auf der rein politischen Ebene waren seine Entschlüsse stets souverän. Günstlinge, die auf seine Handlungen allzu sehr eingewirkt hätten, hatte er keine. Kluge Ratschläge hörte er sich an, entschied dann aber unbeirrbar selbst und duldete nicht den geringsten Widerspruch.

## Konstantinopel 1453

### Vorbereitung des letzten Gefechtes

Ein christlicher Entsatz für Konstantinopel war nach Varna und der zweiten Schlacht auf dem Amselfeld nicht zu erwarten. Für den letzten Schlag gegen die Kaiserstadt war jedoch noch offen, wann und wie er kommen sollte.

Zunächst kümmerte sich der 20jährige Mehmed II. um die außen- und militärpolitische Absicherung seines Planes, das byzantinische Restimperium auszulöschen. Am 20. September 1452 schloß der Sultan einen Waffenstillstand mit Ungarn, wohl wissend, daß er dann auch von den restlichen abendländischen Staaten nichts zu befürchten hatte. Auch mit Venedig arrangierte sich Mehmed.

Humanisten, religiöse Eiferer und phantasiereiche Gaukler schmiedeten zwar im Abendland allerlei Pläne und wandten sich an christliche Herrscher – so an die Könige von Frankreich und Polen. Indes verursachte all dies dem Großherrn keine einzige schlaflose Nacht. Auch in Anatolien gelang es ihm, ohne Schwertstreich Ruhe zu schaffen, was immer noch bedeutete, Karaman in Schach zu halten.

Nun ging es darum, den richtigen Zeitpunkt für den Angriff auf Konstantinopel zu finden. „Tauben" und „Falken" im osmanischen Lager waren darin uneinig. Die „Tauben", das waren die Inhaber von Grundbesitz, der traditionelle anatolische Hochadel einschließlich der Verwandtschaft des Hauses Osman, die hohen Würdenträger türkischer Herkunft – sie scheuten sich vor einer entscheidenden Militäraktion gegen Konstantinopel. Sie gaben zu bedenken, daß diese einen neuen Kreuzzug der Europäer heraufbeschwören würde. Der Hauptgrund war wohl, daß sie den Machtzuwachs der Janitscharen fürchteten. Die „Falken" dagegen, die geborenen Christen, Janitscharen, frischgebackene Osmanen und Moslems, die, wie immer Männer abendländischer Herkunft, hohe Ämter innehatten und die wenig zu verlieren hatten, waren doch ihre Domänen nicht vererbbar, rieten zum Angriff.

Mehmed war ein Falke, und er hatte mit der konservativen anatolischen Oberschicht auch in der Innenpolitik nicht viel im Sinne.

Nach der Fabel vom Wolf und dem Lamm bedurften die Osmanen keines besonderen Kriegsgrundes, um loszuschlagen. Wenn dann das Lamm provoziert, ist dies besonders töricht, und Dummheit war nun keine Eigenschaft der Byzantiner. Dennoch: Sie forderten den Padischah Geldes wegen heraus! Die militärisch schon längst Machtlosen operierten immer wieder mit einer besonderen Art von Erpressung, indem sie irgendwelche Mitglieder der Familie Osman als potentiellen Prätendenten in Konstantinopel parat hielten. Diesmal war es der Prinz Orhan, „für dessen Unterhalt" der Sultan regelmäßig Alimente an den Kaiser zahlte, freilich insbesondere dafür, daß der Sprößling auch passiv in Konstantinopel verharrte.

Und urplötzlich wurden da beim Sultan, der sich in Anatolien aufhielt, byzantinische Gesandte vorstellig, die sich darüber beschwerten, daß das Unterhaltsgeld für Orhan nicht geleistet worden sei und die damit drohten, diesen freizulassen, falls nun nicht der doppelte Betrag bezahlt würde.

Wie der greise Großwesir des Sultans, Chalil, darauf reagierte, hat der Chronist Dukas aufgezeichnet.

„*Ihr unvernünftigen und törichten Romaier! ich durchschaue eure listigen und trügerischen Anschläge schon längstens... Ihr Toren! die Schrift des unterzeichneten Vertrages ist kaum trocken, so kommt ihr nach Asien herüber, uns mit eurem gewöhnlichen Popanz zu schrecken. Wir sind nicht unerfahrne und ohnmächtige Kinder, könntet ihr etwas tun, so tut es; wollt ihr den Urchan (= Orhan) zum Herrn von Thrazien ausrufen, so ruft ihn dazu aus, wollt ihr die Ungarn über die Donau rufen, so mögen sie kommen, wollt ihr eure an uns verlorne Länder wieder zurück erobern, so versucht es; nur wisset, dass euch nichts von allen dem gelingen, sondern dass euch noch das, was ihr zu besitzen scheint, entrissen werden wird...*"

Zum endgültigen Bruch zwischen Mehmed II. und den Griechen kam es, als erneut eine Delegation an der Pforte vorstellig wurde und dagegen protestierte, daß die Osmanen ihre Trutzburg Rumeli Hissari am europäischen Ufer des Bosporus erbauten, dort, wo die Schiffahrt beim Zugang zum Schwarzen Meer am besten kontrolliert werden konnte. Am 31. August 1452 war sie fertiggestellt worden. Der Bau entsprach der altbewährten Praxis der Osmanen, vor der Belagerung einer Festung in deren Nähe eine Gegenburg zu bauen.

Die byzantinische Abordnung wurde abgewiesen, und bald darauf folgte die Kriegserklärung seitens Mehmeds. Die Frage: „wann?" war also beantwortet, es blieb das „wie?": Es galt nun, die als unbezwingbar geltenden Mauern Konstantinopels zu bezwingen.

In Kapitel I. des Ersten Teils dieses Buches haben wir schon erfahren, daß Mehmed der erste Sultan war, der die immense Bedeutung der Artillerie richtig erkannte. Auf die Frage Mehmeds II. an seinen Büchsenmeister Orbán, ob dieser eine Kanone gießen könne, deren Wirkung die Mauern Konstantinopels erschüttern könne, antwortete der Meister: „Ich

*Vor der Eroberung Konstantinopels 1453 ließ Mehmed II. der Eroberer an der schmalsten Stelle des Bosporus zwei sich gegenüberliegende Burgen errichten: Rumeli Hissari (Abb.) und Anadolu Hissari.*

bin im Stande ..., Kanonen zu gießen von was immer für einem Kaliber, und die Mauern Constantinopel's und Babylon's in Staub zu zermalmen."

Zur Demonstration goß Orbán erst eine Kanone, die der Küstenartillerie der neuen Trutzburg Rumeli Hissari zugeordnet wurde. Die Probe der Schußweite wurde am ersten vorbeifahrenden Schiff vorgenommen, das sich dem Gebot der Osmanen, die Segel einzuziehen, widersetzte. Es war ein Volltreffer, das venezianische Schiff wurde versenkt.

Erst danach sollte das eigentliche Belagerungsgeschütz gegossen werden, was in Adrianopel erfolgte. Es war doppelt so groß wie das Probestück. Daselbst wurde das Teufelsgerät erprobt – mit Erfolg. Fünfzig Paar Ochsen konnten die Kanone „kaum von der Stelle bewegen, 700 Mann waren zur Fortschaffung und zur Bedienung bestimmt" (Babinger).

Ein anderer Kunstgriff, den Mehmed anwandte, war weniger originell, aber nicht minder wirkungsvoll als der Guß des mauerbrechenden Monstrums. Der innere Hafen von Konstantinopel im Goldenen Horn, d. h. der Arm des Marmarameeres, der ins Stadtgebiet hineinragt, war mit einer gewaltigen Sperrkette abgeriegelt, welche die Osmanen nicht zu durchbrechen vermochten. Was also tun?

Mehmed beschloß, seine Kriegsschiffe vom Bosporus über den Landweg in den inneren Hafen Konstantinopels schleppen zu lassen. Die Idee dazu soll er nicht aus Exempeln der Antike oder des frühen Mittelalters, sondern aus dem Transport einer venezianischen Flottille von der Etsch in den Gardasee (1439) geschöpft haben. Die Szene hat Tintoretto auf seinem Gemälde verewigt, welches den großen Ratssaal der Markusbibliothek zu Venedig schmückt. In einer einzigen Nacht wurden 70 Biremen – zweirudrige Schiffe – und einige Triremen, größere klassische Kriegsschiffe mit drei übereinanderliegenden Ruderbänken, in den Hafen von Konstantinopel gezogen. Die Verteidiger versuchten, die feindlichen Schiffe bei Nacht in Brand zu stecken, doch wurde der Plan den Osmanen verraten. Sie waren auf der Hut und versenkten mit gezieltem Artilleriefeuer das griechische Schiff, welches die Pyrotechniker an die osmanischen Schiffe heranführen sollte.

Der Winter 1452–1453 verlief ohne entscheidende Kampfhandlungen; zur eigentlichen Belagerung und zum Sturm auf die Stadt sollte es erst im Frühjahr kommen.

Die Planung war beispielhaft, die Regie perfekt. Mehmed II. begab sich Mitte Januar 1453 in seine Hauptstadt Adrianopel, damit er die letzten Vorbereitungen aus geringer Entfernung lenken konnte. Er ließ das Vorfeld Konstantinopels einebnen, indem er befahl, die Büsche und Weingärten abzuholzen. Kleinere Befestigungen der Griechen außerhalb der Stadtmauern wurden im Sturm genommen.

Über den nunmehr durch die neue Festung Rumeli Hissari völlig beherrschten Bosporus erreichten die anatolischen Spahis den Kriegsschauplatz auf dem europäischen Ufer, ihren Transport zu Wasser konnten die Griechen nicht mehr stören. Beutelüsterne Gesellen folgten dem Aufmarsch wie ein Rattenschwanz. Die Streitmacht der Osmanen dürfte 80 000 Mann betragen haben. Das waren jedoch nicht ausschließlich Kombattanten, die Zahl umfaßt auch die rückwärtigen Dienste. Die meisten Quellen geben die Zahl der Janitscharen mit 12 000 an: eine für die Belagerungsschlacht zahlenmäßig starke Truppe von ungeheuerlicher Schlagkraft.

Über den kleinen Haufen der Verteidiger gibt es genauere Angaben. Kaiser Konstantin ließ eine Zählung durchführen, die ergab, daß die byzantinische Besatzung 4973 Kombattanten zählte. Dazu gesellten sich 2000–3000 Mann aus westlichen Ländern, darunter viele Genueser.

Belagerung und Fall Konstantinopels

Die Länge des Verteidigungsgürtels um die Stadt betrug etwa 20,5–22 km auf der Landseite. „Die innere Mauer war die höchste und die stärkste, die äußere schwächere dagegen durch einen breiten, mit Steinen ausgemauerten Graben geschützt. Auch an der Seeseite wurde für eine entsprechende Verteidigung Sorge getragen" (Babinger). Während der Monate Februar und März waren die Osmanen damit beschäftigt, ihr schweres Kriegsgerät herbeizuschaffen. Orbáns Riesenkanone wurde von fünfzig Paar Ochsen herangezogen. Neben Artillerie wurden auch herkömmliche Belagerungsmaschinen in Stellung gebracht. Anfang April erfolgte der Aufmarsch des Heeres: Am 2. April, dem Ostermontag, traf Mehmed II. mit seinem Gefolge ein. Das Zentrum der Belagerungsarmee lag gegenüber der Romanos-Pforte der Stadt. Dort wurde das Zelt des Sultans aufgeschlagen, die 12000 Janitscharen umgaben das Lager Mehmeds. Das riesige Geschütz und zwei andere Kanonen wurden aufgestellt. Am rechten Flügel, also zwischen der Sultansschanze und der Küste westlich von Konstantinopel, marschierten die anatolischen Truppen auf. Auf dem linken Flügel, das heißt zwischen dem Zentrum und dem Goldenen Horn, gingen die rumelischen Truppen in Stellung.

Am „6. April rückte die ganze Heersäule bis auf etwa 1,5 Kilometer an Konstantinopel heran. Nach beendigtem Freitagsgebet wurde der Beginn der Belagerung ausgerufen. Am gleichen Tag verließ Kaiser Konstantin seinen Palast, um am Tor des Hl. Romanos, auf das die große Kanone gerichtet war, dem Hauptquartier des Sultans gegenüber, seinen Platz einzunehmen" (Babinger).

Die ersten Wochen der Belagerung waren für die Osmanen insofern erfolgreich, als ihre Artillerie das Zerstörungswerk systematisch durchzuführen begann: Am 21. April war ein Teil der Mauern um den Kern der Verteidigung, der Romanos-Pforte, bereits zerstört. Andererseits erlitten die Osmanen auch einige Schlappen. Ein nächtlicher Überraschungsangriff mißlang (17.–18. April), die osmanische Infanterie wurde von den Verteidigern nach einem vierstündigen Gefecht zurückgeworfen. Ein Angriff am 20. April von der Seeseite brachte ebenfalls keinen Erfolg. Es war keine große Seeschlacht, allerdings trafen dabei die Galeere des Kaisers und das Flaggschiff des osmanischen Admirals direkt aufeinander. Die Griechen behaupteten sich und sicherten so das Einlaufen von genuesischen Versorgungsschiffen bis in den inneren Hafen.

Mehmed tobte. Noch hatte er nicht gelernt, Mißerfolge einzustecken. Und nun zögerte er nicht länger, er befahl seine Flotte unverzüglich über

Land vom Bosporus ins Goldene Horn zu transportieren. Die osmanischen Schiffe rutschten über eine geglättete Bretterbahn in das innere Gewässer, wo sich die Byzantiner hinter ihrer gewaltigen Sperrkette in Sicherheit wähnten. Den Griechen blieb nichts anderes übrig, als Truppen von der Mauer an der Landseite zum Goldenen Horn zu verlegen, ihre dünnen Verteidigungslinien also noch mehr zu schwächen.

Doch gaben sie sich noch nicht geschlagen. Sie füllten die Breschen in den Mauern emsig auf. Mittels „griechischen Feuers", der legendären pyrotechnischen Errungenschaft der Byzantiner, gelang es den Verteidigern, eine gewaltige osmanische Belagerungsmaschine in Brand zu stecken. Moral und Versorgung der Bevölkerung sank allmählich, denn es kam und kam keine Hilfe von außen, die Vorräte gingen zur Neige, eine „wunderwirkende" Madonnen-Ikone fiel zu Boden, ein Gewitter zerstreute eine Bittprozession.

Die Sturmangriffe vom 7. und 12. Mai scheiterten am Widerstand der Besatzung. Mehmed ordnete den Generalangriff immer noch nicht an. Vielmehr sandte er eine Botschaft an Kaiser Konstantin, mit der er ihn wissen ließ, daß eine Kapitulation die Bevölkerung vor der Sklaverei bewahren würde. Doch Konstantin, seiner hoffnungslosen Lage sehr wohl bewußt und zum Heldentod bereit, lehnte voller Würde ab. Da befahl Mehmed den Großangriff für den 29. Mai.

Der bevorstehende Sturm wurde keineswegs verschwiegen. Das Lager der Osmanen war hell erleuchtet, der Freudentaumel von den Mauern der Verteidiger aus unübersehbar. Die Derwische beschworen das Andenken an Ejub, den Fahnenträger des Propheten, der der Legende nach einst vor Konstantinopel gefallen war. Timare und Würden bei Hofe wurden öffentlich als Belohnung für diejenigen ausgerufen, die sich bei der Schlacht als besonders tapfer erweisen würden.

Die belagerte Stadt dagegen war verdunkelt. Der Jubel und das Geschrei der Osmanen, die freilich auch der Einschüchterung der Verteidiger dienten, machten in Konstantinopel den Eindruck, „der Himmel werde sich öffnen", schreibt der Chronist Dukas. Die unglückliche Bevölkerung sei in Wehrufen und Klagegeschrei ausgebrochen: „Kyrie eleison! Kyrie eleison! Wende, o Herr, Deine gerechten Drohungen von uns ab und erlöse uns aus den Händen unseres Feindes!" Es blieb jedoch keineswegs beim Gebet allein. Die Verteidiger handelten und verhielten sich bis zum letzten Augenblick so, als ob sie noch irgendwelche Chancen hätten, sie gingen ihren Pflichten nach, obwohl Befehlshaber wie Soldaten wußten, daß sie auf verlorenem Posten standen. In der Nähe der Romanos-Pforte, wo die Mauer durch die osmanische Artillerie schon zermalmt worden war, wurde eine neue Verteidigungslinie improvisiert; ein Graben wurde ausgehoben und vor ihm ein Schutzwall errichtet.

Am 29. Mai begann dann tatsächlich der Sturm. Wie in den Feldschlachten ging es den Osmanen darum, den Feind anfangs an seinen „Erfolg" glauben zu lassen, um dann um so härter zuzuschlagen. Und so schickten sie auch hier zunächst die schwächsten Truppen vor, die erwartungsgemäß von den Griechen besiegt wurden. Als der Morgen anbrach, kam es zum echten Großangriff: *„Es erscholl ein ungeheurer Lärm von Trompeten, Hörnern und Pauken. Alle verfügbaren Geschütze wurden zugleich losgebrannt. Von allen Seiten, zu Wasser und zu Lande, begann nun der Kampf. Die ganze Nacht hindurch war auch an der Seeseite gearbeitet worden, um überall die Schiffe näher ans Ufer heranzubringen. Achtzig Zweiruderer standen in einer Linie vom Hölzernen bis ans Schöne Tor. Von hier an zogen sich die restlichen Schiffe, soweit sie ausreichten, in einer Doppelreihe um die ganze Stadt herum. Die Belagerten waren sich über die Stelle, wo der Hauptangriff einsetzte, durchaus im klaren. Mit etwa 3000 Mann war Giovanni Giustiniani-Longo (= genuesischer General, d. V.) in der Gegend des Romanos-Tores bis an die äußere Mauer vorgerückt. Der Großherzog Lukas Notaras deckte das Quartier der Blachernen und an der Hafenseite, vom Hölzernen bis zum Schönen Tor, standen nicht mehr als 500 Bogenschützen und Schleuderer. Der Rest der Mauer war schwach besetzt. In jedem Wachtturm und bei jedem Bollwerk stand nur ein einziger Mann.*

*Der Sultan in Person trieb die Stürmenden an und gebrauchte, so berichtet Phrantzes, der sich an der Verteidigung beteiligte, bald Schmeichelworte, bald Drohungen, seinen Eisenstab in den Händen"* (Babinger).

Die Griechen und ihre wenigen Bundesgenossen wehrten sich mit verzweifelter Tapferkeit. Doch da fiel der heldenmütige General Giustiniani aus: Schwer aber nicht tödlich – am Arm oder am Schenkel – verwundet, verließ er seinen Gefechtsstand, um seine Wunde verbinden zu lassen. Er ließ sich auch durch den flehenden Konstantin nicht dazu überreden, auf seinem Kommandoposten zu bleiben.

Giustinianis Abgang brachte die Verteidiger in Verwirrung, und die Osmanen schlugen schnell an der Schwachstelle zu, eben bei der Romanos-Pforte. Die Janitscharen stürzten sich auf die Verteidiger, die nun nicht mehr in der Lage waren, ernsthaften Widerstand zu leisten. Das Tor selbst war durch Berge von Leichen versperrt, so drang die türkische Hauptmacht durch eine der Breschen, welche das Riesengeschütz freigeschossen hatte, in die Stadt ein.

Über die letzte Phase der Schlacht und darüber, was danach geschah, liegen Berichte vor von Derwisch Ahmed, der die Schlacht um mehrere Jahrzehnte überlebte, von Konstantin aus Ostroviza, der als Janitschare mitkämpfte und aus der Feder des unbekannten christlichen Chronisten des Codex Barberinianus. Kurz und trocken, auf seine Weise sachlich, berichtet der fromme Derwisch:

*„Die Gazi stürmten, und am Dienstag wurde die Festung genommen. Da gab es gute Beute. Gold und Silber und Juwelen und kostbare Stoffe wurden auf den Markt im Heerlager gebracht und in Haufen aufgestapelt; all dieses wurde nun feilgeboten. Die Giauren von Istanbul wurden zu Sklaven gemacht, und die schönen Mädchen wurden von den Gazi in die Arme genommen. Am Mittwoch wurde Halil Pascha mit seinen Söhnen und seinen Verwaltern zur Aufsicht über die Festung eingesetzt ... am ersten Freitag nach der Eroberung wurde in der Aya Sofya das Gemeinschaftsgebet verrichtet und die islamische Freitagspredigt im Namen des Sultan Mehmed Gazi Han gehalten."*

Der Janitschare Konstantin war Augenzeuge, er hat die Schlacht – vermutlich als Unteroffizier – miterlebt: *„Der griechische Kaiser konnte wegen der Größe der Stadt nicht genug Leute aufbringen, um die Mauern so zu besetzen, wie es nötig war."*

Giustiniani verließ den Kampf. Konstantin folgert:

*„Und da das Haupt geschlagen war, mußten auch die anderen voller Angst zurückweichen. Da erstürmten die Janitscharen, die alle Kräfte zusammennahmen, die Mauern und erschlugen die Menschen. Das gesamte Heer des Sultans brach darauf in die Stadt ein, mordete und metzelte auf den Straßen, in den Häusern und in den Kirchen."*

Den Heldentod des Kaisers erzählt der Chronist ohne große Präzision, aber beeindruckend:

*„Der griechische Kaiser ... verteidigte sich tapfer und leistete den Heiden so lange Widerstand, bis sie von ihm abließen. Und an eben dieser Stelle wurde er getötet. Ein Janitschar ... hieb ihm, als er tot war, den Kopf ab, trug ihn herbei und warf ihn dem Sultan vor die Füße mit den Worten: ‚Glücklicher Herr, da hast du den Kopf deines ärgsten Feindes.' Der Sultan fragte einen Gefangenen, einen Freund des griechischen Kaisers namens Andreas, wessen dieser Kopf sein könne. Jener antwortete: ‚Das ist das Haupt des Kaisers ..., unseres Herrn.'"*

Kaiser Konstantin XI. Palaiologos war im offenen Kampf gefallen, und seinem Reich selbst war mit seiner Hauptstadt der Kopf abgeschlagen worden. Des Kaisers Haupt aber ließ der siegreiche Sultan erst öffentlich ausstellen, dann in prunkvoller Verpackung in der islamischen Welt herumzeigen.

Mehmed gab Konstantinopel zur Plünderung frei. Die Krieger und das Gesindel aus allerlei Völkerschaften, das Mehmeds Heerlager umgab, raubten, vergewaltigten, mordeten und machten „Gefangene", das heißt, sie verschleppten Menschen in die Sklaverei – für den eigenen Haushalt, die eigene Werkstatt, den eigenen Harem und in erster Linie für den Sklavenmarkt. Viele kostbare Schätze wurden zerstört, nur die Bausubstanz durfte nicht angerührt werden, dies verbot der Sultan.

Am Nachmittag zog der Sultan in die Stadt ein. Er ritt sofort zur Hauptkirche, der Hagia Sophia, hieb dort einen Plünderer nieder, der den marmornen Fußboden aufhackte, und befahl einem seiner Trabanten, auf die Kanzel zu steigen und das mohammedanische Glaubensbekenntnis zu sprechen.

Manchmal wird der Beginn der Neuzeit nicht ab Kolumbus' Entdeckung von Amerika gerechnet, sondern bereits ab Mehmeds Eroberung Konstantinopels. Doch das leuchtet nicht ein. Denn so aufsehenerregend der Fall der ehrwürdigen Kaiserstadt auch war, so wenig änderte er doch die schon bestehenden Machtverhältnisse. Das Griechenreich am Bosporus war im Kern bereits von den abendländischen Kreuzfahrern 1204 getroffen worden, als diese unter venezianischem Einfluß kurzerhand das Heilige Land als Ziel gegen Konstantinopel eingetauscht hatten. Das neue byzantinische Reich, das sich ab 1261 wieder konstituierte, war an Stärke mit seinem jahrhundertelangen Vorgänger nicht mehr zu vergleichen. Der Fall Konstantinopels lag schon lange in der Luft und vielleicht hat ihn nur das schlechte Gewissen des untätig beiseitestehenden Abendlandes zu einer epochalen Zäsur hochstilisiert.

Und da die Weltgeschichte mit keiner ihrer einzelnen Katastrophen endet, mögen diese so schmerzlich wie auch immer für die Betroffenen sein, war auch die Eroberung Konstantinopels schließlich der Ausgangspunkt für die Schaffung von „Istanbul" (aus griechisch „is ten polin" = „in die Stadt"), d. h. für die Kapitale des an Macht und Vitalität zunehmenden Osmanischen Reiches. Der Sultan zollte dem griechischen Element, das er nun fast vollständig beherrschte, auch nach dem Fall von dessen staatlicher Form durchaus Anerkennung. Er setzte einen Patriarchen von Konstantinopel ein (der erste hieß Gennadios), der in seinem Zuständigkeitsbereich volle Autonomie behielt. Alles, was nicht Militär und große Politik betraf und den osmanischen Staatsapparat nicht beeinträchtigte, also der gesamte Bereich des Zivilrechts (um einen modernen Ausdruck zu gebrauchen) unterstand dem Patriarchen, sofern es die griechisch-orthodoxen Gläubigen betraf.

Auf diese Weise überlebte das Griechentum kulturell, und konnte es auch bis ins 20. Jahrhundert die Sehnsucht nach der Wiedergewinnung Konstantinopels behalten und sogar in aktive Politik umzusetzen versuchen. Über dem beständigen griechisch-türkischen Gegensatz, der seit Griechenlands erneuter Unabhängigkeit im 19. Jahrhundert eine Konstante levantinischer Politik darstellt, darf man also nicht vergessen, daß die osmanischen Sieger die Voraussetzungen dafür, daß er einst wieder ausbrechen würde, durch ihre tolerante Politik überhaupt erst geschaffen haben – natürlich unabsichtlich. Sie haben dem byzantinischen Reich erst den Kopf abgeschlagen, den Körper griechischen Volkstums und griechischer Kultur aber bewußt am Leben erhalten. Die Griechen verdanken ihnen damit mehr, als sie im allgemeinen wahrhaben wollen. Und es ist vielleicht die größte Leistung der asiatischen Eroberer, daß sie einen Kulturkreis, der ihnen an Tradition und auch an Verfeinerung im nichtpolitischen Bereich so deutlich überlegen war, in die von ihnen dominierte Herrschaftsstruktur zum beiderseitigen Vorteil jahrhundertelang einzugliedern verstanden.

## *Belgrad 1456*

Trotz der Bemühungen des Heiligen Stuhls um einen Kreuzzug wurde im Abendland in der Zeit nach dem Fall von Konstantinopel nur debattiert. Zu Taten kam es nicht.

Kaiser Friedrich III. (1440–1493), der aufgrund seiner Würde als Oberhaupt des Heiligen Römischen Reiches berufen war, sich eines Kreuzzugsplanes tatkräftig anzunehmen, fehlte es an allem, was für einen Heerzug erforderlich war: Friedrich hatte weder genügend Streitkräfte (aus seinem Kernstaat Österreich), noch besaß er genügend Geld, Einflußmöglichkeiten, Entscheidungsvermögen und Mut. Ungarn schließlich, der damalige Kontrahent Nummer eins der Osmanen, war in jenen Jahren mit innenpolitischen Auseinandersetzungen beschäftigt. So konnte sich Mehmed, vom Abendland ungestört, seinem nächsten Feldzug großen Ausmaßes widmen.

Er zog im Frühjahr 1456 mit einem gewaltigen Heer gen Norden, um Belgrad einzunehmen und damit das Tor zu Ungarn aufzureißen.

Belagerung und Beschuß der Stadt

Die Belagerung Belgrads begann am 3. oder 4. Juli mit gewaltigem, systematischem Artilleriebeschuß. Nach seiner Erfahrung bei Konstantinopel setzte Mehmed in erster Linie auf die Wirkung seiner Geschütze. In Kruschewatz an der Morawa hatte er eine eigene Stückgießerei errichtet, in der die schwersten Geschütze gegossen wurden. Mehmed verfügte z. B. über „zwei und zwanzig kolossale Kanonen, welche in der Länge nicht weniger als 27 Fuß maßen, und sieben gewaltige Mörser, aus denen Steinkugeln von noch nie gesehener Größe geschleudert wurden. Das kleinere Belagerungsgeschütz soll sich auf mehr als 300 Feuerschlünde von verschiedenem Kaliber belaufen haben ... für die Zufuhr und den Unterhalt des Heeres wurde, wie immer bei den Osmanen, im voraus auf das Vortrefflichste gesorgt" (Zinkeisen).

Die Befestigungen Belgrads unterschieden sich von den Mauern Konstantinopels. Sie bestanden aus einem zweifachen Schanzengürtel und Erdwällen, die durch Gräben geschützt wurden. Die Anlagen waren zwar „modern", das heißt bei ihrem Bau wurde auch schon dem Gebrauch von Feuerwaffen Rechnung getragen. Trotzdem waren sie schwächer als die Mauern Konstantinopels. Eine Elitegarnison von 7000 Mann hatte die Wälle besetzt, teilweise entlastet durch den Umstand, daß die Festung am Zusammenfluß von Donau und Save den zusätzlichen Schutz dieser Flußläufe besaß.

Mehmed wußte, „daß der Schlag nur gelingen könne, wenn die Festung zugleich zu Land und zu Wasser ... bedrängt wird. Deshalb ließ er ... 200 kleine, leichte Schiffe zimmern, welche, mit dem nöthigen Rüstzeug zum Angriff versehen ..., vorzüglich dazu gebraucht werden" sollten, die Verbindung zwischen der Burg „und dem jenseitigen Donauufer zu verhindern und also den Ungarn den Zugang" zu der Feste „gänzlich abzuschneiden" (Zinkeisen) – ein entscheidendes Moment.

Zunächst aber setzte Mehmed auf seine Riesengeschütze und auf sein gewaltiges Heer (nach maximaler Schätzung 150 000 Mann stark), eine Menschenmasse, die er für den Sturmangriff gar nicht gebrauchen konnte. Vielmehr diente das große Aufgebot der Abschreckung eines Entsatzheeres, eventuell einer Feldschlacht mit dem letzteren. Mehmeds Materialschlacht war kurz und erfolgreich: Bis Mitte Juli sanken Mauern und Bastionen unter der Gewalt der Riesenkugeln. Belgrad war sturmreif geschossen.

Das Entsatzheer rückt an

In der zweiten Phase des Kampfes um Belgrad rückte das christliche Entsatzheer an. Unter Hunyadis Befehl standen insgesamt an die 60 000 Mann, wovon das ungarische reguläre Heer nur einen – wahrscheinlich den weitaus kleineren – Teil ausmachte, vielleicht 20 000. Denn Zehntausende von freiwilligen Kreuzfahrern aus deutschen Landen und aus Böhmen zogen mit: Bauern und arme Bürger, Dorfpfarrer und Mönche, Studenten und auch Abenteurer. Diese Männer waren schlecht oder gar nicht bewaffnet. Geistiger Anführer der Kreuzfahrer war der Franziskaner Giovanni da Capestrano (1386–1456). Der Greis, der die Menschen im Auftrag des Heiligen Stuhls früher schon in Deutschland und Böhmen durch seine einzigartige Rednerkunst zum Kampf gegen die Hussiten mitgerissen hatte, widmete sich jetzt ganz dem Kreuzzug gegen die Türken. Die Menschen folgten massenhaft dem Aufruf des Feuerredners, der unermüdlich durch die Lande zog.

Von Peterwardein ausgehend marschierte Hunyadi die Donau entlang stromabwärts. Zu Wasser soll er über 200 Fahrzeuge – wohl Kähne – verfügt haben. Quer über die Donau oder beim Einfluß der Save schob Mehmed einen Riegel vor, um Belgrad auch von der Wasserseite zu isolieren: er ließ eine dichte Reihe seiner Schiffe mit Ketten zusammenspannen.

Gegen diese Sperre richtete sich der Angriff des ungarischen Entsatzheeres mit dem Ziel, die Verbindung mit der Besatzung herzustellen. Es kam zu einem etwa fünfstündigen Gefecht zu Wasser. Man weiß nicht, wie die ungarischen Fahrzeuge bemannt waren. Eine kleine Elitetruppe, Berufskrieger, war in jedem Fall an Bord. Die Truppen zu Lande gaben der Flottille Flankendeckung: Hunyadis Reiterei und Artillerie auf dem einen, Capestranos Eloquenz auf dem anderen Ufer der Donau ... Es gelang den Ungarn, die Ketten zu sprengen und die türkischen Schiffe auseinanderzutreiben. Drei osmanische Galeeren wurden in den Grund gebohrt, vier andere von den Ungarn gekapert. Die übrigen retteten sich durch die Flucht.

Nach dem Sieg über die osmanische Flottille war der Weg zur Besatzung der zusammengeschossenen Burg von der Wasserseite her frei.

Mehmed setzte derweil die Materialschlacht unbeirrbar fort. Der Artilleriebeschuß wurde sogar noch intensiver und Hunyadi schrieb, daß Belgrad eher einem offenen Feld als einer Burg gleiche.

Großangriff und Niederlage der Osmanen

Nach einer Woche weiterer Beschießung im Anschluß an das Donaugefecht ordnete Mehmed den Großangriff an. Es war der 21. Juli. Schon am äußeren Verteidigungswall kam es zu blutigen Kämpfen. Karadscha Pascha, Beglerbeg von Rumelien, Befehlshaber des Belagerungskorps, wurde gleich am Anfang tödlich verwundet. Den Angreifern gelang es dann, auch die innere Mauer, besser gesagt, das, was davon noch übriggeblieben war, zu ersteigen. Eine Episode – historisch belegt, keine Heldensage – ging in die ungarische Geschichte ein: Als ein Osmane gerade dabei war, die Fahne mit dem Halbmond auf der Mauer aufzupflanzen, packte ihn der ungarische Krieger Titus Dugovics – sein Name blieb bis heute sprichwörtlich für jedes Himmelfahrtskommando – und riß ihn hinunter in den Graben, in den gemeinsamen Tod.

Schließlich drangen die Janitscharen in das Innere der zerschossenen Festung ein. Dort aber lockte sie Hunyadi in eine Falle: Die Ungarn versteckten sich hinter den Ruinen und warteten ab, bis sich die Janitscharen sorglos in der Stadt zerstreuen. Dann schlug Hunyadi los: Die Osmanen wurden von den Ungarn, die sich plötzlich auf sie stürzten, niedergemacht oder verjagt. Andere Janitscharen, welche die Gräben um die Burg besetzt hielten, wurden mit Feuergeschoßen überzogen und aufgerieben. Der Sturmangriff war zurückgeschlagen, die Osmanen erlitten enorme Verluste, die auf 24000 Gefallene geschätzt werden. Die christlichen Verluste waren minimal.

Nun wurde außerhalb der Burg gekämpft. Eine massive Feldschlacht zwischen dem Heer Mehmeds und der kleinen ungarischen Elitetruppe fand allerdings nicht statt. Dafür war das christliche Heer nicht stark genug, auch wenn man die Kreuzfahrer mitrechnete.

In einzelnen Gefechten außerhalb von Belgrad waren die Kreuzfahrer und Hunyadi wieder erfolgreich. Sie kämpften wohl gegen die osmanische Nachhut, sie erbeuteten Geschütze, deren Gros Mehmed allerdings zunageln ließ, bevor er abzog.

Mehmed erkannte, daß er sein Ziel, die Einnahme Belgrads, verfehlt hatte, und brach die Zelte ab. Seine Niederlage wurde kaum dadurch etwas gemildert, daß Hunyadi und Capestrano noch im Herbst 1456 plötzlich starben. Eher nützte dem Sultan schon die Schlaffheit der christlichen Mächte, die sich zu einem kräftigen Nachstoßen nicht aufraffen konnten.

## *Kleinkrieg auf dem Balkan*

Nun widmete sich Mehmed erst einmal dem Ziel, die gesamte Balkanhalbinsel fest in Besitz zu nehmen, seine Verwaltung einzurichten, immer neue Spahis anzusiedeln. Er hatte dort keinen ebenbürtigen Gegner mehr. Daran änderte auch das noch intakte Staatsgebilde Bosnien nichts.

Die Zersplitterung war der entscheidende Faktor, der die von Christen bewohnten Gebiete auf dem Balkan zur Beute der Osmanen machte. Zu einer leichten allerdings nicht. Das lag an dem relativ harten Widerstand der Klein- und Kleinstformationen und dem wiederholten Eingreifen Venedigs und Ungarns und dem eisern systematischen Konzept der osmanischen Expansion. Es ging Mehmed um die Bezwingung aller befestigten Burgen, was viel Geduld forderte. Auf spektakuläre militärische Erfolge mußte er da verzichten.

Die größten Anstrengungen erforderte die Eroberung von Territorien in Südgriechenland – auf dem Peloponnes – und in Albanien. Zum einen mußten die Osmanen dort auf schwierigem Gebirgsgelände vorrücken, zum anderen kamen sie Venedig ins Gehege. Zudem leisteten die albanischen Stämme hartnäckigen Widerstand.

1463 war die Eroberung von Morea abgeschlossen. Athen – eher symbolisch als militärisch von Bedeutung – war schon seit 1456 in osmanischer Hand gewesen. Der nordserbische Teilstaat, der vorher noch einen Vasallenstatus besaß, wurde 1459 annektiert. Der bosnische Staat erlosch 1463: sein Gebiet – mit Ausnahme der Stützpunkte, die wie Jajce den Ungarn gehörten – wurde dem Osmanischen Reich einverleibt.

Zwischen 1463 und 1479 tobte ein blutiger Krieg zwischen den Osmanen und Venedig; beide konnten Geländegewinne erzielen. Den Venezianern gelang es, mehrere Stützpunkte in Morea, Albanien und Dalmatien – zeitweise – zurückzuerobern. Durch den Friedensschluß von 1479 stellten dann die Osmanen ihren Besitzstand von 1463 wieder her und gewannen die Territorien hinzu, die sie während des Krieges in Griechenland, Albanien und Dalmatien erobert hatten.

Die Signoria wurde auch kräftig zur Kasse gebeten: Venedig zahlte dem Sultan 100 000 Golddukaten, und eine Handelsabgabe von jährlich 10 000 Dukaten wurde im Gegenzug dafür vereinbart, daß die Schiffe der Republik die osmanisch beherrschten Gewässer ungestört durchsegeln durften.

Venedig entsandte ferner einen ständigen diplomatischen Vertreter, einen „Bailo", nach Istanbul. Der Bailo übte die bürgerliche Gerichtsbarkeit über seine Landsleute aus, ein Recht, das später auch anderen christlichen Staaten, Frankreich an erster Stelle, eingeräumt wurde.

In Albanien hatte sich Venedig übrigens in der ersten Phase des 16jährigen Krieges eines starken Kampfgenossen erfreuen können: Skander Beg (Georg Kastriota, 1403/05?–1468), der während der zweiten Schlacht auf dem Amselfeld Hunyadi nicht zu Hilfe gekommen war, kannte die Osmanen gründlich, denn er hatte einen Teil seiner Jugend als Geisel in

Edirne verbringen müssen. Er war sogar zum Islam übergetreten. Doch 1443 war er in die Heimat zurückgeflohen, um den Rest seines Lebens dem Kampf gegen die Unterdrücker seines Volkes zu widmen. Nach Skander Begs Tod (1468) erlahmte der Widerstand der Albaner.

Als Mehmed 1481 verschied, gehörte die ganze Balkanhalbinsel bis auf wenige venezianische Enklaven, die „Freistadt" Ragusa (Dubrovnik) und einige ungarische Stützpunkte dem Osmanischen Reich an.

## Relative Ruhe an der Hauptfront: Mehmed und Ungarn 1456–1481

Auch wenn die große Konfrontation ausblieb, war nun Mathias Corvinus (1458–1490) der einzige echte Kontrahent Mehmeds in Europa. Der Ungar hatte erkannt, daß zwischen den beiden Mächten ein etwaiges militärisches Gleichgewicht bestand. Er fühlte sich nicht stark genug, um einen strategischen Präventivschlag zu führen. Schon gar nicht kam ein ernsthafter Waffengang gegen die Türken in Frage, solange Ungarns Westgrenze unsicher blieb: Es galt zunächst, die aus zäh festgehaltenen Erbansprüchen herrührende habsburgische Bedrohung wenigstens zu neutralisieren. Diesem Zweck dienten Mathias' Feldzüge gegen Österreich. Es steht übrigens keineswegs fest, daß er die große Abrechnung mit dem Sultan unbedingt wünschte. Kenner von Mathias' Äußerungen im engsten Kreis meinen, daß es für ihn nur einen echten Feind, nämlich Kaiser Friedrich III., gab. Als Alternative zum großen Krieg gegen die Türken schwebte Mathias eine friedliche Lösung mit Mehmed vor, die von Dauer sein sollte. Wenn dies als Verrat am Abendland anzusehen war, so stand dagegen, daß dieses Abendland die Ungarn im Kampf mit Mehmed höchstwahrscheinlich alleingelassen hätte.

Unter den Waffengängen, in denen Ungarn und Osmanen in jenem Vierteljahrhundert die Klingen kreuzten, registrieren wir zwei Belagerungen (1463, 1476) und eine Feldschlacht etwa in Korpsstärke (1479). Sieger waren in allen drei Fällen die Ungarn.

Eine Schlüsselposition in Bosnien nahm die Burg Jajce ein. Ende September 1463 marschierte König Mathias mit nur 4000 Mann über die Save Richtung Jajce. Die 430 Mann starke osmanische Besatzung leistete hartnäckigen Widerstand. Es waren Janitscharen. Erst durch Aushungerung konnten sie bezwungen werden. Am 16. Dezember kapitulierte die Besatzung. Am Weihnachtsabend führte Mathias 400 osmanische Gefangene im Triumphzug durch Ofen.

*Mathias Corvinus, König von Ungarn 1458–1490; Stich aus der Augsburger Ausgabe der Thuróczi-Chronik, 1488.*

Um Jajce zurückzuerobern, zog Mehmed 1464 selbst mit schwerem Belagerungsgerät vor die Burg. Stückmeister Jörg von Nürnberg bediente die Kanonen. Nachdem es dem Sultan nicht gelungen war, die starke ungarische Garnison zu besiegen, brach er die Belagerung ab. Meister Jörg hat beschrieben, wie Mehmed seine Riesenkanonen beim Abzug in den Fluß wälzen ließ, damit sie den Ungarn nicht in die Hände fielen. Doch diese holten die Kanonen heraus und brachten sie wieder in Stellung.

Im Winter 1475–1476 belagerte König Mathias die von den Türken neu errichtete Burg Schabatz, einige Kilometer westlich von Belgrad, welche Sultan Mehmed zu einem mächtigen Stützpunkt hatte ausbauen lassen: eine Trutzburg für den Zweck einer erneuten künftigen Belagerung Belgrads! Der ungarische Artilleriebeschuß erwies sich als wenig erfolgreich, denn diese Geschoße konnten dem Flechtwerk der Wälle nur geringen Schaden zufügen. Aber da die Belagerer trotzdem ausharrten, hatten sie schließlich doch noch Erfolg: am 15. Februar 1476 kapitulierten die Osmanen. Mathias baute dann die Befestigungen von Schabatz für die eigenen Zwecke aus.

Der dritte Kampf von einiger Größenordnung fand am 13. Oktober 1479 bei Kenyérmezö („Brotfeld") in Siebenbürgen statt, am Fluß Maros (rum. Muresch). Unter dem Befehl von Ali Beg führte ein osmanisches Korps eine großangelegte Akindschioperation aus, einen Beutezug, der wohl hauptsächlich den reichen Edelmetallgruben von Siebenbürgen galt. Doch ein örtliches Aufgebot der Ungarn und der Siebenbürger Sachsen stellte die Osmanen, als sie mit ihrer üppigen Beute im „friedlichen" Rückzug begriffen waren: Im verlustreichen Treffen gewannen die zahlenmäßig überlegenen Osmanen zunächst die Oberhand. Erst als buchstäblich im letzten Augenblick der talentierte Generalkapitän und Haudegen Pál Kinizsi mit seinem Korps im Rücken der osmanischen Truppen erschien, wandte sich das Blatt. Kinizsi ritt eine wuchtige Kavallerieattacke gegen den völlig überraschten Feind, vernichtete die gesamte osmanische Streitmacht, befreite die Gefangenen und bemächtigte sich der Beute.

Mehmed unternahm seinerseits auch konkrete Schritte, um sich mit Ungarn zu arrangieren: Im Jahr 1473 kam es auf Initiative Mehmeds zu einem diplomatischen Austausch zwischen dem Osmanenreich und Ungarn. Der Sultan sandte an König Mathias einen Vertrauensmann namens Hasan-Beg mit der Botschaft, daß ihm an einem Frieden zwischen beiden Staaten gelegen sei. Außerdem wünschte er, daß Mathias einen Vertreter an den Sultanshof schickte, mit dem dann die Einzelheiten besprochen werden könnten. Der ungarische König kam diesem Wunsch nach; doch als sein Abgesandter in Istanbul eintraf, befand sich Mehmed auf dem mittlerweile eingeleiteten Feldzug gegen seinen Feind Usun Hasan in Anatolien. Der Ungar wurde aufgefordert, Mehmed dorthin nachzufolgen, was er auch tat. Daß fremde Botschafter den Großherrn auf Feldzügen begleiteten, war durchaus üblich.

Welche Zugeständnisse Mehmed dem ungarischen König zu machen bereit war, darüber gibt es keine zuverlässigen Nachrichten. Unter anderem soll er angeboten haben, auf Bosnien zu verzichten, falls ihm Ungarn freien Durchzug nach Österreich gewähre. Doch die Verhandlungen scheiterten und wurden über längere Zeit hinweg auch nicht mehr aufgenommen.

## Die neue Stoßrichtung: Österreich

In Österreich sah Mehmed das Hauptangriffsziel von morgen. Dieses Land war, anders als Ungarn, dem Osmanenreich militärisch weniger gewachsen. Zwar lag das Alpenland relativ weit entfernt vom Kernland der Osmanen und war nur über das Gebirgsgelände der Südostalpen zu erreichen, aber all diese Hindernisse dachte Mehmed überwinden und noch zu seinen Lebzeiten eine strategische Offensive gegen Österreich in die Wege leiten zu können – freilich immer unter der Voraussetzung, daß sich die Osmanen mit den Ungarn arrangieren würden.

Der Sultan begann mit der planmäßigen Vorbereitung eines künftigen Österreich-Feldzuges in den siebziger Jahren. Wie üblich traten zunächst die Akindschi auf den Plan. Die „Renner und Brenner" verbreiteten Psychoterror in den später durch das osmanische Heer anzugreifenden Gebieten und machten sich systematisch mit dem Gelände vertraut. So geschah es denn im letzten Jahrzehnt von Mehmeds Regierungszeit auch im Fall von Ober- und Niederösterreich, der Steiermark und von Kärnten. Sie kletterten mit ihren Pferden sogar über den Loiblpaß, 1480 kamen sie in Stärke von angeblich 16 000 Mann und drangen bis Rottenmann in der oberen Steiermark vor. Kaiser Friedrich, der Landesherr, war machtlos.

## In Anatolien, an den Ufern des Schwarzen Meeres und in der Ägäis

Auch nach dem Fall von Konstantinopel bestand noch ein griechisches Kaisertum: das von Trapezunt (heute: Trabzon) am südöstlichen Ufer des Schwarzen Meeres. Dorthin hatten sich Mitglieder der Komnenen-Dynastie geflüchtet, als Konstantinopel 1204 die Beute der lateinischen Kreuzfahrer geworden war. Mit deren Provinz-Kaisertum war es 1461 vorbei, sobald Mehmed entschlossen war, diesen christlichen Brückenkopf in seinem Rücken auszuschalten.

Bis 1473 konnte auch der stärkste Gegner im Osten, das große Emirat von Karaman, definitiv bezwungen werden.

Gegen einen neuen, nicht minder gefährlichen asiatischen Feind setzte sich Mehmed jedoch erst nach langwierigen Kriegen durch: den Bund von Turkstämmen, die sich „Weißer Hammel" nannten, um sich vom „Schwarzen Hammel", einem rivalisierenden Bund von Turkstämmen zu unterscheiden. Den Stammesbund „Weißer Hammel" baute der tatkräftige und begabte Stammesfürst Usun Hasan („Hasan der Lange",

1453–1478) zu einer beachtlichen Militärmacht aus. Usun Hasan war Herrscher über ein großes Gebiet, das sich nicht nur auf Ostanatolien, sondern auch auf große Teile von Iran und Irak erstreckte; als potentieller Verbündeter im Rücken des Osmanischen Reiches wurde er im christlichen Europa durchaus ernst genommen. Auf der anderen Seite hatte Usun Hasans Reich wiederum keinen Bestand; nachdem der Fürst von Mehmed vernichtend geschlagen worden (1473) und 1478 gestorben war, zerfiel es wie ein Kartenhaus. Bis auf eine Ecke in Südostanatolien, in der die ägyptischen Mameluken dominierten, war nun Kleinasien fest in osmanischer Hand.

Mehmed begnügte sich nicht mit dem Besitz der gesamten Südküste des Schwarzen Meeres; es gelang ihm auch noch, das Khanat der Krimtataren zu unterwerfen, das außer der Krim noch Gebiete der heutigen Ukraine umfaßte. Die Krimtataren waren als Nachfolger der Mongolen der „Goldenen Horde" hervorragende Reiter; ihr nunmehr zwangsläufig entstandenes Vasallenverhältnis zur Pforte (1475) bescherte dem osmanischen Heer Kavalleristen, die ihm bis in die 2. Hälfte des 17. Jahrhunderts tatkräftige Hilfe leisteten – und in den europäischen Nachbarstaaten Angst und Schrecken verbreiteten. Auf der Krim eroberten die Osmanen außerdem noch eine genuesische Kolonie (Kaffa), die sie 1476 einnahmen und annektierten. Kaffa, im 6. Jahrhundert v. Chr. gegründet, an der Nordküste des Schwarzen Meeres gelegen, war dank seines Hafens eine wichtige Drehscheibe für den Ost-West-Handel. Weniger Glück hatte Mehmed an der Westküste des Schwarzen Meeres, nämlich im Fürstentum Moldau. Dort konnte ihm der bedeutende Woiwode Stephan (1458–1504), den die Rumänen „den Großen" nennen, erfolgreichen Widerstand leisten. In der Walachei mußte Mehmed gegen den berüchtigten Woiwoden Vlad Tepesch antreten. Dieser Fürst († 1477), der auch unter dem Namen Drakula bekannt ist, wurde „Tepesch", der Pfähler oder „Pfahlwoiwode" genannt, wegen seiner Vorliebe für das Pfählen zahlloser Feinde oder auch unbeteiligter Opfer. Diese Unsitte trieb er schlimmer als die zeitgenössischen Osmanen. Als Mehmed in Vlads Hauptstadt – das heutige rumänische Tirgoviste – einzog, führte ihn sein Weg „durch jenen grausigen Leichenwald, in dem ... auf etwa 20 000 Pfählen die Reste der von Vlad gespießten Bulgaren und Osmanen" zu sehen waren (Babinger). Doch auch die Walachei mußte sich schließlich dem Sultan unterwerfen (1462).

In der Ägäis strebten die Osmanen den Besitz der gesamten Inselwelt an. Es reichte nicht, auf dem Festland „reinen Tisch" zu machen. Solange es fremde – potentiell feindliche – Stützpunkte auf den Ägäischen Inseln gab, konnten sich die Osmanen auch nicht des Festlandes und der Zufahrtswege zu den Dardanellen sicher sein. Am bedeutendsten war während Mehmeds Regierungszeit der Kampf um die venezianische Kolonie Negroponte, das heutige Euböa, das der griechischen Ostküste vorgelagert ist. Nach einer blutigen Schlacht geriet Negroponte 1470 in die Hand der Osmanen.

Kurz vor Mehmeds Tod erlitten die Osmanen eine schwere Niederlage bei der Insel Rhodos. Das heutige Ferienparadies war damals Sitz des Johanniterordens; die Hauptstadt war durch gewaltige Befestigungsanlagen geschützt. Im Mai 1480 kreuzte ein osmanischer Flottenverband, mit einem Invasionsheer an Bord, vor Rhodos auf. Das Artillerieaufgebot war wieder einmal riesengroß. Doch der osmanische Großadmiral beging einen verhängnisvollen Fehler: Als die Mauern schon erstürmt waren, ließ er lauthals verkünden, daß Plündern verboten sei! Die Truppe begann enttäuscht zurückzuströmen, und die christlichen Kämpfer sammelten sich wieder, stießen nach und zwangen den Großadmiral aufs asiatische Festland zurück. Der Sultan schäumte vor Wut, legte dem unglücklichen Admiral aber dennoch nicht den Kopf vor die Füße, denn der hatte die Schätze der Johanniter ja nur für die großherrliche Kasse retten wollen ...

## *Der Otranto-Feldzug 1480–1481*

Sinn und Bedeutung der Landung eines osmanischen Heeres in Apulien 1480 bleiben im dunkeln, weil wir nicht wissen, welche weiteren Pläne Mehmed nach der Errichtung eines Brückenkopfes in Süditalien hatte. Denn er starb bald nach Beginn der Unternehmung. Hatte er es auf Rom, den Sitz des Erzfeindes des Islam, abgesehen? Rom war doch der „Rote Apfel" in der Sprache der türkischen Folklore, eine sagenhafte, fast schon paradiesische Frucht, die gepflückt werden mußte!

Vom albanischen Valona war im Juli 1480 ein osmanisches Geschwader über die etwa 75 km breite Meerenge von Otranto am südlichen Ende der Adria nach Apulien gesegelt. Es sollen bis zu 100 Kriegsschiffe – nach Zinkeisen 70 Segel ohne die Transportschiffe, nach Babinger sogar ein Geschwader von „vierzig Galeeren, sechzig Einmastern und vierzig Transportschiffen" gewesen sein. Schätzungen der Truppenstärke bewegen sich zwischen 18 000 bis 100 000 Mann, wobei letztere Zahl mit Sicherheit übertrieben ist. Am 28. Juli gingen die ersten Truppen an Land.

Eine Küstenverteidigung gab es nicht. Unter den befestigten Plätzen gehörte Otranto zwar zu den stärkeren, doch war die Garnison klein und sie verfügte über keine Artillerie.

Besatzung und Bevölkerung wurden von den Osmanen zur friedlichen Kapitulation aufgerufen, nebst Zusicherung der Option zwischen freiem Abzug oder ungestörtem Verbleib für die Bewohnerschaft. Die Otranter lehnten ab, der Befehlshaber Gedik Ahmed Pascha ließ daraufhin seine Geschütze auffahren und zum Sturm blasen. Garnison und Bürger kämpften tapfer, wurden aber am 11. August überwältigt. Der Einnahme der Burg folgten Raub und Gemetzel, Otranto ereilte das Schicksal aller Städte, welche die friedliche Übergabe verweigerten. Einhellig wird berichtet, daß der greise Erzbischof Stefano Pendinelli in der Kathedrale am Hochaltar den Märtyrertod erlitt. Die Eroberer verwüsteten die Umgebung, erhoben horrende Steuern, schmolzen die Kirchenglocken ein, um aus dem Erz Geschütze zu gießen.

Apulien gehörte zum Königreich Neapel, wo Ferrante (Ferdinand) von Aragonien herrschte (1458–1494). Der König reagierte ziemlich schnell. Ein mittelgroßes Heer verließ Neapel bereits am Tage von Mariä Geburt (8. September) und marschierte ab nach Apulien. Unter dem Kommando von Ferrantes Sohn Alfonso, dem Herzog von Kalabrien, brachen weitere Einheiten gen Südosten auf. Die Italiener waren nicht stark genug, um anzugreifen, doch wollten sie die Osmanen durch ihre Gegenwart zumindest in Schach halten. Man befürchtete einen raschen Vormarsch der Ungläubigen auf italienischem Boden, sogar einen Angriff auf Rom.

Aber die Osmanen suchten die Feldschlacht nicht; die Jahreszeit war fortgeschritten, sie wollten zunächst im Brückenkopf überwintern. Verhandlungen mit König Ferrante zu führen, waren sie wiederum auch nicht bereit. Vielmehr drohten sie damit, daß im nächsten Frühjahr der Padischah persönlich an der Spitze eines 120 000 Mann starken Heeres nach Italien kommen und alles erobern werde, was er nur wolle. Diese Drohung nahm man in Italien bitterernst, die Angst ging um. Zum Überwintern wurde Proviant von Albanien herbeigeschafft –, angeblich hätten die Vorräte nun für drei Jahre gereicht.

Geld für den Krieg hatte König Ferrante nicht, die Hilfe aus den übrigen italienischen Staaten blieb aus. Nur der Papst versprach die Entsendung von 15 Galeeren. Handfeste Unterstützung kam lediglich aus Spanien von den „katholischen Königen" Ferdinand und Isabella, angeblich 3000 Soldaten und einige Galeeren, sowie aus Ungarn. Das Frühjahr 1481 brach an, man rechnete damit, daß die Zeit für den Großkampf gekommen sei. Da traf die Nachricht vom Tod Mehmeds ein, der am 3. Mai gestorben war.

Im Sommer 1481 wurde dann über die Räumung des Brückenkopfes verhandelt und am 10. September durften die Osmanen abziehen. Der Herzog von Kalabrien ließ es sich aber nicht nehmen, einen Teil abzufangen und zu Rudersklaven zu machen. Erstmalig ruderten Türken auf den Galeeren christlicher Fürsten.

### Die Auslieferung eines Attentäters

Ein grausiger Vorfall und seine Folgen erlauben Einblick in die Beziehungen der Osmanen mit italienischen Staaten. Im Hexenkessel der inneritalienischen Ränkespiele spielt die Geschichte einer „Verschwörung der Pazzi" gegen die Medici, die glanzvollen Renaissanceherrscher von Florenz. Am 20. April 1478 während des Hochamtes im Dom, im Augenblick der Wandlung, stachen Meuchelmörder auf die zwei Medici-Brüder, den „schönen Giuliano" und „Lorenzo den Prächtigen", ein. Giuliano starb, Lorenzo überlebte seine Verwundungen. Einer der Attentäter – sie gehörten dem Hochadel an – war Bernardo Bandini de Baroncelli. Der edle Herr konnte im Wirrwarr nach dem Attentat flüchten und sein Schleichweg führte ihn zu seinen nahen Verwandten ... in Istanbul.

Die Florentiner erfuhren bald, wo sich der Mörder befand, und baten den Sultan um Auslieferung. Sie vertrauten dabei auf ihre sehr guten Beziehungen zum Padischah, die der Ausdruck ihrer tiefen Befriedigung darüber waren, daß Venedig soeben den Osmanen unterlegen war. Denn da Florenz sich in Italien als Rivalen Venedigs empfand, trug es keine Bedenken, den Sultan nach Kräften zu hofieren. Der honorierte das auch, indem er versprach, den Bandini, den er bereits hatte festsetzen lassen, bis Mitte August 1479 in Haft zu behalten. Florenz schickte nun einen Gesandten, dessen inständigen Bitten, mit schmeichelhaften Tiraden garniert, es gelang, Bandini ausgeliefert zu bekommen. Dieser wurde nach Florenz transportiert, am Fenster des Bargello, des Wohnsitzes des obersten Richters, öffentlich erhängt – und anschließend von niemand geringerem als Leonardo da Vinci gezeichnet!

## Mehmeds Werk

### Metropole Istanbul

Der Großherr schuf seine Hauptstadt Istanbul neu, mit einer neuen Gesellschaft und islamischer Architektur. Den Griechen, die überlebt hatten und aus der Stadt nicht in die Sklaverei verschleppt worden waren, wurde die „Pax Osmanica" zuteil, das heißt die Zusicherung von gesetzlichem Schutz, von Glaubensfreiheit und von günstigen Bedingungen für die Ausübung ihres Gewerbes. Das Griechenviertel in Konstantinopel hieß Phanar, daher auch die Bezeichnung Phanarioten für „Griechen aus Istanbul".

Zahlreiche Kirchen wurden in Moscheen umgewandelt, so auch die Hagia Sophia. Man entfernte die Relikte des christlichen Glaubens, kostbare Gemälde, Mosaiken und andere Kunstschätze. Das meiste davon wurde im Serail aufbewahrt. Das machte die Griechen nicht irre in ihrer Loyalität zum neuen Oberherrn. Der Chronist Dukas hatte schon ganz richtig gesehen, als er meinte, selbst ein Engel des Himmels, mitten unter die Greuelszenen von Eroberung und Plünderung Konstantinopels herabgestiegen, hätte bei den Griechen kein Gehör gefunden, wenn er ihnen Rettung aus der Katastrophe unter der Bedingung versprochen hätte, sich dem Papst in Rom zu unterwerfen.

Aber sogar die lateinischen Christen untereinander haßten sich mehr als den Feind ihres Glaubens. Venedig und Genua hatten sich stets den Handel im östlichen Mittelmeer gegenseitig geneidet. Nun taumelte Venedig in eine Auseinandersetzung mit dem Sultan hinein. Den Vorteil davon hatten die Genuesen, denn Mehmed wußte, daß er auf diese zählen konnte, um sie gegen ihre Konkurrenten auszuspielen. So erklärt es sich, daß unmittelbar nach der Eroberung Konstantinopels, am 2. Juni 1453, ein Ferman (vom Großwesir im Namen des Sultans ausgestellter Befehl), dessen Original in London erhalten blieb, die weitgehenden Freiheiten und Sonderrechte der Genuesen zu Galata bekräftigte.

Etwa um die Zeit der Inthronisierung des Patriarchen Gennadios (1454) kam es auch zur Wahl eines Großrabbiners. Alle jüdischen Gemeinden im Osmanischen Reich wurden ihm unterstellt und seine Rechte erstreckten sich, wie im griechisch-orthodoxen Falle, über Glaubensfragen hinaus auch auf Verwaltungssachen und auf die Rechtsprechung.

Durch eine großangelegte Umsiedlungsaktion sorgte Mehmed für die Wiederbevölkerung Istanbuls nach seinen eigenen Plänen: Zahlreiche Einwohner anderer eroberter Städte wurden hierher übersiedelt, so Griechen vom Peloponnes, Juden aus Saloniki. Auch viele geflüchtete Griechen kehrten ans Goldene Horn zurück. Eine rein türkische Stadt schwebte dem Großherrn also nicht vor. Aus den anatolischen Provinzen kamen zahlreiche türkische Siedler. Die vom Richter Muhji-ed-Din 1477 erstellte Statistik spricht eine deutliche Sprache:

In Istanbul wurden 9000 von Türken, 3000 von Griechen, 1500 von Juden – dies waren nur die größten Gruppen – bewohnte Häuser registriert. Die Einwohnerzahl der Metropole betrug 60 000–70 000, eine riesige Zahl für jene Zeit.

Die byzantinische Verwaltung wurde nicht völlig zerschlagen; was den Osmanen davon brauchbar erschien, wurde übernommen. Ein Beispiel dafür ist die Organisation der Aufsicht über Handel und Handwerk, Maße, Gewichte und Preise von Eßwaren, Lebensmittelvorräte, wie insbesondere Mehllager, Schmalz- und Ölmagazine. Im ehemaligen Konstantinopel war dies zum Teil noch dem Aufgabenbereich des Ädils im antiken Rom entnommen worden. Mehmed nun behielt den Apparat mit allen untergeordneten Mitarbeitern bei, stellte aber an seine Spitze den hohen osmanischen „Justizbeamten" Istanbul Kadisi, den Richter der Hauptstadt, der meistens zugleich auch Oberst der Janitscharentruppe war.

Mehmed ließ sich einen Palast errichten, auf dem ehemaligen Forum des Kaisers Theodosius. Doch kümmerte er sich bald nicht mehr um diesen Bau, und 1714 brannte er schließlich nieder.

Auf den Eroberer geht ein einziger sakraler Großbau zurück: die „Eroberer-Moschee" – Istanbulbesucher mögen dem türkischen Namen entsprechend nach der Fatih-Moschee fragen –, ein Prachtstück osmanischer Architektur. Die Grundformen der Hagia Sophia wurden übernommen, deren Gliederung wurde einfallsreich erweitert.

## Heerwesen und Staatshaushalt

Das Heerwesen wurde zu Mehmeds Zeiten zügig weiter ausgebaut, aber nicht wesentlich reformiert, strukturell keineswegs umgestaltet. Die Organisation und die Bewaffnung der Artillerieeinheiten, wie bedeutsam sie auch waren, galten als Ergänzung und nicht als Änderung der herkömmlichen Gesamtorganisation des Heeres: Janitscharentruppe, Rumelisches und Anatolisches Heer mit Schwerpunkt bei den Spahis sowie die Akindschikrieger.

Man schätzt die Zahl der Janitscharen und damit den Kern des stehenden Heeres unter Mehmed auf 7000–10 000 Mann. Der Sultan ließ diese Elitesoldaten jährlich zweimal neu einkleiden; ihr Sold wurde immer wieder erhöht. Die Janitscharen waren auf der einen Seite dem Padischah bedingungslos ergeben, zugleich aber waren sie sich ihrer Macht durchaus bewußt. Schon bei dem Meinungsstreit, ob man Konstantinopel nun endlich erobern solle, hatten sie eine unübersehbare Rolle gespielt. Damals hatten sie sich auf die Seite des tatendurstigen Sultans gestellt. Es war nicht auszuschließen, daß sie ihre einzigartige militärische Position als stehende Truppe in der Hauptstadt eines Tages auch gegen den Großherrn verwenden würden.

Über die Staatsausgaben wissen wir durch Jorga Bescheid, der diese mit Hilfe verschiedenster zeitgenössischer Quellen zusammengestellt hat. Demnach ging der größte Betrag, was wunder, an die Streitkräfte, zu Mehmeds Zeiten etwa 300 000 von 810 000 Dukaten.

Ausgaben für das Serail, das heißt für die Hofhaltung im engeren Sinn und für einige zentrale Regierungsinstitutionen schlossen ein: Jährlich 50 000 Dukaten für den täglichen Aufwand des Großherrn selbst; 25 000 für protokollarische Geschenke von hohem Wert für ausländische Diplomaten oder neuernannte osmanische Würdenträger; 80 000 für das Marschall-Wesen; 29 000 für die Kleiderkammer, darüber hinaus nicht weniger als 60 000 „für teure importierte Stoffe"; 50 000 für sonstige „Seiden- und Goldbrokatstoffe". Weitere Jahresposten waren: 48 000 Dukaten für Ärzte, Barbiere, Palastwächter etc., 17 000 für 200 Knappen „und ihre vier Gouverneure", 10 000 für den Harem und 20 000 „für den Unterhalt der Sklavinnen" ...

Während Mehmeds dreißigjähriger Herrschaft wuchsen insbesondere die Steuereinnahmen gewaltig an. Das Grundprinzip des Steuersystems war einfach: Moslems wurden in der Regel nicht besteuert, wenn ihr Gebiet nicht Kriegsschauplatz war. Wurde vor Ort gekämpft, mußten sie ein Zehntel ihrer Habe abliefern. Die Steuerlast trug im wesentlichen die nichtmoslemische Bevölkerung: Jedes Familienoberhaupt wurde veranlagt, deshalb hieß diese Steuer „Kopfsteuer", „Kapitationssteuer". Eine venezianische Quelle zählt für das Jahr 1470 in den europäischen Gebieten des osmanischen Reiches 29 000 steuerpflichtige Haushalte. Als dann das Reich im 16. Jahrhundert seine größte Ausdehnung erreichte, wuchs diese Zahl gewaltig an und erreichte drei Millionen!

### Ausbau des osmanischen Feudalsystems und gesellschaftliche Reformen

Das Timar-System wurde zu Mehmeds Zeiten mit der Zielstrebigkeit weiter ausgebaut, welche diesem Großherrn eigen war. Grundlage des Systems war die Vergabe von Pfründen an die Kavalleristen, die Spahis.

Spezifisch für den osmanischen Feudalismus war nicht der Umstand, daß Spahis belehnt wurden, sondern die Bedingungen, zu denen dies geschah: Der Hauptunterschied zum Status des europäischen Schwertadels bestand darin, daß bei den Osmanen die Pfründe dem Belehnten jederzeit entzogen werden konnte. Mit anderen Worten, der Spahi büßte den Timar ohne weiteres wieder ein, wenn er im Kampf versagte; dagegen durfte der abendländische Adelige nur bei Verrat oder sonstigem schweren Verbrechen durch königliche Entscheidung oder im ordentlichen Strafprozeß zum Verlust seines erblichen Gutes verurteilt werden.

Zu Mehmeds Zeiten brachte der große Territorialgewinn eine beachtliche wirtschaftliche Bereicherung mit sich. Daran sollten nun die Träger der militärischen Expansion, eben die Spahis, der „Schwertadel" in erster Linie teilhaben. Die weitere systematische Vergabe von Timars stärkte die militärische Kraft des Reiches laufend.

Der zusätzliche Ausbau des Timar-Systems erfolgte zu Lasten des privaten Großgrundbesitzes, einschließlich der enormen Ländereien der Derwischorden. Dies geschah nicht durch eine Bodenreform im modernen Sinn, etwa durch Aufteilung der Latifundien, sondern folgendermaßen:

Der Boden wurde generell zum Eigentum des Sultans, das heißt des Staates erklärt. Diese Maßnahme stellte auf der einen Seite zwar nur eine Fiktion dar, auf der anderen Seite erleichterte sie aber dem Herrscher, über Grund und Boden auf einer legalen Basis und nicht nur kraft seiner allgemeinen uneingeschränkten Machtposition zu verfügen. Diese Verfügungsgewalt übte der Sultan in erster Linie durch die Belehnung einer ständig wachsenden Zahl von Spahis aus.

In den neu eroberten Gebieten auf dem Balkan war dies relativ einfach, weil Mehmed das Timar-System dort meistens ohne Bindung an die gesellschaftliche Struktur der ausgelöschten Fürstentümer aufbauen konnte: Die meist primitiven Feudalstrukturen auf dem Balkan zerfielen in der Regel von selbst nach der Besetzung durch die Osmanen, weil die christlichen Großgrundbesitzer die Flucht ergriffen.

In Anatolien machte der Sultan von der neuen Regelung – der Fiktion einer Überführung des Bodens in seinen unmittelbaren Besitz – auf folgende Weise Gebrauch: Er beließ, wenigstens im Prinzip, nur intensiv genutzte Bodenflächen im Privatbesitz oder bei frommen Stiftungen, um nicht zu sehr in das geregelte Wirtschaftsleben einzugreifen. Ansonsten stand der Weg auch in Kleinasien offen für die Belehnung seiner Spahis.

„Leibeigene" im abendländischen Sinn gab es auf den Timars nicht. Die Bauern mußten keinen Frondienst leisten, nur ihre Abgaben erstatten. Da das Timar nicht erblich war, hatten sie die Chance, einen rücksichtslosen Herrn auch einmal gegen einen milden einzutauschen. Und da ferner der Sultan den direkten Zugriff auf die Spahi-Aristokratie jederzeit behielt, konnte sich keine Feudalschicht bilden. So kann man resümieren, daß die Lage der Bevölkerung auf dem Lande im Timar-System unter Mehmed und danach günstiger, das Leben der Bauern leichter als im christlichen

Europa war, von den verbliebenen Latifundien in Anatolien gar nicht zu reden. Nach Jorgas Diagnose fehlte auf dem flachen Land nach der Okkupation durch die Osmanen, wenn „die Spahis ihre Ländereien im Besitz hatten, ... jeder Anlaß zur Unzufriedenheit". Ein Flächenbrand wie der große deutsche Bauernkrieg vor 1525 konnte unter diesen Umständen nicht aufkommen.

Der Sultan als Dichter und Freund der Wissenschaften

Mehmed II. hatte starkes Interesse an schöngeistiger Literatur und dichtete auch selbst unter dem Pseudonym „Awni" (= der Behilfliche). Er hinterließ etwa 80 Gedichte. Hammer-Purgstall übertrug einige davon ins Deutsche. Hier eine Kostprobe:

> „Jetzt, da Rose in dem Garten
> Rosenfarbnes Hemd legt an
> Und zu schmücken sich mit Knöpfen
> Rosenknospen angetan,
> Wenn mit Knospen und mit Rosen
> Ein Gespräch der Mund fing an,
> Wären jenen Zuckerlippen
> Rosenworte untertan."

Nun ja, der Eroberer war größer in der Politik als in der Lyrik.

Der erste große türkische Lyriker, Ahmed Pascha, war Zeitgenosse und Gesprächspartner des Eroberers. Mehmed schätzte ihn nicht nur als Poeten, sondern auch als geselligen und witzigen Gesprächspartner. Er ernannte Ahmed sogar zum Wesir, verlieh ihm den Paschatitel, eine Zeitlang war Ahmed Pascha auch Kadiasker, also oberster Richter des Reiches. Schließlich erwählte ihn der Sultan zu einem seiner Privatlehrer, zerstritt sich aber mit Ahmed, nach der Überlieferung wegen eines Lustknaben. Ahmed überlebte den Eroberer, er starb 1496/1497 zu Bursa.

Und was der Europäer in seinen (eventuell vorhandenen) Islam-Klischees kaum unterbringen kann: es gab in Mehmeds Umgebung auch Dichterinnen! Die erste hieß Mihri-Chatun († 1506/1507), die Mehmed einen persisch-türkischen „Diwan" widmete, d. h. eine Gedicht-Sammlung, die zweite war Sejneo-Chatun († 1474/1475). Die erstere soll ein viel zu lockeres, die zweite ein viel zu tugendhaftes Leben – „kein Arm außer das ambraduftende Halsband umschlang ihren reinen Hals" – geführt haben. Andere als intellektuelle Beziehungen dieser Dichterinnen zu Mehmed sind nicht überliefert.

Lebhaftes Interesse Mehmeds fanden neben der Dichtung die Theologie und die Rechtskunde – nicht so sehr aus intellektueller Neugier, sondern wohl eher, weil er da seine Wissensgier im Interesse der Staatskunst befriedigte: In Theologie und Rechtswissenschaft einschließlich der Kunst der Gesetzgebung bewandert zu sein, gehörte nun einmal zu den Aufgaben des Großherrn. So organisierte Mehmed Rededuelle zwischen Theologen und Rechtsgelehrten und wohnte tagelang den intellektuellen Zweikämpfen bei. Erwähnt sei namentlich nur Mustafa, genannt Chodscha-sade († 1488), der des Sultans Privatlehrer in Rechtskunde und Theologie war. Nach ihm wurde das Amt des Sultanslehrers zu einer ständigen Institution.

## *Des Eroberers Tod*

Im reifen Alter litt Mehmed an der Gicht und angeblich auch an Fettsucht. Das kurz vor seinem Tod entstandene Bellini-Porträt verrät allerdings nicht viel davon. Von Erkrankungen Mehmeds in verschiedenen Perioden seines Lebens wird mehrfach berichtet, jedoch deutet nichts auf ein wirklich ernsthaftes Leiden. Schon gar nicht ist anzunehmen, daß der Padischah, wäre er wirklich schwer krank gewesen, im Frühjahr 1481 noch zu einem Feldzug nach Anatolien aufgebrochen wäre.

Die Roßschweife des Sultans wurden auf dem anatolischen Ufer gegenüber der Hauptstadt – heute Üsküdar – aufgesteckt, der Padischah und das rumelische Heer setzten auf das asiatische Ufer über. Das anatolische Heer sollte sich im Raum von Konya versammeln.

Wohin sollte die Streitmacht ziehen? Gegen den Mamelukensultan im Südosten? Handelte es sich um einen neuen Anlauf zur Einnahme von Rhodos? Der Heerzug kam nicht weit. Bei Gabse, unweit des mutmaßlichen Hannibal-Grabes, etwa 40 km von Istanbul entfernt, im Feldlager, bekam Mehmed plötzlich starke krampfartige Leibschmerzen. Es war der 1. Mai 1481. Die Leibärzte wurden gerufen. Am dritten Tag, dem 3. Mai 1481, zur Stunde des Nachmittagsgebets, um etwa 16.00 Uhr, starb Mehmed der Eroberer. Die Historiker vermuten einhellig Mord durch Gift. Beweise dafür gibt es jedoch nicht. Babinger neigt zur Annahme, daß Nachfolger Bajasid den Vater ermorden ließ. Indizien dafür sieht er in den Spannungen zwischen Vater und Sohn und in der engen Verbundenheit Bajasids mit einem Derwischorden, dessen Güter von Mehmeds Konfiskationsmaßnahmen betroffen waren.

Der Eroberer hinterließ als Lebenswerk die Ausdehnung des Reiches auf eine Dimension, die diejenige zu Zeiten Bajasids „des Blitzes" noch übertraf: ca. 850 000 km² an Provinzen (Sandschaks), die Vasallenstaaten wie z. B. die Walachei nicht eingerechnet.

Auch im höfischen Zeremoniell spielten die Janitscharen, die Elitetruppe der osmanischen Sultane, eine herausragende Rolle; hier zu sehen mit ihrem eigenartigen Kopfschmuck beim Einzug des Großherrn.

*Prinzengräber („Türben") neben der Murad II. – Moschee in Bursa/Nordwestanatolien. Bursa war von 1326 bis 1413 die erste Hauptstadt des Osmanischen Reiches. Hier liegen zahlreiche Mitglieder des Hauses Osman begraben.*

*Innenhof der berühmten Selim-Moschee (1567–1575) in Edirne (früher Adrianopel)/Westtürkei. Edirne wurde 1361 von den Osmanen erobert und war von 1365 bis 1453 die zweite Hauptstadt des Osmanischen Reiches.*

hmed II., der Eroberer (1451–1481). nälde von Gentile Bellini, 1480. Der ne Mehmeds II. ist vor allem mit der berung Konstantinopels (1453) ver- den – einem Ereignis von welthistori- er Bedeutung. Außerdem schuf und solidierte dieser Sultan die Groß- cht Osmanisches Reich und legte da- das Fundament für die Weltmacht folgenden Jahrhunderte.

National Gallery, London.

Eroberung Konstantinopels 1453 ch die Osmanen. Gemälde von Tinto- o (1518–1594), Venedig, Dogenpalast.

*Hagia Sophia in Istanbul. Die einzigartige Kuppelbasilika wurde unter dem oströmischen Kaiser Justinian im frühen 6. Jahrhundert erbaut. Nach der Eroberung Konstantinopels durch Mehmed II. ließ dieser die Hagia Sophia (griech.: „Heilige Weisheit") in eine Moschee umwandeln. Seit 1934 ist sie Museum.*

*„Tor der Begrüßung" im Topkapi-Palast in Istanbul. Suleiman II. der Prächtige (1520–1566) verlegte seinen Herrschersitz hierher. Der umfangreiche Baukomplex (begonnen 1462) beherbergte den gesamten Hofstaat (Serail).*

Suleiman der Prächtige (1520–1566) regierte das Osmanische Reich auf dem Gipfel seiner Macht.

Der für die Osmanen siegreiche Ausgang der Schlacht von Mohács 1526 brachte die Zerschlagung des ungarischen Staates und die darauffolgende Ausdehnung des Osmanischen Reiches bis an die Grenzen der habsburgischen Lande.

*Die Kavallerie stellte von den Anfängen bis ins 19. Jahrhundert hinein einen wichtigen – und zahlenmäßig besonders großen – Teil des osmanischen Heeres dar.*

*Türkisches Zeltlager vor der Stadt Wien. – Nach dem Sieg über die Ungarn bei Mohács (1526) war das Habsburgerreich der Hauptgegner der Osmanen in Europa. Ende September 1529 standen sie zum erstenmal vor den Toren Wiens. Doch schon nach wenigen Wochen brachen sie die Belagerung ab; zum einen wohl, weil ihnen der frühe Wintereinbruch zu schaffen machte, zum anderen, weil ein Entsatzheer aus Deutschland in Marsch gesetzt worden war.*

*Die Seeschlacht bei Lepanto. – Am 7. Oktober 1571 erlitten die Osmanen in griechischen Gewässern (im Golf von Korinth) eine verheerende Niederlage durch eine vereinte venezianisch-päpstliche-spanische Flotte unter dem Oberbefehl von Don Juan d'Austria (1547–1578). Trotz dieses militärischen Rückschlages war das Osmanische Reich nach außen hin immer noch stark.*

*Großwesir Kara Mustafa (1676–1683) reitete 1683 die Belagerung Wiens v[or]. Doch er scheiterte am imposanten Auf[ge]bot der christlichen Mächte unter d[em] Oberbefehl des Polenkönigs Johann [III.] Sobieski, die Habsburg zu Hilfe geeilt [wa]ren. Sultan Mehmed IV. bestrafte den [Er]folglosen mit dem Tode.*

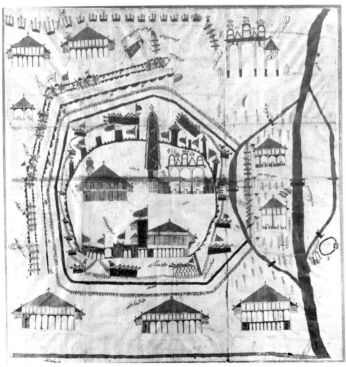

*Osmanischer Belagerungs[plan] der Stadt Wien.*

*Prinz Eugen von Savoyen (1663–1736) konnte sein militärisches Genie im Frankreich Ludwigs XIV. nicht entfalten. Er stellte sich in die Dienste der Habsburger. Im kaiserlichen Heer spielte er insbesondere in den Türkenkriegen (1683–1699 und 1715–1718) – ab 1697 als Oberbefehlshaber – eine herausragende Rolle.*

*Festzug anläßlich der Beschneidung der Prinzen unter Sultan Ahmed III., 1720.
– Das Beschneidungsritual der osmanischen Prinzen war schon seit frühester Zeit ein feierlicher Staatsakt ersten Ranges, zu dem auch ausländische Gesandte eingeladen wurden.*

*Zeremonie im Topkapi-Palast zur Zeit von Sultan Selim III. (1789–1807). Das großherrliche Protokoll wurde schon früh entwickelt und im Laufe der Jahrhunderte zur Perfektion ausgebaut.*

Im Krimkrieg (1853–1856) verbündeten sich die westeuropäischen Mächte mit den durch Rußland bedrängten Osmanen. Die Abbildung zeigt eine der Auseinandersetzungen zwischen den beiden Kontrahenten: Die Schlacht bei Silistra

Auf dem Berliner Kongreß 1878 trafen sich führende Staatsmänner der europäischen Großmächte und des Osmanischen Reiches unter Vorsitz des Reichskanzlers Bismarck, um die Verhältnisse auf dem Balkan neu zu regeln.

Militärparade in Istanbul anläßlich des Besuchs von Kaiser Wilhelm II. im November 1898.

*1853 zog Sultan Abdulmedschid I. (1839–1861) mit seinem Hofstaat vom Topkapi-Serail ins Dolmabahce-Palais (1843–1856) um, das dann Residenz aller Sultane bis zur Ausrufung der Republik Türkei blieb. Auch Kemal Atatürk wohnte hier, wenn er sich in Istanbul aufhielt.*

*Mustafa Kemal Pascha (1882–1938), genannt Atatürk („Vater der Türken"), rief am 19. Oktober 1923 die Republik Türkei aus. Von da an begann er mit unumschränkter Autorität weitreichende Reformen durchzusetzen, die aus der Türkei einen modernen Nationalstaat westlicher Prägung machten.*

Kapitel IV

# Weiter aufwärts zum Gipfel
# 1481–1520

## Bajasid II. (1481–1512)

Bajasids II. Naturell stand in so krassem Gegensatz sowohl zur Persönlichkeit von Vater Mehmed als auch zu Nachfolger Selim, daß seine enge Verwandtschaft mit beiden kaum glaubhaft ist. Im Gegensatz zu Mehmeds Charakter und Temperament beschreibt man Bajasid oft als einen Frömmler und Schwächling. Ein Aktionsmensch von Natur aus, wie Mehmed und Selim, war Bajasid nicht, er versagte aber keineswegs in seiner Aufgabe als Herrscher und oberster Feldherr des weiterhin expandierenden Osmanischen Reiches. Die Jahrhundertwende 1500 stand für den Beginn eines neuen Zeitalters. Auf die drei Jahrzehnte Bajasids II. fielen die Geburt von Martin Luther (1483), die Entdeckung Amerikas und das Erlöschen des letzten islamischen Staates im Südwesteck Europas (Granada) im Jahre 1492.

Die Thronfolge im Osmanenreich – Bruderkrieg zwischen Bajasid und Dschem

Zu Auseinandersetzungen um die Thronfolge – und auch zu den Brudermorden – kam es in der osmanischen Geschichte, weil die einzige feste Regel der Thronfolge nur generell vorschrieb, daß ein neuer Sultan dem Hause Osman angehören muß. Eine Automatik der Bevorzugung von ältesten Söhnen des verstorbenen Padischah gab es also nicht. Der Erstgeborene hatte höchstens bessere Chancen, sich des Throns zu bemächtigen, zumal wenn er vom Serail – das heißt, von den Würdenträgern mit dem Großwesir an der Spitze – gefördert wurde. Auch die Stellungnahme der Janitscharentruppe fiel schwer ins Gewicht. Eine Designation zum Thronfolger durch den Vater war ein Bonus, aber nicht unbedingt ausschlaggebend. Alles in allem war die Thronfolge weniger eine Frage der

Legitimität als eher der Kraftprobe zwischen den Brüdern, falls es eine Rivalität überhaupt gab.

1481 hießen die Kontrahenten Bajasid und Dschem. Zwei andere Söhne hatte der Eroberer überlebt. Einige Indizien sprechen dafür, daß Mehmed nicht den älteren Bajasid, sondern Dschem als Nachfolger bevorzugt hatte. Beispielsweise gab es immer wieder Reibereien zwischen dem „aufgeklärten", „freidenkerischen" Mehmed und dem frommen Bajasid.

Über Dschem gibt es Beschreibungen in Überfluß; die meisten stammen aus der Feder christlicher Beobachter, die Dschem als emigriertem Thronprätendenten begegneten. Zum Zeitpunkt des plötzlichen Todes von Mehmed saß Dschem als Statthalter von Karaman in Konya; Bajasid war Statthalter einer weniger bedeutenden Provinz weiter entfernt in Anatolien. Großwesir Karamani Mehmed Pascha schien Dschems Sultanat gefördert zu haben. Jedenfalls benachrichtigte er gleichzeitig mit Bajasid auch den jüngeren Dschem vom Tod des Vaters. Wer nun von den Brüdern früher und effizienter handelte, sich als erster des Machtzentrums in Istanbul bemächtigte, also vollendete Tatsachen schuf, der entschied den Thronkampf für sich.

Des Großwesirs Abgesandter, durch welchen Dschem nicht nur vom Todesfall informiert, sondern wahrscheinlich auch aufgefordert worden ist, in die Hauptstadt zu eilen, wurde von Bajasids Mannen abgefangen. So konnte Bajasid schnell handeln.

Das – allerdings von der Staatsräson diktierte – makabre Spiel der Verheimlichung des Sultantodes vor den Truppen wurde auf Befehl des Großwesirs auch bei Mehmeds II. Ableben angewandt. So bewegten auch diesmal Sklaven im Hintergrund die Hände des Leichnams: Gebärden des Grußes an die Soldaten wurden vorgetäuscht. Der tote Mehmed, angeblich noch am Leben und nur krank, wurde in einem verdunkelten Wagen weggefahren. Nach einigen Tagen sickerte die Wahrheit durch, und die Wut der Janitscharen brach los. Sie eilten zur westanatolischen Küste, bemächtigten sich der Fährschiffe, setzten nach Istanbul über, töteten den Großwesir und trugen seinen Kopf auf einer Lanze umher, überzogen die Metropole mit Mord und Plünderung. Sie wollten sich damit Bajasid empfehlen, um sich von ihm aus Dankbarkeit eine Erhöhung ihres Soldes einzuhandeln.

Ischak Pascha hieß der Mann, der dann einigermaßen für Ruhe sorgen konnte, nicht ohne dem Janitscharen-Aga Sinan die Erfüllung aller Forderungen der meuternden Truppen zu versprechen. An der Spitze seiner Getreuen hielt Bajasid schließlich am 20. Mai 1481 Einzug in die Hauptstadt. Bei der Bestattung Mehmeds trug der 34jährige zusammen mit den höchsten Würdenträgern den Sarg seines Vaters. Sein Trauergewand legte Bajasid erst ab, die Inthronisierungszeremonie ließ er erst anlaufen, als die sterblichen Überreste des Eroberers bereits in der Türbe an der Mehmed-Moschee ruhten.

Im nachfolgenden kurzen Bürgerkrieg gewann Bajasid ohne große Anstrengungen die Oberhand. Dschem, der sich der Stadt Bursa bemächtigt hatte, schlug dem älteren Bruder die Teilung des Reiches vor, Anatolien für ihn, Rumelien für Bajasid. Der Sultan lehnte ab, zog in Anatolien gegen Dschem zu Felde und schlug ihn am 20. Juni 1481. Vom Schlachtfeld fliehend begab sich Dschem erst zurück nach Konya, dann nach Ägypten. Bis 1482 wagte er noch Vorstöße nach Kleinasien, aber vergeblich: Dschem unterlag endgültig und der mit militärischen Mitteln ausgetragene Bruderkrieg war vorbei.

Das Schicksal des Emigranten Dschem

Nach seiner Niederlage zog sich Dschem 1482 freiwillig nach Rhodos zurück, ein willkommenes Faustpfand in der Hand der arg bedrängten Johanniter (S. 175). Nur zu verständlich, daß sich Großmeister d'Aubusson aller Mittel bediente, um aus der Lage zu profitieren: Die Johanniter trotzten Bajasid einen unbefristeten, für sie recht vorteilhaften Friedensvertrag ab. In einem Geheimartikel verpflichtete sich der Sultan, als „Alimente" für Dschem, doch natürlich eher für dessen Überwachung, dem Orden jährlich 45 000 Dukaten zu zahlen. Bajasid machte den Johannitern 1484 darüber hinaus ein kostbares Geschenk: er übergab ihnen eine Reliquie von unschätzbarem moralischen Wert, nämlich die rechte Hand Johannes des Täufers!

In Rhodos wurden Dschem ein fürstlicher Empfang seitens des Großmeisters und eine nicht weniger großzügige Behandlung im Alltag zuteil. Bald schickten ihn aber die Ritter nach Südfrankreich in ihre Stammburgen, wo sie ihn über fünf Jahre in ihrer Obhut hielten. So fürstlich wie in Rhodos war Dschems Haushalt zwar nun nicht mehr (über so lange Zeit wäre das viel zu kostspielig geworden für den Orden), aber der Prinz konnte ungestört seinen intellektuellen und sinnlichen Amüsements nachgehen, das heißt Gedichte schreiben und schöne Frauen empfangen – nur nicht fliehen! Auch alle Entführungsversuche scheiterten. Alle wollten ihn haben, den Prinzen, als Erpressungsmittel gegen Sultan Bajasid: Die Könige von Neapel und von Spanien, der Mamelukensultan, der ihn anfangs schon beherbergt hatte, sowie König Mathias von Ungarn und der

Papst, dessen Anspruch, Dschem zu hüten, von mehreren Mächten als legitim erachtet wurde.

Dem Heiligen Stuhl ging es um einen neuen Kreuzzug gegen die Osmanen; dafür, so dachte man in Rom, konnte der „Gegen-Sultan" Dschem vortrefflich genutzt werden; Karl VIII., König von Frankreich, versuchte sich dem Papst als Kreuzritter anzudienen. Um Geld ging es all diesen Fürsten obendrein, und Bajasid sparte weder mit Dukaten noch mit Geschenken und Versprechungen aller Art, um Dschem auszuschalten, d. h. sich des Bruders – lebend oder tot – zu bemächtigen.

Das vorsichtige Venedig, das seinen 1479 mit den Osmanen geschlossenen Frieden genoß, hielt sich heraus. Die Republik soll sogar Spionageberichte über den jeweiligen Aufenthaltsort Dschems an den Großherrn übermittelt haben. An versuchten Attentaten Bajasidscher Mordbuben fehlte es auch nicht. Doch vorläufig überlebte Dschem in johannitischer Ehrenhaft.

Schließlich arrangierten sich die Ritter und der König von Frankreich mit dem Heiligen Stuhl, und Dschem wurde 1489 Papst Innozenz VIII. (†1492) überantwortet. Wie vorher an die Johanniter, so pirschte sich Bajasid jetzt an den Heiligen Vater heran, überhäufte ihn mit Geschenken, zahlte großzügige „Alimente" für den Unterhalt – und die Überwachung – Dschems im Vatikan und in der Engelsburg. Papst Innozenz VIII. konnte dem Sultan ein Versprechen abtrotzen, wonach die Osmanen christliche Länder nicht behelligen würden – versteht sich, solange Dschem in päpstlichem Gewahrsam blieb.

Nachfolger von Innozenz war der „Borgia-Papst" Alexander VI. (1492–1503). An ihn soll Bajasid am 15. September 1494 einen Brief geschrieben haben, in dem u. a. zu lesen war:

Es wäre gut, *„wenn Ihr meinen Bruder Dschem, welcher doch der Sterblichkeit unterworfen ist, umbringen ließet ... Und wenn Eure Hoheit geneigt wäre, sich uns hierin gefällig zu erweisen ..., so müßt Ihr genannten Dschem so schnell wie möglich auf die Eurer Hoheit am meisten zusagende Weise aus den Bedrängnissen dieser Welt erlösen und seine Seele in eine andere Welt versetzen, wo er besser der Ruhe genießen wird."*

Wie dem auch sei, der Papst übergab Dschem Anfang 1495 dem König von Frankreich, der die Auslieferung des Prinzen von ihm gefordert hatte. Karl VIII. nahm den Unglücklichen kurz danach mit nach Neapel, das er gerade besetzt hielt. Am 22. Februar ist dann Dschem in Neapel „plötzlich" gestorben, in seinem 36. Lebensjahr. Seinen Leichnam nahmen Bajasids Leute in Empfang. Er wurde in Bursa beigesetzt.

Kriege und auswärtige Beziehungen

Während Bajasids II. Herrschaft erweiterte sich das europäische Territorium des Reiches erneut: Auf dem Westufer des Schwarzen Meeres, in der Moldau, wurden 1484 die wichtigen Häfen Kilia und Akkerman eingenommen. In diesem Gebiet kam es zur ersten großen Konfrontation mit Polen, einem Reich, das sich anschickte, über den moldauischen Korridor zwischen den Ostkarpaten und dem Schwarzen Meer, Richtung Balkan vorzudringen. Dieser Vorstoß rief die Osmanen auf den Plan (1494). Stephan, Fürst der Moldau, begünstigte die Osmanen, nicht die katholischen Polen (den „Turban", nicht den „Krummstab" – die Rumänen waren ja Orthodoxe!). Der Chronist Orudsch vermittelt anschauliche Bilder aus diesem Konflikt:

„... *der verfluchte Stephan, der Fürst der Moldau*" ist „*ein schlauer, listenreicher, kampferprobter und kampfbewährter Schurke... Da der verfluchte Stephan die Absicht des anrückenden polnischen Heeres kannte, nämlich das Land Moldau zu erobern und wegzunehmen – da also der verfluchte Stephan um ihre Anschläge wußte, beratschlagte er seinerseits mit den Gazis und verabredete sich mit ihnen: Er sandte dem Polenheer Nachricht, stellte sich, als ob er mit ihnen Frieden schließe, und wiegte sie in Sicherheit. Indessen teilte er die Gazis, die da gekommen waren, diese erwähnten Helden, die nur sieben- bis achttausend Mann zählten, in drei Abteilungen, aber dem Giaurenheere sandte er jeden Tag Nachricht: ‚Das Heer der Türken ist zahllos, siebzig- oder achtzigtausend Mann sind es; seid auf eurer Hut!' Mit solchen Nachrichten jagte er ihnen eine Todesangst ein, und während sie in dieser Furcht schwebten, sandte er ihnen wiederum Nachricht und ließ ihnen sagen: ‚Seht zu, daß ihr fortkommt!' So machte er die polnischen Truppen gar bange und lockte sie in ihrer Angst in einen Engpaß. Er wiegte sie in Sicherheit, aber inzwischen sandte er den Gazis Bescheid, und die Gazis teilten sich in viele Rotten, stürzten sich*" auf das Giaurenheer. „*Da brauste der Sturm des Schicksals über das Giaurenheer hin...*"

Es kam auch zu einer weiteren Auseinandersetzung mit Polen (1497–1499). Diesmal drangen die Osmanen auf polnisches Gebiet vor und verschleppten zahllose Menschen.

Die Polen in ihrer unverwüstlich ritter-romantischen Denkweise empfanden sich zwar als „Vormauer der Christenheit", doch bezogen sie dies auf die Osmanen etwas weniger als auf die orthodoxen Moskowiter an ihrer Ostgrenze. Die Niederlage von Varna scheint sie davon kuriert zu haben, mit dem Sultan allzu oft die Klingen zu kreuzen, wohl auch weil sie erkannten, daß von ihren etwaigen Siegen eher die Rumänen, die Ungarn und später der Kaiser die Früchte ernten würden als sie selber.

Weiter westlich, an der ungarischen Front, gab es zwar immer wieder Kleinkrieg, aber zu Bajasids Zeiten war kein bedeutsames Belagerungsgefecht zu registrieren, schon gar nicht wurden große Feldschlachten geschlagen. Vielmehr herrschte über längere Zeit echter oder unechter Frieden, letzterer eben mit Akindschieinfällen der Türken und auch mit akindschiartigen Streifzügen der Ungarn, die unter Mathias vom osmanischen Gegner so manches gelernt hatten. Diese relative Ruhe soll man nicht in erster Linie der friedliebenden Natur Bajasids und der Schwäche von Mathias' Nachfolger, des Jagiellonen Wladislaw II. (1490–1516), zuschreiben. Vielmehr gaben da das Kräftegleichgewicht und die Belastung beider Mächte auf anderen Kriegsschauplätzen den Ausschlag. Die Ungarn plagten sich auch weiterhin mit Österreich herum; zur selben Zeit war Bajasid in eine harte kriegerische Auseinandersetzung mit dem Reich der Mameluken verwickelt (1485–1491). Am 20. August 1503 kam zwischen der Pforte und König Wladislaw II. ein Ausgleich zustande. Er brachte diesmal einen echten Frieden, der dann verlängert wurde und auch unter Selim wirksam blieb.

Ein Krieg mit Venedig (1499–1502) war kurz davor beendet worden. Die Osmanen hatten einige, auf dem Peloponnes noch verbliebene Burgen der Republik, Koron und Modon, sowie die große Insel vor der griechischen Westküste, Kephalonia, und die Stadt Lepanto am Golf von Korinth erobert. Historisch bedeutsam war bei diesem Waffengang die Entfaltung der osmanischen Seemacht, um die sich Bajasid besonders verdient gemacht hat.

Ob der Sultan gar nicht so friedliebend war, wie er dargestellt wird, oder ob er nur dem Druck der Janitscharen nachgab, die wenig Verständnis für friedliche Regelungen hatten und ihren Herrn so oft wie irgend möglich unter sich im Feldlager sehen wollten –, ist eine Frage der historischen Psychologie. Jedenfalls verbrachte Bajasid viel Zeit in Zelt und Sattel, zog des öfteren persönlich in den Krieg, ehe ihn dann Krankheit und Alter daran hinderten.

In Asien erwuchs zu Bajasids Zeiten den Osmanen der mit dem Kaiser gefährlichste Gegner, das Persien der Safawiden-Dynastie. Deren Begründer, Schah Ismail, war ein Fanatiker des Schiismus, der dem Iran diese islamische Häresie als Staatsreligion – mit Wirkung bis heute – auferlegte. Er faßte die Kräfte Persiens erneut in einen machtvollen und stabilen Staat zusammen und machte die Verachtung der uralten persischen Kulturnation gegenüber den türkischen „Emporkömmlingen" zu einem bestimmenden Faktor vorderasiatischer Politik. Schon unter Bajasid II. gerieten beide Imperien aneinander. Die machtpolitische Auseinandersetzung mit den sunnitischen Osmanen hatte nun stets eine religiös-ideologische Färbung.

## Im Innern von Bajasids Reich

Man rechnete in der christlichen Welt mit der unwiderruflichen Schwächung, ja mit dem Zerfall des Osmanenreiches nach Mehmeds Tod. Alle jubelten, es gab nur einen einzigen Kassandraruf: Mathias Corvinus hatte die gewaltigen inneren Kräfte und die unerschütterliche Stabilität dieses Reiches längst erkannt; er ahnte, daß es mit den Osmanen weiter bergauf gehen würde, trotz Bürgerkriegs, trotz der Mittelmäßigkeit Bajasids. Der ungarische Nachrichtendienst damals scheint demnach sein Handwerk verstanden zu haben.

Die anfängliche Euphorie im Abendland sollte auch bald verfliegen. Schon kurze Zeit nach Bajasids Thronbesteigung erfuhren alle – nicht nur die ungarischen Kundschafter –, daß im Reich der Osmanen weder etwas von einer Staatskrise noch von einer Erschütterung schlechthin zu bemerken war. Im Gegenteil: Bajasid stärkte das Reich insbesondere durch die Konsolidierung der Finanzen, durch eine großzügige Bautätigkeit, im kulturellen und wissenschaftlichen – aber auch im militärischen – Bereich: Dem „Friedliebenden" war ein weiterer allseitiger Ausbau der schon unter Mehmed gewaltigen türkischen Artillerie zu verdanken. Die Kriegsmarine wurde von Bajasid so zielstrebig und erfolgreich gestärkt, daß dahinter nur die Absicht stehen konnte, die lästigen Venezianer endgültig aus der Levante zu vertreiben.

So gesättigt, wie unter Bajasid, war die kaiserliche Schatzkammer nie zuvor und auch nicht danach. Inflationären Erscheinungen wurde entgegengewirkt, der Feingehalt der Münzen erhöht. Die Einführung einer Sondersteuer 1501 rief allerdings Unzufriedenheit hervor. Was die Reformen Mehmeds in bezug auf Grund und Boden anbelangt, wurden diese Maßnahmen durch Bajasid gemildert. Der Sultan gab insbesondere den Derwischorden konfiszierte Ländereien zurück.

Nicht so sehr im ideologisch-religiösen und dem innenpolitischen, als im außenpolitischen Bereich dürfte man die Ursachen einer oppositionellen Bewegung der sektiererischen Kisilbaschi, der „Rotköpfe" – so nannte man sie wegen ihrer roten Mützen – finden. Allerdings waren Unzufriedenheit wegen der wachsenden Steuerlast und Fanatismus schiitischer Prägung der Verbreitung des Aufruhrs förderlich: Die Gesinnung dieser

Eiferer stand dem schiitischen Schah Ismail nahe. Der Perser förderte ihren Aufruhr in Anatolien mit ideologischen Argumenten und mit religiöser Rhetorik, dahinter aber verbargen sich in Wirklichkeit rein machtpolitische Gründe. Ismail wollte die Osthälfte des Osmanischen Reiches seinem neuen Perserreich einverleiben. Um den Haß gegen die Osmanen und gegen die Person des Sultans zu schüren, war ihm jedes Mittel recht. So mästete er beispielsweise ein Schwein und nannte es „Sultan Bajasid" –, eine der größten Beleidigungen eines moslemischen Herrschers. Die von außen importierte Kisilbaschi-Erhebung erschütterte das Reich jedoch keineswegs. Bajasid verbot die Sekte, verfolgte sie grausam und wurde ihrer Herr.

Die Wissenschaft förderte Bajasid großzügig und mit Erfolg: Sie blühte während seiner Regierungszeit auf. Dem widerspricht auch ein vom Chronisten Orudsch aufgezeichnetes Ereignis nicht, denn so etwas war weder für Bajasid, noch für seine Zeit oder sein Reich charakteristisch in der Auseinandersetzung zwischen Gelehrten:

*„Der berühmte Professor Seine Eminenz Mevlana Lutfi-i Divane, Professor an der Muradiye zu Bursa, tat unversehens einen frevelhaften Ausspruch, und seine Standesgenossen und Kollegen verklagten ihn: ‚Seine Rede ist ketzerisch, dieser Ausspruch ist der eines Atheisten!' Und etliche von den großen Theologen kamen und legten Zeugnis ab für seine Ketzerei, so daß sein Ketzertum erhärtet war. Als man das dem Sultan Bayezid meldete, befahl der Padischah: ‚Tuet, was das Heilige Recht befiehlt!' Also wurde der Professor Lutfi-i Divane kraft des Heiligen Rechtes gemäß dem Geheiß des Allgepriesenen und Allerhabenen Gottes enthauptet, und das Gesetz des Heiligen Rechtes hatte seinen Lauf genommen."*

Unter Bajasid wurden Istanbul, Edirne und Bursa mit wunderschönen neuen Moscheen und auch Profanbauten geschmückt. Zwei Beispiele: Zwischen 1501 und 1505 entstand in Istanbul die Sultan-Bajasid-Moschee. Der leitende Baumeister war Jakub Schah bin Sultanschah, ausgeführt wurde der Bau durch einen Architekten namens Haireddin. In Bursa erhielt das „Alte Bad" (Eski Kaplica) 1511 seine heutige Form: Bursa-Besucher können die imposante Eingangshalle dieses „Alten Bades" mit zwei, jeweils von Halbkuppeln flankierten Vollkuppeln bewundern.

In den letzten Jahren seiner Herrschaft war Bajasid kränklich und passiv. Die Auseinandersetzung dreier seiner zahlreichen Söhne um die Thronfolge überschattete seinen Lebensabend. Der Kampfhahn Selim war derjenige, den sich die kriegslüsternen Janitscharen als zukünftigen Großherrn wünschten. Dieser gierige Aktionsmensch zwang den 65jährigen

Bajasid zur Abdankung, die am 25. April 1512 erfolgte. Unterwegs nach Thrazien, wo er in seinem Geburtsort Demotika zurückgezogen zu leben beabsichtigte, am 26. Mai 1512, starb Bajasid II. Wiederum wird ein Mord vermutet. So wie einst Bajasid Mehmed II. soll Selim seinen Vater Bajasid vergiftet haben.

## Sultan Selim I. (1512–1520) und die Eroberung des Orients

An den „Wetterstrahl" Bajasid I. erinnerten Temperament und Charakter Selims I. Er war soldatisch, draufgängerisch und rücksichtslos, zugleich klug und systematisch. Man gab ihm den Beinamen „Yavuz", d. h. „der Gestrenge".

Seine Brüder, Ahmed und Korkut, lehnten sich gegen ihn auf: Der erstere unterlag in einer Schlacht, Korkut unternahm einen Versuch, die Janitscharen für sich zu gewinnen. Beide ließ Selim hinrichten, ebenso wie fünf Neffen, Söhne seiner verstorbenen Brüder. Der Nachfolger Selims sollte sein Sohn Suleiman werden. „. . . mehr Erben wollte der Sultan nicht haben und verzichtete auf jeden weiteren Umgang mit seinen Frauen, indem er statt dessen mit jungen Sklaven dem Laster des Orients huldigte", schreibt Jorga. Das nennt man Selbstbeherrschung: Zur Homosexualität wechseln aus Staatsräson.

Selim wurde von Schah Ismail gleich nach seiner Thronbesteigung provoziert, zum einen durch ein Vordringen der safawidischen Truppen in osmanisches Gebiet, zum anderen dadurch, daß der Perser die noch keineswegs zur Ruhe gekommenen „Rotköpfe" erneut planmäßig zur Revolte gegen die Osmanen anstachelte und massiv unterstützte. Mit einem großen – wahrscheinlich 140 000 Mann starken – Heer trat Selim den Feldzug gegen die Perser an. Anfangs verweigerte Ismail die Schlacht und zog sich zurück. Am 23. August 1514 konnte ihn Selim jedoch bei Tschaldiran in Ost-Anatolien, nordöstlich des Van-Sees, stellen und vernichtend schlagen. Quantitativ und qualitativ war das Osmanenheer den Persern überlegen, die sich besonders in der Anwendung von Feuerwaffen nicht mit Selims Streitmacht messen konnten. Der Sultan nahm Täbris ein, das Zentrum der aserbaidschanischen Hochfläche, einst Residenz der Mongolenkhane Persiens und begehrtes Streitobjekt zwischen diesen und ihren Vettern von der „Goldenen Horde". Selim scheint sich die Mongolen darin zum Vorbild genommen zu haben, daß er die hochqualifizierten Handwerker dieser Stadt nach Istanbul verschleppte. Diese wurden zu den Stammvätern des später blühenden Schmiede-, Schreiner- und sonstigen

*Sultan Selim I. (1512–1520)*

produzierenden Gewerbes der Hauptstadt. Doch gelang es den Osmanen nicht, Täbris auf Dauer zu behaupten und damit gewissermaßen die Hand an die Kehle der persischen Könige zu halten.

Ismails schwere Niederlage bedeutete noch nicht den Ruin des Perserreiches. Wegen der fortgeschrittenen Jahreszeit mußte Selim den Feldzug auf dem unwirtlichen Gebirgsgelände abbrechen. Außerdem hatte er wenigstens zu jenem Zeitpunkt sowieso noch nicht vor, Persien ganz zu zerschlagen, sondern nur in die Schranken zu weisen.

Die Janitscharen schlugen sich sowieso lieber in Rumelien gegen Christen – zugleich ihre Blutsverwandten! – und sie gingen ungern in den Kampf mit Moslems. Da wurden sie jedoch von Selim enttäuscht, der seine Muskeln auch gegen diese Elitetruppe, die ihm zur Macht verholfen hatte, spielen und so manchen aufsässigen Janitscharen demonstrativ hinrichten ließ.

Auch den nächsten Feldzug führte der Sultan nicht nach Europa, sondern nach Syrien und Ägypten, um den dortigen Staat der Mameluken zu liquidieren. Beherrscht wurde er durch eine Soldateska und die aus ihr allmählich hervorgegangene Oberschicht der Burdschiten. Die Mameluken (arab.: maleka = besitzen) waren ursprünglich „Militärsklaven" meist türkischer Herkunft, die von den Arabern zu Sklaven gemacht und zum militärischen Dienst gedrillt worden waren.

Einst waren Turkvölker selbst Opfer dieser „Knabenlese" gewesen: im 9. und 10. Jahrhundert hatten die Kalifen von Bagdad und auch deren ungehorsame Untertanen, die Samaniden-Dynastie in Zentralasien, damit begonnen, turkstämmige Sklaven als Soldaten zu benützen. Die Sklaven hatten dann häufig ihre Herren überwältigt, so auch die Mameluken in Ägypten, die um 1250 der (kurdischen!) Eyubiden-Dynastie den Garaus gemacht hatten. Nun, zu Selims Zeiten, herrschten sie über Ägypten und Syrien. Ihre Kriegsmacht stand in bedrohlicher Nähe Kleinasiens.

Wenn die Osmanen zum entscheidenden Schlag an der Donaufront ausholen wollten – was einige Jahre danach auch geschah –, konnten sie sich eine solche konkurrierende Macht an ihrer südöstlichen Flanke nicht leisten. So galt Selims nächster Schlag dem Reich der Mameluken, das obendrein über begehrenswerte Schätze, militärisch und wirtschaftlich überaus wichtige Territorien herrschte, über Schlüsselpositionen im Osthandel – durchs Rote Meer nach Indien! 1516 marschierte Selim. Am 24. August schlug er ein Heer des Gegners bei Haleb (Aleppo) in Syrien; der Mamelukensultan kam während seiner Flucht um. Am 12. Oktober hielt Selim seinen Einzug in Damaskus, überwinterte mit seinem Heer südlich der Stadt und zog um die Jahreswende nach Ägypten. Die Mameluken stellten sich zur letzten Schlacht am 21. Januar 1517 beim Dorf Radania in der Nähe von Kairo. Sie unterlagen und das Mamelukenreich war ausgelöscht. Selim hätte dem letzten Mamelukensultan, Tumanbeg, noch einen Vasallenstatus eingeräumt. Dieser lehnte stolz ab und fand daher den Tod durch Selims Henker.

Das osmanische Großreich erstreckte sich von nun an auf Gebiete dreier Kontinente: Außer Rumelien, dem Europa der Osmanen, und dem Kernland Kleinasien wurden nach Selims Eroberungen Syrien, das Heilige Land und eben Ägypten ins Reich einverleibt. Der Sultan setzte einen dritten Beglerbeg in Kairo ein.

Selim starb unerwartet im Alter von 46 Jahren am 20. September 1520. Seiner Asien- und Afrikapolitik, seinen Eroberungen außerhalb von Europa war es zu verdanken, daß der neue Sultan einen Zweifrontenkrieg augenblicklich kaum zu befürchten brauchte, wenn er seine Aufmerksamkeit Europa zuwandte.

Das Kalifat

Durch die Herrschaft über das erloschene Mamelukenreich mit der Hauptstadt Kairo erlangten die Sultane gleichzeitig auch eine andere Art der Legitimität; Würde und Titel des Kalifen gingen auf sie über. Kalif bedeutet auf arabisch: Stellvertreter, Nachfolger. Gemeint ist der Nachfolger des Propheten Mohammed (570–632). Während der Hoch-Zeit arabischer Macht (7.–11. Jahrhundert) und danach, bis Mitte des 13. Jahrhunderts, herrschte eine Art von Caesaropapismus, wo die höchste weltliche Gewalt mit der geistlichen in einer Hand vereint war: Der Kalif, erst der Sippe der Omayaden, ab 750 der Sippe der Abbasiden entstammend, war Staatsoberhaupt und höchster Würdenträger aller Moslems zugleich. Nach der Eroberung Bagdads durch die Mongolen 1258 residierte der Kalif in Kairo, denn die Mameluken behaupteten, ein Sproß des Hauses Abbas habe sich an den Nil gerettet. Er hatte aber keine weltliche Macht mehr inne – diese wurde von den Mamelukensultanen ausgeübt. Auch die Funktion des Kalifen als des geistlichen Oberhauptes der gesamten Gemeinschaft der Moslems verkümmerte.

Selim holte den damaligen Kalifen aus Kairo nach Istanbul, und die späteren Sultane beriefen sich dann darauf, daß dieser die Kalifenwürde auf den Sultan der Osmanen übertragen habe: Der Großtürke wurde damit auch zum nominellen Oberhaupt der Gemeinschaft aller Moslems. Den Titel und die Würde des Kalifen behielten die Sultane bis zur Abschaffung durch Kemal Atatürk (1924).

Kapitel V

# Das Goldene Zeitalter
# Suleiman der Prächtige 1520–1566

Inwieweit hat die Persönlichkeit dieses großen Herrschers die günstige Entwicklung des Reiches in jener Epoche entscheidend beeinflußt? Vorweg sollte man festhalten: Die Voraussetzung für die Entfaltung im Goldenen Zeitalter unter Suleiman war das Werk Mehmeds II., das dann in den vier Jahrzehnten nach dem Tod des Eroberers weiter konsolidiert worden ist. Die tragende Kraft bildete der bis zur Perfektion ausgebaute osmanische Staat mit seinen Institutionen und mit seiner, von den Anfängen im 14. bis zur Mitte des 17. Jahrhunderts als die schlagkräftigste Streitmacht jener Zeit geltende Militärmaschinerie. All dies waren letztlich keine Errungenschaften, welche einem einzelnen Herrscher zu verdanken waren.

In diesem Lichte erscheint auch die Persönlichkeit von Suleiman: Schon die Länge der Regierungszeit ist ein Garant für Stärke und Kontinuität bei günstigen Voraussetzungen. Suleiman hat vieles zur Blüte des Reiches beigetragen, das Goldene Zeitalter persönlich geprägt; bestimmt und geschaffen hat er allein es nicht.

### Suleimans Persönlichkeit

Charakter und Intellekt Suleimans wurden von zahlreichen Historikern beschrieben. Die verschiedenen Beurteilungen der Geschichtsschreibung des 19. und 20. Jahrhunderts, welche sich auf zeitgenössische Quellen stützen, sind nicht widersprüchlich. Eine ausgewogene, eher ruhige Natur, kein besonderes Wohlgefallen am Krieg sind bei ihm festzustellen. Zugleich zögerte er nicht, die Initiative für militärische Aktionen zu ergreifen, sowohl für großangelegte als auch für kleinere; die Heerzüge führte er des öfteren persönlich an, buchstäblich bis zu seinem Tod. Er starb im Felde, hochbetagt, eines natürlichen Todes. Im militärischen Bereich wie in der Staatsführung verstand er es vortrefflich, die fähigsten

Sultan Suleiman II. der Prächtige (1520–1566)

Männer heranzuziehen; er ließ ihnen auch genügend Handlungsspielraum, solange sie sein Vertrauen genossen.

Suleiman hatte seine genauen militär- und außenpolitischen Konzepte und verstand es auch, den Plänen entsprechend folgerichtig zu handeln. Zu unkontrollierbarem Größenwahn neigte er nicht.

Der Sultan war von Natur aus eher mild. In seinen Handlungen ließ er sich vorzugsweise durch Gerechtigkeit leiten. Wo allerdings die Staatsräson hartes Vorgehen gebot oder zu gebieten schien, zögerte Suleiman nicht. Auch Bluttaten und grausame Aktionen verantwortete er. Daß er Blutvergießen, etwa aus Rachsucht, nicht genoß, dürfte aber feststehen.

Allerdings hatte er einen Charaktermangel, der sich auf seine Staatsführung negativ auswirkte: Er war – ganz im Gegensatz zu Mehmed II. – beeinflußbar. Insbesondere soll ihn seine Lebensgefährtin Roxelane zur Tötung wichtiger Personen bewogen haben, zu Entscheidungen, welche der Staatsräson nicht dienten.

Staats- und Militärapparat funktionierten unter Suleiman ausgezeichnet. Bedeutsame organisatorische Reformen, welche auf seine Regierungszeit entfielen, waren durch die gewaltige Ausdehnung des Reichsgebiets vorgezeichnet und wurden vorbildlich durchgeführt.

Einen ausgeprägten Sinn hatte Suleiman für die Gesetzgebung und er empfand auch Lust an dieser Tätigkeit. Die Türken nennen ihn daher „Kanuni", den „Gesetzgeber". Jeden Tag beriet sich der Sultan mit den obersten Richtern in seiner Hauptstadt, das Petitionswesen, mit dem die sonst wenig beachteten Untertanen sich direkten Zugang zum Thron verschaffen durften, schränkte er nicht ein. Mehmed II. hatte noch einige Gesetzesmaterien zur Regelung übriggelassen, besonders das Recht des Grundstücksverkehrs, die Ordnung der Steuereintreibung und des staatlichen Vermögens. Örtliches Gewohnheitsrecht, nach dem die Abgaben zu entrichten waren, wurde kodifiziert, und zwar zum ersten Mal flächendeckend für das ganze riesige Reich. Gleichmacherei um jeden Preis bedeutete das nicht, wie bei einem soliden Gesetzgeber nicht anders zu erwarten. Ägypten fuhr auch unter den Osmanen fort, neben der besonderen kulturellen auch eine besondere staatliche Einheit darzustellen, es erfuhr demnach eine spezielle Kodifizierung.

Suleiman war ein großzügiger Bauherr und Mäzen. Inwiefern es da nur um die „Pflichtübung" des Herrschers einer Weltmacht ging, oder ob der Sultan an Werken der Architektur und der Kunst wirklich persönliches Wohlgefallen fand, ist heute schwer zu sagen. Immerhin wird auch berichtet, daß Suleiman von Natur aus schlicht war und für Prunk nicht viel übrig hatte.

Über die Art und den Grad seiner persönlichen Bildung sind wir nicht genügend informiert. Schon seine planmäßige Erziehung zum Herrscher war allerdings eine Garantie für Suleimans umfassende Bildung: er wurde in der Serailschule ausgebildet und machte Erfahrungen in der Verwaltung als Sandschakbeg.

Er war weder ein Genießer auf der einen, noch ein Asket oder ein Tugendbold auf der anderen Seite. In seinen Beziehungen zu Frauen neigte er eher zur Monogamie – des Sultans Treue und Liebe zu Roxelane zeugt davon (S. 74, 250). Freilich galt bei den Osmanen so etwas – im Gegensatz etwa zu den Anforderungen an die Tugend amerikanischer Präsidenten unserer Zeit – auch nicht als Bonus.

Über Suleimans äußeres Erscheinungsbild wird mehrfach berichtet. Eine Reihe von Abbildungen sind der Nachwelt bekannt. Er war von großer Gestalt, hatte die Adlernase, welche die Söhne des Hauses Osman charakterisierte, trug einen kleinen Schnurrbart – eine beeindruckende, majestätische Erscheinung, darüber stimmen alle Zeitgenossen überein, die vom Padischah empfangen worden sind.

Nach der moslemischen Zeitrechnung entfiel Suleimans Geburtsjahr – 1494 n. Chr. – auf eine Jahrhundertwende, nämlich auf das Jahr 900 nach der Hedschra (622 n. Chr., als sich der Prophet Mohammed von Mekka nach Medina begab). Schon durch den Zeitpunkt seiner Geburt erschien er als ein Begünstigter, denn die Moslems waren davon überzeugt, daß mit jedem neuen Jahrhundert „ein großer Mann aufstehe, welcher ... siegend seine Zeit sich unterwirft" (Hammer-Purgstall). Die Europäer nennen ihn den „Prächtigen".

## Die europäische Staatenwelt zu Suleimans Zeiten

Das Entstehen der osmanischen Weltmacht war einer der bedeutsamsten neuen Faktoren in der Staatenwelt der ersten Hälfte des 16. Jahrhunderts. Das Reich drängte sich in die überkommene europäische Staatenwelt hinein.

Frankreich und England wurden zu kräftigen, vereinten Königreichen. Es gelang den Königen von Frankreich, Ludwig XI. (1461–1483) und Franz I. (1515–1547), die feudale Zersplitterung zu überwinden und die Voraussetzungen dafür zu schaffen, daß ihr nunmehr zentral regiertes Reich später zur führenden Großmacht Westeuropas werden konnte.

Das ferne England hatte für die osmanische Geschichte nicht die Bedeutung wie Frankreich; auf dem diplomatischen Parkett begegneten sie sich jedoch ununterbrochen, die Hohe Pforte und der Begründer des mächtigen englischen Staates der Neuzeit, Heinrich VIII. (1509–1547).

Gleichzeitig mit dem weiteren Erstarken der osmanischen Macht im östlichen Mittelmeerraum und in Südosteuropa entstand im atlantischen Raum die Weltmacht Spanien mit dem Ausbau ihres Kolonialreichs in Mittel- und Südamerika. Unter dem Habsburger Karl V. (1516 bzw. 1519–1556) vereinten sich in Personalunion das Königreich Spanien und das – innerlich zersplitterte – Heilige Römische Reich Deutscher Nation. Militärisch in erster Linie auf das schlagkräftige spanische Heer und auf seine Kriegsmarine gestützt, konnte Kaiser Karl V. im westlichen Europa mit geballter Macht auftreten, in Kriegen gegen Frankreich und gegen die deutschen protestantischen Fürsten.

Das Erzherzogtum Österreich konnte sich unter Ferdinand I. (1521–1564), dem jüngeren Bruder Karls V. auf die überwältigende Machtposition Karls stützen, auch dann, wenn der Kaiser seine Ressourcen im Interesse des Wiener Habsburgers kaum einsetzte. Dessen bedurfte aber Ferdinand gar nicht. Der Kontrahent Österreichs, die ungarische Großmacht, wurde nach König Mathias' Tod 1490 unter der Herrschaft der polnisch-litauischen Jagiellonen (1490–1526) rapide geschwächt und dann 1541 völlig zerschlagen. Durch diese Entwicklung wurde das Machtgefüge in Mitteleuropa gänzlich durcheinandergerüttelt, die alte Struktur verschwand: Das kräftige Königreich Ungarn, 1000 entstanden, über Jahrhunderte eine Großmacht, fiel der osmanischen Eroberung – und der dynastischen Expansion Habsburgs – anheim.

Venedig nun, dem einst – nach Ungarn – zweitwichtigsten Gegenspieler der Osmanen im Balkanraum, kam in der osmanischen Geschichte nunmehr eher eine sekundäre Rolle zu. Polen behielt eine gewisse Bedeutung für die Pforte, doch weniger, als es den Machtmitteln der „Rzeczpospolita" entsprochen hätte (siehe S. 276). Erste Kontakte zum Moskowiterreich wurden geknüpft.

## Suleiman besteigt den Thron

Ohne Widersacher, ohne Brudermord, ohne jegliche Auseinandersetzungen konnte der 26jährige Suleiman die Nachfolge Selims antreten. Bereits neun Tage nach dem am 21. September 1520 erfolgten, völlig unerwarteten Tod des Vaters – das Ereignis wurde zunächst wieder einmal verheimlicht – kam Suleiman aus seinem Sandschak in Magnesia (Manisa) nach Istanbul und übernahm die Macht.

### Landkrieg und Diplomatie in Mitteleuropa 1520–1541

Die Osmanen hatten ein Konzept für ihre expansive Außen- und Militärpolitik in Mitteleuropa schon zu Mehmeds II. Zeiten entwickelt. Wir wissen bereits, daß Mehmed seine Akindschi auf die Südostprovinzen der Habsburger losließ. Österreich bot sich als Ziel für Eroberungszüge geradezu an, war es doch außerstande, sich effizient zu verteidigen –, schon gar nicht unter dem schwachen Friedrich III. Ein massiver Vorstoß der Osmanen – ein militärischer oder ein diplomatischer – stand aber erst jetzt, nach Suleimans Regierungsantritt auf der Tagesordnung.

Kurz nach seiner Thronbesteigung schritt Suleiman zur Tat. Den militärischen Aufmarsch gegen Österreich wollte er auf der diplomatischen Ebene vorbereiten, indem er Ungarn ein Bündnis anbot und sich das Recht eines Durchzugs osmanischer Truppen über Südwestungarn in Richtung Kärnten und Steiermark sichern wollte. Eine Delegation, geleitet von Behramtschausch, eilte nach Ofen, um die Vorschläge des Sultans dem König Ludwig II. (1516–1526) zu unterbreiten. Suleiman unterstrich noch in seinen Memoiren, daß ihm eine echte Allianz mit Ungarn vorschwebte und nicht etwa das billige Manöver, unter dem Vorwand des Durchzugs nach Österreich die ungarischen Südwestgebiete zu plündern oder zu okkupieren. Doch die Reaktion des ungarischen Hofes war unerhört und töricht. Die osmanischen Botschafter wurden eingekerkert und nach verschiedenen Quellen auf schmähliche Weise umgebracht. Suleiman handelte sofort, nachdem er über die Abfuhr Kunde erhalten hatte.

### Der Krieg mit Ungarn und die Eroberung Belgrads 1521

Zu ungewöhnlich früher Jahreszeit, bereits im Februar 1521, verließen drei osmanische Korps Edirne auf dem üblichen Kriegspfad Richtung Nordwesten. 3000 Kamele schleppten 300 Geschütze, Munition und üppige Mundvorräte für die gewaltige Streitmacht mit. Es war des Sultans erster Feldzug.

Selbst die Monate seit dem diplomatischen Vorstoß Suleimans hatten die Ungarn nicht zu Kriegsvorbereitungen genutzt. Kein Heer war aufgestellt worden. Nur winzige Besatzungen saßen in den Burgen Südungarns, es fehlte ihnen an Geschützen und an Munition. In seiner verzweifelten Lage entsandte König Ludwig eiligst Botschafter zum Papst, zu Kaiser Karl V. und nach Venedig. Die Antwort von Papst Leo X. lautete: *„Ihr Ungarn seid allerdings unsers Beistandes würdig; da wir aber kein Geld in unserm Schatze haben, ... und wir überdies auch unsere Truppen unterhalten müssen, so seht zu, wie Ihr Euch dieses Mal selbst helft ..."* Nicht ermutigender war die Antwort des Dogen von Venedig. Erst als Belgrad fast schon verloren war, schickte die Signoria dem König 30000 Dukaten Subsidien.

Der ungarische Gesandte Hieronymus Balbus sprach am 3. April 1521 – 14 Tage vor Luthers Auftreten vor dem Reichstag in Worms – zum Kaiser und zu den Reichsständen. Doch Kaiser Karls Gedanken konzentrierten sich um Martin Luther, nicht um die osmanische Offensive, und er zeigte den Ungarn die kalte Schulter.

Eine aus dem Boden gestampfte kleine ungarische Streitmacht konnte gegen die osmanische Kriegsmaschinerie nichts ausrichten. An den Ent-

A: Leichtes Geschütz; das Kamel trug je eines auf beiden Seiten; B: Eisengabel, auf der das Geschütz auflag; C: Eisenreifen, der der Befestigung des Geschützes diente; D: Türkischer Kanonier; E: Riemen, mit dessen Hilfe der Kanonier das Geschütz bewegte. *(Nach* Marsigli*)*

satz der Burgen, welche Suleiman belagern ließ, war nicht zu denken. Schabatz fiel am 8. Juli, nach einem heldenhaften Abwehrkampf der kleinen Besatzung, Belgrad jedoch war noch immer eine harte Nuß zum Knacken. Der Padischah war bei der Belagerung persönlich zugegen. Suleimans furchterregende Geschütze schossen die Burg sturmreif; die aus Ungarn, Serben und Bulgaren bestehende Besatzung zog sich in die Zitadelle zurück. Über 20 Augusttage schlug die kleine christliche Besatzung einen Angriff der Osmanen nach dem anderen zurück. Dann fiel auch die Zitadelle. Es war wieder der 29. eines Monats, der verhängnisvolle Tag für die Christen, nach Konstantinopel (29. Mai 1453) und vor Mohács (29. August 1526)...

Die Donaulinie war überschritten, das Tor zu Ungarn aufgerissen. Doch Suleimans Heer trat – getreu der traditionellen behutsamen Strategie der Osmanen – keinen Eroberungszug nach Norden, in die Weite der Theißebene, sondern den Rückzug an. Im Oktober befand sich Suleiman bereits wieder in Instanbul. Bevor der Großherr zum letzten Schlag gegen Ungarn ausholte, hatte er noch vor, Rhodos einzunehmen, ein Ziel, das der große Mehmed ebenso verfehlt hatte wie Belgrad.

Suleiman erobert Rhodos 1522

Im Sommer 1522 konzentrierten sich die See- und Landstreitkräfte der Osmanen auf die vom Johanniterorden gehaltene mächtige Inselfestung Rhodos. Die Flotte, 300 Segel stark, mit 10 000 Kriegern und Belagerungstechnikern an Bord, war im Juni vor Ort. Sie stand unter dem Befehl des Wesirs Mustafa Pascha. Über Westanatolien marschierte ein gewaltiges Heer nach dem Küstenstreifen gegenüber von Rhodos: Suleiman höchstpersönlich leitete den Heerzug. Am 28. Juli setzte der Sultan vom Festland über und der Beschuß der für uneinnehmbar geltenden Befestigungen begann. Riesenkanonen, „die Steinkugeln von drei Meter Umfang abfeuern konnten, Zweirohrgeschütze, Mörser und viele kleine Kanonen" (Ernle Bradford) hämmerten auf die Mauern der Burg ein. Zugleich gingen die technischen Truppen mit Minen ans Werk.

Zur Verteidigung sammelten sich Ritter aus allen Provinzen des Johanniterordens. Den Befehl hatte der Großmeister Villiers de l'Isle d'Adam inne. Ihm stand der brillante Militärtechniker Gabriele Tadini zur Seite, ein Meister im Handwerk des Gegenminierens. Die Verteidiger verfügten über eine mächtige Artillerie, deren Feuer die auf ungeschütztem Gelände vor der Burg lagernden Osmanen hart traf. Der August verlief im Zeichen der Materialschlacht. Im September wurden bereits Breschen in die Mauern geschlagen, der Verteidigungswille der Belagerten unter dem Befehl des tapferen und fähigen Großmeisters war allerdings noch ungebrochen. Beim ersten Generalangriff, am 24. September, erzielten die Belagerer nur Teilerfolge. Auch der Spätherbst brachte den Osmanen nicht den ersehnten Sieg. Die schlechte Witterung schädigte Verteidiger und Angreifer gleichermaßen. Letzten Endes zeitigte die Ausdauer und die Fähigkeit der Osmanen, nahe ihren Basen in Anatolien selbst im Winter auf Rhodos auszuharren, Erfolg. Die ausgebluteten Ordensritter sahen sich gezwungen, das Angebot Suleimans auf ehrenhafte Übergabe am ersten Weihnachtstag 1522 anzunehmen. Am 26. Dezember nahm der Sultan die Kapitulation des Großmeisters entgegen, den er mit ritterlichem Respekt empfing und mit seiner Mannschaft in Ruhe davonsegeln ließ.

## Mohács 1526

Am 23. April 1526 brach Suleiman von Istanbul zum neuen Ungarnfeldzug auf. Doch der verregnete Sommer verzögerte den osmanischen Aufmarsch. Suleimans Tagebuch ist voller Klage ob der ununterbrochenen Regengüsse, welche den Marsch über den Balkan erschwerten. Erst am 9. Juli traf der Sultan in Belgrad ein. Das schwere Gerät einschließlich von 300 Geschützen wurde über die in der Regenperiode fast unbegehbaren Straßen des Balkan geschleppt, einen Teil der Truppen einschließlich der Janitscharen, beförderte man zu Wasser. Vom Schwarzen Meer lief eine Flottille von 800 Kähnen in die Donaumündung ein und bewegte sich stromaufwärts bis Belgrad. Die zweite Julihälfte verbrachten die Osmanen mit der Belagerung von Peterwardein, die Burg an der Donau fiel am 27. Juli. Erst danach bewegte sich der Heerzug wieder vorwärts. Abermals behinderte Regen den Vormarsch. Suleimans Heer setzte bei Eszék (heute: Osijek, deutsch: Esseg) Mitte August über die Drau. Nach nüchternen Schätzungen war das osmanische Heer etwa 60 000 bis 70 000 Mann stark.

König Ludwig versuchte verzweifelt, Hilfe im Abendland zu holen. Doch wie schon im Jahr 1521 zuckten alle westeuropäischen Fürsten die Achseln, keiner half. Der Papst allerdings steuerte diesmal ein nicht zu unterschätzendes Kontingent bei: 4000 päpstliche Söldner, darunter 1000 Polen. Die Mobilmachung im eigenen Land verlief zögernd. Immerhin wuchs das königliche Heer bis Ende August auf etwa 20 000 Mann. Weitere Kontingente sollten sich Anfang September anschließen. In Eilmärschen bewegte sich das siebenbürgische Heerbanner auf das Lager des Königs zu. Diese Truppen standen unter dem Befehl von János Zápolya, dem mächtigen Magnaten.

Ein dramatischer Appell Ludwigs an die Stände von Slawonien, ein eigenhändig geschriebener Brief des Königs vom 25. August blieb erhalten. Er zeitigte Erfolg. Eine Truppe aus Slawonien erreichte im letzten Augenblick noch das Lager. In seinem Kronland Kroatien, das 1091–1918 der Stephanskrone angehörte, hatte Ludwig weniger Glück. Die Kroaten verkündeten, „daß sie zur Verteidigung ihres Vaterlandes zu Hause blieben und nur die von Erzherzog Ferdinand bezahlten Truppen, falls dieser zustimmt, ... entsenden können".

In den letzten Augusttagen stand dann ein 28 000 Mann starkes Heer, einschließlich der päpstlichen Söldner und der slawonischen Truppen, mit 80 Geschützen auf der Ebene von Mohács an der Donau.

> Mohács, Du Feld der Trauer,
> Getränkt von Heldenblut,
> Fortgeschwemmt wurden die Recken
> Von der Osmanen Flut.
> Mohács, auf deinen Fluren
> Wurde zu Grab' getragen
> Ein halb' Jahrtausend Größe
> Des Reiches der Magyaren.
>
> *Nach Vörösmarty (1799–1851)*

Die gesamte abendländische Geschichtsschreibung betrachtet Mohács als eine wichtige Entscheidungsschlacht, und dies zu Recht: Brachte Mohács doch die Zerschlagung des ungarischen Staates, eines der stabilsten Faktoren in Europa über ein halbes Jahrtausend, und die darauffolgende Ausdehnung des osmanischen Machtbereichs bis an die Grenze der habsburgischen Lande und damit bis zur deutschen Mitte des Kontinents.

## Ein tragischer Kriegsrat

Weltgeschichte wurde in diesem Fall weniger auf dem Schlachtfeld, als eher dort geschrieben, wo man darüber entschied, ob dieses Gefecht überhaupt stattfinden sollte, also im ungarischen Kriegsrat! Denn: Von Belang ist bei diesem Waffengang weniger der Ablauf des Gefechts, als der Grund, aus welchem sich die Ungarn auf diesen aussichtslosen Kampf überhaupt einließen. Entgegen der Annahme, daß sich die ungarischen Heerführer über die Hoffnungslosigkeit ihrer Lage nicht im klaren, daß sie über Stärke und Aufstellung des osmanischen Heeres schlecht informiert waren, belegt eine – bisher in keiner modernen westeuropäischen Sprache verfügbare – Quelle von besonderem Wert gerade das Gegenteil. István Brodarics (um 1470–1539), Bischof in mehreren Diözesen und Kanzler von Ungarn (Kaplan des Königs), der kraft seines Amtes bei den Beratungen vor der Schlacht und dann auf dem Schlachtfeld zugegen war, berichtet in seiner Chronik: „Wahre Geschichte über das Gefecht zu Mohács zwischen den Ungarn und dem türkischen Kaiser Suleiman" über Beratungen der ungarischen Heerführung, welche die Lage – ebenso wie der inzwischen 20jährige König –, weitgehend realistisch beurteilte: Ludwig zeigte sich im Verlauf des Kriegsrats, der am 25. August im Raum von Mohács abgehalten worden ist und über den Brodarics authentisch berichtet, dem sofortigen Gefecht eher abgeneigt. Die Ungarn wußten sehr wohl Bescheid über Einzelheiten der feindlichen Stärke und Aufstellung und – mehr noch! – über wohlüberlegte Alternativen zu einer aussichtslosen Schlacht, hier und sofort. Der König wollte sich die Meinung der Würdenträger anhören; „vielleicht könnte er sie auf irgendeine Weise dazu bewegen, zumindest die Ankunft" weiterer Truppen abzuwarten und das Lager von der unmittelbaren Nähe des Feindes zurückzuziehen.

Der Kanzler wurde aufgerufen, zu referieren: Er sollte dem Kriegsrat vor Augen führen, *„welches unbezweifelbare Ende dem Lande droht, wenn sich der König mit so vielen prominenten Persönlichkeiten, mit der Blüte des Adels und aller Recken Ungarns einer dermaßen sicheren Gefahr aussetzt. Nämlich, wenn das geschieht, was angesichts der Masse und der Ausrüstung des Feindes auf der einen, der kleinen Zahl der Eigenen auf der anderen Seite so furchtbar droht, daß der König im Kampfe fällt –, was würde dann übrigbleiben, um den Feind aufzuhalten oder daran zu hindern, ganz Ungarn in seine Gewalt zu bringen?"* Man müßte das Heer an einen sicheren Ort, „sogar ein bißchen nach rückwärts" führen, das Anrücken weiterer Kontingente abwarten.

*Ungarn läuft eine kleinere Gefahr, wenn der Feind das Land von Mohács bis Preßburg durchquert, mit Feuer und Schwert verwüstet, als dann, wenn der König und eine solche Zahl von Würdenträgern, Adeligen und Soldaten in einem einzigen Gefecht umkommen."* Der Kanzler beriet sich mit den Würdenträgern „einzeln und dann mit allen Versammelten". Danach berief der König noch einen Kriegsrat in erweitertem Kreise. Dort wurde die Frage wiederholt gestellt, ob nun die Schlacht – aus den angeführten Gründen – wenn nicht verweigert, so doch wenigstens verschoben werden sollte. Die Zahl von 60 000 kampftüchtigen gegnerischen Kombattanten und „mehr als 300 großen Kanonen" war den Teilnehmern der Beratung bekannt. Ein einziges unter den Gegenargumenten verdient ernsthafte Beachtung, nämlich die begeisterte Kampflust und Siegeszuversicht der Truppe, über welche herangezogene Hauptleute mit feurigen Worten zu berichten wußten. Der König beugte sich also der Stimmung der Mehrheit – oder einer lautstarken Minderheit. Mit makabrem Hohn rief dem Kriegsrat der „junge, geistreiche" Ferenc Perényi, Bischof von Nagyvárad (Großwardein) „zur Verblüffung aller" zu: *„Den Tag"* der Schlacht *„wird man den ... gefallenen zwanzigtausend ungarischen Blutzeugen widmen und den Kanzler im Interesse ihrer aller zur Selig-*

*sprechung in die Heilige Stadt entsenden müssen."* Jener Tag, der 29. August, war der Tag der Enthauptung Johannes des Täufers.

Die Schlacht

Die Entscheidung ist also gefallen, man nimmt die Schlacht an, hier, auf der breiten Ebene von Mohács an der Donau. Auch die Beratung über den Schlachtplan fiel unglücklich aus. Der Ratschlag, daß man den Angriff des Gegners unbedingt abwarten solle, gar eine befestigte Stellung, eine Wagenburg errichten müsse, wurde ausgeschlagen. Man entschied sich für den Angriff im geeigneten Augenblick. Das ungarische Heer marschierte am Morgen des 29. August auf... Das osmanische Heer befand sich zu jenem Zeitpunkt noch in Bewegung hinter einer Hügelkette, unbeobachtet von den Ungarn. Nach Deutung von König Ludwigs Stab hatte Suleiman nicht vor, sich bereits an diesem Tag zu schlagen.

Über den ganzen Vormittag verharrten die Ungarn kampfbereit in voller Rüstung mit Gesicht gen Süden gerichtet; die Sonne schien ihnen in die Augen. Die Spannung wuchs und wurde schier unerträglich. Im Stab wurden wieder Stimmen laut, die einen Rückzug befürworteten.

Betritt der Besucher das Heeresmuseum in Istanbul, erblickt er gleich im Vordergrund die lebensgroße Nachbildung eines Heerführers, hoch zu Roß: Es ist Bali Beg, der bei Mohács einen osmanischen Vortrab von etwa 5000 Mann befehligte und die Schlacht eröffnete, oder, besser gesagt, die Ungarn zum Angriff provozierte: Zwischen drei und vier Uhr nachmittags marschierte eine osmanische Truppe lautlos an der rechten, der westlichen Flanke des ungarischen Heeres vorbei. Nur durch das Blitzen der Lanzenspitzen wurden die Ungarn auf das Umzingelungsmanöver aufmerksam: Es war Bali Beg mit seiner Truppe.

Natürlich hätte diese leichte Truppe das immerhin 28 000 Mann starke ungarische Heer durch Flankenangriff nicht ernsthaft gefährden können. Bali Beg hatte einen anderen Auftrag: Leichten Truppen der Osmanen oblag es stets, den Gegner zum Angriff zu reizen, dann in der ersten Phase des Kampfes eine Scheinschlacht zu schlagen, eine Scheinflucht zu ergreifen, dem Feind den trügerischen Glauben an seinen Sieg – einen Scheinsieg – zu vermitteln, um ihn dann an der Sultansschanze, an der Phalanx der Janitscharen verbluten zu lassen.

Ludwig ließ die Trompeten zum Kampfe blasen. Die Trommel schlug. Die dem Tode Geweihten rückten mit Jesus-Rufen vor. Dem König wurde jetzt der Helm aufgesetzt. Einstimmig wird berichtet, daß in diesem Augenblick das Gesicht des Jünglings kreidebleich wurde.

Den Schlachtverlauf beschreibt Zinkeisen wie folgt:

„Die ersten Angriffe der Ungarn waren glücklich und steigerten die Hoffnungen des Königs bis zum begeistertsten Siegesmuthe. Kaum hatte die ungarische schwere Reiterei, geführt von Peter Perényi und Paul Tomory, das erste Treffen der Osmanen durchbrochen, kaum hatte Andreas Báthory, leider nur zu voreilig, dem Könige, welcher im Hintertreffen, umgeben von seiner Leibwache, des Kampfes Ausgang abwartete, zugerufen, ,der Feind ergreife die Flucht, der Sieg sei gesichert, man solle nur schnell nachrücken, um die fliehenden Osmanen vollends zu Boden zu werfen', – als sich Ludwig selbst mit seiner Schaar in die dichtesten Reihen der Feinde stürzte und unaufhaltsam fast bis zum Pfortenzelte Suleiman's vordrang. Da wandte sich das Geschick des Tages. Die ungari-

*Zeitgenössisches Zeitungsblatt über die Schlacht von Mohács 1526*

sche Reiterei, welche sich ohne Nachhalt zu weit vorgewagt hatte, wurde von dem mörderischen Feuer der osmanischen Geschütze geworfen; Alles suchte in aufgelöster Flucht Heil und Rettung; aber nur Wenige entkamen."

Ungeklärt bleibt die Rolle, welche die osmanischen Geschütze bei Mohács gespielt haben. Der Meinung vieler Historiker, die Mohács als einen Wendepunkt in der Kriegsgeschichte betrachten, da diese Schlacht als die erste durch den massiven Artillerieeinsatz entschieden worden sei, steht Brodarics' Bericht entgegen, wonach die osmanischen Geschütze *„in einer Art von Niederung aufgestellt worden sind, den Unsrigen deswegen viel weniger schaden konnten ... und eher Furcht als Schaden verursachten."*

Ob nun der ungarische Angriff „im mörderischen Feuer von 300 Kanonen zum Erliegen kam", wie so viele Quellen berichten, oder an der Sultansschanze vor den Janitscharen sowieso zusammenbrach –, gegen die Übermacht und die bewährte Taktik der Osmanen hatten die Ungarn keine, aber auch gar keine Siegeschance.

Die Schlacht dauerte anderthalb Stunden und endete bei wolkenbruchartigem Regen. – 24 000 Ungarn fielen im Gefecht, darunter der Befehlshaber Tomory, Erzbischof von Kalocsa. Sein Kopf wurde von den Osmanen als Trophäe herumgetragen. Den Heldentod fanden der Erzbischof von Gran, fünf Bischöfe und die meisten Würdenträger des Reiches. Der König überlebte den Kampf, kam aber bald danach um. Der nach der Schlacht, unter völlig ungeklärten Umständen erfolgte Tod des jungen Königs war womöglich verhängnisvoller für Ungarns Geschichte der nächsten Jahrhunderte, als die verlorene Schlacht.

Etwa 4000 Mann konnten sich durch die Flucht retten. Es überlebten der Palatinus – ein mit dem osmanischen Großwesir vergleichbarer Stellvertreter des Herrschers, – und drei Bischöfe, unter ihnen Kanzler Brodarics, der bereits am 10. September ausführlich nach Rom berichtete und Anfang 1527 seine unschätzbare Chronik schrieb. Die gesamte abendländische Geschichtsschreibung hält es für schier unerklärbar, weshalb die Ungarn die Schlacht von Mohács gewagt hatten. Was die osmanischen Historiker anbelangt, ist es verständlich, daß sie über die Motive der Ungarn sich den Kopf nicht zerbrachen.

Warum haben die Ungarn nur gekämpft, wo doch einige – vielleicht auch die meisten – im Stab des Königs wußten, daß sie ins offene Messer Suleimans rannten? Der Feldzug wäre ein Schlag ins Wasser gewesen, wenn Ludwig sich nicht gestellt hätte.

Nach seinem Sieg zog Suleiman ungehindert nordwärts. Das Osmanenheer plünderte und verwüstete Teile der Ungarischen Tiefebene und Transdanubiens, d. h. des Gebiets westlich der Donau. Das Zerstörungswerk entsprach nicht den Intentionen Suleimans, der seinen Mannen nach der gewonnenen Schlacht keine unbeschränkte Plünderung eingeräumt hatte. Doch soll er seine Armee nicht ganz im Griff gehabt haben.

Der Sultan erreichte schon am 10. September die Hauptstadt: Die Schlüssel von Buda (Ofen) wurden ihm freiwillig überreicht.

Am 17. September trat Suleiman den Rückzug an. Das Land zu besetzen oder gar zu annektieren, lag nicht in seinem Interesse: Der Okkupation des großen Flächenstaates zogen die Osmanen den ungarischen Verbündeten der Zukunft vor.

## Suleimans Ungarnpolitik nach 1526

Im Abschnitt über den Mohács-Feldzug konnten wir den Ungarnkönig Ludwig nicht bis zur Schwelle seines Grabes begleiten, weil niemand weiß, wo dieses lag. Fest steht nur, daß Ludwig nicht unter den Gefallenen auf dem Felde von Mohács war und daß er kurz danach irgendwie und irgendwo starb.

Da König Ludwig keine Kinder hinterlassen hatte, wählte am 10. November 1526 in Stulweißenburg die ungarische Ständeversammlung János Zápolya als János I. zum König von Ungarn (1526–1540). János wurde mit der Stephanskrone gekrönt. Ferdinand von Habsburg, Erzherzog von Österreich, ließ sich sogleich als Gegenkönig aufstellen. Eine Minderheit von Ständen wählte im Dezember 1526 Ferdinand. Dieser griff Ungarn im Juli 1527 mit einer 15 000 Mann starken Armee an. János mußte sich nach Siebenbürgen zurückziehen.

Er wandte sich nun an Suleiman um Hilfe. Über fast ein Jahr – seit November 1526 – hatte er den Sieger von Mohács ganz einfach ignoriert, was von den Wesiren dem Vertreter des Ungarnkönigs, Hieronymus Laszky, auch bitter vorgeworfen wurde.

Suleimans Verhalten in der Ungarnfrage war konsequent. Auf eine Besetzung des besiegten Landes hatte er aus den folgenden Gründen verzichtet: Nach der bewährten osmanischen Militärdoktrin sollten keine weit vorgeschobenen Positionen besetzt werden, wenn man diese nur schwer halten konnte, weil ein breites Hinterland unsicher war oder sich gar in Feindeshand befand. Mit der Einnahme von Belgrad und den benachbarten Burgen hatte Suleiman die Donaulinie, welche Ungarn vom Balkan trennt, erfolgreich überwunden. Zwischen Belgrad und Buda erstreckte sich aber die große Tiefebene, westlich davon die Hügellandschaft von Transdanubien bis zur österreichischen Grenze, mit einer ganzen Reihe von Burgen und den unkalkulierbaren Fürsten des Heiligen Römischen Reiches dahinter. Jedenfalls waren die Deutschen mindestens ebenso stark wie die Ungarn, es erschien daher untunlich, zwischen die Grenze mit ihnen und den Stützpunkt Belgrad die weite, unsichere Puszta zu legen. Suleiman zog es also vor, Ungarn als „Pufferstaat" zu erhalten, und dazu konnte ihm die Unterstützung des Zápolya gegen Ferdinand von Habsburg dienen. Auf diese Weise war er auch nicht zum dauernden Konflikt mit Ferdinand gezwungen, der 1526 Böhmen, Mähren und Schlesien definitiv an sich gebracht hatte und damit zum wichtigsten europäischen Feind der Osmanen aufgerückt war.

Mit König János I. gegen Ferdinand von Habsburg

Im Februar 1528 war ein regelrechtes Militärbündnis zwischen dem Osmanischen Reich und Zápolya unter Dach und Fach. Der Sultan verkündete den Bündnisvertrag feierlich im Diwan (S. 78). Jetzt galt es, Ferdinand aus Ungarn zu verjagen – was keine unüberwindliche militärische Aufgabe war. Am 8. September 1529 kapitulierten die habsburgischen Söldner in Buda vor den Osmanen, die vom Sultan höchstpersönlich angeführt wurden. Am 14. September übergab Suleiman die Stadt seinem „Freund Janusch". Am 22. September pflanzte der Sultan seine Roßschweife bereits vor den Toren Wiens auf. Die Türken bezeichneten die Stadt poetisch als „Goldenen Apfel" und maßen ihr damit eine Bedeutung bei, die derjenigen von Konstantinopel ungefähr gleichkam. Sie wußten auch, daß Ferdinand von seinem Bruder Karl V. keine Hilfe zu erwarten hatte, da dieser gerade im Kampfe mit Frankreich lag. Wien mußte Suleiman als das Herz der kaiserlichen Machtstellung und der Schlüssel zum Donautal und Deutschland insgesamt erscheinen. In der Stadt waren 8000 Landsknechte und 1700 gepanzerte Reiter unter dem alten Grafen Niklas von Salm zusammengezogen. Die Mauern hätten schwerer Artillerie wohl nicht standgehalten, doch Suleiman führte nur leichteres Geschütz mit. Dafür arbeiteten die Osmanen mit Minen und konnten dreimal Bresche legen. Aber da ihre leichte Artillerie nicht genügte, die Verteidiger von den Wällen zu schießen, mißlangen drei große Stürme, und die Janitscharen lernten die deutschen Landsknechte als ebenbürtige Gegner kennen. Die Jahreszeit wurde kalt und regnerisch, mit der Disziplin im Osmanenlager stand es nicht zum besten, und außerdem hatte sich auf Ferdinands Bemühungen hin bereits ein Entsatzheer aus Deutschland in Marsch gesetzt, Katholiken und Protestanten gemeinsam – da brach Suleiman am 16. Oktober 1529 die Belagerung ab. Man wird ihm den Vorwurf mangelnder Vorbereitung nicht ersparen können. Denn während seine Armee ca. 150 000 Mann umfaßte, was auf die ernsthafte Absicht zur Eroberung des „Goldenen Apfels" schließen läßt, deutet der Mangel an schwerem Belagerungsgeschütz darauf hin, daß Suleiman entweder zu ungeduldig war, um den Antransport der Kanonen abzuwarten (die Jahreszeit lief ihm ja schon davon!), oder daß er über die Stärke der Wiener Befestigungswerke ungenügend informiert war. Der größte aller osmanischen Feldherrn war der „Prächtige" anscheinend nicht.

Bei seinem Rückzug über Buda hinterließ Suleiman Ende Oktober eine 3000 Mann starke Truppe zur Hilfe für König János.

1532 zog Suleiman abermals in das Vorfeld von Wien. Nun war keine Eroberung beabsichtigt, eher eine Rekogniszierung, verbunden mit Machtdemonstration. Er marschierte erst gegen den „Goldenen Apfel", drehte dann in die untere Steiermark ab und verschwand unter Morden und Sengen wieder in Ungarn. Ein Gegenstoß des Reichsheeres entlang der Donau blieb wegen der Uneinigkeit der Teilnehmer noch weit vor Buda stecken.

Über ein ganzes Jahrzehnt, bis 1540 sprachen eher die Diplomaten als die Geschütze. Ferdinand hatte keine Chance, sich in Ungarn gegen Zápolya durchzusetzen, denn hinter diesem standen die Osmanen. Großwesir Ibrahim brachte dies mit einer Drohung an die Adresse Ferdinands zum Ausdruck, die nichts an Deutlichkeit zu wünschen übrig ließ: Der Padischah wird König János *„so beistehen, daß, wenn er will, wir nicht nur Ferdinand, sondern auch die Freunde Ferdinands",* – gemeint war Kaiser Karl – *„in Staub, ihre Berge mit den Hufen unserer Rosse in Ebenen verwandeln werden."*


Kampf um Buda 1541

Am 17. Juli 1540 starb König János. Seinen Sohn Johann Sigmund, den Suleiman bald darauf adoptierte, hat er nie gesehen. Nach János' Tod witterten die Habsburger Morgenluft: Ferdinand entsandte General Roggendorf mit einem 30 000 Mann starken Heer nach Buda, um die reife ungarische Frucht nunmehr zu pflücken und vollendete Tatsachen zu schaffen, ehe noch die Osmanen eingriffen. Die Österreicher begannen am 4. Mai 1541 mit der Belagerung von Buda. Die ungarische Besatzung zählte ganze 2200 Mann, allerdings beteiligten sich auch die Bürger, Ungarn, Deutsche und Juden an der Verteidigung. Am 13. Juni versuchten die

Österreicher, sich der Burg durch List zu bemächtigen, doch dies mißlang.

Die Seele der Verteidigung war der Paulanermönch Georg Martinuzzi (1482–1551), später Erzbischof von Gran, eine Persönlichkeit mit unerschöpflichen Energien, der als „Frater Georg" in die ungarische und in die osmanische Geschichte einging. Die Verteidiger hielten bis in den August hinein durch.

Suleimans Riesenheer war im Anmarsch und erreichte Buda in der zweiten Augusthälfte. Es entstand die in der Kriegsgeschichte recht seltene Situation, daß zwei untereinander verfeindete Heere angerückt waren, um sich einer Festung zu bemächtigen, welche sich in der Hand einer dritten Macht befand.

Die österreichischen Belagerer wurden vor Buda von Suleimans Heer vernichtend geschlagen. Reste der österreichischen Armee flohen Richtung Wien. Suleiman verhandelte mit der ungarischen Führung und bemächtigte sich der Burg ohne Schwertstreich am 29. August 1541.

Ungarn gehörte dem Sultan, denn nach alttürkisch-mongolischer Tradition war alles Land, wo sein Haupt jemals geruht hatte, sein Eigentum. Anders als die Walachei und die Moldau wurde es zur Provinz, so weit die osmanische Macht reichte, d.h. ohne die slowakischen Berge und ohne Kroatien und etwa die Hälfte Westungarns. Mehr als die Hälfte des Reiches der Stephanskrone war damit auf Dauer erobert, Buda wurde von den Osmanen zu ihrem Machtzentrum und Bollwerk ausgebaut.

Frater Georg sollte als Reichsverweser im Namen des einjährigen Johann Sigmund regieren. Doch er konnte sich gegen die habsburgischen Truppen nicht behaupten. Das Ungarnreich zerfiel in drei Teile: Eines 100 bis 200 km breiten Landstreifens in West- und in Nordungarn bemächtigte sich König Ferdinand. Die Regierung von Frater Georg mußte sich mit Johann Sigmund als nominellem Konkurrenz-König in den südöstlichen Teil des Karpatenbeckens zurückziehen. Dort entstand das Fürstentum Siebenbürgen, das bis 1690 eine meist osmanenfreundliche Politik verfolgte.

Aber Suleiman hätte es vorgezogen, das gesamte Königreich nach seinem Willen gegen die Habsburger einzusetzen. Ein Stillstand des osmanischen Eroberungslaufes in Europa zeichnete sich ab. Die mißlungene Belagerung von Wien (1529) war nicht eine einmalige Schlappe gewesen, sondern der Anfang dieser Stagnation.

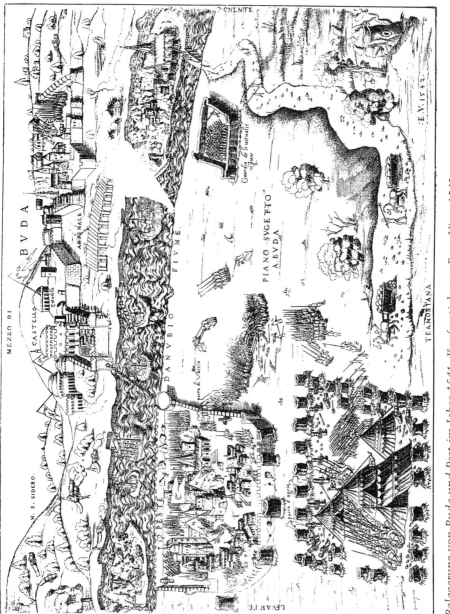

Belagerung von Buda und Pest im Jahre 1541; Kupferstich von Enes Vico, 1542.

## Die osmanische Seemacht und der Seekrieg im Mittelmeer

Der großangelegte Flottenbau begann schon im 15. Jahrhundert. Als mediterrane Großmacht etablierte sich das Osmanenreich aber erst unter Suleiman dem Prächtigen. Dabei kam Frankreich als Verbündeter in Frage, während Spanien und Venedig als die hauptsächlichen Gegner auftraten. Im Roten Meer und in den Gewässern des Indischen Ozeans rund um die Arabische Halbinsel kreuzten die Osmanen sogar mit der aufsteigenden portugiesischen Kolonialmacht die Klinge.

Die Seemächte bemühten sich, ihre Kriegsmarine im Mittelmeer-Becken systematisch auf einem höheren Niveau als zuvor auszubauen. Spanien, Frankreich und Venedig entwickelten neuartige Modelle und modernisierte Varianten in Anlehnung an die traditionellen Schiffsarten der klassischen Antike. Venedig erwog selbst den Serienbau einer neuen Gattung der antiken Quinqueremen, des – für damalige Begriffe – Riesenschiffes mit nicht weniger als fünf Ruderbänken. Diese war dazu bestimmt, die mittelschweren osmanischen Galeeren zu bezwingen. Doch kam es nur bis zum Bau eines Prototyps (1530), die Signoria kostete ein solch gewaltiges Unterfangen zuviel Geld. Die europäischen Seemächte waren in der glücklichen Lage, die großangelegte Entwicklung der Kriegsmarine aufgrund ihrer reichen Traditionen und Erfahrungen in der Handelsschiffahrt zu beginnen. Nicht so die Osmanen: Sie waren keine Seefahrernation, sie kannten sich im Seehandel, im Seekrieg und in der Schiffskonstruktion wenig aus. Daher waren sie ständig, auch zu Suleimans Zeiten und danach, auf fremde Hilfe angewiesen. Organisationstalent, Ausdauer, Disziplin, Großzügigkeit in der Finanzierung des Flottenbaus, vor allem aber Sinn für das Neue, das Gewaltige und ganz besonders das Effiziente, für den Einsatz der besten Talente für alle Aufgaben, diese Eigenschaften sollten und konnten nur zum Teil den Mangel an Seefahrertraditionen und Know-how ersetzen. Was Bau und Einsatz der Schiffsgeschütze angeht, hatten die Osmanen, seit Mehmed II. die großen Artilleristen ihrer Zeit, allerdings gute Ausgangspositionen.

Die verschiedenen Funktionen einer Kriegsmarine stehen in Wechselwirkung miteinander; sie variieren auch nach der geographischen Lage und dem militärischen und wirtschaftlichen Profil der einzelnen Seemächte: 1. Schutz der eigenen Küsten, 2. Schutz der Handelsschiffe, 3. Angriff auf feindliche Handelsschiffahrt, 4. Invasion fremder Länder samt Belagerung von Küstenburgen. 5. Die generelle Kraftprobe mit der feindlichen Flotte steht meistens mit der einen oder anderen unter den vier erstgenannten Funktionen im Zusammenhang.

Suleimans Flotte mußte nicht alle dieser Funktionen erfüllen, eher nur die rein militärischen, offensiven Aufgaben, denn Angriffe auf osmanisch kontrollierte Küsten waren in jener Zeit nur ausnahmsweise zu befürchten; die eigene Handelsschiffahrt war von keiner großen Bedeutung und deshalb auch nicht besonders gefährdet.

Hauptstützpunkt der osmanischen Flotte war Gallipoli an den Dardanellen. Dort und in Istanbul waren die gewaltigen Arsenale untergebracht; die Werften arbeiteten Tag und Nacht, immer mehr Kriegsschiffe liefen von Stapel, übrigens nicht erst seit Suleimans Thronbesteigung. Schon Selim, der große Landkrieger, hatte während seiner kurzen Regierungszeit zielbewußt am Aufbau der Flotte gearbeitet. Was wunder, er wußte, daß das Reich seine Landeroberungen in Syrien und Ägypten zur See versorgen und verteidigen mußte.

Holz aus den Wäldern Anatoliens und des Balkan war zur Genüge vorhanden. Für den systematischen Einsatz ausländischer Schiffskonstrukteure und Meister wurde früh, schon zu Mehmeds II. Zeiten gesorgt. Die abendländischen Fachleute sollten in den osmanischen Werften noch im 18. Jahrhundert den Ton angeben.

Die Befehlshaber der osmanischen Flotte

Den Anstoß zur Berufung Haireddin Barbarossas (S. 38) zum Großadmiral – zum Kapudan Pascha – gab wohl das gefährliche Vordringen christlicher Flotteneinheiten in Gewässer, in denen sich die Osmanen längst in Sicherheit wähnten, nämlich an die Westküste des Peloponnes, wo die Venezianer ihre mächtigen Stützpunkte Koron und Modon an die Türken verloren hatten.

Der legendäre Admiral des Kaisers, Andrea Doria (1466–1560), kreuzte mit seinem Geschwader vor Koron auf, wo die Christen provisorisch wieder Fuß faßten (1532). Es gelang den Osmanen 1534, Koron wiederzuerobern; doch Suleiman war alarmiert ob der Macht der kaiserlichen Flotte, welche ins Herz seines Reiches vorzudringen vermochte. So schritt er zu weiteren resoluten Maßnahmen für die Organisation seiner Seemacht und eben zur Ernennung Barbarossas.

Auch schon zuvor war dieser Barbarossa kein gewöhnlicher Korsarenhäuptling gewesen. Noch zu Selims Zeiten bemächtigte er sich des maurischen Fürstentums von Algier und etablierte ein Vasallenverhältnis zum Sultan. Haireddins Freibeuter plünderten ohne Unterbrechung die spanischen und italienischen Küsten, beschränkten sich also keineswegs auf die Piraterie auf hoher See. In Algier übten sie politische Macht aus und halfen bei der Überführung der im intoleranten Spanien der Mauren- und Judenverfolgungen noch verbliebenen 70 000 Moslems nach Nordafrika zu ihren islamischen Brüdern.

Nachdem Haireddin im Sommer 1546 gestorben war, zeichneten sich neue Seehelden in der osmanischen Flotte aus, so Torgud (Dragut), ein geborener Christ, der, nach Jorgas Einschätzung, Barbarossas „Unternehmungsgeist, seinen Haß gegen die Christen, seine rastlose Energie geerbt (zu) haben schien." Auch Torgud war vorher Pirat gewesen. Er war einst mit 30 Schiffen nach Korsika gesegelt, aber dort von Andrea Doria im Gefecht besiegt und zum Galeerensklaven des Genuesen gemacht worden. Freund Haireddin blieb nicht untätig: Er drohte Doria, Genua zu zerstören, falls er den Kameraden nicht freiließe, und Doria gab nach. Bald danach beteiligte sich Torgud wieder am Seekrieg. Seinem Peiniger Doria sollte er noch mehrfach siegreich im Gefecht begegnen.

Der Dritte im Trio der großen osmanischen Admiräle des 16. Jahrhunderts war Piale Pascha, der spätere Großadmiral. Türkischen Geblüts war keiner der drei Männer.

Seekrieg mit Venedig (1538–1540)

Die Handelsrepublik bangte stets um ihre Ruhe, um die Sicherheit ihrer Schiffahrt und zog daher den Frieden mit den Osmanen dem Kriege vor. Dennoch kam es 1538–1540 zu einem Seekrieg zwischen den beiden Mächten. Die Spanier hatten Koron an der Südwestecke des Peloponnes wieder erobert und mußten 1534 dem osmanischen Gegenangriff standhalten. Kaiser und Papst verbündeten sich mit Venedig, um diesen neuen Gewinn zu sichern. Die alliierte Flotte sollte den Weg zur umzingelten Festung von der See her freikämpfen.

Ein venezianisches Geschwader von 81 Schiffen und 13 päpstliche Kriegsschiffe kreuzten vor der griechischen Westküste auf. Andrea Doria schloß sich mit der spanischen Flotte an, die aus 24 Triremen (Dreiruderern), 3 Zweiruderern und 30 Transportschiffen bestand. Am 27. und 28. September 1538 kam es vor Prevesa zum Gefecht gegen Haireddins osmanische Flotte von 70 Schiffen. Die Schlacht war nicht besonders verlustreich und blieb auch noch am zweiten Tag unentschieden, als Doria mit seinem Geschwader plötzlich abdrehte. Dann preschte Barbarossa vor und schlug die – von Doria im Stich gelassene? – venezianisch-päpstliche Flotte in die Flucht. Bald darauf kapitulierte die spanische Besatzung von Koron. Für das Verhalten Dorias gibt es unterschiedliche Interpretationen und es ist bis heute nicht geklärt, ob sich der Seeheld auf ausdrücklichen Befehl von Kaiser Karl, sein Geschwader zu schonen, aus dem Gefecht schließlich zurückzog, oder ob er dazu gezwungen war, weil „der Wind drehte und er sich nicht allzu sehr von seinen Transportschiffen trennen wollte", so der englische Militärhistoriker Hale. Wie dem auch sei, Haireddin errang einen Sieg in einer Seeschlacht, die für 33 Jahre eine Lage schuf, in der die Initiative im östlichen Mittelmeer fast ununterbrochen in der Hand der Osmanen lag.

Vor dem Friedensschluß mit dem geschlagenen Venedig, welcher erst am 20. Oktober 1540 erfolgte, konnte Haireddins Flotte noch im Zusammenwirken mit den osmanischen Landstreitkräften in Dalmatien bedeutsame territoriale Gewinne für das Reich erzielen. Durch den Friedensvertrag verlor die Republik auch fast alle in der griechischen Inselwelt noch verbliebenen Besitzungen; außerdem mußte sie der Pforte den horrenden Betrag von 300 000 Dukaten zahlen.

Kampf um die Südküste des Mittelmeeres (1534–1560)

Der weitaus stärkste Gegner des Osmanischen Reiches im Mittelmeer war Spanien, das etwa gleichzeitig mit diesem zur Weltmacht aufstieg.

1534 segelte Haireddin mit einem Geschwader nach Tunis, das er dem schwachen Herrscher jenes Fürstentums ohne große Schwierigkeiten wegnehmen konnte. Bald danach war er aber mit der geballten Macht Kaiser Karls V. konfrontiert, der persönlich vor der nordafrikanischen Küste aufkreuzte, an der Spitze einer „durch 80 portugiesische Schiffe verstärkten Flotte, der schönsten und größten, welche man je in diesen Gewässern gesehen hatte ... Selbst die unerschütterliche Tapferkeit Chaireddin's mußte hier ... der Übermacht des Kaisers unterliegen" (Zinkeisen). Karl eroberte Tunis am 21. Juli 1535. Das verschaffte ihm willkommenen Ruhm als erfolgreicher Kreuzfahrer. Gleichzeitig ging es darum, diese Schlüsselposition im zentralen Mittelmeer, durch welche die Schiffahrt in der Meerenge zwischen Nordafrika und Sizilien kontrolliert werden konnte, zu sichern.

Haireddin erlebte die – erst 1574 erfolgte – Rückeroberung von Tunis durch die Osmanen nicht mehr. Nach der Schlappe von Tunis 1535 waren die Machtverhältnisse auf den südlichen Gestaden des Mittelmeeres nun die folgenden:

In der östlichen Ecke, in Ägypten, herrschten die Osmanen seit Selims Sieg 1517. Auch der Westen der Südküste gehörte ihrem Herrschaftsgebiet seit 1518 an. Die Südküste des zentralen Mittelmeeres hingegen war in der Hand der Christen. Tunis war – nominell unter einem moslemischen

Scheinfürsten – seit Karls Sieg 1535 dem Kaiser untertan, und in Libyen herrschten die Johanniter: Die Ordensritter bekamen nach ihrer Vertreibung durch die Osmanen aus Rhodos (1522) von Karl V. erst Tripolis – die heutige Hauptstadt von Libyen – und dann, 1530, die Insel Malta als Sitz „zugewiesen", deren Hauptstadt sie zu einer gigantischen Festung ausbauten. Karl V. beabsichtigte nun, auch den gesamten westlichen Abschnitt der afrikanischen Küste für sich zu sichern. 1541 rüstete der Kaiser eine imposante Flotte und segelte vor die Küste Algiers. Seine Invasionstruppen gingen an Land. Doch kaum erfolgte die erste Feindberührung, fegte in der Nacht des 24. Oktobers 1541 ein entsetzliches Unwetter den besten Teil der kaiserlichen Flotte hinweg, 130 von Karls stolzen Schiffen gingen verloren. Das Invasionsheer war genötigt, schleunigst an Bord der übriggebliebenen Schiffe zu gehen. Ungünstige Winde beeinträchtigten obendrein noch die Rückfahrt.

Nur zu gern hätte Haireddin unter solchen Umständen mit seinem Geschwader die ursprünglich überlegene – spanische Flotte angegriffen. Indes hinderten ihn die auch für seine Schiffe ungünstigen Winde, einzugreifen. Die Jahreszeit war zu sehr fortgeschritten für eine planmäßige Seekriegsführung. Die spanischen, ebenso wie die osmanischen Galeeren waren den Herbststürmen nicht gewachsen. Algier blieb unter osmanischer Oberherrschaft.

Im Sommer 1551 kreuzte ein starkes osmanisches Geschwader, befehligt von drei Admirälen, darunter Torgud, vor Tripolis auf, und die Ritter wurden nach einer kurzen Belagerung am 17. August zur Kapitulation gezwungen. Torgud etablierte sich in Libyen als Beglerbeg von Tripolis und versäumte anschließend keine Gelegenheit, mit seinen Kriegsschiffen italienische Küsten heimzusuchen und die feindliche Schiffahrt zu stören.

1559 sollte ein spanisches Geschwader Tripolis zurückerobern, schreckte aber vor der Flotte von Piale Pascha zurück und vermied das Gefecht. Im Winter gelang es dann den Spaniern, die Festung der Insel Dscherba, der Südküste des heutigen Tunesien vorgelagert, einzunehmen und den dort verweilenden Torgud später einzuschließen. Doch eilte Admiral Piale Pascha mit seinem Geschwader herbei und errang einen der glänzendsten See-Siege der Ära Suleiman. Die spanische Flotte wurde zerschlagen, nur elf Schiffe entkamen. Die osmanische schwere Artillerie schoß den Weg frei für die Einnahme der Festung von Dscherba. Dem Sultan wurden die 21 erbeuteten spanischen Galeeren, die blutigen spanischen Standarten und zahlreiche Kriegsgefangene, darunter Edelleute aus den besten Familien Spaniens, im Triumph vorgeführt.

## Die Südostflanke: Die Osmanen und Portugal südlich von Suez

Die Herrschaft über das östliche Mittelmeer galt nicht als gesichert, solange die Marine einer rivalisierenden Macht in unmittelbarer Nähe Ägyptens operieren und die Meere südlich von Suez kontrollieren konnte. Portugal war keine mediterrane Macht, es konnte jedoch dank des rapiden Ausbaus seines Kolonialweltreichs Anfang des 16. Jahrhunderts die osmanische Mittelmeermacht vom Südosten her gefährden.

Die Portugiesen eroberten 1507 die Insel Sokotra am Südausgang des Roten Meeres, an der strategisch bis heute so wichtigen Meerenge von Bab el Mandeb; 1509 besetzten sie Goa in Indien, eine Kolonie, die sie bis ins 20. Jahrhundert behielten. Das Mameluken-Sultanat von Ägypten geriet kurz vor Selims Blitzkrieg gegen Kairo (S. 211) in einen Seekrieg mit den Portugiesen (S. 69). Die osmanischen Eroberer Syriens und Ägyptens „erbten" den geo-strategisch bedingten Konflikt. Und die Portugiesen waren gefährliche Gegner von größter Kühnheit: sie drangen im Roten Meer sogar bis in den Raum von Suez vor.

Großwesir Ibrahim Pascha reorganisierte die Admiralität in Ägypten und sorgte dafür, daß eine vormalig durch die Mameluken gebaute Flotte bereits 1525 gen Süden auslief und den Versuch unternahm, im Jemen, an der Südostküste des Roten Meeres, einen osmanischen Vasallenstaat zu errichten. Den Suezkanal gab es damals noch nicht, und so konnte die Mittelmeerflotte nicht ins Rote Meer einlaufen.

Der Beglerbeg von Ägypten eroberte 1538 Aden und bekriegte die Portugiesen auch im Indischen Ozean. Als dann unter Suleimans Regierungszeit der Irak und die Küsten der gesamten Arabischen Halbinsel unter osmanische Herrschaft gerieten, dehnte sich der Seekrieg gegen die portugiesische Kolonialmacht auch auf den Persischen Golf aus. 1551–1554 operierte dort ein osmanischer Flottenverband. Da blockierten die Portugiesen die Meerenge von Hormus, den Ausfahrtweg aus dem Golf, und die Osmanen befanden sich in einer Mausefalle. Erst 1554 gelang es Sidi Ali Reis – einem Veteranen der Seeschlacht von Prevesa unter Haireddin –, die Blockade zu durchbrechen. Allerdings verlor er die Mehrzahl seiner Schiffe in einem Sturm.

Weder die Osmanen noch die Portugiesen suchten große Konfrontationen zur See, zumal der Indische Ozean den Osmanen nicht so wichtig wie das Mittelmeer war und die Portugiesen keinen Dauerkonflikt mit dem Sultan heraufbeschwören wollten. Den Osmanen den Osthandel vollends zu entreißen, ist den Portugiesen letzten Endes nicht gelungen: Zur See konnte die osmanische Kriegsmarine ihnen Paroli bieten und die Handelsschiffe schützen. Außerdem wich der Handel auf den Landweg aus: Im 16. Jahrhundert waren von Karawanen beförderte Waren noch konkurrenzfähig. Diese beförderten Gewürze und Seide über den befriedeten Irak in den syrischen Hafen von Latakia, der zum blühenden Handelszentrum emporstieg. Ein anderer Umschlagplatz, dem die osmanische Herrschaft ausgesprochen guttat, war Alexandria. 1564 wurde dort mehr Pfeffer umgesetzt als in Lissabon. Und Lissabon war noch zu Beginn des Jahrhunderts die unbestrittene Pfeffer-Metropole Europas gewesen!

## *Das Jahrhundertbündnis zwischen Frankreich und dem Osmanischen Imperium*

Waffenbrüderschaft zur See im Krieg gegen Spanien (1542–1543)

Frankreichs Geschichte im 16. und 17. Jahrhundert war identisch mit der Abwehr einer Umklammerung durch das Reich der Habsburger in Madrid und in Wien. Der gemeinsame Feind der Franzosen und Osmanen brachte die beiden Mächte zusammen.

Anlaß für diesen Krieg war die Ermordung zweier französischer Gesandter in der Lombardei durch spanische Soldaten. Der eine Gesandte, Rincón, war mit einer Botschaft an Suleiman unterwegs gewesen, sein Begleiter, Fregoso, sollte als Vertreter des französischen Königs nach Venedig gehen. Man vermutete, daß der Mordbefehl vom kaiserlichen Gouverneur stammte, bewiesen werden aber konnte dies nicht. Dennoch: der Mordfall Rincón–Fregoso eignete sich zum casus belli, Franz erklärte am 20. Mai 1542 den Krieg an Karl. Der Franzose und Suleiman bemühten sich, auch Venedig in die Allianz gegen Karl einzubeziehen, allerdings vergebens.

Die gemeinsame französisch-osmanische Seeoffensive wurde planmäßig eingeleitet. An der Spitze des französischen Geschwaders stand ein 24jähriger Admiral, Franz von Bourbon, Graf von Enghien. Die 40 Schiffe, darunter eine 22 Galeeren starke Flotte, bezogen Positionen vor der Südostküste Frankreichs. Bourbon unternahm zunächst einen Versuch, Nizza den Kaiserlichen zu entreißen. Nachdem dieser mißlungen war, warteten sie die Ankunft des osmanischen Verbündeten ab.

Am 28. Mai 1542 stach Barbarossa in Istanbul mit seiner Flotte in See: Diese bestand aus zehn Galeeren und vielen kleineren Schiffen. Unterwegs verwüstete er Streifen der süditalienischen Küste, so bei Reggio in Kalabrien. An den Küsten des Kirchenstaates segelte Haireddin dann ohne

Kampfeinsatz vorbei –, trotzdem brach in Rom Panik aus. Die osmanische Flotte vereinigte sich in Marseille mit dem mittlerweile auf 50 Segel angewachsenen französischen Geschwader, und die Verbündeten liefen erst Villefranche an, westlich der heutigen französisch-italienischen Grenze gelegen.

Die beiden Flotten kreuzten anschließend gemeinsam vor Nizza auf und belagerten die Stadt, die schließlich am 8. August 1542 eingenommen wurde; die Zitadelle verteidigte sich weiter. Barbarossa drängte nach weiteren Operationen, ganz seiner Aktionslust entsprechend.

König Franz war weder Seekrieger noch Meteorologe, über die verheerenden Herbststürme im Löwengolf wußte er jedoch bestens Bescheid. So entschied er sich dafür, die Kriegshandlungen im Spätsommer abbrechen, die gesamte osmanische Flotte in Südfrankreich überwintern und für Barbarossas Streitmacht in Toulon einen Marinestützpunkt nach allen Regeln der Kunst einrichten zu lassen! Und so geschah es denn, daß sich Barbarossas Schiffe mit ihren Geschützen, Vorräten und Mannschaften, von September 1542 bis Ende April 1543 in Toulon aufhielten, sich dort regelrecht einrichteten. Um Konflikte mit der französischen Bevölkerung zu vermeiden, befahl der König, daß die Bewohner Toulons ihre Stadt unverzüglich zu verlassen hätten. Soviel Moslems waren dort erst wieder zu sehen, als im späteren 20. Jahrhundert die große Wanderung der Maghrebiner nach Frankreich begann ...

Nach dem Abzug von Haireddins Flotte im Frühjahr 1543 kam es zu keinen nennenswerten gemeinsamen französisch-osmanischen Unternehmungen mehr. Dennoch: König Franz I. hatte die Weichen für das Bündnissystem auf dem europäischen Kontinent und im Mittelmeerraum für fast zwei Jahrhunderte gestellt.

Kein anderer christlicher Monarch als König Franz konnte, dank seiner Freundschaft mit Suleiman, erreichen, daß die Freiheit der Glaubensausübung, die Erhaltung der Kirchen für die Christen in Jerusalem nicht nur als freiwillige Geste der Toleranz galten, sondern – durch einen diplomatischen Briefwechsel von 1528 – vertraglich verbürgt und mit Suleimans Worten feierlich bekräftigt wurden:

Alle *„Orte, mit Ausnahme der Moschee, werden auch ferner in den Händen der Christen bleiben; niemand soll diejenigen, welche dort wohnen, unter unserer gerechten Regierung belästigen. Sie sollen unter den Fittichen unseres Schutzes in Frieden leben ... sie sollen ihre Bethäuser und ihre sonstigen Anstalten ... in völliger Sicherheit behalten, ohne daß jemand sie auf irgendeine Weise unterdrücken oder mißhandeln dürfte."*

## 15 Jahre „Achse" Paris – Buda – Istanbul

Nach der ersten Annäherung zwischen Frankreich und dem Sultan entwickelte sich auch eine enge diplomatische Zusammenarbeit, welche sich weitgehend um den mitteleuropäischen Raum konzentrierte. Es ging darum, ob das Karpatenbecken der habsburgischen oder aber der osmanischen Hegemonialsphäre angehörte. Das Ziel der Franzosen war, den überwältigenden Machtzuwachs Österreichs zu verhindern, der durch dessen Festsetzung in ganz Ungarn drohte. Buda befand sich nicht nur etwa auf halbem Weg zwischen Paris und Istanbul; es lag im Mittelpunkt der außenpolitischen Anstrengungen der befreundeten Großmächte gegen ihren gemeinsamen habsburgischen Feind.

So entstand während der Periode 1526–1541 eine echte „Achse" Paris–Buda–Istanbul". Dem faktischen Bündnis zwischen der Pforte und Frankreich schlossen sich der formelle Bündnisvertrag Osmanenreich–Ungarn vom Februar 1528 (S. 57f.) und eine Allianz zwischen Frankreich und Ungarn an:

Der später ermordete Diplomat Antonio Rincón hatte den Löwenanteil an der Verwirklichung der französisch-ungarischen Allianz. Durch einen von Franz I. in Saint-Germain-en-Laye unterzeichneten Brief leitete der König den Gedankenaustausch mit János ein. Überbringer des Briefes, dessen genaues Datum umstritten ist, war Botschafter Rincón: Franz bot János seine Hilfe an. Anfang Mai 1527 entsandte dann der Ungar Statileo, den Bischof von Siebenbürgen, zu Franz, um die Verhandlungen zu Ende zu führen. Der Vertrag wurde am 28. Oktober 1528 in Fontainebleau von König Franz ratifiziert; seine Ratifizierung durch János erfolgte erst im September 1529. Beide Monarchen versprachen einander gegenseitigen Schutz und Hilfe ohne zeitliche Einschränkung. Franz sagte darüber hinaus finanzielle Hilfe zu und übersandte tatsächlich 30 000 Golddukaten.

Eine geradezu sensationelle dynastische Vereinbarung schloß sich den militärischen Klauseln an: Der Ungarnkönig verpflichtete sich, den Prinzen von Orléans, Heinrich, den Sohn von Franz, zu adoptieren, ihn für den Fall, daß János ohne männliche Nachkommen sterben sollte, zu seinem Nachfolger zu bestimmen und diesen Beschluß durch die Ständeversammlung sanktionieren zu lassen.

Von nun an wurde János von seinen mächtigen Verbündeten auf allen Ebenen der Diplomatie – von Franz I. auch in Rom und Venedig, vom König und Suleiman gemeinsam in allen Ecken des diplomatischen Geländes, bei deutschen Kleinfürsten und bei skandinavischen Monarchen –

nach Kräften unterstützt. Die Sache von König János wurde zu einem Hauptanliegen des osmanisch-französischen Bündnisses.

In der Auseinandersetzung um die Anerkennung von König János pochten die Habsburger freilich darauf, daß sich dieser mit den Ungläubigen verbündet hatte. Naturgemäß oblag es da nicht den Osmanen, sondern ihrem Freund Franz, diesem Argument auf der diplomatischen Bühne entgegenzutreten. Da schlug sich der mächtige König Heinrich VIII. von England (1509–1547) ebenfalls auf die Seite der Osmanen und der Franzosen: Als der Papst János Zápolya wegen seines Bündnisses mit den Ungläubigen exkommunizierte, trug Heinrich in Rom politische, ethische und subtile juristische Argumente vor, um die Rechtmäßigkeit der Exkommunikation zu entkräften.

## Das Weltreich erreicht seine äußersten Grenzen

Mitte des 16. Jahrhunderts erstreckte sich das osmanische Imperium über ein Gebiet von etwa 2 250 000 km$^2$. Dies entspricht ungefähr der Fläche des heutigen Europa, wenn man Skandinavien, die Balkanländer und die ehemalige Sowjetunion nicht mitzählt. Hinzu kamen Territorien mit Vasallen- oder sonstigem Sonderstatus, wie das Khanat der Krimtataren, die Walachei, die Moldau und mehrere Fürstentümer im Nahen Osten. Dem osmanischen Herrschafts- oder Hegemonialbereich im außen- und militärpolitischen Sinn gehörten sie allesamt an.

Gescheiterte Ungarnpolitik der Osmanen und der Beginn des endlosen Burgenkrieges

Auch nach dem Tod von König János Zápolya versuchte Suleiman noch beharrlich, das, was aus seinem Ungarn-Konzept noch übrigzubleiben schien, zu retten: János Zsigmond (Johann Sigmund), der 1541 geborene Sohn von János, sollte den ungarischen Thron erben. Nur provisorisch, um das Land während der Minderjährigkeit von Johann Sigmund für diesen neuen König zu bewahren, wollten die Osmanen Teile Ungarns besetzen, verkündete Suleiman. Unter der Regentschaft von Frater Georg sollte Ungarn der Dynastie Zápolya – und deren osmanenfreundlicher Politik – erhalten bleiben.

Die Jahre 1541–1551 sind nun das Jahrzehnt des Fraters Georg, dieses Mannes aus politischem Urgestein, der zum eigentlichen Gründer des Fürstentums Siebenbürgen und dadurch zu einer Schlüsselfigur in den osmanisch-ungarisch-österreichischen Beziehungen wurde.

In der Optimallösung: János Zsigmond als König, Frater Georg als Regent ging „der Mönch" - so nannten ihn seine Ungarn - mit Suleiman gänzlich konform. Frater Georg verfolgte aber das Ziel, Ungarns Unabhängigkeit wiederherzustellen und das Land sowohl von den Habsburgern als auch von den Osmanen zu befreien. Doch hatte dieser Plan keine echte Erfolgschance, dafür reichten Ungarns innere Kräfte längst nicht mehr aus. Allmählich erkannte dies auch der Mönch, und so setzte er eher auf Ferdinand. Er versuchte immer wieder, Ferdinand für einen großen Befreiungskrieg zu gewinnen und den Sultan auszuschalten.

Des Fraters Kooperation mit Habsburg ging 1551 so weit, daß er König János' Witwe Isabella dazu bewog, die Stephanskrone Ferdinands General Castaldo auszuhändigen und dessen Truppen nach Siebenbürgen hereinzulassen.

Am 18. Juli 1551 teilte Malvezzi, Ferdinands Botschafter an der Pforte, in Istanbul offiziell mit, daß die kaiserlichen Truppen in Siebenbürgen einrückten. Im Augenblick konnte Suleiman nur eine recht schwache Gegenmaßnahme ergreifen: Er setzte den Botschafter unter Arrest. Am 19. Juli unterzeichnete Isabella den Vertrag mit Ferdinand über den Thronverzicht von Johann Sigmund. Am 20. Juli erteilte Ferdinand, der dem Mönch trotz allem mißtraute, seinem General Castaldo einen Geheimbefehl, Frater Georg, falls dessen Verhalten „als verdächtig erscheint", zu beseitigen. Frater Georg wurde von Castaldos Killerkommando am 17. Dezember 1551 meuchlings getötet, als er im Gebet vertieft war. Doch Ferdinand war so sehr im Reich engagiert (er vermittelte den Kompromiß zwischen Katholiken und Protestanten, den Augsburger Religionsfrieden von 1555), daß er Siebenbürgen nicht halten konnte. Die Osmanen waren dem Lande näher als Österreich, und so setzte sich ihr Einfluß wieder durch. Isabella und der nunmehr 15jährige János Zsigmond wurden auf Geheiß des Sultans aus Polen - wohin sie sich geflüchtet hatten - zurückgeholt. Sie zogen am 22. Oktober 1557 feierlich in Klausenburg (ungarisch: Kolozsvár, rumänisch: Cluj) ein. Erster Herrscher im Fürstentum Siebenbürgen wurde János Zsigmond Zápolya. Er starb - knapp 30jährig - ohne Erben (1571). Die Dynastie Zápolya erlosch damit, aber das Wahlfürstentum Siebenbürgen blieb erhalten.

Das Fürstentum Siebenbürgen und die „Türkenpartei" in Ungarn

In dem militärischen und politischen Vakuum zwischen Habsburg und Osman, das durch den Untergang Ungarns 1541 entstand, entwickelte sich Siebenbürgen schon in den Regierungsjahren von Frater Georg zu

*Gefecht zwischen Osmanen und Österreichern in der 2. Hälfte des 16. Jahrhunderts; Stich von Leonhard Beck.*

dem, was Historiker falsch als osmanischen Vasallenstaat kennzeichnen. Vielmehr wurde das Fürstentum zu einem Machtfaktor mittlerer Größenordnung in der europäischen Geschichte, meist – aber keineswegs immer und automatisch – wider Habsburg. Es war ein Staat unter osmanischer Schirmherrschaft, aber mehr als ein willenloser Vasall der Pforte. Mit einfachen Worten umschreibt der ungarische Historiker Acsády das Verhältnis der Pforte zum jungen Zápolya und damit zu Siebenbürgen während des Bestehens dieses Staates: In der Politik des Türkischen Weltreiches war das kleine Siebenbürgen zwar nur ein kleiner Punkt, aber man verlor es nie ganz aus den Augen und man achtete darauf, es nicht mit überzogenen Ansprüchen in die Arme der Habsburger zu treiben.

Das Land wurde bis Ende des 17. Jahrhunderts zum Sitz der „Türkenpartei" unter den Magyaren, die keine habsburgische Herrschaft wollten. Denn die relative Unabhängigkeit gegenüber dem Sultan war manchen Magnaten immer noch angenehmer als die Unterwerfung unter den Kaiser.

### Beginn des 140jährigen Stellungskrieges in Ungarn

Auf dem ungarischen Kriegsschauplatz brach nach der Eroberung von Buda die 140jährige Epoche des „Burgenkrieges" an. Denn ein großer strategischer Atem beseelte nun keinen der Beteiligten. Es ging immer nur darum, dem Feind ein paar Burgen an der Grenze abzujagen. Die systematische Eroberung früherer osmanischer Zeiten wurde nicht wieder aufgenommen. Und des Kaisers Verwicklung in den deutschen Glaubenskampf, schließlich in die Wirrnisse des 30jährigen Krieges, machte eine Offensive unter Habsburgs Führung lange Zeit illusorisch. In Ungarn trat die Weltgeschichte auf der Stelle.

### Suleimans Sziget-Feldzug 1566

1566 stellte sich der greise Suleiman selbst an die Spitze eines 100 000 Mann starken Heeres und marschierte gegen Szigetvár im Raum von Pécs (Fünfkirchen). Der Name bedeutet „Inselburg": Die Schleife eines Flüßchens, Moraste und künstliche Wassergräben schützten die Stadt und die Burg, welche die Osmanen zehn Jahre zuvor schon erfolglos belagert und in Ruinen geschossen hatten. Vor 1566 wurde dann eine neue, für die Zeit moderne Burg nach den Plänen des italienischen Architekten Mirandola erbaut. Die Besatzung war etwa 2500 Mann stark, sie wurde vom Grafen Miklós Zrinyi, einem betagten ungarischen Feldherrn und Politiker, befehligt. Darüber, weshalb der 72jährige Sultan das Osmanenheer selbst befehligte, kann man nur rätselraten. Suleiman war gebrechlich und litt an der Gicht. Nur selten ritt er; auf die Jagd hatte er bereits verzichten müssen. Er saß während des üblichen langwierigen Marsches über den Balkan, der die Monate Mai, Juni und Juli in Anspruch nahm, in seiner Karosse.

„Gipfeltreffen" zu Semlin

Von langer Hand bereitete Suleiman ein Treffen mit János Zsigmond Zápolya im Raum von Belgrad vor, indem er seinen Adoptivsohn durch einen persönlichen Boten noch von Istanbul aus zu einer Begegnung einlud. Sie fand am 29. Juni 1566 in Semlin (Zimony, serbisch Zemun), einer Vorstadt Belgrads, mit einzigartigem Pomp und zugleich mit ungewöhnlich großer Herzlichkeit statt, welche der betagte Padischah dem Sohn seines einstigen Verbündeten angedeihen ließ. Johann Sigmund durfte vor dem Padischah einen Sitzplatz einnehmen; einen Rubin im Wert von 50 000 Dukaten – eine unglaubliche Summe – schenkte ihm Suleiman, etc. Feierlich versprach dieser ihm, „dass er nicht weichen wolle, bis er ... nicht seinen Sohn Sigmund Stephan zum König von Ungarn gekrönt haben werde." (Hammer-Purgstall). „Stephan" nannte ihn Suleiman bewußt, mit Hinweis auf die Stephanskrone. Der greise Padischah hatte das Konzept eines befreundeten ungarischen Königreichs auch jetzt noch nicht aufgegeben!

Die Belagerung der Burg Szigetvár

Am 5. August stand Suleiman vor Szigetvár, die systematische Belagerung nahm ihren Anfang. Schritt für Schritt drangen die Osmanen vor, die „Neue Stadt" fiel bald; trotz ihrer enormen zahlenmäßigen Überlegenheit brauchten die Belagerer 16 Tage, um auch die Altstadt einzunehmen. Bis zum 21. August fielen in den für beide Seiten verlustreichen Kämpfen zwei Drittel der Verteidiger: Die 800 überlebenden Ungarn kämpften in der inneren Burg mit unsagbarem Heldenmut weiter. Doch ihre Lage wurde unhaltbar. Die Osmanen schnitten ihnen die Wasserversorgung ab, die innere Burg brannte lichterloh, ein Sturm der Janitscharen folgte auf den andern, die Geschütze donnerten pausenlos. Suleimans wiederholte Aufforderung zur ehrenvollen Kapitulation wies Zrinyi am 5. September ab.

In der Nacht vom 5. zum 6. September verschied der große Herrscher in seinem Feldlager. Sein Tod wurde nicht nur vor der Truppe, sondern selbst vor den Wesiren verheimlicht. Am 8. September sah sich Zrinyi mit dem kleinen Haufen überlebender Magyaren in den Turm zurückgedrängt, das Ende war gekommen. Einer Kapitulation im allerletzten Augenblick zogen die Verteidiger den Heldentod durch einen sorgfältig vorbereiteten, selbstmörderischen Ausbruch aus den Überresten der Burg vor. Ohne Panzer, ohne Helm, dafür im Prachtgewand, mit einem funkelnden Diamanten am goldgeschmückten Federhut stürmte der 58jährige Zrinyi mit blanker Klinge auf die Belagerer los. Ihm folgten seine Mannen, vielleicht noch 600 an der Zahl. Türkische Quellen berichten: Von zwei Kugeln in der Brust, von einem Pfeil am Kopf getroffen, wurde Zrinyi schwer verwundet. Noch lebend trugen ihn die Janitscharen auf einer Lafette zu ihrem Aga. Dort wurde er enthauptet ...

Die siegreiche, die wütende, die ausgeblutete osmanische Truppe erfuhr noch immer nichts über den Tod des Sultans. Erst als die Kontinuität der Staatsführung unter dem Nachfolger Selim II. (1566–1574) gesichert war, wurde das epochale Ereignis verkündet.

Suleimans Todesursache kennen wir nicht. In ungarischen Geschichtsbüchern wurde salopp erzählt, der Sultan sei vor Ärger und Wut ob des viel zu langen Ausharrens von Szigetvár nach einem Schlaganfall gestorben. Eine willkürliche Behauptung, aber, nimmt man Szigetvár symbolisch, sinngemäß dennoch geschichtstreu! Denn nun mußte auch der Sultan sich eingestehen, daß es in Europa kein Vorwärts mehr gab. Was bedeutete schon die Einnahme von Szigetvár, im großen Maßstab betrachtet!

Ein von allen Historikern erkannter Grund für das Versagen osmanischer Strategie im Karpatenbecken – und zugleich auch für den Beginn des Niedergangs schlechthin – war der Zeitmangel bei den einzelnen Feldzügen, der wiederum daraus folgte, daß die Front viel zu weit von den Basen in Thrazien verlief. Brach der Sultan oder der Großwesir im April von Edirne auf, kam er mit seinem Heer in Mittel- oder Westungarn erst im Sommer an: Bis zum Marsch zurück in die Winterquartiere in Thrazien blieben nur wenige Monate für die Kriegsführung übrig. Mehrere Andeutungen Suleimans sind überliefert, wonach der Sultan die Errichtung eines gewaltigen Winterlagers im Norden sehr wohl erwogen hat. Acsády zufolge äußerte sich Suleiman beispielsweise dahingehend, daß „man in Ungarn einen echten, entscheidenden Erfolg nur erzielen kann, wenn größere Teile der Armee, unbedingt auch der Oberbefehlshaber, auf ungarischem Boden überwintern und die Kriegshandlungen bereits im Frühjahr beginnen können."

An objektiven Voraussetzungen für die Errichtung der großen Operationsbasis im Norden fehlte es nicht: Im Karpatenbecken waren Getreide für die Truppe und Rohstoffe für die Waffenproduktion reichlich vorhanden, zumal Eisenerz in Siebenbürgen. Im besetzten Serbien standen Buntmetalle einschließlich von Kupfer zu Genüge zur Verfügung. Kanonengießereien hätten auf dem nördlichen Balkan oder eben in Ungarn nicht weniger arbeiten können, als in Thrazien, bei Kruschewatz hatte Mehmed 1456 eine bereits errichtet (S. 166)! Es war auch nicht entschei-

*Wasserversorgung der osmanischen Truppe*

dend, wenn die Soldaten fern der Heimat kämpften und auch überwinterten. Denn sie wollten ja nicht ihre Heimat verteidigen, sondern fremde Länder erobern. Ferner ist das trockene, eher kontinentale ungarische Klima demjenigen von Anatolien oder vom Balkan nicht unähnlich, höchstens ist es gemäßigter und dadurch angenehmer. Die späteren Sultane waren zu schwach, um das grundsätzliche Problem ernsthaft anzugehen.

## Malta 1565

Ein Jahr vor seinem Tod hatte Suleiman ein grandioses Projekt für die Eroberung der Insel Malta entworfen. Im Diwan wurden Stimmen laut gegen das Unternehmen; Wesire, welche die strategische Bedeutung des mächtigen Stützpunkts unweit von Sizilien und dem italienischen Festland nicht erkannten und in Malta nur ein unbedeutendes Felsennest sahen, rieten von der Expedition ab. Doch hielt der greise Padischah, der sehr wohl fähig war, neuartige, auch risikoreiche Pläne zu schmieden, an seiner Vorstellung fest. Am 1. April 1565 lief die osmanische Invasionsflotte vom Hafen der Hauptstadt aus. Sie wurde vom Großadmiral Piale Pascha befehligt. Befehlshaber der Landtruppen war der Wesir Mustafa Pascha.

Die Verteidigung, auf welche sich die Ordensritter von langer Hand vorbereitet hatten, leitete der Großmeister Jean Parisot de La Valette (geboren 1494), ein Mann von echtem Schrot und Korn. Heute trägt die Hauptstadt der Republik Malta seinen Namen. Am 18. Mai wurde die osmanische Flotte von Wachposten der Johanniter gesichtet: 130 Galeeren, 30 Galeassen (= Maonen, Großkampfschiffe) und zahllose Transportfahrzeuge. Am 2. Juni stieß Torgud, Beglerbeg von Tripolis, der von den Christen meistgefürchtete – und wegen seiner Tapferkeit und seemännischen Könnerschaft respektierte – osmanische Seeheld mit seinem kleinen Geschwader zu den Belagerern.

Die Schlacht dauerte 105 Tage lang. Sie war eine Geschichte von perfekter Organisation und Kriegsführung, vor allem aber von unbeschreiblichem Heldenmut auf beiden Seiten, auch von gegenseitiger Grausamkeit: Köpfe getöteter Osmanen wurden von den Geschützen der Verteidiger ins türkische Lager geschleudert, um nur ein Beispiel zu nennen. Die Osmanen blieben nichts schuldig.

Das auf 30–40 000 Mann geschätzte osmanische Landheer erlitt bei den Stürmen auf die maltesischen Forts enorme Verluste, der Artilleriebeschuß der See- und Landgeschütze konnte die Felsenfestungen nicht zerstören, die Belagerung scheiterte. Als Anfang September ein – höchstens 8000 Mann starkes – spanisches Entsatzheer auf Malta landete, entschlossen sich Großadmiral Piale und Mustafa Pascha, die Belagerung abzubrechen: Am Tage von Mariä Geburt, dem 8. September, zogen die Osmanen ab. Die – während der Belagerung stumm gebliebenen – Kirchenglocken von Malta läuteten den Sieg der Verteidiger ein.

Ein besonders schmerzhafter Verlust für die Osmanen war der Tod von Torgud. Der große Seefahrer, der übrigens bei einem Überfall auf Malta 1551 die Insel ausgekundschaftet und kartographisches Material für die spätere Belagerung dem Padischah unterbreitet hatte, fiel im Gefecht.

Das größte See-Landunternehmen des Jahrhunderts, das an Grandiosität den (ebenfalls gescheiterten) Invasionsversuch der Spanischen Armada gegen England (1588) übertraf, hatte zwar eine Chance zu gelingen; schließlich mißlang es aber angesichts eines Zusammenspiels der Faktoren Ausdauer – Zeitablauf – Entfernung: Die heldenhaften Verteidiger haben es geschafft, durchzuhalten, bis der Zeitfaktor die Osmanen einholte. Etwa 1500 km entfernt vom Heimathafen im Marmarameer, etwa 750 km vom Peloponnes mit dessen Zwischenbasis Modon entfernt, konnten die Türken nicht in Malta überwintern – im Gegensatz zu Rhodos, wo sie 1522 ihr Heer über den Landweg anmarschieren ließen und, nahe dem anatolischen Festland kampierend, den längeren Atem gehabt hatten (S. 220f.). Das Überwintern oder Nichtüberwintern gab den Ausschlag, wie beim unglückseligen Burgenkrieg in Ungarn ...

## Suleimans Söhne: Die Thronfolge

Sorge und Kummer bereiteten dem alternden Sultan seine Söhne. Der älteste, Mohammed, starb im jugendlichen Alter (1542). Ein anderer Sohn, Dschihandschir, war ein Krüppel. Der Vater fand zwar Wohlgefallen an ihm, doch kam der Bucklige für die Thronfolge nicht in Betracht. Auch Dschihandschir verschied früh (1553).

Mehr noch als der Tod zweier Söhne plagte den um die Zukunft des Reiches bangenden Sultan die Rivalität dreier Söhne, die überlebten. Die Historiker sind des Lobes voll über den ältesten, Mustafa, der die geistige Begabung des Vaters geerbt hatte und auch äußerlich der majestätischen Gestalt Suleimans glich: Jeder Zoll eine Herrscherpersönlichkeit, war Mustafa der vielversprechende Thronfolger und ein Liebling der Janitscharen. Sein Rivale Selim war ihm als Trunkenbold in keiner Beziehung gewachsen. Doch erfreute sich Selim der Unterstützung einer überaus mächtigen Person, nämlich seiner Mutter: Es war Khurrem, die rothaarige Schönheit mit den grünen Augen, – Roxelane („die Russin") genannt, mit welcher der verliebte Suleiman in einer Art von Monogamie lebte. Lieblingsfrau Roxelane mischte sich auch noch in die Politik ein. Ihre Intrigen sollen die Hinrichtung des brillanten Großwesirs Ibrahim (1536) herbeigeführt haben, der einst Suleimans Günstling gewesen war. Sie trachtete erst recht nach dem Leben des Prinzen Mustafa, des Sohnes einer anderen Frau, welcher der Thronfolge ihres Selim im Wege stand.

Wie so oft in der osmanischen Geschichte, wo das „Gutachten" der Muftis, eine Fetwa, politische Handlungen von Gewicht, Kriegserklärungen und auch Justizmorde zu rechtfertigen hatte, wurde auf Roxelanes Geheiß eine Fetwa erstellt, die Mustafa des Verrats bezichtigte und seine Verurteilung zum Tod vorschlug, unter anderem wegen der Anmaßung kaiserlicher Herrschaft, bewiesen durch das Tragen von Insignien des Sultans. Mustafa wurde ins Heerlager Suleimans beordert. Bei Betreten des Zeltes des Vaters legten die stummen Henker Hand an den Prinzen und erdrosselten den Unglücklichen (1553). So kam Selim dem Thron um einen großen Schritt näher, doch lebte noch sein leiblicher Bruder Bajasid, ein talentierter junger Mann vom Schlage Mustafas. Zwischen den Brüdern entbrannte noch zu Lebzeiten Suleimans in Westanatolien ein offener Krieg (1559). Bajasid unterlag in einer Feldschlacht, zog sich erst nach Ostanatolien zurück und fand schließlich bei den Persern Zuflucht. Dort wurde Bajasid zum Opfer eines momentanen Ausgleichs zwischen den beiden Mächten: Ein osmanisches Exekutionskommando durfte nach Persien reisen und Bajasid hinrichten (1561).

Kapitel VI

# Die Zeit nach Suleiman 1566–1600

Die Sultane Selim II. (1566–1574) und Murad III. (1574–1595) waren Schwächlinge. Ersterer machte sich der schlimmsten Sünde eines Sultans, der Alkoholsucht schuldig, während Murad für die Staatsgeschäfte gar nicht viel Interesse aufbringen konnte und faktisch zum Sklaven des Harems wurde. Anstatt zu regieren, ließ er sich in die Machenschaften und Ränke der Haremshierarchie einspannen und wurde zu ihrem Werkzeug.

Ein Glück für die Osmanen, daß Großwesir Mehmed Sokollu Pascha, ein besonders fähiger, weiser Staatsmann, die Geschicke des Weltreichs 1566–1578 mit fester Hand lenkte, solange der Sultan ihm nicht ins Handwerk pfuschte.

## *Der Zypernkrieg und die Seeschlacht von Lepanto 1570–1571*

Venedig hielt noch immer die Insel Zypern, und dies störte die Seeherrschaft der Osmanen im östlichen Mittelmeer. So entschloß sich die Pforte zum Angriff auf die Insel. Bei dieser Entscheidung soll nach bösen Zungen „Selims Leidenschaft für cyprische Weine", wenn nicht den Ausschlag gegeben, so sich doch mit dem Staatsinteresse an der Beseitigung dieser großen christlichen Basis gedeckt haben... Venedig war auf die Verteidigung Zyperns nicht vorbereitet. In zwei wichtigen Städten nur, Nicosia und Famagusta, unterhielt die Signoria Garnisonen.

Der große Kapudan Pascha Piale, aus dem Holz Barbarossas und Torguds geschnitzt, lebte noch. Er befehligte die imposante Flotte, die im Frühjahr 1570 aus den Dardanellen auslief und Kurs auf Zypern nahm. Sie war 360 Segel stark. Ein Invasionsheer von 52 000 Mann befand sich an Bord. Nicosia fiel am 9. September 1570, Famagusta kapitulierte am 1. August 1571 nach heldenhaftem Kampf der ursprünglich 7000 Mann starken Besatzung. Diesmal gelang es dem Papst, eine Allianz des Kirchenstaates, Spaniens und Venedigs zustandezubringen (25. Mai 1571). Zu den 77 spanischen Galeeren gesellten sich 15 päpstliche, 6 maltesische Galeeren, welche sich mit der venezianischen Flotte vereinigten: Die Handelsrepublik entsandte 108 Galeeren und 6 Galeassen, die Großkampfschiffe jener Zeit. Den Oberbefehl über die christliche Flotte hatte Don Juan d'Austria, der 25jährige, uneheliche Sohn des 1558 verstorbenen Kaisers Karl V., ein begabter, tapferer und schöner Jüngling, inne. Aus Messina in Sizilien segelte das vereinte Geschwader Ende September Richtung Griechenland.

Die osmanische Flotte zählte 240 Galeeren und 40 Galeassen – die letzteren konnten allerdings nicht am Maßstab der venezianischen Schlachtschiffe gleicher Bezeichnung gemessen werden. Im Kriegsrat rieten der Oberbefehlshaber der Landtruppen Pertev Pascha und Uludsch Pascha, Beglerbeg von Algier, zur Verweigerung der Schlacht, weil die Schiffsmannschaften noch nicht vollständig waren. Doch der Kapudan Pascha, Muesinsade Ali, befürwortete das Gefecht – und das Wort des Großadmirals gab den Ausschlag.

In griechischen Gewässern trafen die beiden Geschwader am 7. Oktober 1571 aufeinander. Nach der Bucht von Lepanto heißt dieser Kampf Seeschlacht von Lepanto.

Auf christlicher Seite kämpften Admiräle und Seeoffiziere aus den historischen Adelsfamilien Italiens und Spaniens in großer Zahl mit. Giovanni Andrea Doria (1539–1606) befehligte den rechten Flügel der christlichen Flotte. Dieser Großneffe des legendären Admirals Doria hatte sein Konterpart auf der feindlichen Seite, nämlich Hasan Pascha, den Sohn Haireddin Barbarossas.

Der Kapudan Pascha griff mit dem osmanischen Flaggschiff das Admiralschiff Don Juans im Zentrum der christlichen Schlachtlinie an und geriet zwischen dieses und die Galeere des venezianischen Befehlshabers Veniero. 300 Janitscharen und 100 Bogenschützen des osmanischen Admirals kämpften eine Stunde lang wie die Löwen gegen die 400 Scharfschützen an Bord von Don Juans Flaggschiff. Dann traf den Kapudan Pascha eine tödliche Kugel. Sein Schiff ging an die Spanier verloren. Auch Pertev Pascha, Oberbefehlshaber der Landstreitkräfte, fiel im Kampf.

Wie in Seeschlachten jener Zeit, löste sich der Kampf zwangsläufig in Einzelgefechte Schiff gegen Schiff, Mann gegen Mann auf. Schließlich gewannen die Verbündeten die Oberhand. Beim Debakel der osmanischen Flotte konnte sich nur der Kommandeur des linken Flügels halten, Uludsch Ali, der Beglerbeg von Algier. Er bemächtigte sich des Flaggschiffs des kleinen maltesischen Geschwaders und hieb dem Komtur eigenhändig den Kopf ab. 40 osmanische Galeeren rettete Uludsch Ali aus der Niederlage, 244 Schiffe gingen den Osmanen verloren. Die Lateiner erbeuteten 117 größere und 256 kleinere Geschütze und es gelang ihnen, rund 15 000 christliche Galeerensklaven zu befreien!

Hoch waren die blutigen Verluste auf beiden Seiten, die Osmanen hatten 30 000, die Christen 8000 Tote zu beklagen. Die osmanische Admiralität fiel fast vollzählig: außer dem Kapudan Pascha noch 11 Beglerbegs. Auf der christlichen Seite starben zahlreiche Offiziere aus den alten Adelsgeschlechtern Italiens den Heldentod, darunter der venezianische Admiral Barbarigo. Unter den Verwundeten war Miguel de Cervantes (1547–1616): Die linke Hand des Spaniers wurde im Kampf zerschmettert. Seine rechte Hand, mit der er später den „Don Quijote" schrieb, blieb unversehrt.

Die christlichen Mächte wußten zu siegen, nicht aber, den Sieg zu nutzen. Sie wollten griechische Inseln und den Peloponnes zurückerobern, wurden aber nicht einig darüber, wie der Kuchen aufgeteilt werden sollte. So zerfiel die siegreiche Koalition, und Venedig sah sich gezwungen, Frieden unter ungünstigen Bedingungen zu schließen. Obwohl geschlagen, behielten die Osmanen kraft des Friedensvertrages vom 2. März 1573 die Insel Zypern; Venedig zahlte immense Summen an Reparationen.

### Der Perserkrieg 1578–1590

Der lange persische Krieg brachte bedeutsame Gebietsgewinne für das Osmanische Reich, welche durch den Friedensvertrag von 1590 dann auch bestätigt wurden: Das Reich gewann Georgien und Aserbeidschan hinzu! Entscheidend für den Sieg war das Zusammenwirken der Osmanen mit den am Amu-Darja seit Beginn des Jahrhunderts herrschenden Usbeken gewesen. Die Perser, nach dem Tode ihres Schahs Tahmasp (1576) in einer Schwächephase, hätten, um den Feind ihrerseits auch im Rücken zu umklammern, ein Bündnis mit dem Moskauer Zaren und/oder mit dem Kaiser gebraucht. Doch gegen Moskau standen dem Sultan jederzeit die beutelüsternen Reiter des Khans der Krimtataren zur Verfügung. Und der Zar, Iwan IV. („der Schreckliche"), hatte gar nicht die Absicht, sich im Orient zu engagieren, da er Rußlands Interessen gegenüber Polen und Schweden als vorrangig ansah. Der Drang Rußlands zu den Meerengen und Konstantinopel war vorläufig noch sehr gedämpft, da man den Sultan als übermächtig fürchtete. Erst ab Peter dem Großen mischte sich das

Zarenreich ernsthaft auf dem Balkan ein. Der Kaiser schließlich, damals Rudolf II. (1576–1612), war von Natur aus unentschlossen und wagte es nicht, die selbstbewußten Protestanten seines Reiches um Hilfe gegen den Sultan anzugehen. Denn er hätte diese Hilfe nur um den Preis von religiös-politischen Konzessionen erhalten, die zu gewähren er nicht willens war. Und mit ein bißchen „Burgenkrieg" an der Grenze war den fernen Persern nicht gedient.

## Die Osmanen und das Habsburgerreich 1566–1599

Durch den Frieden von Edirne (1568) wurde der – vom Sziget-Feldzug (1566) beherrschte – Krieg zwischen dem Wiener Habsburgerreich und den Osmanen beendet, und durch den Vertrag von Speyer (1570) erfolgte eine Art von Aufteilung der Hegemonialsphären der beiden Mächte, welche auf dem Status quo beruhte.

Das Fürstentum Siebenbürgen wurde vom Habsburgerkaiser und König von Ungarn Maximilian II. (1564–1576) anerkannt, während János Zsigmond Zápolya seinen Anspruch auf den Thron von Ungarn endgültig preisgab. Bereits vor dem Vertrag von Speyer hatte es zwischen Wien und Istanbul ein stillschweigendes – in seiner Substanz bis 1683 bestehendes – Einverständnis darüber gegeben, daß Siebenbürgen dem osmanischen Hegemonialbereich angehörte. Ein prekäres Gleichgewicht konnte unter der Voraussetzung einigermaßen aufrechterhalten werden, daß sich dieser Staat dementsprechend verhielt. So war es denn auch unter der Zápolya-Dynastie, und danach unter dem Fürsten István Báthori (1571–1586), der von 1575 an auch König von Polen war.

### Neue Herrscher, neue Konzepte: in Wien, Istanbul und Siebenbürgen

Kaiser und König Maximilian war 1576 gestorben. Rudolf, der neue Herrscher (als König von Ungarn 1576–1608), übersah die Brüchigkeit des Friedens mit den Osmanen nicht und berief 1577 eine Konferenz ein, der zwei Elaborate über die Türkenfrage vorlagen, ein defensiver und ein offensiver Plan: General Lazarus Schwendi befürwortete eine Konzentration auf die Abwehr eines neuen osmanischen Angriffs; da man mit europäischer Hilfe nicht rechnen konnte und die Kräfte des Habsburgerreiches für eine Offensive – für einen Befreiungsfeldzug – nicht ausreichten, mußte man nach Schwendi nur die Defensive ausbauen.

General Ruebers Plan hielt einen Angriffskrieg gegen die Osmanen für möglich – er war optimistisch, was eine europäische Kriegskoalition anbetraf. Der offensive Feldzug der Christen sollte im Winter, in der für die Osmanen ungünstigsten Jahreszeit stattfinden. Dieser Plan wurde verworfen.

Was den Zustand der kaiserlichen Streitkräfte im späten 16. Jahrhundert anbelangt, werden Disziplin, Moral und Versorgung insgesamt als dürftig beschrieben. Die Bewaffnung war im allgemeinen mittelmäßig bis gut, die Artillerie hervorragend. An dem weiteren Ausbau der Burgenlinie wurde in den achtziger Jahren fleißig gearbeitet.

An der Pforte wirkte bei Kriegsausbruch längst nicht mehr der mäßigende Einfluß des Großwesirs Mehmed Sokollu Pascha, den 1579 ein bosnischer Meuchelmörder erdolcht hatte. Großwesir war 1593 der alte, intrigen- und schlachtenerprobte Sinan Pascha, der von den Chronisten als

Sinan Pascha, Großwesir und Oberkommandierender in Feldzügen der ersten Phase des „Langen Krieges" (1593–1606); zeitgenössischer Stich.

kriegslüstern und als Christenhasser charakterisiert wird. 1595 kam es zu einem Thronwechsel: Murad III. wurde durch seinen Sohn Mehmed III. (1595-1603) abgelöst. Ein Schwächling, wie Selim II. und eben Vater Murad III., war Mehmed III. nicht. Mit seinem Namen sind zwei Momente verbunden, durch welche für die Dynastie gewissermaßen eine Epoche abgeschlossen wurde: Mehmed war der letzte Sultan, der auf sein Amt systematisch vorbereitet, mit der Leitung eines Sandschaks betraut worden war; nach ihm wurden die Thronfolger nur innerhalb des Serails erzogen. Und: Bei Mehmeds Thronbesteigung wurde der Brudermord zuletzt systematisch begangen, dem gleich 16 – nach anderen Quellen 19 – Söhne Murads III. zum Opfer fielen.

In Siebenbürgen herrschte nach dem Tod des großen István Báthori (1586) sein Sohn Zsigmond (1588-1602), eine dunkle Figur. Die politischen Winkelzüge und Grausamkeiten, die Abdankungen und die Comebacks des Psychopathen auf dem Fürstenthron nachzuvollziehen, bedürfte eines ganzen Bandes. Dieser Fürst nun wechselte die Front, von Osman zu Habsburg – mehrere Male, denn zwischendurch focht er auch an der Seite des Sultans.

Außer Báthori brach auch der Vasallenfürst Michael „der Tapfere", Woiwode der Walachei († 1601), zusammen mit der Moldau aus dem osmanischen Hegemonialbereich aus. Eine derartige Machtverschiebung westlich und östlich der Karpaten, eine Verbindung Siebenbürgens, der Walachei und der Moldau mit Wien konnte das Osmanische Imperium in keinem Fall hinnehmen; es fühlte sich gezwungen, das vorherige Machtgefüge wieder herzustellen.

## Der „Lange Krieg": Die erste Phase (1593-1599)

Der Kleinkrieg, welcher auch während der Periode relativer Ruhe (1568-1590) längs der türkisch-österreichischen „Demarkationslinie" in Ungarn nie aufhörte, eskalierte schon Anfang der neunziger Jahre.

Moderne Historiker stellen das osmanische Feldheer im letzten Jahrzehnt des Jahrhunderts als eine geschwächte, angeschlagene Streitmacht dar: Dies paßt zum durchgehend – aber in der Substanz trügerisch – gezeichneten Bild eines beginnenden Verfalls im Reich. Diese Darstellungen muß man relativieren. Die Zermürbung der osmanischen Kräfte im Burgenkrieg war zwar vorgezeichnet, doch erst auf lange Sicht. Ein im großen und ganzen intaktes osmanisches Heer zog in den Langen Krieg gegen Österreich.

Bis auf eine große Feldschlacht (1596) erschöpfte sich der Krieg in der

Belagerung von Burgen. 1593–1595 konnten die Kaiserlichen bedeutsame Erfolge erzielen, die am 3. September 1595 in der Einnahme von Gran (Esztergom) gipfelten. Dieser Sieg der Habsburger wurde dann durch die Osmanen am 13. Oktober 1596 durch die Eroberung von Eger (Erlau) wettgemacht.

Auf dem Nordostbalkan erlitten die Osmanen Schlappen infolge des unerwarteten Frontenwechsels des Fürsten Michael: 1595 konnte der Abtrünnige in der Walachei mehrere wichtige Städte erobern, darunter Tirgoviste, wo er nach gutem altem Brauch seiner Vorfahren – wir kennen die Taten Vlads des Pfählers (S. 174) – gleich die ganze osmanische Garnison pfählen ließ. Die Befehlshaber Ali Pascha und Kodschi Beg wurden auf langsamem Feuer geröstet.

Dann wandte sich Michael nach Siebenbürgen, warf die Türken aus dem Land, verbündete sich mit dem kaiserlichen Oberkommandierenden, dem General Basta, und erweckte in Kaiser Rudolf II. die Hoffnung, durch seine siegreichen Waffen das ganze Gebiet des heutigen Rumänien aus dem Herrschaftsbereich des Sultans heraus und unter kaiserliche Oberhoheit zu führen. Das war die größte Perspektive, die in diesem endlosen Krieg am Horizont auftauchte. Michaels Erfolg hätte die osmanische Herrschaft auf dem Balkan ernsthaft in Frage gestellt, zumal durch einen Übergang des rumänischen Bereichs ins kaiserliche Lager auch die osmanische Stellung in der ungarischen Tiefebene in Gefahr geraten wäre. Doch zerschlugen sich diese Aussichten wieder. Die Osmanen sahen zwar Michaels Ausgreifen fast tatenlos zu und empfanden nur Befriedigung darüber, daß er über den Besitz der Moldau mit den Polen aneinander geriet und von diesen geschlagen wurde. Aber des Problemes Lösung in ihrem Sinne ergab sich daraus, daß Michael von General Basta, der sich mit ihm persönlich verfeindete, umgebracht wurde (1601). In der rumänischen nationalen Überlieferung lebt er weiter als der Held, der – für gerade ein Jahr – als erster „Groß-Rumänien" zusammengezwungen hatte. Überflüssig zu betonen, daß dies eine anachronistische Betrachtungsweise ist.

Der Feldzug von 1596, der einzige, der zu einer größeren Schlacht führte, hatte sein Vorspiel – im Harem. Der neue Sultan, Mehmed III., bestand darauf, daß wieder einmal er persönlich das Heer ins Feld führe: Seit Suleimans Sziget-Feldzug waren 30 Jahre vergangen, ohne daß sich ein Sultan an die Spitze seiner Truppen gestellt hätte. Mehmeds allmächtige Mutter nun, eine gebürtige Venezianerin, wollte den Filius zu Hause behalten und versuchte daher, ihn auch durch eine wunderschöne Haremsdame zu beeinflussen. Doch mißlang das Manöver, Mehmed, der dem Mädchen auf die Schliche gekommen war, brachte es eigenhändig um und konnte sich nunmehr ungestört dem martialischen Geschäft zuwenden.

Im Oktober 1596 standen sich die feindlichen Heere bei Mezökeresztes im Raum von Eger gegenüber. Österreichischer Befehlshaber war der Erzherzog Maximilian von Habsburg, Bruder Kaiser Rudolfs, ein militärisch untauglicher Mann. Die Stärke des kaiserlichen Heeres wird auf 40–60 000 Mann geschätzt, einschließlich der siebenbürgischen Truppen unter Báthoris Befehl. Die Zahl der Osmanen in Mehmeds Heer dürfte etwas größer gewesen sein. Das Treffen dauerte vom 23. bis zum 26. Oktober 1596. Die beiden ersten Tage brachten den Osmanen Mißerfolge. Sie überquerten einen kleinen Fluß, der die feindlichen Heere voneinander trennte, und wurden zurückgeworfen. Sie mußten abwarten. Am dritten Tag griffen die Kaiserlichen an, überquerten ihrerseits das Gewässer, gelangten angeblich „bis an das Zelt des Sultans". Sie schickten sich schon an, das osmanische Lager zu plündern und unterlagen prompt dem Feind, der seine Kräfte sammeln und zum entscheidenden Schlag ausholen konnte.

Schlechte Moral, ungenügende Disziplin mag das kaiserliche Heer geschwächt, ihm die Niederlage beschert haben. Doch seine Ausrüstung war gut, die Artillerie der Christen war der osmanischen nunmehr überlegen, dies konnten die Osmanen während des Gefechts und nach ihrem Sieg feststellen; sie erbeuteten nämlich die meisten Geschütze des Gegners. Die Kaiserlichen verloren 8000, die Siebenbürger 2000 Mann.

In der darauffolgenden Phase des Krieges sind mehrere Belagerungsgefechte zu verzeichnen, in denen beide Seiten Erfolge verbuchen konnten. Ein Versuch der Österreicher, Buda im Oktober 1598 zu belagern, scheiterte. 1599 wurde bereits über den Frieden verhandelt, vorerst allerdings vergebens. Zum Friedensschluß kam es erst unter einem neuen Sultan, in einem neuen Jahrhundert.

Mezökeresztes war der letzte Sieg der Osmanen in einer Entscheidungsschlacht auf dem ungarischen Kriegsschauplatz. Die Zeiten des Aufstiegs waren nun vorbei.

Kapitel VII

# Das düstere 17. Jahrhundert

*Verfall des Imperiums?*

Viele Historiker lokalisieren einen Anfang des Verfalls des osmanischen Imperiums schon am Ende der Ära Suleiman: Krise des Timar-Systems, Entartung der Janitscharentruppe, wachsender Einfluß der Harems, Inflation, Korruption, leere Staatskasse, Rückgang des Ostseehandels ...

Aus dieser Indiziensammlung, welche in der Tat schon zu Suleimans Spätzeit beginnt, müßte folgen, daß der allmähliche Untergang dieses Reiches unvermeidlich war. Doch ist es falsch, Symptome der Entartung und des Verfalls nicht als Auswirkungen, sondern als Ursachen der Stagnation und der Mißerfolge im militärischen Bereich darzustellen. Man muß die Kausalität vielmehr umkehren: Es waren die militärischen Rückschläge, das Ausbleiben weiterer Eroberungen, die den Niedergang im wirtschaftlichen, im sozialen und im Bereich des Staatswesens ausgelöst haben und nicht umgekehrt. Der Krieger- und Eroberstaat stand und fiel mit Krieg und Eroberung! Gibt es keine Siege, keine neuen Eroberungen, keine zusätzlich gewonnenen Territorien mehr, so gewinnt man auch keine Reichtümer aus der – früher als unerschöpflich erscheinenden – Quelle der Expansion.

Der Kampf gegen die Perser (ab 1578) konnte nur zu zwei Dritteln aus dem Staatshaushalt bezahlt werden. Man mußte zur Kostendeckung also zu inflationärer Geldentwertung seine Zuflucht nehmen. Dazu kam das Einströmen der Silbermengen, die die Spanier in Südamerika förderten und auf dem europäischen Kontinent wie auch im ganzen Mittelmeer in Umlauf brachten: eine weitere Quelle der Inflation. Das schlug durch auf die militärische Leistungskraft des Reiches, die mit dem Timar-System verbunden war. Der Sultan machte praktisch keine Eroberungen mehr, weshalb die Summe der Timar-Güter konstant blieb. Da aber auch Zivilbeamte immer mehr mit Timar-Gütern belehnt wurden, eine Tendenz, die durch die angedeutete Geldentwertung noch zunahm, mußten die Timare aufgeteilt werden. Das schadete der Finanzkraft, der militärischen

Ausrüstung und auch der Kampfmoral der auf die Timar-Güter angewiesenen Spahi. Sie versuchten lieber, ihr Gut rentabel zu bewirtschaften, um den Schwund an Kaufkraft des Geldes auszugleichen und begannen, sich vom Kriegsdienst zu drücken. Oder sie wußten wirtschaftlich nicht mehr aus noch ein und gingen mit ihrer Kriegskenntnis lieber zu einer Räuberbande als unter die Fahnen des Padischah. Durch die Inflation nahm auch die Korruption der Würdenträger auf breiter Ebene zu. Im 16. Jahrhundert wurde die im Orient schon lange bekannte folkloristische Figur des bestechlichen Kadi für die Untertanen des Padischah fast zur alltäglichen Regel. Der Sultan selber begann, Ämter gegen Geld auszugeben, seine oberste Verfügungsgewalt als Bereicherungsquelle anzusehen. Wer nicht regelmäßig für sein Amt zahlte, wurde entlassen – eine weitere Steigerung, ja Systematisierung der Korruption! Sogar Offiziersränge, und durchaus nicht nur die höchsten, standen gegen Geld zur Verfügung. So hat die Inflation das Timar-System entwertet und die daraus folgende Korruption die militärische Leistungsfähigkeit beeinträchtigt. Wenn man nur noch mehr Timar-Land hätte erobern können...! Es gab nun auch weniger Spahis – zu Anfang des 17. Jahrhunderts betrugen sie nur mehr ein Drittel (30 000 Mann) im Vergleich zum Regierungsantritt Suleimans des Prächtigen. Der Sultan mußte also mehr Söldner einstellen, und das brachte erneute schwere finanzielle Belastungen mit sich. Geldverschlechterungen, die dann fällig wurden, machten die Soldaten unlustig und aufsässig. Auch das System der Knabenlese verfiel: zur allgemeinen Korruption gehörte, daß man sich von ihr freikaufen konnte. Umgekehrt kaufte man sich in die Janitscharen-Karriere ein, wenn man wollte – und auch das minderte natürlich die Qualität dieser Truppe. Es kam sogar vor, daß Handwerker, um sich von der Zunftordnung zu befreien, sich die Zugehörigkeit zu den Janitscharen gegen Bestechung bestätigen ließen, nur um dann ihrem Gewerbe ungestörter nachgehen zu können. Denn die ordnungsgemäßen Janitscharen übten ihrerseits gerne ein Handwerk aus, da sie den Beschränkungen der Zunftordnung nicht unterlagen, und nährten so Weib und Kind – an das Zölibat der Elite-Soldaten dachte man inzwischen nämlich kaum mehr.

Da immer weniger Spahis zu den Fahnen eilten, mußte die Kavallerie mit Söldnern aufgefüllt und numerisch verstärkt werden. Auch das ging auf Kosten der Qualität. Die Kommandeure, die Beglerbegs und Sandschakbegs, verstanden oft nichts mehr vom Kriegswesen, denn sie waren durch Bestechung auf ihren Posten gekommen, hatten wegen der chronischen Finanznot des Sultans das Recht erhalten, die Steuern in ihrem Amtsbereich selbst einzuziehen, auch um die Truppen auszuheben und zu besolden, die sie zu stellen hatten, und machten daher das Militärwesen zu einer Einnahmequelle, bevor sie auf die Qualität der Truppe schauten. Teilweise stellten sie einfach Räuber und unausgebildetes, disziplinloses Gesindel ein, weil das schneller ging und billiger war. So wirkten Geldnot und Korruption zusammen, um die osmanischen Armeen auf allen Rängen herunterzubringen.

All diese negativen Erscheinungen gesellten sich zu einer gravierenden Ursache der Stagnation im militärischen Bereich, nämlich der chronischen Führungsschwäche. Die Sultane von 1566–1648 waren meistens schwach, geistesgestört, starben im Kindesalter oder wurden ermordet. Auch das Amt des Großwesirs verkümmerte in der 1. Hälfte des 17. Jahrhunderts. In dem despotischen Osmanenstaat war die Macht so personalisiert, daß sie auch (natürlich nicht ausschließlich) von den Fähigkeiten der Männer an der Spitze abhing.

Entwickelten die Osmanen kein neues strategisches Konzept für die Kriegsführung in Mitteleuropa (siehe oben S. 246f.), fanden sie sich mit dem Stellungs- und Burgenkrieg ab, so blieben sie hinter dem Fortschritt der Zeit ebenfalls auf der Ebene der Taktik und der Kriegstechnik zurück. Sie vertrauten auch nach Beginn des Burgenkrieges darauf, daß sie dank ihrer gewaltigen Artillerie und ihrer auf dem Balkan im 15. Jahrhundert bewährten Belagerungskunst den Siegesmarsch vergangener Zeiten fortsetzen könnten. Die osmanische Kriegsführung berücksichtigte viel zu wenig die geradezu sprunghafte Entwicklung im Bau von Fortifikationen, welcher damals insbesondere italienischen Baumeistern zu verdanken war.

Zum Teil lassen sich diese Versäumnisse dadurch erklären, daß die Abendländer ihre neuen Künste im Bereich des Festungsbaus weitgehend geheim hielten.

War nun einmal die osmanische Militärmaschinerie durch die Wirkung der soeben aufgezählten Faktoren zum Immobilismus im Stellungskrieg verdammt, so griff auch das zeitlose Gesetz der Kriegsführung ein: Früher oder später verkommt eine Truppe, die im Stillstand verharren muß. Dies trat im Fall des 140jährigen Burgenkrieges bei den Osmanen auch ein. Selbst wenn in Einzelfällen das Gros des Heeres zur Belagerung einer Festung aufmarschierte, stellte der überdimensionale Einsatz gegen 1–2000 Verteidiger die Soldaten, zumal die Janitscharen, nicht zufrieden. Wenn dann eine kleine christliche Besatzung gegen die osmanische Übermacht recht lange ausharrte – Sziget (1566) ist ein illustratives Beispiel –, wirkte dies besonders demoralisierend, selbst wenn die belagerte Burg schließlich eingenommen wurde.

Die Frustration der Janitscharentruppe durch viel zu seltene Feldschlachten, durch langwierige Belagerungen oder durch völlige Inaktivität löste direkt oder indirekt die militante Unzufriedenheit der Elitetruppe, auch ihren wachsenden Eingriff in die Innenpolitik und in die Thronfolge aus.

## Das Osmanische Reich im Spiegel der Zeitgenossen und heutigen Historiker

Anfang des 17. Jahrhunderts betrachtete kein geringerer als Heinrich IV., König von Frankreich (1589–1610), das Osmanische Reich als gesund und lebensfähig. Über die Untauglichkeit der Sultane zu jener Zeit vermittelten die französischen Diplomaten ihrem Monarchen ein treues Bild und Heinrich erblickte in der Führungsschwäche einen der Hauptgründe für die – vorübergehende – Erlahmung des Reiches. Aus den zwanziger Jahren des 17. Jahrhunderts, als sich ganz Europa die Frage stellte, weshalb denn die Osmanen nicht die Verstrickung Habsburgs in den 1618 beginnenden großen Krieg – den Dreißigjährigen Krieg – zum tödlichen Schlag gegen den Erbfeind nutzten, liegen Botschafterberichte von höchstem Interesse vor. Da zog Englands Botschafter an der Pforte, Sir Thomas Roe, aus den innenpolitischen Wirren des Reiches die Folgerung, daß „der ganze Körper krank" sei. Einen diametral entgegengesetzten Schluß zog 1622 der siebenbürgische Beauftragte Mihály Toldalagi, welchen der an der protestantischen Seite in den Dreißigjährigen Krieg eingreifende Fürst Gabor Bethlen (1613–1629) zur Sondierung osmanischer Hilfe nach Istanbul entsandte: Toldalagi's Beurteilung der Lage stellt der ungarische Historiker Dávid Angyal derjenigen des Engländers mit dem folgenden bemerkenswerten Kommentar gegenüber: „Toldalagi war kein dermaßen gebildeter Mann, wie der Gesandte" des Königs von England, „Jakobs I., er dachte nicht so viel über die Ursachen und wahrscheinlichen Folgen der Ereignisse nach. Er dachte ..., daß der Türke ein sehr starker Mann ist, der, sobald er sich von seinen vorübergehenden Leiden erholt hat, noch gewaltige Schläge gegen den römischen Kaiser führen kann."

Unser Kronzeuge ist allerdings der gelehrte Marquis Marsigli, ihm verdankt man die erste große systematische Abhandlung über das osmanische Militärwesen – und höchst wertvolle Berichte aus erster Hand über das Imperium und die Osmanen schlechthin. Diese unschätzbare Quelle wurde anhand von rein militärischen Fragen bereits vorgestellt (S. 17 f.). Marsigli unternahm schon 1679–1680 eine Bildungsreise nach Istanbul, dann war er kaiserlicher Offizier, lebte in der Gefangenschaft der Osmanen – er war das Gegenteil eines Türkenfreundes; in das Gift des Hasses hat er seine Feder allerdings nicht getaucht: ein hochgebildeter Mann, Vollblutgelehrter, Militärexperte und Truppenoffizier zugleich, der insbesondere auch die Erfahrungen der Befreiungskriege 1683–1699 systematisch verarbeitet hat. Leicht hätte er nach 1700 der Versuchung erliegen können, nunmehr den schnellen Untergang der Osmanen zu prognostizieren, das Ende eines zwar vormals höchst erfolgreichen, damals aber bereits schwachen, verkommenen, morschen Staatswesens. Doch nichts dergleichen: Marsigli sieht ein in seiner Substanz gesundes Reich, das Europa auch noch im frühen 18. Jahrhundert zu fürchten hat. Die Begründung seiner Folgerungen ist einfach und nüchtern. Das Stichwort heißt: Ordnung. Nie hätte das Reich derartige Erfolge erzielen können, hätte es nicht über „so exakte Register" betreffend das diplomatische Vertragswesen, das Zeremoniell, den Stand seiner Provinzen, die gesamte Gesetzgebung und insbesondere eine Ordnung in seinen Finanzen verfügt – Tugenden, derer sich „keine einzige Regierung des Universums" rühmen kann.

Hammer-Purgstall, einer der besten Kenner osmanischer Geschichte, erlebte als Zeitgenosse in der 1. Hälfte des 19. Jahrhunderts ein noch mehr geschwächtes Osmanisches Reich. Trotzdem schloß er sich etwa Marsiglis Einschätzung an und erblickte den Beginn des Niedergangs erst Ende des 17. Jahrhunderts.

## *Die Sultane nach 1600: Ein Reich ohne Herrscher?*

Der dritte von Suleimans Nachfolgern, der nicht ganz so schwache, aber keineswegs bedeutende Mehmed III., der sein Heer selbst in den Feldzug von 1596 geführt hatte (S. 257), starb 1603, mitten in der ruhigen Endphase des formell erst 1606 beendeten Langen Krieges. Ihm folgte sein Sohn Ahmed I., noch im Jünglingsalter, eine unbedeutende Persönlichkeit mit wenigen positiven und vielen negativen Charakterzügen ausgestattet, „geizig, zum Umgang mit Frauen, Zwergen, Narren, Stummen und Eunuchen, die ihn überallhin begleiteten, neigend" (Jorga). Knapp 30 Jahre alt, starb Ahmed an einer Magenkrankheit 1617. Sein Bruder Mustafa war der nächste Sultan, er galt als schwachsinnig und wurde nach drei Monaten abgesetzt. Osman II., ein jüngerer Bruder Mustafas, trat dessen Nachfolge an (1618–1622).

Dieser junge Mann war aktionslustig, es blieb ihm aber wenig Zeit, um innere Reformen und äußere Feldzüge zu verwirklichen: 1622 wurde er durch den Aufstand von Truppenteilen gestürzt und bestialisch ermordet.

Die Putschisten holten den armseligen Mustafa aus seiner Klause und machten ihn wieder zum nominellen Sultan. Nur für kurze Zeit allerdings. 1623 wurde Mustafa endgültig abgesetzt. Von Ahmeds I. vielen Söhnen folgte der 12jährige Murad IV. auf dem Thron (1623-1640). Doch übernahm Murad erst 1632 die Regierungsgeschäfte. So sind drei weitere Jahrzehnte (1603-1632) verstrichen, ohne daß im Osmanischen Reich ein echtes Staatsoberhaupt geherrscht hätte, das diesen Namen verdiente.

Murad IV. war begabt und aktionsfreudig genug, nur mußte er erst im Inneren des Reiches wieder Ordnung schaffen – er tat es mit grausamem Terror –, bevor er seinen Blick nach Westen richten konnte – und dafür hatte er keine Zeit mehr, er starb 1640 im Alter von 30 Jahren.

Danach bestieg wieder ein psychisch Kranker, Ibrahim (1640-1648), den Thron.

### Ein neuer Verbündeter im Krieg gegen Habsburg

Auf dem ungarischen Kriegsschauplatz waren zwischen 1600 und dem Friedensschluß von 1606 keine wichtigen militärischen Handlungen zu verzeichnen. Dafür mußte Habsburg eine empfindliche Schwächung seiner Lage durch einen von Siebenbürgen ausgehenden Aufstand der Ungarn hinnehmen. Im Zeichen dieser neuen Entwicklung stand dann die Friedensregelung von 1606, durch die der Lange Krieg formell beendet wurde.

In Siebenbürgen herrschte nach der Jahrhundertwende die Armee des kaiserlichen Generals Giorgio Basta. 1604 entlud sich die Verbitterung der unterdrückten Siebenbürger und der im habsburgischen West- und Nordfünftel Ungarns lebenden Magyaren in einem nationalen Aufstand gegen Wien. Es handelte sich, man kann es so ausdrücken, um eine patriotische Bewegung der „Türkenpartei". Die Pforte unterstützte tatkräftig den Führer des Freiheitskampfes, den ungarischen Staatsmann István Bocskay (1558-1606). Die Ungarn erzielten beachtliche militärische Erfolge gegen die habsburgischen Garnisonen, Basta konnte aus Siebenbürgen vertrieben werden. Bocskay wurde im Februar 1605 zum Fürsten von Siebenbürgen durch die dortigen Stände und am 20. April 1605 von einer Versammlung, welcher auch zahlreiche Stände des habsburgischen Teils Ungarns angehörten, zum „Fürsten" ganz Ungarns gewählt.

### Noch einmal der ungarische Königsplan

Es war ein Freitag – „der heilige Tag der Türken" –, für die Christen der Martinstag. An diesem 11. November 1605 trafen sich der Pascha von

Buda sowie Großwesir Lala Mehmed mit Bocskay zu Pest, am linken Donauufer, gegenüber von Buda. Es fand ein Festakt statt, der von pompösen Feierlichkeiten begleitet war:

Beim Festessen der Osmanen hielt Bocskay eine Tischrede:

„*Jetzo, wenn durch die Hilfe des allmächtigen Gottes und des mächtigen Sultans der Türken die Sachen nicht nur in Siebenbürgen sondern beinahe in ganz Ungarn*" gut stehen, schwört er, Bocskay, dem Sultan Bündnistreue.

Nun erhob sich der Großwesir, um seine programmatische Rede zu halten:

„*Ich kenne sehr wohl die Ereignisse in Siebenbürgen von damals und von heute.*" Solange Zsigmond Báthori sich ans Bündnis mit der Pforte hielt, „*herrschte dort ein ruhiges, goldenes Zeitalter. Später aber, als er das Bündnis zerriß, versank Siebenbürgen in einem elenden eisernen Zeitalter.*" Damit meinte der Osmane die Jahre österreichischer Besatzung. „*Ihr ... Ungarn erinnert euch daran und es soll euch immer gegenwärtig sein, wie die Österreicher euch mit angeborenem Haß begegnen und ... wie sehr sie unfähig sind, euch gegen uns zu verteidigen. Vielmehr überziehen sie euer Land mit grausamem Krieg und erleiden im Herzen Ungarns eine Niederlage nach der anderen. Berechtigt ist eure Freude darüber, daß ihr mit uns nunmehr Frieden geschlossen und ein Bündnis eingegangen seid ... Uns fällt im Traume nicht ein, feindliche Handlungen gegen eure Nation zu begehen. Vielmehr könnt ihr davon überzeugt sein, daß wir euch gegen eure Feinde, sooft dies erforderlich ist, zu Hilfe eilen. Ihr braucht um eure Freiheit nicht zu bangen, weil die Sultane aus dem glorreichen Hause Osman diejenigen, die ihnen vertrauten und die ihnen die Bündnistreue hielten, stets verteidigt haben. Dagegen ist es bei den Österreichern bereits zum Brauch geworden, alles zu versprechen, den Himmel zu beschwören, ihre Worte mit besiegelten Urkunden zu bekräftigen, und dann alle zu überlisten und zu betrügen.*

*Und jetzt rede ich dich, Fürst Stephan (= István), der du es bevorzugt hast, dich an den unbesiegbaren Sultan Ahmed zu wenden, anstatt dich dem grausamen Joch der Kaiserlichen zu unterwerfen, im Namen des Sultans als König an. Ich überreiche dir die Krone, das Zepter, das Schwert und die Fahne, dazu gewähre ich dir viel Macht, Ehrung und Autorität und ermuntere dich, den beschrittenen Weg weiter zu befolgen ...*"

So kam es ein einziges Mal zu einer geradezu amtlichen Zusammenfassung der Gedanken osmanischer Hegemonialpolitik und des ungarischen Königsplanes. Als Verbündeter des Imperiums trat da ein Fürst auf, dessen siegreiche Waffen, zwar mit osmanischer militärischer Hilfe, im wesentlichen aber auf die ungarischen Kräfte der „Türkenpartei" gestützt, ihm den Besitz ganz Siebenbürgens und von großen Teilen Nordostungarns eingebracht haben.

Nach seiner Rede setzte Lala Mehmed Pascha eine wunderschön geschmückte Krone auf Bocskays Haupt, umgürtete ihn mit einem prachtvollen Schwert, gab ihm ein königliches Zepter in die rechte, eine Fahne in die linke Hand. Da stand nun Bocskay neben dem Großwesir. Er schob die Krone in aller Höflichkeit beiseite und überreichte sie einem ungarischen Würdenträger zur Aufbewahrung. Als kostbares Geschenk des Großherrn nahm er das Kleinod herzensgern an. Doch war es eben nicht die Stephanskrone, weil diese im Moment der Habsburger Rudolf trug.

Doch als Bocskay mit seiner Gefolgschaft den Ort verließ, standen die Janitscharen und die Spahis Spalier und jubelten ihm so lautstark zu, daß der Boden erzitterte: „Es lebe der König von Ungarn!"

Der Schlußstrich: Der Friedensschluß von Zsitvatorok (1606)

Im Jahr 1606 wurden am 23. Juni zwischen Bocskay und den Habsburgern in Wien, zwischen der Pforte und den Habsburgern am 11. November parallele Friedensverträge abgeschlossen. Der Vertrag mit den Osmanen ging als Frieden von Zsitvatorok (= „Zsitvamündung") in die Geschichte ein, da die Verhandlungen und der Abschluß in einem Zelt an der Mündung des Flusses Zsitva in die Donau bei Komorn stattfanden.

Der parallele Friedensvertrag zwischen den Osmanen und den Habsburgern bestätigte wieder einmal den Besitzstand der Parteien. An diesem hatten die Kriegsjahre relativ wenig geändert – nur wenige Burgen tauschten den Besitzer, darunter Eger, das zum Sitz eines Beglerbegs wurde. Die Regelung zwischen Bocskay und Rudolf garantierte Bocskays unabhängiges Fürstentum Siebenbürgen mit großen Gebieten Nordostungarns.

Die Proportionen der drei Territorien nach der Regelung von 1606, welche von langer Dauer sein sollte, ergeben sich aus den folgenden Zahlen, die in alten ungarischen Quadratmeilen ausgedrückt sind: Aus dem gesamten ungarischen Staatsgebiet von 5163 Quadratmeilen entfielen 1859 auf das osmanische Gebiet, 2082 auf das vergrößerte Siebenbürgen, den Verbündeten der Pforte und 1222 auf Habsburgisch-Restungarn. Somit dehnte sich der osmanische Hegemonialbereich auf 3941 Quadratmeilen, d. h. auf mehr als ⅗ Ungarns aus! Fürst Bocskay war nun Herrscher über das größte Teilgebiet des zerstückelten Landes. Doch noch im selben Jahr starb er plötzlich – eine Schlappe für die osmanische Politik!

## Die Osmanen und der Dreißigjährige Krieg (1618–1648)

Ab 1606 herrschte Frieden zwischen Istanbul und Wien, ein Frieden, der mehrfach verlängert wurde und bis 1652 andauerte. Auf diese Periode entfiel das tödliche Ringen des Habsburgerreiches gegen eine große protestantische Kriegskoalition, der sich später Frankreich anschloß: der Dreißigjährige Krieg (1618–1648). Das Osmanische Reich ließ sich die einmalige Chance entgehen, den habsburgischen Erbfeind zu einem Zweifrontenkrieg zu zwingen, welchem der Kaiser und die mit ihm verbündete katholische Liga in keinem Fall gewachsen gewesen wären.

Persönlichkeiten von welthistorischem Format, wie Gustav Adolf, König von Schweden (1594–1632), Kardinal Richelieu, Kanzler von Frankreich (1585–1642) auf der antikaiserlichen Seite, die Generäle Wallenstein (1583–1634) und Tilly (1559–1632) im katholischen Lager, waren die Akteure auf der politischen Bühne und auf den blutigen Schlachtfeldern des Abendlandes, während das Schiff des Osmanischen Reiches ohne Kapitän im Nebel herumirrte. So kam es denn, daß Wien während der Jahrzehnte seines Existenzkampfes den kostbaren Friedenszustand mit den Osmanen beinahe ungestört genießen konnte. „Beinahe", da es Zwischenfälle während dieser Jahrzehnte freilich gab und weil das Osmanische Reich einmal (1626) an den Rand eines großen Krieges mit dem Kaiser geriet.

### Ein „Konzept" der Passivität

1618–1648 regierte in Istanbul meist die zweite Garnitur, Wesire, unter ihnen auch tüchtige, die aber nicht in der Lage waren, geschichtsträchtige Entscheidungen zu treffen.

Die inneren Kräfte des Reiches mögen zeitweilig nachgelassen haben. Doch waren sie in keinem Fall dermaßen untergraben – strukturell geschwächt –, daß ein osmanisches Riesenheer Schulter an Schulter mit deutschen Protestanten, Dänen und Schweden, Ungarn und später auch Franzosen, nicht ins Feld hätte rücken können. Die osmanische Führung war über die Tragweite und auch die Einzelheiten des Geschehens in Mitteleuropa bestens informiert und hörte sich die Argumente der befreundeten Mächte mit großer Aufmerksamkeit an, die ihr zum massiven Eingreifen in den großen Krieg rieten.

Istanbul: Drehscheibe der Diplomatie

Die Hauptstadt des Osmanischen Imperiums wurde im Verlauf des Dreißigjährigen Krieges zu einer Drehscheibe der diplomatischen Aktivität antihabsburgischer Mächte. Auch die jeweiligen zweiseitigen Kontakte zwischen diesen Staaten untereinander wurden in jenen Jahrzehnten zweigleisig geknüpft: Botschafter von England, Frankreich, Holland, Schweden, Dänemark, Venedig konferierten nicht nur in den abendländischen Hauptstädten, wo sie akkreditiert waren, sondern die in Istanbul residierenden Diplomaten dieser Mächte berieten sich parallel, damit sie dann auch gleich mit der Pforte Verbindung aufnehmen konnten.

Aufgrund der Initiative des am europäischen Krieg aktiv beteiligten Verbündeten der Pforte, des mächtigen Fürsten von Siebenbürgen Gábor (Gabriel) Bethlen (1613–1629), wurde für 1625 ein in Istanbul abzuhaltender großangelegter diplomatischer Kongreß der Bevollmächtigten aller antihabsburgischen Mächte geplant. Es sollte ein Schlag gegen Wien vorbereitet werden, an welchem sich die Osmanen und auch Bethlen beteiligen würden. Einladungen ergingen an England, Frankreich, Dänemark, Schweden, Venedig und, versteht sich, an die deutschen protestantischen Fürsten.

Schließlich kam jedoch der große Kongreß in der geplanten Form wohl aus dem Grund nicht zustande, daß die protestantischen Mächte und ihre katholischen Sympathisanten, Frankreich und Venedig, Vorsicht walten ließen, als es darum ging, ein feierliches Bündnis gegen Habsburg durch eine Versammlung in der Hauptstadt der „Ungläubigen" absegnen zu lassen: Man stellte sich lebhaft vor, welchen propagandistischen Gebrauch Wien davon machen konnte!

So waren denn die Ergebnisse der gewaltigen diplomatischen Anstrengungen mager. Nur England, Holland und Venedig beauftragten ihre Botschafter in Istanbul, aktiv zu werden, aber nicht im Sinn eines formalen Bündnisses dieser Staaten mit der Pforte. Die genannten Botschafter beschränkten sich darauf, daß sie – allerdings in aller Form – intervenierten, damit Sultan Murad IV. – jetzt ganze 13 Jahre alt – einer Allianz seines Verbündeten Bethlen mit England, Holland, Venedig – und Frankreich – zustimme. Das Schreiben über das Einverständnis des Sultans wurde ausgefertigt, der Aga Jusuf nahm den Brief im September 1625 nach Siebenbürgen mit.

Der demonstrative multilaterale Vorstoß im Interesse der Einbeziehung der Osmanen in den Krieg war damit praktisch gescheitert.

Auf bilateraler Ebene war der diplomatische Druck groß, um den

Eintritt der Pforte in den Koalitionskrieg oder wenigstens ihre militärische Beteiligung auf mittlerer Ebene zu erzielen. Die Franzosen wurden nicht müde, die Osmanen auf die Chance eines Zusammenschlusses gegen das arg bedrängte Habsburgerreich aufmerksam zu machen; die Schweden machten sich nicht weniger stark bei der Pforte. Am beharrlichsten war Fürst Bethlen von Siebenbürgen, natürlich als Exponent seiner „Türkenpartei".

Anfang 1619 ordnete er seinem ständigen Botschafter an der Pforte einen Sonderbeauftragten, Ferenc Mikó, bei, um beim Großwesir mit noch mehr Nachdruck um die militärische Unterstützung der Pforte zu seinem Feldzug gegen die Habsburger zu werben. Der Großwesir bemerk-

*Königsbanner des Fürsten von Siebenbürgen (1613–1629) und – mit Unterstützung der Osmanen – gewählten Königs von Ungarn Gábor (Gabriel) Bethlen; zeitgenössischer Stich.*

te skrupelhaft, daß dies den soeben verlängerten Frieden mit dem Kaiser verletzen würde. Er fügte recht unverbindlich hinzu, Bethlen möge nur seinem Geschäft nachgehen, dann werde es auch nicht an Unterstützung mangeln.

Nach Bethlens Feldzug in Westungarn 1619–1621 kam es 1623 zu einem zweiten Waffengang. Innenpolitisch befand sich das Osmanische Reich auf dem Tiefpunkt, die Führungskrise war total: Staatsstreich, Sultansmord, neuer Sultan im Kindesalter (S. 263 f.). So war auch massive westliche Schützenhilfe vergebens: Für eine Intervention der Pforte plädierte Cornelius Haga, der holländische Botschafter, mit besonderem Eifer. Auch Venedigs Gesandter setzte sich in Istanbul dafür ein, daß die Osmanen kräftig in den Krieg eingriffen.

Bethlen ließ allerdings nicht locker; er entsandte 1626 seinen Beauftragten Toldalagi an den Bosporus. Dort ist der Ungar am 3. Juli 1626 angekommen. „Jetzo hat Gott dem mächtigen Sultan ein großes Glück vorgezeichnet", so begann Bethlens Botschaft. Dies bedeutete, die Pforte habe nun die einmalige Chance, den habsburgischen Feind zur Strecke zu bringen. Konkret ließ Bethlen darum bitten, daß „ehe der Sultan, gemeinsam mit der europäischen Koalition zum radikal umwälzenden Schlag gegen die Macht Ferdinands und seiner Verbündeten ausholt, ein gutes Heer unter dem Pascha von Buda aufgestellt wird und gegen die Österreicher marschiert." Der greise Wesir Gürtschi Mehmed Pascha unterstützte Bethlens Vorschläge im Diwan; doch wurde er Mitte Juli von meuternden Spahis umgebracht. Nachfolger Retschep Pascha verhielt sich zurückhaltend aber nicht gänzlich negativ. Der Pascha von Buda wurde ermächtigt, die Demarkationslinie „mit Bethlen gemeinsam zu schützen", es erging eine entsprechende – sibyllinische – Instruktion nach Buda ...

## 30. September 1626 oder: Wallenstein trifft auf die Osmanen

Der Pascha von Buda, der den rätselhaften Befehl der Pforte, „die Demarkationslinie mit Bethlen gemeinsam zu schützen", erhalten hatte, ist plötzlich gestorben. Murtesa Pascha, Beglerbeg von Bosnien, wurde – wahrscheinlich unter Bethlens Druck auf die Pforte – zum neuen Pascha von Buda ernannt. Er war ein resoluter, kampflustiger junger Mann. Mit einer 15 000 Mann starken Streitmacht stand Murtesa bei Buda Gewehr bei Fuß.

Zu gleicher Zeit erfaßte der Dreißigjährige Krieg ungarisches Gebiet, unabhängig davon, was die Pforte beabsichtigte: Der protestantische General Mansfeld war mit seiner Streitmacht vor Wallenstein nach Ungarn ausgewichen. Dieser konnte ihn verdrängen, aber nicht stellen. Am 30. September 1626 stieß Wallenstein auf ein vereintes osmanisch-siebenbürgisches Heer unter Murtesas und Bethlens Kommando bei Drégelypalánk, etwa 70 km nordöstlich von Buda.

Die Armee der Verbündeten war etwa 30 000 Mann stark, die Osmanen und die magyarischen Siebenbürger stellten jeweils etwa die Hälfte. Wallenstein verfügte über ein ca. 25 000 Mann starkes Heer: Es war die Hauptstreitmacht der Kaiserlichen.

Es gab die erste Feindberührung, es kam zu Vorhutsgefechten. Doch die Sonne ging unter, keiner der feindlichen Feldherrn entschied sich für ein nächtliches Gefecht. Die gegnerischen Heere kampierten in gefährlicher Nähe zueinander. Noch stand alles offen.

Wallenstein überblickte die Tragweite einer Entscheidung für die Schlacht; er war der Inbegriff eines politisch denkenden Generals. Auf der rein militärischen Ebene wußte er zwar, daß seine deutsche Infanterie dem Gegner überlegen war, dafür machte ihm die leichte Kavallerie der Osmanen und der Ungarn große Sorge, wie er in einem Privatbrief an seinen Schwiegervater bereits vor dieser Begegnung geäußert hatte. Seine Siegeschancen überschätzte der Friedländer keineswegs, doch zog er sich nicht zurück. Vielleicht hoffte er klammheimlich darauf, daß Bethlen die Kampflust des Pascha dämpfen würde.

Der Türke und der Ungar trafen ihre Entscheidung in einem nächtlichen Kriegsrat.

Murtesa Pascha setzte sich eindeutig für die Schlacht am nächsten Morgen ein. Er pokerte hoch, und er war es auch, der am meisten zu verlieren hatte. Er wußte, daß bei einer Niederlage nichts anderes als die seidene Schnur auf ihn wartete und dies gleich aus zwei Gründen:

Der erste, bei den Osmanen sowieso der wichtigste Grund für die Hinrichtung eines Generals, war der Mißerfolg. Obendrein hätte aber der Diwan einem Verlierer Murtesa vorgeworfen, daß er seine Kompetenzen meilenweit überschritten hätte, indem er sich auf eine Entscheidungsschlacht mit der kaiserlichen Hauptstreitmacht einließ. Selbst einem siegreichen Murtesa hätte der Diwan vorwerfen können, daß er das Osmanische Reich – ungewollt – in den Krieg hineingerissen hätte.

Fürst Bethlens Gedankengänge in jener Nacht sind nicht belegt. Der vorsichtige Kalvinist war von seinen drei Feldzügen gegen Habsburg her dafür bekannt, daß er Feldschlachten nur focht, wenn er überlegen und siegessicher war. Dies war nun hier nicht der Fall. Bethlen gab dem Drängen des Paschas auf eine Schlacht also nicht nach.

Gemach, ohne jede Spur von Flucht brach das siebenbürgisch-osmanische Heer seine Zelte ab und trat in der zweiten Nachthälfte den Rückzug an. Erst entfernte es sich 4 Meilen von der kaiserlichen Armee. Wallenstein setzte Bethlen und Murtesa nicht nach... Er soll erleichtert gewesen sein, so wird über den Kriegsrat bei Morgengrauen berichtet, daß ihm der Feind die Entscheidung abgenommen hatte. So unblutig endete das historische Drama jener spannungsgeladenen Nacht.

Bethlens Nachfolger György (Georg) Rákóczi I. (1631-1648) nahm nicht weniger tatkräftig als sein Vorgänger am Dreißigjährigen Krieg teil. 1643 schloß Rákóczi ein Militärbündnis mit Frankreich und Schweden, führte 1644-1645 einen Feldzug über Nordungarn gegen den Kaiser – der Fürst bat aber vergebens um militärische Hilfe aus Istanbul. Die Osmanen entsandten keine regulären Truppen und ließen ihm nur indirekte Schützenhilfe zuteil werden, indem sie Streifzüge über die Militärgrenze hinaus ins kaiserliche Gebiet unternahmen. Rákóczis Siebenbürgen konnte allein nicht viel gegen Habsburg ausrichten: Der Fürst schloß 1645 zu Linz Frieden mit dem Kaiser.

1648 ging der Dreißigjährige Krieg durch den Westfälischen Frieden zu Ende; 1648 fiel Sultan Ibrahim – abermals ein Schwächling auf dem Thron – einer Palastrevolte zum Opfer; dann rissen die Janitscharen die Macht für drei Jahre an sich; neuer Sultan war Ibrahims siebenjähriger Sohn Mehmed IV. (1648-1687). Zwischen 1606 und 1656 gab es 44 Großwesire – so fehlte auch die Autorität des zweiten Mannes im osmanischen Staat. Die Weltgeschichte zog mittlerweile am Osmanischen Reich vorbei...

## *Die Zeit der tatkräftigen Großwesire: 1656-1683*

Mit Ibrahims Tod (1648) ging die Zeit der sogenannten Weiberherrschaft zu Ende. Während der Regierungszeit der schwachen Sultane war tatsächlich eine überaus große Einmischung des Harems und der Sultansmütter in die Staatsgeschäfte zu verzeichnen gewesen. Sultan Mehmed IV. befand sich noch im Knabenalter (15 Jahre), als der gebürtige albanische Christ Köprülü Mehmed Pascha (um 1576-1661), der durch die Knabenlese in den Serail gekommen war, 1656 zum Großwesir erkoren wurde. Der tatkräftige Greis und sein nicht minder begabter und willensstarker Sohn Köprülü Fasil Ahmed Pascha (Großwesir 1661-1676) prägten in der Geschichte des Imperiums die „Ära Köprülü". 1676-1683 war Kara Mustafa Pascha Großwesir: letzten Endes war diesem Mann kein Erfolg beschieden –, Einfallsreichtum und Tatkraft kann man ihm aber nicht absprechen. Wie recht all diejenigen Zeitgenossen und spätere Historiker hatten, welche im Osmanischen Reich des 17. Jahrhunderts ein starkes, im Grunde genommen gesundes Weltreich sahen und den Grund für Untätigkeit und einige Mißerfolge größtenteils in der Lähmung der Staatsspitze in der ersten Hälfte des Jahrhunderts erblickten, beweist der Verlauf der Ära Köprülü, eine Zeit der Stärke und der Blüte des Reiches. Der alte Köprülü regierte über fünf Jahre mit eiserner Hand, er räumte auf mit den Mißständen, welche als Folgen der Führungslosigkeit der früheren Periode geblieben waren: Der Großwesir wies die Janitscharen in die Schranken, die – in Ermangelung großer kriegerischer Einsätze – nunmehr Innenpolitik machten und die Klinge nicht so sehr nach außen, als nach innen hin zückten und sich gerne einmal in Thronwirren verstrickten. Dafür sorgte Köprülü wieder für eine ordentliche Auszahlung des Soldes in guter Münze. Disziplinlose und korrupte Würdenträger bestrafte der Großwesir rigoros mit dem Tod. Den Staatshaushalt sanierte er durch rücksichtslose Sparmaßnahmen, er verfolgte jede Art von Verschwendung, er beschnitt radikal das Budget des Harems. Aufstände in den Provinzen unterdrückte Köprülü grausam, er führte auch eine erfolgreiche Strafexpedition nach Siebenbürgen, wo Fürst Georg Rákóczi II. (1648–1660) die Bündnistreue zur Pforte mißachtete. Daß es Köprülü innerhalb kurzer Zeit gelang, Ordnung zu schaffen, läßt die fortdauernde innere Stärke des Reiches erkennen.

Es gab ein Gebiet, wo die Geschäfte auch in der ersten Hälfte des Jahrhunderts beinahe reibungslos weiter liefen, und dies war die Diplomatie.

## *Handelspolitische Beziehungen*

Die Periode der militärischen Passivität auf europäischem Boden war für das Osmanische Reich keine diplomatische Durststrecke. Die europäischen Mächte waren zwar sehr wohl über die Schwäche der Sultane informiert, sie wußten bestens Bescheid auch über den Verfall der Autorität der Großwesire. Zu dem Schluß, daß sie sich eine gleichgültige oder gar herabwürdigende Haltung den Osmanen gegenüber erlauben konnten, kamen sie aber keineswegs.

Der französische Verbündete

In der Jahrhundertperspektive der osmanisch-französischen Freundschaft gab es Perioden, die als wärmer, andere, die als kühler bezeichnet werden können. Doch intensiv waren die Kontakte allemal. Die französische

Großmacht, im Grunde genommen viel stärker auf dem diplomatischen Parkett als auf dem Schlachtfeld, begann immer mehr, sich für den Ausbau ihres Levantehandels zu interessieren. In diesem Rahmen gewannen die Sonderrechte, genannt „Kapitulationen", im 17. Jahrhundert zusätzliche Bedeutung. Für die Osmanen brachte zwar die Präsenz der französischen Kaufleute den Vorteil von Zolleinnahmen und vor allem des Aufblühens der Handelsbeziehungen quer durch ihr Territorium im allgemeinen. Dies war aber nur die eine Seite der Medaille. Die Osmanen merkten es wahrscheinlich nicht, daß sich – zumal im 17. Jahrhundert – die Privilegien französischer und anderer westeuropäischer Kaufleute nachteilig für den Handel im Reiche selbst auszuwirken begannen: Die ihnen an Kapitalstärke, Schiffsraum und Sachkunde überlegenen abendländischen Kaufleute hinderten einen Aufschwung des osmanischen Handels in der prä- und frühkapitalistischen Ära.

In der Außen- und Sicherheitspolitik intensivierte Frankreich seine Beziehungen zum Verbündeten am Bosporus besonders in der späteren Periode des Dreißigjährigen Krieges, als es sich am Kampf gegen das katholische Lager selbst aktiv beteiligte. Für einen Kriegseintritt konnte Frankreich die Osmanen aber auch in den vierziger Jahren nicht gewinnen.

Die „Seemächte". Der Osthandel

England und Holland traten in den Beziehungen zum Osmanischen Reich auf der einen Seite als transkontinentale Handelsmächte, auf der anderen Seite als Staaten auf, die in Europa politische und militärische Ziele verfolgten.

Am Osthandel immer stärker interessiert, vereinbarten England (1580) und Holland (1612) mit der Pforte Erleichterungen und Privilegien auf den Spuren der „Kapitulationen" von Frankreich. Schon wegen der einseitig eingeräumten Vorteile für den Handel und angesichts der günstigen Rechtslage ihrer Bürger im Bereich der Glaubensausübung sowie der zivilen und Strafgerichtsbarkeit auf osmanischem Gebiet waren die Beziehungen recht herzlich. Dazu gesellten sich die anderen Interessen: England war in ein tödliches Ringen mit den Spaniern verwickelt, das mit dem Sieg über die Spanische Armada (1588) erst so richtig begonnen hatte.

Hollands Interessen am Levantehandel waren vergleichbar mit denjenigen der Briten, seine Untertanen kamen ebenso in den Genuß der „Kapitulationen" auf osmanischem Gebiet wie diejenigen der Könige von England. Abgesehen davon, daß all diese Handelsmächte miteinander konkurrierten, verdrängten sie die Osmanen aus dem Durchgangshandel über den Nahen Osten nach Europa: Da waren die osmanischen Kaufleute hoffnungslos unterlegen, schon aus dem Grunde, daß sie meistens keine Seehändler waren. Sie beförderten ihre Waren auf dem langwierigen, kostspieligen und gefährlichen Landweg. „Das Kamel ist das Schiff der Wüste", lautet ein Spruch. Er ist aber nur ein Bonmot, denn Dromedare und Zweihöckrige sind eben doch keine Karavellen. Die schwer beladenen Karawanen, welche sich durch die Wüsten und das Hochgebirge mühten, konnten die mit Gewürzen, Edelsteinen oder Seide beladenen Transportschiffe der Abendländer wegen ihrer Langsamkeit und geringeren Tragekapazität nicht ersetzen. Dieser archaische Handel erwies sich den Handelsflotten gegenüber im 17. Jahrhundert nicht mehr als konkurrenzfähig. So kam es denn, daß die westlichen Seefahrernationen in der Lage waren, den Handel mit dem Nahen und dem Mittleren, auch mit dem Fernen Osten dank ihrer zahlenmäßig und qualitativ weit überlegenen Handelsflotten und ihres kaufmännischen Wissens zu beherrschen. Der Seehandel verlagerte sich vom Mittelmeer auf die „Kap-Route", d. h. auf den Weg rund um Afrika, so daß die Engländer, die Holländer und die Portugiesen das Osmanische Reich einfach umgingen. Trotz allem wäre es falsch, die Beziehungen dieser Mächte zu den Osmanen im 17. und 18. Jahrhundert mit denen von heutigen Industrie- und Handelsnationen befreundeten Entwicklungsländern gegenüber zu vergleichen. Bis etwa zu napoleonischen Zeiten war das Osmanische Reich für Westeuropa die geachtete Großmacht sowohl auf der diplomatischen als auch auf der militärischen Ebene.

Die Eroberung Kretas

1645–1670 herrschte Kriegszustand zwischen der Pforte und der Signoria. 1656 errangen die Venezianer einen bedeutenden Erfolg im Seekrieg, ihre Flotte drang bis vor die Dardanellen vor und schlug dort ein osmanisches Geschwader.
　Eine echte Bedrohung für den Mittelpunkt des Reiches, für das Marmarameer und gar für Istanbul bedeutete dieser Vorstoß nicht, doch war die feindliche Präsenz an jenen Gestaden – und in der Ägäis, wo die venezianische Flotte zeitweilig ungestört kreuzen konnte – ein Menetekel.
　Im wesentlichen ging es um den Besitz der großen Insel Kreta, des letzten venezianischen Stützpunktes, der Venedig im östlichen Mittelmeer nach dem Verlust von Zypern (1571) noch verblieben war.
　Nach Kämpfen zu Land und zu Wasser gelang es den Osmanen, 1669 die

Hauptstadt Kandia (heute: Heraklion) und den größten Teil der Insel zu erobern: Durch den Friedensvertrag vom 6. September 1670 wurde die letzte große osmanische Eroberung im Mittelmeerraum besiegelt. Es war ein bedeutsamer Gewinn, allerdings teuer erkauft, mit viel Blut und mit Prestigeverlust im Seekrieg.

## Die Osmanen und der Norden

Nicht der Handel, sondern weitgehend nur die Militär- und Außenpolitik bestimmten die Beziehungen des Reiches zu den wichtigsten Mächten im Norden Europas.

### Schweden

Die Beziehungen zwischen Osmanen und Schweden waren exzellent, eine Konvergenz ihrer Interessen deutlich.

An gemeinsamen Feinden hatten beide den Kaiser, Polen und später auch Rußland.

### Polen

Die – meist feindseligen – Beziehungen zwischen Osmanen und Polen spielten sich auf zwei, freilich untrennbaren Ebenen ab: Da gab es den ewigen Zankapfel Moldau. Dies war aber ein lokaler Konflikt, ein Nebenkriegsschauplatz. Die andere, die weltpolitische Ebene, bot den Polen Gelegenheit, sich als katholische „Kreuzfahrernation" zu profilieren. Wegen ihrer Beherrschung weiter Teile der Ukraine und ihres nicht spannungsfreien Verhältnisses zu den Dnjepr-Kosaken wurden sie häufig zur Auseinandersetzung mit Krimtataren und Osmanen gezwungen. 1620–1621 gab es einen kurzen Waffengang um die Moldau. Der darauffolgende Friedensschluß bekräftigte den Status quo, die Moldau verblieb von da an endgültig im osmanischen Hegemonialbereich als Vasallenfürstentum.

### Die Kosaken

1672 wurde wieder ein Krieg zwischen den Osmanen und Polen ausgefochten, diese Auseinandersetzung hatte aber bereits eine neue Dimension: Sie spielte sich im Vorfeld des späteren Hauptkonflikts ab, in welchem sich Osmanen und Russen gegenüberstanden. Die Kosaken – kein Volk im ethnischen Sinne, vielmehr eine Art von slawischen Wehrbauern – spielten da die folgende Rolle: Polen und Rußland hatten um Teile der heutigen Ukraine gestritten und das Land schließlich aufgeteilt: Westlich der Dnjeprlinie erstreckte sich das von Polen beherrschte Gebiet, östlich davon hatte Rußland das Sagen. Nun gefiel den Kosaken unter ihrem Anführer („Hetman") Doroschenko weder die polnische noch die moskowitische Schutzmacht, und sie unterwarfen sich und ihr Gebiet westlich des Dnjepr, das unter polnischer Herrschaft stand, 1666 der Pforte. 1672 wurde Doroschenko zum Sandschakbeg von Podolien ernannt. Polen fand sich mit diesem Verlust nicht ab und eröffnete einen neuen Krieg gegen die Osmanen. Der Feldherr und spätere König von Polen, Jan Sobieski (1629–1696), siegte in mehreren Schlachten. Schließlich gewannen aber die Osmanen die Oberhand und sicherten sich vertraglich den Besitz von Podolien (1678).

Diese Ausdehnung des Reichsterritoriums war keine glückliche. Die osmanischen Roßschweife wurden in fernen nördlichen Gegenden aufgepflanzt, die den umliegenden Feinden in der Steppe ungeschützt ausgeliefert waren. Am Horizont erschien der zukünftige Erbfeind: Rußland.

Das Zarenreich

Seit Doroschenkos Frontenwechsel empfand sich die Pforte als Schutzmacht der Kosaken und dies führte zum Konflikt mit dem Zaren. Die Russen forderten vom Sultan im März 1678 die Herausgabe der Westukraine. Moskaus Botschafter wurde abgewiesen und es kam 1678–1681 zum offenen Krieg. Der Friedensschluß von Bachtscheseraj (Krim) vom 11. Februar 1681 brachte eine umfassende Regelung zwischen Istanbul und Moskau, welche folgende Bedingungen enthielt: Ihren Besitzstand in der Westukraine konnten die Osmanen im großen und ganzen wahren; zwischen Bug und Dnjepr durften keine Befestigungen errichtet werden. Außerdem enthielt der Vertrag eine Klausel, wonach dem Zaren das Recht eingeräumt wurde, die orthodoxe Kirche in Jerusalem zu beschützen.

Vordergründig handelte es sich da um ein – westeuropäischen Mächten in den „Kapitulationen" längst zugesichertes – Recht auf Religionsfreiheit von Christen unter osmanischer Herrschaft. Die Zaren schmiedeten jedoch aus dem von ihnen entwickelten Konzept ihrer Schirmherrschaft über alle orthodoxen Christen eine für die Osmanen gefährliche Waffe. Die Zaren verbanden die Macht der Schwerter und der Geschütze – massierter Artillerieeinsatz war die Sache der Russen nicht weniger als der Osmanen – mit der Waffe der Religion. Ein Aufbegehren aller orthodoxen Christen, aller Balkanvölker gegen die Ungläubigen, Väterchen Zar als Befreier – diese Gedanken sollten das osmanisch-russische Verhältnis in den nächsten Jahrhunderten beherrschen.

## Der osmanisch-österreichische Krieg 1663–1664

Der gefährlichste Feind der Osmanen war im 17. Jahrhundert immer noch das Habsburgerreich. 1662–1663 feilschten Istanbul und Wien um Krieg und Frieden auf der diplomatischen Ebene. Aber als beide Reiche wieder bei Kräften waren, wurde ein neuer Waffengang fällig.

Großwesir Ahmed Köprülü verließ am 12. April 1663 Edirne mit einem etwa 100 000 Mann starken Heer und erreichte Buda Ende Juni. Am 7. August brachten die Osmanen im Raum von Gran einem kaiserlichen Korps eine empfindliche Niederlage bei. Allerdings kam es 1663 noch zu keiner Entscheidungsschlacht. Der Großwesir überwinterte in Belgrad mit einem Teil seines Heeres. Mit etwa 40 000 Mann trat er am 8. Mai 1664 den neuen Feldzug an, belagerte Burgen in Südwestungarn, zog nordwärts etwa der ungarisch-österreichischen Grenze entlang und begegnete am 1. August bei St.-Gotthard, das heute ein Bahnübergang von Graz Richtung Ungarn ist, dem Heer des Feldmarschalls Montecuccoli. Diesem gehörten starke deutsche Kontingente an, darunter ein bayerisches Korps. Das osmanische Heer verwickelte sich bei der Überquerung des Flusses Raab (Rába) in einen Großkampf mit Montecuccoli und wurde nach einem siebenstündigen, abwechslungsreichen und blutigen Kampf geschlagen. Der heldenhafte Einsatz der Bayern gab wahrscheinlich den Ausschlag für den Sieg. Wohl zu Recht hielt Kurfürst Ferdinand Maria dem Kaiser im Streit um die Lorbeeren entgegen, daß dem bayerischen Reiterobersten Höning, welcher die auf das Nordufer der Raab übergesetzten Osmanen im Gegenangriff niederritt, „das Lob der erhaltenen Victoria zum guten Teil zugeschrieben werde."

Vorbei war also die Zeit, wo sich die Osmanen des Rufs der Unbesiegbarkeit in offener Feldschlacht erfreut hatten.

Ganze zehn Tage nach der Schlacht kam es bereits zum Friedensschluß zu Vasvár (Eisenburg) in Westungarn. Doch Wien schloß einen Frieden wie nach einer verlorenen Schlacht, die Osmanen behielten ihre Territorien. Der Kaiser hatte es eilig, im Osten Ruhe zu erhalten, da seine Hauptsorge der Expansion Ludwigs XIV. ins Reich hinein galt.

## Die Pforte, die ungarische „Türkenpartei" und Siebenbürgen 1664–1690

Drei klar zu unterscheidende antikaiserliche politische Kräftekonzentrationen setzten ihre Hoffnungen auf eine Hilfe der Pforte gegen Wien, für ein unabhängiges Ungarn als Juniorpartner des Sultans:

1) Ein Bund vormals königstreuer, aber von Wiens Ungarnpolitik bitter enttäuschter katholischer Aristokraten und höchster Würdenträger,
2) die protestantisch und zugleich „populistisch" orientierte Bewegung des Grafen Imre Thököly (1657–1705), welche mit der Pforte in offenem Bündnis – mit Wien zugleich in offenem Kampf – stand und in Nordostungarn wie in einem eigenen Königreich über längere Zeit herrschte und
3) das Fürstentum Siebenbürgen, welches sich ja von vornherein im osmanischen Hegemonialbereich befand.

1. Die katholischen Konservativen verstanden sehr wohl, daß der Kaiser gebannt auf Ludwig XIV. blickte und nahmen bereits 1664 Kontakt mit Versailles auf. 1667 wandten sie sich an die Osmanen. Die Ungarn wollten sich als unabhängiges Königreich innerhalb des osmanischen Hegemonialbereiches verstehen. Der Großwesir lehnte die Zusammenarbeit offiziell ab. Vor allem erblickte er keine effektive militärische Macht hinter den Verschwörern, und deshalb griff er nicht zum Königsplan, dessen Verwirklichung ungarische militärische Stärke voraussetzte. Außerdem wollte er das Osmanische Reich nicht kompromittieren und den 1664 errungenen vorteilhaften Frieden mit Wien gefährden, zumal ein osmanisch-ungarisches Bündnis den Habsburgern auf längere Zeit kaum verborgen bleiben konnte. Wie recht er hatte: Der griechische Dolmetscher des siebenbürgischen Unterhändlers, der nach Kreta ins Lager des Großwesirs gereist war, ein gewisser Panajotti, verrichtete Spitzeldienste für Wien: Der Kaiser wußte bald Bescheid über die Verbindung zwischen der Pforte und den ungarischen Verschwörern ... Die Habsburger schlugen jedoch nicht gleich zu, für so ungefährlich hielten sie die dilettantische Verschwörung der Magnaten.

Im Januar 1670 wiederholen die Ungarn ihr Bündnisangebot an die Pforte und boten den Osmanen für den Fall eines Militärbündnisses 60 000 Taler Jahrestribut seitens des Königreichs Ungarn an. Eine Zustimmung erhielten sie auch diesmal nicht. Durch ihre Gegenspionage waren die Osmanen über die in Wien längst erfolgte Entdeckung der Bewegung informiert gewesen.

1670 brach die Bewegung zusammen. Die Anführer, die Grafen Péter Zrinyi, Ferenc Frangepán und andere, wurden zum Tode verurteilt.

2) Graf Imre Thököly (1657-1705) war der Anführer der starken Türkenpartei, welche in Nordostungarn eine stabile Territorialherrschaft errichtete. Thököly war Lutheraner und die ungarischen Protestanten folgten ihm. Er stand an der Spitze der sogenannten Kuruzzenbewegung. Der Name stammt wahrscheinlich aus dem ungarischen Bauernkrieg von 1514, der sich aus einer Kreuzzugsbewegung entwickelte: „Crux" = Kreuz. Die Kuruzzen spielten 1672-1711 eine bedeutende Rolle in der ungarischen Geschichte und als antihabsburgische Kraft zugleich auch in den Beziehungen zu den Osmanen.

Thökölys osmanischer Gesprächspartner war Ibrahim, der Pascha von Buda. Er bereitete dem Ungarn 1682 einen feierlichen Empfang, schloß mit ihm einen Bündnisvertrag und half Thököly militärisch, eine Reihe von wichtigen Städten in Nordost- und Nordungarn zu erobern. Dort sollen allein bei der Belagerung der Burg Fülek 4000 Osmanen gefallen sein. Nachdem sich so der Pascha vergewissert hatte, daß Thököly auch effektive Macht ausübte, zog er die großherrliche Urkunde aus dem Sack, durch welche Thököly als „König von Oberungarn" anerkannt und ihm der Schutz des Sultans – auch mit Wirkung für ganz Ungarn und Kroatien – gewährt wurde (September 1682).

Dank effizienter türkischer Hilfe erstreckte sich Thökölys Herrschaftsgebiet 1682-1685 von den Nordostkarpaten bis Gran an der Donau.

3) Siebenbürgen verblieb bis auf die Jahre 1657-1660 unter osmanischer Kontrolle und war auch eine Basis der ungarischen „Türkenpartei". Den von ihnen auch nach Bocskays Tod vertretenen ungarischen Königsplan verbanden die Osmanen vorzugsweise mit starken Persönlichkeiten auf dem Thron Siebenbürgens. Fürst Bethlen (1613-1629), der eine antikaiserliche Liga von europäischen Dimensionen hatte zusammenbringen wollen, war durch die Stände, wie einst Bocskay, zum König von Ungarn gewählt und von der Pforte als solcher begrüßt worden (1620). 1690 verschwand dann der selbständige Staat Siebenbürgen.

## Osmanenzug gegen Wien

Die Vorbereitung des Feldzugs. Die Siegeschancen.

Den Feldzug gegen Wien haben die Osmanen diplomatisch und militärisch bereits 1681-1682 vorbereitet. Der Frieden von Bachtscheseray (1681) hatte den Krieg mit Moskau beendet. 1682 versicherte der Botschafter Thökölys den Osmanen in Istanbul, daß ihr Fürst ganz Ungarn binnen zwei Jahren von den Habsburgern befreien werde.

Eine viel zu optimistische Einschätzung Thökölys und der ungarischen Kräfte durch den Großwesir Kara Mustafa soll nach der Meinung autoritativer Historiker, so von Szekfü, des Nestors der ungarischen Geschichtsschreibung des 20. Jahrhunderts, der Hauptgrund dafür gewesen sein, daß die Entscheidung zugunsten eines Großangriffs 1683 fiel. Ist man der Auffassung, daß das osmanische Schicksal nicht überwiegend von der endlichen Verwirklichung des „ungarischen Königsplans" abhing, dann wird man auch den Einflüsterungen der Diplomaten Ludwigs XIV. in Istanbul eine wesentliche Rolle für den Entschluß zum Losschlagen zumessen. Zur Schlacht von St. Gotthard hatte der Sonnenkönig dem Kaiser noch ein militärisches Kontingent zur Verfügung gestellt – ohne den Kaiser damit von seiner Franzosenfurcht grundlegend kurieren zu können (und zu wollen). Doch galt in Versailles ein Osmanenzug nach Wien gerade als das richtige Mittel, um den territorialen Raub im Westen des Heiligen Römischen Reiches (z. B. Besetzung von Straßburg 1681, die „Reunionen" nach dem Frieden von Nijmwegen 1678/79!) abzusichern. Und wenn der Kaiser unterlag, dann hätte Ludwig XIV. seine barocke Apotheose krönen können, indem er die Deutschen als Führer des Kreuzzuges gegen die Ungläubigen mit sich riß – gegen diejenigen, die er also selbst zum Feuerlegen angestiftet hatte, um anschließend als Brandlöscher bzw. als Führer eines Kreuzzuges auftreten zu können!

Anfang Januar 1683 gab Sultan Mehmed IV. seine Entscheidung bekannt, den Feldzug gegen den Kaiser selbst anzuführen. Am 1. April 1683 verließ er mit seinem Heer Edirne. In Belgrad bereits Ende April angelangt, übertrug der Großherr am 13. Mai den Oberbefehl dem Großwesir Kara Mustafa und blieb selbst zurück. Am 7. Juni schloß sich Thököly mit seinem Korps bei Eszék (Osijek, Esseg) an der Drau in Südwestungarn den Osmanen an.

Am 1. Juli setzte sich der an der Raab aufmarschierte Oberbefehlshaber des kaiserlichen Heeres, Fürst Karl von Lothringen, mit etwa 30 000 Mann ohne Kampfeinsatz Richtung Wien ab. Die Österreicher konnten sich nicht mit der osmanischen Streitmacht messen, deren Stärke einschließlich von Thökölys Ungarn und des tatarischen Hilfskorps auf 120 000 Mann geschätzt wird.

Das Heer Kara Mustafas, welches im Juli 1683 das Vorfeld Wiens erreichte, war zwar von der Qualität her nicht unbedingt vergleichbar mit den Armeen des jungen Suleiman. Es wäre aber verfehlt, im Aufmarsch gegen Wien etwa die „letzte verzweifelte Anstrengung eines geschwächten Reiches" zu sehen, das ein zahlenmäßig großes Heer von zweifelhafter Kampfkraft aufbot. „Die Verproviantierung des riesigen Türkenlagers war

... aufs beste organisiert: Die Anhänger Thökölys und die Tributpflichtigen wußten trotz großer Schwierigkeiten ihre Transporte zu richtiger Zeit eintreffen zu lassen. Die Manneszucht war vorbildlich." (Jorga)
Auch die Belagerungstechnik stand auf hohem Niveau. Nicht nur die osmanische Artillerie war, wie immer, gut und gewaltig; auch das Minenlegen hatte man seit 1529 nicht verlernt.

### Die Belagerung Wiens und die Schlacht am Kahlenberg 1683

Am 14. Juli 1683 leitete der Großwesir die Belagerung von Wien ein. Am 31. Juli erreichten die osmanischen Schützengräben die Wiener Burg und bald war der „Goldene Apfel" völlig eingeschlossen.

Über den Monat August und Anfang September gelang es dem Großwesir nicht, Wien im Sturm zu nehmen, ein Angriff nach dem anderen wurde zurückgeschlagen. Die Österreicher in der Burg schlugen sich tapfer unter dem Befehl des Grafen Rüdiger von Starhemberg.

Der Marquis von Marsigli war dabei – im türkischen Lager. Im Juli 1683 war er am Neusiedlersee von Tataren gefangengenommen und dann an Ahmed, den Pascha von Temeschburg, verkauft worden. Marsigli sieht den Grund des Mißerfolgs der Osmanen in der Selbstherrlichkeit des Großwesirs Kara Mustafa, der die offensiven Operationen zwar sachkundig führte, der es aber versäumte, die elementarsten Vorkehrungen zur Abwehr des Angriffs durch ein feindliches Entsatzheer zu treffen. Kara Mustafa war seiner Sache so sicher, daß er weder den Kamm des Wiener Waldes noch die Donaufurt im Tullner Feld, oberhalb von Stockerau, bewachen ließ. Er vernachlässigte auch noch das, was, nach Marsiglis Worten, ein kleiner Truppenkommandant als Routinemaßnahme getroffen hätte, nämlich sein Lager eben rundum zu verschanzen.

Die Osmanen hatten die Dimensionen einer Mobilmachung im Abendland nicht erkannt. Sie erinnerten sich des zynischen Achselzuckens der europäischen Fürsten bei all den vergangenen Feldzügen gegen die Balkanstaaten und Ungarn, wo es nur der Papst allein mit der Hilfe an das bedrängte Land ernst gemeint hatte. So wurden die Osmanen durch die Größe und den Erfolg der Hilfe überrascht, welche dem bedrängten Österreich 1683 zuteil wurde: Es war Papst Innozenz XI. (1676–1689) gelungen, eine echte Kriegskoalition im Zeichen des Kreuzes zusammenzuschweißen. Sein Emissär, der Kapuzinermönch Marco d'Aviano und Kardinal Buonvisi, der Nuntius in Wien, spielten in den Verhandlungen nicht weniger als beim Kriegsgeschehen selbst eine herausragende Rolle. Zum einen gewährte der Heilige Vater enorme finanzielle Hilfe für den

Türkenkrieg. Zum anderen galt es, Verbündete für die Sache des Krieges zu gewinnen. Der Beitritt des Königs Jan Sobieski von Polen zur Koalition war ein eklatanter Erfolg dieser Diplomatie. Am 31. März 1683 kam ein Militärbündnis zwischen Sobieski und Kaiser Leopold I. zustande, das vor den Osmanen verborgen blieb.

Am 12. September 1683 geriet das Belagerungsheer plötzlich zwischen zwei Feuer: Ihm hatte frontal nur die Garnison von Wien gegenübergestanden, und jetzt fiel den Osmanen das mächtige Entsatzheer von 60–70 000 Mann in die Flanke und in den Rücken: 15–20 000 Polen unter König Sobieski, 11–13 000 Bayern und Franken, etwa ebenso viele Sachsen, viele andere Deutsche und auch Österreicher. Die Polen waren die Speerspitze des Entsatzheeres, ihre Kavallerieattacke gab den Ausschlag für den Sieg, aber Max Emanuels Infanterie-Kontingent hat kräftig zum Erfolg beigetragen.

Die Bayern und Franken stiegen gemeinsam und langsam von den Höhen des Kahlenbergs in die Ebene hinab. Das stellte höchste Anforderungen an die Präzision der Befehle und die Disziplin der Truppe. Die Türken in ihrer abwartenden Verteidigungsstellung konnten den Aufmarsch der Christen nicht entscheidend hindern.

Max Emanuel selbst stürmte im Zentrum, bei Sievering, Währing und Hernals, um dann durch Artilleriefeuer nach rechts die osmanische Hauptmacht zu treffen, die von den Polen angegriffen wurde. Die Polen bekamen bayerische Abteilungen zur Hilfe, die in frontalem Angriff gegen das Gewehrfeuer der Janitscharen ziemliche Verluste hinnehmen mußten. Die Kaiserlichen und Sachsen gaben dem osmanischen Widerstand gegen 6 Uhr abends den Rest. Das bayerische Regiment Graf Arco brach in das Hauptlager Kara Mustafas ein: Max Emanuel gratulierte nach persönlichem, schonungslosem Einsatz auf dem Schlachtfeld dem polnischen König.

Die Osmanen begegneten vor Wien einer vorzüglich bewaffneten, tapferen, durch den Gedanken der Befreiung des Abendlandes stark motivierten, zahlenmäßig kaum unterlegenen feindlichen Streitmacht. Das Riesenheer war verloren und Kara Mustafa ereilte das osmanische Schicksal der Versager: Im November 1683 erschienen beim Großwesir, der nach Belgrad zurückgegangen war, zwei Abgesandte der Pforte: Der eine forderte ihm das Reichssiegel ab und „während er es ehrerbietig übergab, warf der andere den Strang um den Hals des zum Tode Verurteilten." (Jorga)

## Gegen das christliche Europa 1684-1699

1684 vereinten sich Kaiser Leopold, König Sobieski und Venedig in einer „Heiligen Liga" gegen das Osmanische Reich. 1686 schloß sich Rußland an. Den Osmanen verblieben zwei Verbündete in Ungarn, nämlich Thököly sowie Fürst Apafi von Siebenbürgen, und ein starker Freund im Westen: Ludwig XIV. von Frankreich.

Das Reich wurde in einen Vierfrontenkrieg verwickelt:
1) In Ungarn kämpfte es gegen die Österreicher und Truppen aus dem Deutschen Reich, auch gegen diejenigen Ungarn, die das Bündnis mit den Moslems nun mit immer mehr Nachdruck als unnatürlich empfanden. 2) In der Moldau und in Podolien hieß der Gegner Jan Sobieski. Dort lagen die eigentlichen Interessen des Polenkönigs, dort wollte er die Früchte seines Sieges vor Wien ernten. 3) Venedig schlug in Dalmatien und auf dem Peloponnes los, um seine alten Kolonien wiederzugewinnen und besetzte allmählich die alte „Morea" wieder. Ein Angriff auf Negroponte (Euboia) scheiterte jedoch 1688. 4) Schließlich holte sich der Zar – er hieß Peter der Große (1682-1725) – die wichtige Festung Asow (1696).

Der Schwerpunkt der Kriegsgeschehnisse lag in Ungarn; 1684-1686 fiel eine Burg nach der anderen in die Hände der Kaiserlichen, meistens nach blutigem Kampf und trotz des noch effizienten Einsatzes der osmanischen Artillerie. 1684 wurde Buda selbst belagert, die Osmanen konnten aber den Angriff der kaiserlichen Hauptstreitmacht – dank ihrer qualitativ überlegenen Artillerie, so Marsigli – zurückschlagen.

Auf den Nebenkriegsschauplätzen waren beträchtliche Kräfte der Osmanen gebunden.

Im Krieg gegen die Polen erlitten sie keine Niederlage. Keine große Schlacht wurde von den Polen geschlagen, keine wichtige Position in der Moldau und in Podolien eingenommen.

Dieser Krieg war für die Osmanen alles andere als die automatisch einsetzende Serie von Niederlagen eines geschwächten Großreiches. Die Kämpfe waren blutig und abwechslungsreich: Es kam zur Belagerung von Schlüsselstellungen und zu einem halben Dutzend mörderischer Feldschlachten; bis auf eine – Lugos 1695 – brachten sie den Abendländern den Sieg. Europa war es aber gelungen, das Gesetz des Handelns zu bestimmen und den Osmanen nunmehr einen Bewegungskrieg nach den Spielregeln neuester Kriegführung aufzuzwingen.

Bei den tapfer und meist unter Bewahrung der guten alten Disziplin kämpfenden Osmanen mangelte es nicht an Versuchen, sich der neuen militärischen Situation anzupassen und die abendländische Kriegskunst zu erlernen. Französische Militärberater waren ihnen dabei behilflich. Es war aber zu spät, wenigstens für diesen Krieg.

Belagerung, Einnahme und Verwüstung von Buda 1686

Im Sommer 1686 unternahmen die christlichen Verbündeten eine gewaltige Anstrengung, um der Stadt und Festung Buda Herr zu werden.
  Das Heer der Belagerer bestand aus 24000 Kaiserlichen, 7000 Preußen des „Großen Kurfürsten" von Brandenburg, Friedrich Wilhelm (1640–1688), 4000 Schwaben, 3000 Franken und etwa 15000 Ungarn. Ihr Befehlshaber war wieder Fürst Karl von Lothringen. Einem von Kurfürst Max Emanuel von Bayern selbständig befehligten Korps gehörten 8000 Bayern, knapp 5000 Sachsen und über 8000 Kaiserliche an. Insgesamt 75–80000 Mann standen der 7000 Mann starken osmanischen Garnison von Buda unter dem greisen Pascha Abdurrahman, dem populären „Abdi", gegenüber. Die Belagerung begann Ende Juni. Auf beiden Seiten wurden alle Mittel des Burgenkrieges angewandt, unterirdische Minen und Gegenminen kamen zum Einsatz. Die Quellen bescheinigen den osmanischen Mineuren eine qualitative Überlegenheit. Stürme der christlichen Infanterie scheiterten wiederholt, so am 27. Juli: Die Brandenburger und ihre ungarische Speerspitze konnten zwar äußere Bastionen einnehmen, doch wurde der Angriff schließlich zurückgeschlagen, die Christen hatten 5000 Tote zu beklagen.
  Großwesir Suleiman Pascha rückte mit einem starken Entsatzheer an, konnte die Belagerer aber nicht in offener Feldschlacht stellen, höchstens kleine Gefechte liefern und ihren Nachschub stören.
  Zum letzten Sturm kam es am 2. September 1686. Die durch Artilleriebeschuß arg beschädigten Burgmauern wurden im blutigen Handgemenge bezwungen, das christliche Heer trug den Sieg davon. Wie ein Löwe kämpfte der alte Pascha Abdurrahman und fand den Tod.
  Besucher der ungarischen Hauptstadt bewundern heute auf dem Burghügel von Buda die Mathiaskirche, früher Kirche der Muttergottes genannt, ein Prachtstück ungarischer Gotik. Sie hat die Türkenzeit überstanden. Die Osmanen haben christliche Kirchen in Buda zum Teil in Moscheen umgebaut; zerstört wurden sie nicht. Am 2. September 1686 lagen die Burgmauern zwar in Trümmern, nicht aber die Stadt, welche die Osmanen von Anfang an geschont und zu einem Kultur- und Wirtschaftszentrum ausgebaut hatten. Moscheen und christliche Kirchen, Schulen, Volksküchen und Bäckereien, zahlreiche türkische Bäder befanden sich in Buda – einige Bäder sind bis heute erhalten.

Dem Befehlshaber Karl von Lothringen und insbesondere dem ritterlichen Kurfürsten Max Emanuel wohl zuwiderhandelnd, veranstalteten Truppenteile ein Gemetzel unter Juden und kalvinistischen Protestanten. Nach den meisten Quellen sollen auch andere Bewohner der Stadt, darunter Kinder und Frauen, wahllos massakriert worden sein.

Der Marquis von Marsigli, aus der türkischen Gefangenschaft befreit und seit 1684 wieder kaiserlicher Offizier, war zugegen. Er ging auf Beutesuche – auf seine Weise: „Zwischen Flammen und Leichen spürte er den Büchern nach ..." In der Kathedrale, wo die Soldaten sich gerade anschickten, den Imam, den obersten moslemischen Geistlichen zu köpfen, fand er „zwey Cabinete voll Handschriften." Im ehemaligen Palast des Ungarnkönigs Mathias „entdeckte er ... Handschriften aus der corvinischen Bibliothek".

Die Osmanen hatten die intellektuellen Schätze und künstlerischen Kostbarkeiten sorgsam aufbewahrt. So konnte Marsigli einige Prachtstücke der Buchmalerei retten.

Bewegungskrieg auf dem Balkan

1688 fiel Belgrad in die Hände der Christen, Max Emanuel kämpfte wieder in den vordersten Reihen mit. Des Wittelsbachers vorwärtsdrängende Energie duldete keinen Aufschub, die Verluste, die in die Höhe schnellten, hielten ihn nicht auf. Der Kurfürst wurde im Kampf für Belgrad an der rechten Wange verletzt. Die Türkenkriege kosteten Bayern 30000 Menschenleben.

1690 brachten die Osmanen Belgrad allerdings wieder in ihren Besitz. Mit Ende der achtziger Jahre und in den neunziger Jahren setzte überhaupt eine für die Osmanen etwas günstigere Zwischenphase des Krieges ein. So manche Erfolge in der Defensive verdankten sie außer den ersten Lektionen, welche sie aus dem Kriegsverlauf schon ziehen konnten, einer gewissen Entlastung durch ihren traditionellen Verbündeten Frankreich: Der Sonnenkönig entschloß sich 1688 zu einem Angriffskrieg gegen Kaiser Leopold I. Der sogenannte „Pfälzische Krieg" begann, der als eine französische Verwüstungsorgie in die Geschichte einging. Durch diesen wenig glorreichen Waffengang hat Ludwig XIV. Kaiser Leopold bis zum Friedensschluß von Rijswijk (1697) eine Westfront – und dem bedrängten Padischah eine Entlastung in Ungarn und auf dem Balkan – beschert.

Kaiserlichen Heeren war es gelungen, tief in das noch von Mehmed II. eroberte Gebiet einzudringen, nach Serbien, Bosnien und die Walachei, Städte wie Nisch, Vidin und Bukarest einzunehmen. Doch mußten sie diese Territorien, unter osmanischem Druck und vom französischen Krieg im fernen Westen genötigt, wieder räumen.

## Die Entscheidungsschlacht von Zenta

Eine endgültige Wende brachte das Jahr 1697. Da setzte die kaiserliche Heerführung eine „Wunderwaffe" ein, welche ihr schon 1683 völlig unerwartet und durch Zufall in die Hände geraten war: Der wohl größte Feldherr zwischen Wallenstein und Napoleon, Eugen von Savoyen-Carignan, 1663 in Paris geboren, 1736 in Wien gestorben, schenkte Habsburg sein militärisches Genie. Der junge Eugen von Savoyen wurde durch Ludwig XIV. nicht zur militärischen Laufbahn zugelassen und gedemütigt. 1683 lief er dann zum kaiserlichen Erbfeind über. Eugen avancierte rapide und wurde 1693 zum Feldmarschall befördert. Im Juli 1697 übertrug ihm der Kaiser den Oberbefehl in Ungarn.

Bereits im September 1697 schlug Eugen die Entscheidungsschlacht des ganzen langen Krieges. Die osmanischen Truppen versammelten sich erst im Großraum von Belgrad. Sultan Mustafa II. (1695–1703) und Großwesir Elmas Mehmed standen an der Spitze einer Armee von etwa 100 000 Mann, dem Heer von Eugen zahlenmäßig 2:1 überlegen.

Die Osmanen vermuteten, daß Prinz Eugen die Theiß (Tisza) nördlich der Stadt überqueren wollte. „Ihrer alten Gewohnheit entsprechend, versuchten sie den Kaiserlichen den Übergang abzuschneiden. In Eilmärschen erreichten sie Zenta" (Marsigli). Am Ufer der Tisza, etwa 40 km südlich von der heutigen ungarisch-serbischen Grenze gelegen, ist Zenta (serbisch: Senta) eine mittelgroße „Bauernstadt". Dort errichteten die Osmanen unter der Leitung eines Genueser Renegaten eine Pontonbrücke, mit einer ihnen vorher unbekannten Technik. Der Sultan beeilte sich, mit der Kavallerie gleich ans Ostufer überzusetzen. Der Großwesir und die osmanische Infanterie sollten den Fluß in der Dämmerung und während der Nacht überqueren.

„Prinz Eugen folgte dem Marsch der Türken in aller Eile und als er sein Lager ... aufschlagen wollte, erfuhr er von einem Bascha, den die kaiserlichen Husaren zum Sklaven gemacht hatten, daß der Sultan mit der Kavallerie die Theiß überschritten hatte und daß die Infanterie mit dem Troß auch übersetzen wollte ..." Nun hatte der Prinz den Verlauf der Schlacht von St.-Gotthard (S. 278) sorgfältig studiert und kannte die Verwundbarkeit der Osmanen beim Überqueren von Flüssen. Er ermutigte „das kaiserliche Heer, die Strapaze des kurzen Weges, der noch zurückzulegen war, auf sich zu nehmen; er gelangte nach Zenta und vergewisserte sich, daß ihm die Wahrheit gesagt worden war. Er formierte sein Heer sofort in zwei Linien in der gewöhnlichen Schlachtordnung; die überraschten Türken beeilten sich, eine Wagenburg und dahinter eine Erdschanze zu errichten.

Die erste Linie der Kaiserlichen begann mit dem Umwerfen der Wagen; die Türken flohen über den einzigen Fluchtweg in Richtung der Auffangstellung auf dem anderen Flußufer und strömten auf die Brücke, welche dann unter dem großen Gewicht und angesichts der Wucht in der Mitte zusammenbrach ... Deswegen stürzte sich der größte Teil der Infanterie in den Fluß, wo sie ertrank oder durch die kaiserlichen Bataillone und Geschütze niedergemacht wurde ...

Der Sultan war gezwungen, vom anderen Flußufer dem Ruin der guten Hälfte seines stolzen Heeres hilflos zuzusehen." (Marsigli) Seiner und des Reiches Widerstandswille brachen zusammen.

### Der Frieden von Karlowitz 1699

Am 26. Januar 1699 schloß das Imperium im serbischen Karlowitz Frieden mit seinen Feinden. Es verlor die ungarischen Territorien, ausgenommen den Banat, an Österreich, Teile Dalmatiens, Stützpunkte in Albanien und auf dem Peloponnes an Venedig, die Festung Asow an Rußland. Mit der Unabhängigkeit Siebenbürgens war es schon während des Krieges zu Ende gegangen. Ab 1696 stand das Land unter kaiserlicher Militärverwaltung, der Friede von Karlowitz ordnete es in die reguläre Verwaltung des Habsburgerreiches ein. Ein breiter Gebietsstreifen entlang der osmanischen Grenze im Süden Ungarns wurde als „Militärgrenze" direkt Wien unterstellt, um einen Sicherheitskordon für die zu erwartenden Grenzübergriffe während der offiziellen Friedenszeit zu schaffen. Polen konnte keine Erfolge für sich verbuchen, obgleich König Sobieski am Kahlenberg der entscheidende Mann gewesen war. Der gesamte territoriale Verlust der Osmanen umfaßte rund 400 000 km$^2$. Die Größe des verbliebenen Reichsgebietes betrug aber immerhin noch über 2 Millionen km$^2$. Seit der Niederlage von Ankara (1402) war diese Macht nicht mehr so gründlich geschlagen worden. Dennoch taten die Europäer und Perser gut daran, auch weiterhin mit ihrer Gefährlichkeit zu rechnen.

Kapitel VIII

# Das Imperium behauptet sich
# 1700–1799

Im frühen 15. Jahrhundert war das Osmanische Reich schon einmal von schwerer Niederlage betroffen gewesen, noch viel schlimmer als durch den vom Kaiser im Jahr 1699 aufgenötigten Frieden. Doch waren im 15. Jahrhundert die inneren Kräfte, gestützt auf bereits entwickelte Institutionen in Staat und Gesellschaft, von solcher Vitalität, daß dieses Reich auferstand wie der Phönix aus der Asche.

Die fürchterliche Niederlage im Krieg 1683–1699 hatte es aber in einer bereits schwächeren Periode seiner Geschichte erleiden müssen. Freilich so groß war immer noch das Kräftereservoir, daß die Osmanen das neue Jahrhundert glimpflich überstehen und sich noch lange danach behaupten konnten. Es kam sogar zu einer kulturellen Spätblüte.

Im osmanischen Fall faßt man die erste Hälfte des 18. Jahrhunderts unter den Begriff der „Tulpenzeit" zusammen, benannt nach der plötzlich am Bosporus ausgebrochenen Vorliebe für geschmackvolle Tulpenkulturen. Es dürfte sich dabei um einen ästhetischen Import aus der so erfolgreichen Handelsrepublik der Niederlande handeln. Insgesamt verfeinerte sich das Hofleben, so daß man schon fast von einem „osmanischen Rokoko" sprechen könnte. Tulpenkulturen verlangten nach raffinierten Gartenanlagen, diese wiederum nach erlesen arrangierten Festen mit Musik und Poesie, nach zierlichen Gartenpavillons, in denen die feinsinnigen Kombinationen des Schachspiels oder auch die manierlichen Ergötzungen des Muschelspiels gepflegt wurden. Lag über all dem etwa ein Hauch von Dekadenz? Noch war das Reich stark – aber der Schatten des Prinzen Eugen ist von der „Tulpenzeit" eben auch nicht wegzudenken.

## Außenbeziehungen

Allgemeiner Überblick

Endete das 17. Jahrhundert für das Osmanische Reich im Zeichen des Kampfes gegen Prinz Eugen von Savoyen, so ging das nächste Jahrhundert mit einem Krieg gegen Napoleon Bonaparte zu Ende (1799). Dennoch blieb es auf der diplomatischen Ebene eine geachtete, militärisch noch gefürchtete Großmacht. Allerdings: Die Jahrhunderte der territorialen Expansion waren endgültig vorbei, im großen und ganzen verharrte das Imperium nunmehr in der strategischen Defensive. Sein Besitzstand verringerte sich immerhin nicht wesentlich.

Die Osmanen waren während des 18. Jahrhunderts zwar in drei Kriege mit Österreich verwickelt (1716–1718, 1737–1739, 1787–1789). Neben die traditionelle osmanisch-österreichische Erbfeindschaft trat nunmehr auch das Ringen mit dem erstarkten Zarenreich, ein Konflikt, dessen Schatten die Osmanen bis zum Untergang ihres Reiches im 20. Jahrhundert begleitete. In den beiden letzten Kriegen Österreichs mit den Osmanen handelte daher Wien nicht mehr allein, sondern im Bündnis mit St. Petersburg. Beide Mächte hofften, das Reich auf dem Balkan zu beerben. Mit zunehmender Schwäche des Sultans entstand aus ihrer Waffenbrüderschaft eine Konkurrenzsituation, die bis zum Ersten Weltkrieg anhielt und der Pforte wenigstens diplomatischen Handlungsspielraum zwischen den Rivalen eröffnete.

Die Zaren betrachteten das Reich als lästigen Sperriegel zwischen Rußland und dem Mittelmeer. Peter dem Großen wird das Wort zugeschrieben, Rußland sei ein Mann mit zugenähten Ärmeln. Damit meinte er, der Zugang zu den „warmen" Weltmeeren müsse erst erkämpft werden, wie gegen Schweden im Norden, an der Ostsee, so auch gegen die Osmanen im Süden, durch Bosporus und Dardanellen hindurch. Als flankierende Unterstützung mußte die Hilfe der Zaren für die orthodoxen Slawen des Balkans herhalten, die Serben und Bulgaren – daneben auch, um den Zugang zu Land zu eröffnen, für die Rumänen in Moldau und Walachei, schließlich für die Griechen. Hier schien sich ein Potential an Umwälzungen der europäischen politischen Landkarte zu eröffnen, das die ungeheuerliche Perspektive heraufbeschwor, durch Vernichtung des Osmanischen Reiches geradezu die Vormacht Rußlands auf dem Kontinent heraufzuführen!

Mit dem Verlust der ungarischen Territorien und dem Untergang des Fürstentums Siebenbürgen entschwand Ungarn allmählich aus dem unmittelbaren Blickfeld der Osmanen. Ungarn in habsburgischer Hand war die Basis österreichischer Einflußnahme auf dem Balkan geworden. Belgrad blieb bis ins 18. Jahrhundert hinein osmanisch, doch nicht mehr als Ausgangspunkt einer Offensive. Die „tragische Feindschaft unter Vettern" wich außenpolitischer Distanz zwischen den Osmanen und den Ungarn, und zugleich einer echten Freundschaft zwischen beiden.

Im Mittelmeerraum und auf dem Balkan konnten sich die Osmanen im 18. Jahrhundert gegen Venedig gut durchsetzen, Stützpunkte und Territorien insbesondere auf dem Peloponnes zurückerobern. Die Lagunenrepublik, welche 1797 von der politischen Landkarte verschwand, schied schon 1718, als sie die „Morea" endgültig verlor, als wichtiger Machtfaktor aus. Die Oberherrschaft über die „Barbaresken" in Algier, Tunis und Tripolis, die allmählich ohnehin eher zur Formsache wurde, schwand vollends dahin, da die Sultane die Etablierung fester Dynastien vor Ort nicht verhindern konnten. Aber in gemeinsamer Gegnerschaft gegen die Christen, die die Grundlage für weiteren Seeraub blieb, verstand sich Istanbul formlos mit Algier, Tunis und Tripolis – bis die französische und italienische Kolonialmacht im 19./20. Jahrhundert eingriff.

Im Orient waren neue Perserkriege zu verzeichnen, die während des 18. Jahrhunderts keine großen Veränderungen brachten. Der formale Besitzstand des Osmanischen Reiches im Nahen Osten blieb bis zum I. Weltkrieg erhalten. Denn nach dem Tode von Schah Abbas dem Großen (1629) durchlebte auch das Perserreich eine lange Periode der Schwäche, die bis ins 20. Jahrhundert andauerte. Deshalb mußte es den beständigen Zankapfel Bagdad in den Händen der Osmanen lassen, während es sich verzweifelt gegen Russen, Afghanen und schließlich auch Engländer zur Wehr setzte.

### *Der Verlauf der Ereignisse*

Es ist viel Wahres an Jorgas Kommentierung des Friedens von Karlowitz: Dieser „ist in der Tat als ein Waffenstillstand anzusehen; als solchen betrachteten ihn sowohl die Alliierten wie die Pforte. Die siegreichen christlichen Mächte glaubten, durch ihre großen Erfolge und die durchgesetzten Annektierungen zuversichtlich geworden, ihr Eroberungswerk gegen ein sichtlich zur allmählichen Aufteilung verurteiltes morsches Reich auch weiterhin ohne besonders schwerwiegende Opfer fortführen zu können; die Osmanen hingegen, die das Bewußtsein der zu ihrer Verfügung stehenden Mittel nicht verloren hatten... warteten nur auf die nahe Stunde, die vorläufig aufgegebenen Provinzen sich wieder anzueignen."

Wohl schätzten zahlreiche Politiker und Militärs in Europa die Schwäche des Osmanenreiches so ein. Doch gab es auch mindestens so viele Realisten, die wußten, daß das Imperium keineswegs am Ende war. Darüber hinaus war auch das Abendland – vor allem Deutschland – ausgeblutet. Wien hatte nach 1700 im Westen alle Hände voll zu tun, weil ein neuer großer Krieg infolge des Aussterbens des Madrider Zweiges der Habsburgerdynastie 1701 ausbrach: der Kampf mit Frankreich um die Herrschaft über Spanien und die Hegemonie in Europa, der Spanische Erbfolgekrieg (1701–1714). Der Kaiser befürchtete in jenen Jahren einen zusätzlichen Krieg im Südosten nicht weniger als während des Dreißigjährigen Krieges.

Aus der Sicht der Pforte stellte sich die Frage von Krieg und Frieden völlig anders als im zweiten Viertel des 17. Jahrhunderts, als sie durch dynastisch bedingte Führungs- und Entscheidungsschwäche an kraftvoller Außenpolitik gehindert war.

Es war diesmal wohlüberlegte Zurückhaltung, wenn sich die Pforte für eine penible Einhaltung des Friedens von Karlowitz entschied. Im Augenblick reichten die Kräfte ganz einfach nicht. Daran änderte auch die Eröffnung einer Ostfront im Rücken Wiens nichts, die sonst vielleicht hätte ausgenützt werden können: 1703–1711 tobte in Ungarn der Aufstand des Ferenc Rákóczi II.

Rákóczi war an sich ein natürlicher Verbündeter der Pforte – über die Vermittlung durch Versailles oder durch Direktverbindung. Doch die Pforte war entschlossen, strikte Neutralität zu wahren. Rákóczi durfte seinen Lebensabend nach dem Scheitern seines Kampfes als Gast des Sultans in der Türkei verbringen: 1718–1735 lebten der Ungar und sein kleiner Hof in Rodosto, dem heutigen Tekirdag am Marmarameer.

Gastfreundschaft für Karl XII. von Schweden

Auch von dem 1700 ausgebrochenen Nordischen Krieg zwischen Schweden und Rußland hielten sich die Osmanen fern. Die Pforte nahm hin, daß Zar Peter der Große in Asow, das er durch den Frieden von Karlowitz gewonnen hatte, und in anderen Häfen Südrußlands umfangreiche Befestigungsarbeiten durchführen ließ. Die Osmanen begnügten sich mit defensiven Maßnahmen einschließlich eigener Flottendemonstrationen im Schwarzen Meer, welche die Russen aber in keinem Fall zum Krieg provozieren sollten.

Der Nordische Krieg, der dem großen Soldatenkönig der Schweden, Karl XII. (1697–1718), zunächst einen Sieg nach dem anderen bescherte, dehnte sich jedoch bis zu den Grenzen des Osmanenreiches aus. Denn Karl, der sich mit seinem Heer bis in die östliche Ukraine verirrt hatte, wurde von Zar Peter dort bei Poltawa (1709) vernichtend geschlagen. Er mußte mit den Resten des geschlagenen schwedischen Heeres an die osmanische Grenze fliehen. Der Beglerbeg an Bug und Dnjestr, an den sich der vornehme Flüchtling wandte, hatte vorerst keine Instruktionen aus Istanbul und wußte nicht so recht, wie er den Schweden aufnehmen sollte – oder durfte. Doch dann raffte sich Sultan Ahmed III. (1703–1730) auf: Ohne Rücksicht auf die Gefahr für sein Reich, die von dem gefürchteten Zaren drohte, ließ er dem Schweden seine Gastfreundschaft angedeihen. Karl wurde ein fürstlicher Empfang bereitet und er wurde von den Osmanen mit Aufmerksamkeiten überhäuft. Darunter befand sich ein merkwürdiges Geschenk: Michael Racovita, Fürst der Moldau, hatte nicht im Sinne der osmanischen Schutzmacht gehandelt, wollte Karl in eine Falle locken und den Russen ausliefern. Der genaue Betrag des in Aussicht gestellten Kopfgeldes ist nicht überliefert. Der Kapudschi-Baschi von Bender bekam von diesem Vorhaben Wind und ließ Racovita verhaften. Der Verräter wurde den Schweden vorgeführt, in Ketten gelegt und nach Istanbul befördert. Der Sultan „schenkte" ihn seinem Gast Karl. Dieser habe aber den „armen Sünder" nicht angenommen ... Die Russen hatten also unter den Rumänen ein Potential an Sympathie, das sie zu benutzen gedachten, um den Osmanen die Landverbindung zum Khanat auf der Krim abzuschneiden.

Am nunmehr in Bender am Dnjestr eingerichteten Hof Karls XII. entfaltete sich eine intensive diplomatische Tätigkeit. Ludwig XIV. entsandte seinen Spitzendiplomaten und Militärexperten, den Marquis des Alleurs zu Karl; der Marquis hatte sich als Hauptverbindungsmann und Berater am Hofe von Rákóczi auf dem Höhepunkt von dessen Aufstand aufgehalten (1705–1709) und dort auch die Fäden zwischen Frankreich, Ungarn und der Pforte gesponnen. Das deklarierte Endziel der Franzosen war und blieb, befreundete Mächte gegen Habsburg zu wenden – 1709 tobte noch der Spanische Erbfolgekrieg. Karl jedoch war dieses französische Interesse gleichgültig – er trieb natürlich zum Krieg gegen Rußland – und war schließlich erfolgreich.

Krieg gegen Peter den Großen

Nach langer diplomatischer Vorbereitung erklärte die Pforte Ende 1710 Rußland den Krieg. Umsonst hatte sich Zar Peter zu allerlei Konzessionen bereit erklärt: Er bot sogar freies Geleit für Karl mit 3000–5000 Mann für den langen Marsch vom Osmanenreich zurück nach Schweden durch russisch kontrolliertes Gebiet an. Vergebens nahmen die „Seemächte" England und Holland ihre, seit der Endphase des Krieges von 1683–1699 bereits zur Routine gewordene Vermittlerrolle auf, diesmal zwischen den Osmanen, Karl XII. und dem Zaren. Die osmanische Kriegserklärung wurde dann sehr ausführlich mit wiederholten russischen Grenzverletzungen und Bezugnahme auf die neuen russischen Befestigungswerke in der Ukraine begründet.

Am 22. März 1711 verließ das Heer Edirne unter dem Befehl des Großwesirs Baltadschi Mohammed. Die Flotte segelte Richtung Nordosten, um Asow und die übrigen Seefestungen des Zaren einzunehmen.

Peter führte ein Heer von 30 000 Mann Infanterie und 6000 Kavalleristen an den Pruth, überquerte den Fluß und igelte sich in seinem Brückenkopf ein – diese Taktik der Russen wurde zur Tradition; noch im II. Weltkrieg wurde davon reichlich Gebrauch gemacht. Das Feldlager entsprach allen Regeln der militärischen Kunst. Die Russen und die zu ihnen gestoßenen Rumänen verteidigten sich auch tapfer gegen sieben Stürme der Janitscharen, das konzentrierte Feuer von 470 osmanischen Geschützen konnte sie nicht bezwingen. Aber der Proviant ging aus, Peter mußte über den Frieden verhandeln.

Ein für die Osmanen sehr günstiger Vertrag wurde ausgehandelt: Asow und andere Festungen sollten wieder osmanisch werden, Karl XII. frei nach Schweden zurückkehren können. Der Großwesir paraphierte den Vertrag – der Sultan verweigerte vorerst seine Ratifizierung. Denn: Karl XII. hatte eingegriffen. Erst eilte der Schwede ins osmanische Lager am Pruth, da er aber den Friedensschluß in jenem Stadium nicht verhindern konnte, setzte er alle Hebel an der Pforte selbst an. Eine abenteuerliche Geschichte über Geschenke der Zarin an den Großwesir im Lager am Pruth ging um. Karl bezichtigte Baltadschi Mohammed der Bestechlichkeit und des Verrats, erreichte die Absetzung und Verbannung des Großwesirs.

Doch auch der neue Großwesir Jussuf Dschurdschi betrieb schließlich osmanische und nicht schwedische Politik. Überhaupt, der Draufgänger Karl verhielt sich so aggressiv und anmaßend seinen Gastgebern gegenüber, denen er ihre Außenpolitik diktieren wollte, daß die den Osmanen in diesem Fall zu bescheinigende Engelsgeduld zu Ende ging: 1712 forderte der Sultan Karl auf, sein Reich zu verlassen. Er ratifizierte dann auch sehr zum Ärger Karls den Friedensvertrag mit Rußland. Ismail, der Pascha von Bender, und der Khan der Krimtataren wurden vom Großherrn beauftragt, für die „friedliche Rückreise" Karls und seines Anhangs nach Schweden zu sorgen. Der Schwede weigerte sich hartnäckig, die Rückreise anzutreten und stellte in Aussicht, seinen bisherigen Gastgebern, sollten sie ihn dazu zwingen, bis zum letzten Blutstropfen Widerstand zu leisten. Es kam am 12. Februar 1713 zu einem blutigen osmanisch-schwedischen Gefecht. Karl verbarrikadierte sich. Die Janitscharen, welche dem Löwen aus Schweden viel Respekt entgegenbrachten, fanden sich zu einem Angriff auf ihn erst bereit, nachdem Karl auch sie brüskiert hatte: er drohte, den Janitscharenoffizieren die Bärte abzurasieren, falls sie ihn behelligen sollten. Da blieb ihnen nichts anderes übrig, als ihn zu überwältigen.

Karl befand sich nun in Ehrenhaft. Noch bis spät ins Jahr 1714 hinein plagte er die Osmanen mit seinen hochfahrenden Zumutungen. Dann verließ er endlich das Reich und reiste über Ungarn und Deutschland incognito nach Stralsund (das damals schwedisch war). Denn dem Sultan paßte es mittlerweile ins Kalkül, daß Karl im Heiligen Römischen Reich zu den Waffen griff, um seine dortige Erbschaft zu verteidigen. Auf diese Weise nämlich bereitete er dem Kaiser Schwierigkeiten, den erneut anzugreifen die Osmanen beschlossen hatten. Die Gedenktafel an einem Debreciner Bürgerhaus erinnert daran, daß der König hier am 17. November 1714 übernachtete. Dort unterhielt er sich mit kalvinistischen Pastoren, wohl nicht nur über Theologie, vielmehr gab er seine Version über die fünf Jahre bei den Osmanen zum besten.

Auch die nächste kriegerische Auseinandersetzung verlief recht günstig für das Reich: 1713–1715 eroberten die Osmanen den Peloponnes von Venedig zurück und gewannen sogar die letzten venezianischen Forts auf Kreta hinzu.

Belgrad in des Kaisers Hand (1717)

Ganz anders an der – von Istanbul aus gesehen – Nordwestfront: Im Krieg, welchen der Kaiser 1716–1718 im Bündnis mit Venedig gegen die Osmanen führte, errang Eugen von Savoyen am 5. August 1716 bei Peterwardein einen großen Sieg über das 60 000 Mann starke Heer des Großwesirs Ali, der dort den Heldentod fand. Am 17. August 1717 mußte die osmanische Besatzung von Belgrad kapitulieren. Damals entstand das Lied vom „Prinzen Eugen, dem edlen Ritter", das in der Fassung von Carl Loewe fortlebt.

Der Prinz hatte Belgrad belagert und war nicht gewichen, als eine osmanische Entsatzarmee herannahte. Mit unglaublicher Kühnheit und ohne Rücksicht auf Verluste hatte er seine Front gegen die Feinde in seinem Rücken gewendet und sie in großem Angriffsschwung über den Haufen geworfen. Diese Niederlage wurde mit der von Zenta (1697) und der vom Kahlenberg (1683) die folgenschwerste für die Türken. Belgrad, der Schlüssel zur ungarischen Tiefebene und zu Mitteleuropa, war nunmehr in des Kaisers Hand.

Im Krieg gegen Venedig mußte sich der osmanische Angreifer der Festung Korfu nach langem Kampf am 21. August 1716 zurückziehen. Zu einer großen Seeschlacht kam es nicht, ein venezianisch-spanisch-portugiesisches Geschwader traute sich nicht, die osmanische Flotte zum Kampf zu stellen.

Inzwischen setzten die Osmanen ihre Hoffnungen – auch nach der Schlappe von Peterwardein – auf einen neuen Ungarnaufstand gegen den Kaiser.

Im August 1717 marschierte Esterházy, einer von Rákóczis alten Kuruzzengenerälen, mit einem kleinen Haufen zu den Pässen der Ostkarpaten, konnte aber nicht, wie geplant, in Siebenbürgen einbrechen. Ende 1717 kam Rákóczi auf Einladung des Sultans Ahmed III. nach Istanbul. Aber die politische Lage hatte sich in Ungarn zugunsten der Habsburger verändert, weil sie jetzt nicht die Peitsche schwangen, sondern das Zuckerbrot reichten (um die Zustimmung der ungarischen Stände zu Kaiser Karls VI. dynastischem Nachfolgegesetz, der „Pragmatischen Sanktion", zu erreichen).

1718 schlossen der Kaiser und Sultan Ahmed III. Frieden im serbischen Passarowitz. Die Osmanen verloren Belgrad und den Banat an die Habsburger. Dieser Frieden dauerte bis 1736, als das Osmanische Reich gegen eine österreichisch-russische Kriegskoalition Krieg führte.

Gegen Österreich und Rußland 1736–1739

Der Krieg von 1736–1739 brachte dem neuen Großherrn Mahmud I. (1730–1754) unerwarteten Erfolg. Diesmal kam eine „Wunderwaffe" nicht den Österreichern, sondern den Osmanen zugute, nämlich die Kriegskunst eines Franzosen, der aber nicht, wie weiland Eugen von Savoyen, zum habsburgischen Feind, sondern zum osmanischen Freund übergewechselt war, der Graf von Bonneval.

Der 1675 geborene Aristokrat befand sich, nach einer militärisch glorreichen und zugleich skandalumwitterten Laufbahn in der Marine und im

Heer Ludwigs XIV., 1706 in kaiserlichen Diensten und schlug sich 1716 tapfer gegen die Türken. Er war genial als Truppenführer, aber unklug genug, sich mit Prinz Eugen anzulegen, er forderte ihn 1724 gar zum Duell heraus! Also kam er ins Gefängnis, floh aber und meldete sich bei den Osmanen. Bald wurde aus dem Comte de Bonneval ein Pascha mit zwei Roßschweifen, denn er trat zum Islam über und erhielt ein Kommando, organisierte die osmanische Artillerietruppe neu, wurde zum engen Vertrauten und Berater des Großwesirs und schaltete sich aktiv in die Außenpolitik ein, indem er seinen ehemaligen französischen Landsleuten ein Militärbündnis mit der Pforte nahelegte.

Die Europäisierung der Artillerie und auch der neuartige, von Bonneval durchgesetzte strenge Drill brachten den Heeren des Padischah neue Erfolge. Der Sache der Osmanen war auch dienlich, daß die Österreicher keinen General wie Prinz Eugen († 1736) mehr einsetzen konnten. Eine Offensive der Kaiserlichen in Serbien und Bosnien konnten die Osmanen erfolgreich abwehren.

Auf dem russischen Kriegsschauplatz verliefen die Kampfhandlungen im Endeffekt auch erfolgreich für die Osmanen. Dies lag freilich nicht nur an Bonnevals Kriegskunst, sondern auch an taktischen Fehlern der schwerfälligen russischen Heeresleitung unter Feldmarschall Münnich und an der mangelhaften Koordinierung der Operationen zwischen den Verbündeten Österreich und Rußland. Einen eklatanten Sieg der Osmanen kann man in diesem Krieg allerdings nicht verzeichnen, aber was sie an neuer Disziplin hatten, das ging nunmehr den Kaiserlichen auf beschämende Weise ab. Der Frieden von Belgrad brachte 1739 den Osmanen die Rückgabe von Belgrad, des 1718 an den Kaiser gefallenen nördlichen Serbien und der „Kleinen Walachei" mit Craiova. Die Festung Asow mußte geschleift, die von den Russen während der Kampfhandlungen besetzten Gebiete mußten evakuiert werden. Die Rechte der russischen Marine im Schwarzen Meer wurden stark beschnitten. Das war, wenigstens in Teilen, die Revanche für Karlowitz 1699.

Frankreichs Freundschaft mit den Osmanen

Frankreich garantierte den Frieden von Belgrad, und seine Freundschaft mit dem Osmanischen Reich gedieh wie nie zuvor. Historiker sprechen gern von beherrschendem französischem Einfluß in Istanbul und stellen gar den König von Frankreich als Schirmherrn des Osmanischen Reiches in jener Periode dar. All dies ist jedoch übertrieben. Die führende europäische Großmacht Frankreich mag im „Jahrhundert der Lichter" (*siècle des lumières*), wie die Franzosen das 18. Jahrhundert auf der intellektuellen Ebene nennen, im Bereich der Kultur, des diplomatischen Umgangs und in der Kriegskunst starken Einfluß ausgeübt haben; macht- und militärpolitisch geführt hat sie die Pforte nicht. Allerdings wurden den Franzosen bei der Erneuerung der traditionellen „Kapitulationen" 1740 zusätzliche Privilegien eingeräumt. Noch wichtiger war die Stärkung der Zusammenarbeit auf militärischem Gebiet. Der osmanische Botschafter Mohammed Said, der die neuen „Kapitulationen" König Ludwigs XV. in Versailles unterbreitet hatte – und der am französischen Hofe mit Ehren überhäuft worden war –, kehrte nach Istanbul mit zwei französischen Kriegsschiffen und einer französischen Artillerietruppe zurück. Die Kanoniere sollten Bonneval bei der weiteren Reorganisation der osmanischen Artillerie zur Verfügung stehen. Versailles scheute eine offene Zusammenarbeit mit dem Renegaten nicht.

Die Perser

Die nächsten Jahrzehnte, in denen in Deutschland der Zweikampf zwischen Maria Theresia und Friedrich dem Großen um den Besitz von Schlesien geführt wurde, waren für die Osmanen eine Periode reger außenpolitischer Tätigkeit. Zur Waffe griffen sie nur in Asien – notgedrungen wieder gegen die Perser. Übrigens eignete sich das Zarenreich die alte Tradition der Westeuropäer an, Freunde im Rücken des Osmanischen Reiches zu suchen, in erster Linie bei den schiitischen Persern. So scheute die russische Diplomatie keine Anstrengung, um Persien gegen die Osmanen aufzuhetzen.

Dort hatte sich ein militärisch genialer Usurpator erhoben, der sich „Nadir Schah" nannte, nach dem Untergang der Safawiden-Dynastie die afghanischen Räuberscharen nach Osten zurückjagte und dann die alten persischen Aspirationen auf Armenien, Georgien und Mesopotamien wieder aufnahm. Für kurze Zeit mußte der Sultan wieder Front nach Osten machen. Die Sache wurde für ihn dadurch, daß Nadir Schah die Rückkehr Persiens zum sunnitischen Islam in Aussicht stellte, nicht einfacher. Denn nun tat er sich schwer, den Krieg gegen Persien als Allah wohlgefälligen Glaubenskrieg hinzustellen. Aber er hatte auch einen Verbündeten: den mohammedanischen Großmogul von Indien, der in Agra residierte und ihm mitteilte, Nadir Schah rüste eine Flotte aus, um Mekka und Medina, am Ende gar noch Ägypten und Syrien zu erobern und die osmanische Stellung in Asien auf diese Weise in weitausholender Bewegung auszuheben! Der Sultan zog es vor, mit den Persern Frieden auf der Basis des aktuellen Besitzstandes zu schließen (1746), denn dieser Feind war allzu gefährlich. Und der ferne Großmogul in Indien, der den Sultan gebraucht hätte, um Nadir Schah vom Industal fernzuhalten, tröstete sich damit, daß der Usurpator schon 1747 erschlagen wurde – was auch des Sultans Befürchtungen im Osten ein willkommenes Ende bereitete.

### Kein neuer Waffengang gegen Österreich

In Europa widmete die Pforte den diplomatischen, dynastischen und kriegerischen Auseinandersetzungen zwischen den abendländischen Mächten große Aufmerksamkeit, sie verfolgte allerdings den festen Kurs, der das Reich von militärischen Engagements fernhalten sollte.

Graf Bonneval setzte sich im Zusammenwirken mit der nach Rákóczis Tod in der Türkei verbliebenen ungarischen Emigration immer wieder für einen neuen Waffengang mit Österreich ein. Aber die Kuruzzen konnten nicht mehr auf Rákóczis Kräftereservoir in Ungarn zurückgreifen (S. 292). Der Habsburgerhasser und Scharfmacher Bonneval erfreute sich zwar wegen seiner unschätzbaren militärischen Verdienste bis zu seinem Tod 1747 bei den Osmanen wohlverdienter Autorität – einen Kurswechsel zum neuen Kampf gegen Österreich konnte er aber nicht bewirken.

### Die Osmanen und Preußen

Zu den protestantischen Mächten pflegte das Imperium in der Regel exzellente Beziehungen, zumal diese Staaten meistens dem antihabsburgischen Lager angehörten, und mit Istanbuls französischem Verbündeten – wenn auch nicht ununterbrochen – sympathisierten.

Mit dem jungen Königreich Preußen (ab 1701) wurden die guten Kontakte weiter geknüpft, die mit Brandenburg im 17. Jahrhundert schon etabliert worden waren. Die Kriege mit Österreich, welche gleich nach der Thronbesteigung Friedrichs II. (1740–1786) ausbrachen, waren eine erneute große Herausforderung für die Pforte: Warum packte das Osmanische Reich nicht zu, im Einvernehmen mit Friedrich dem Großen? Der Krieg gegen Österreich und Rußland (1736–1739) war gerade erst beendet worden und die Pforte wollte die Früchte ihrer Erfolge auf dem Schlachtfeld in keinem Fall wieder aufs Spiel setzen. Auch hielt sich die Pforte trotz ihrer offensichtlichen Interessengemeinschaft mit Preußen, dem ja im Siebenjährigen Krieg (1756–1763) beide großen Gegner der Osmanen, Österreich und auch Rußland, gegenüberstanden, weiterhin aus den Auseinandersetzungen in Mitteleuropa heraus. An Plänen und Initiativen für eine preußisch-osmanische Allianz fehlte es über all diese Jahre nicht, schon 1755, also vor Kriegsausbruch, entsandte Friedrich seinen Geheimdiplomaten Hauden unter dem Decknamen „Geheimer Kommerzialrat Rexin" an die Pforte, um über eine Allianz gegen Österreich zu sprechen. Die Osmanen machten nicht mit, aber es wurde immer wieder verhandelt. Die Verhandlungen zogen sich jedoch in die Länge und sie trugen erst Früchte, als es zu spät war: Erst 1761 unterzeichnete der Botschafter Friedrichs in Istanbul einen Freundschaftsvertrag, der jedoch kein militärisches Bündnis war. Großwesir Raghib Pascha hatte allerdings vor, diese vertragliche Bindung zu einer offensiven und defensiven Allianz auszubauen. Englands Botschafter an der Pforte bemühte sich um das preußisch-osmanische Militärbündnis, die direkten Verhandlungen zwischen den Diplomaten Friedrichs und des Sultans schritten endlich gut voran –, da rollte die Geschichte über dieses große Projekt hinweg, welches geeignet war, Rußland und Österreich zu schwächen. Drei Ereignisse machten die Allianz hinfällig: Mit dem Tod der Zarin Elisabeth schied Rußland aus der antipreußischen Koalition aus (1762); Raghib Pascha starb 1763; durch den Hubertusburger Frieden ging der Siebenjährige Krieg 1763 zu Ende.

Die Osmanen mußten für ihr Versäumnis büßen, doch kam ihnen wenigstens die Atempause zugute. Es waren dies die Jahre vor ihren nächsten Kriegen mit Rußland, als die Karten in Europa neu verteilt wurden.

Nach 1763 wurde die Politik Österreichs, Preußens und Rußlands durch den wachsenden Appetit auf das riesige und wehrlose Königreich Polen-Litauen bestimmt. Nicht so glücklich wie einst Österreich, das den ungarischen Kuchen um 1700 allein verspeisen konnte, wetteiferten diese drei Mächte miteinander um die Herrschaft in Polen und alle drei mußten dann jeweils mit einzelnen Teilen dieses Landes Vorlieb nehmen.

1763 ging es erst um den polnischen Thron: Rußland gelang es, Österreich, das einen wienhörigen Prätendenten förderte, auszustechen. Neuer König von Polen wurde Stanislaus Poniatowski, ein früherer Liebhaber der Zarin Katharina, die es vorzüglich verstand, Amouröses in den Dienst des Reiches zu stellen: Poniatowskis Wahl in Polen war einer der größten Erfolge ihrer systematischen Boudoirpolitik. In Warschau hatte nun der Günstling der Zarin als König, vor allem aber der russische Fürst Repnin das Sagen. Eine derartige Machtverschiebung zugunsten St. Petersburgs beunruhigte die Osmanen im höchsten Maße. Es war ein Alptraum für sie, daß ihre beiden Gegner Rußland und Polen nunmehr im Gleichschritt marschierten.

Der russisch-türkische Krieg (1768–1774)

Eine polnische Opposition gegen die – vorerst nur mittelbare – Russenherrschaft formierte sich, die Patrioten begaben sich in den osmanischen Hegemonialbereich, in die Moldau. Quer über die Grenze zwischen dem osmanischen und dem – nunmehr auf Polen erweiterten – russischen Hegemonialgebiet bekriegten sich antirussische polnische Emigranten auf der einen, prorussische polnische und auch reguläre russische Truppen auf der anderen Seite. Schon dies konnte der Großherr Mustafa III. (1757–1774) nicht hinnehmen. Zur direkten militärischen Gefährdung seines Hegemonialbereichs gesellten sich wenig verhüllte russische Einmischungen auf dem Balkan, in Montenegro zumal, sowie im Kaukasus, in dem sich ebenfalls unter osmanischer Herrschaft befindenden christlich-orthodoxen Georgien. In all diesen Gebieten stifteten russische Agenten Aufruhr.

Die Proteste der Pforte wurden am Hofe von St. Petersburg mit provozierendem Phlegma abgewiesen, nicht so sehr, um eine Geringschätzung der Osmanen zu demonstrieren – wie mehrere Historiker annehmen –, sondern um den Sultan direkt zum Krieg zu reizen. Diese Absicht erkannte man wohl auch in Istanbul, nur konnten die Osmanen einfach nicht anders handeln, als den frech hingeschleuderten Handschuh aufzunehmen: Am 4. Oktober 1768 entschloß sich der Diwan zum Krieg gegen Rußland.

England bot zwar seine Vermittlung an, neigte aber zur Unterstützung Rußlands. Hinter dieser Neigung der Briten verbarg sich ihre Besessenheit, einer französischen Übermacht in Europa entgegenzuwirken. Diese Attitüde Englands nennt man die Politik des „Balance of Power", Ausgewogenheit der Macht, eine Formel, wonach England stets den zweitstärksten Staat auf dem Kontinent gegen den mächtigsten unterstützte. Die Formel galt im 18. Jahrhundert, aber auch danach. Nur haben die überklugen Briten die Gefahr nicht unbedingt richtig lokalisiert. Lag diese Gefahr tatsächlich in einer „Kräftekonzentration" der Bourbonen in Paris und in Madrid, wo ein Zweig dieser Dynastie nunmehr regierte? Waren das expansive Rußland Katharinas und Österreich tatsächlich die „Zweit-" oder die „Drittgefährlichen"?! Es gelang dem großen französischen Staatsmann Choiseul nicht, die Engländer davon zu überzeugen, daß nicht Frankreich der gefährlichste Gegner der Briten war. London machte sich für eine Allianz zwischen Rußland, Preußen, Schweden, Dänemark, Holland und England gegen Paris und Madrid stark. Dies nannte man das „Nordische System". Diese diplomatische Kombination traf im Endeffekt die Osmanen, da sie Rußland außenpolitische Entlastung zu seinem Krieg im Süden verschaffte. Sie waren durch Rußland zu einem Krieg provoziert worden, für welchen sie nicht gut vorbereitet waren. Es war ein Mehrfrontenkrieg. In der Moldau, in der noch unter osmanischer Souveränität befindlichen Südukraine (Provinz „Jedisan") und in der Krim, schließlich im Kaukasus stießen die beiden Großmächte aufeinander. Die Streitkräfte des Padischah waren zersplittert, obendrein befanden sich seine Festungen in schlechtem Verteidigungszustand.

Bemühte sich England um die Stärkung Rußlands, so blieb die rivalisierende Großmacht Frankreich auch nicht untätig. Minister Choiseul unterstützte den osmanischen Verbündeten nach Kräften. Der Franzose entsandte Baron de Tott nach Südrußland, wo dieser tüchtige General seine Dienste dem russenfeindlichen Khan der Tataren, Krim Girai, zur Verfügung stellte. Mit einem Riesenheer verwüstete der Tatare 1769 die südlichen Territorien des Zarenreiches. Die Osmanen konnten aber aus den Operationen ihres durch Frankreich unterstützten tatarischen Verbündeten kein strategisches Kapital schlagen: Krim Girai starb bald nach seiner Rückkehr vom Feldzug 1769.

Bald rissen dann die Russen die Initiative an allen Fronten an sich. Die Vasallenfürstentümer Moldau und Walachei wechselten die Front und schlossen sich den Russen an. Im Kaukasus erzielte die Armee der Zarin Geländegewinne. Am gefährlichsten für den Sultan konnte aber ein gigantisches Umgehungsmanöver der Russen zur See werden:

Ein russisches Geschwader lief von der Ostsee aus, umsegelte ganz Europa – nicht ohne englische logistische Hilfe, passierte den Felsen von Gibraltar und nahm Kurs auf den Peloponnes. Dort angelangt, besetzten die Russen weite Gebiete; es gelang ihnen auch, einen Aufstand der griechischen Bevölkerung vom Zaun zu brechen. Im Seekrieg errangen sie am 7. Juli 1770 einen bedeutsamen Erfolg, indem sie die osmanische Flotte im Hafen von Tscheschme, an der anatolischen Westküste gegenüber Chios gelegen, in Brand steckten.

Im Endeffekt scheiterte aber das großspurige Unternehmen der Russen. Sie versäumten es, die Dardanellen gleich nach ihrem Seesieg von Tscheschme anzugreifen. Die Quellen berichten, daß ihre Feinde auf die Verteidigung der Meerenge nicht vorbereitet waren. Doch sei es dem Baron de Tott gelungen, den Schutz der Dardanellen „innerhalb von einigen Tagen" zu organisieren, Küstenbatterien in Stellung zu bringen, Truppen zu konzentrieren und einen Durchbruch des feindlichen Geschwaders zu verhindern. Auf dem Peloponnes konnten sich die Russen schließlich auch nicht halten. Die aufgewiegelten griechischen Christen, die die Zarin Katharina zur Kaiserin eines erneuerten byzantinischen Reiches hätten machen sollen, wurden ihrem Schicksal – der osmanischen Vergeltung – überlassen. Nach guter alter russischer Tradition zogen die Truppen der Zarin ab und ließen ihre „Schützlinge" im Stich ...

In der Ukraine und auf der Krim zeitigte der russische Vorstoß allerdings dauerhafte Erfolge. Die politisch-militärische Abtrennung der Krimtataren von ihrem traditionellen Schirmherrn am Bosporus war der wichtigste Erfolg der Russen.

Zum Friedensschluß fühlte sich nicht nur der Großherr veranlaßt. Auch Zarin Katharina mußte diesen Mehrfrontenkrieg beenden. Die russischen Truppen schlugen sich auf all diesen, voneinander sehr entfernten Kriegsschauplätzen und waren außerstande – etwa durch eine große Kräftekonzentration – einen entscheidenden Sieg über die Osmanen davonzutragen. Außerdem hatte Katharina auch noch sonstige Sorgen, welche sie zwangen, einen nicht ganz so vorteilhaften Frieden mit der Pforte zu schließen: Der höchst gefährliche Pugatschow-Aufstand rund um die mittlere und untere Wolga bedrängte die Zarin ab 1774. Was das Kesseltreiben um Polen anbelangt, kam es 1772 zur ersten Teilung dieses Landes – nicht aber zur Ruhe. Im Gerangel um die Beute in Polen waren die wackeren Osmanen wenig mehr als Bauern auf dem diplomatischen Schachbrett. Preußen und Österreich fürchteten, ein russischer Sieg über den Sultan würde der Zarin großen Geländegewinn am Schwarzen Meer einbringen und damit die „Balance of Power", die auch in Berlin und Wien ein ständiges außenpolitisches Thema war, zugunsten Katharinas ändern. Die Angst vor der russischen Übermacht kam auf, die in Mitteleuropa bis zum 1. Weltkrieg nicht verschwinden sollte. Man zog aber daraus nicht die Konsequenz, den Osmanen unter die Arme zu greifen, sondern bemühte sich, das Festsitzen der russischen Heeresmacht im Süden dazu auszunutzen, der Zarin einen Teil der umlauerten polnisch-litauischen Beute zu entziehen. Katharina mußte Preußen und Österreich gewähren lassen, setzte aber durch, daß auch sie einen Teil zugesprochen bekam, und zwar im östlichen Litauen. Es brachte also dem Sultan im Endeffekt nichts, daß Preußen und Österreich die Russen hinderten, ganz Polen zu verschlingen, denn die beiden deutschen Mächte nützten dies lediglich dazu aus, an der Beute beteiligt zu werden. Der Sultan aber hätte zum Gegengewicht gegen Rußland einen weiterhin intakten polnisch-litauischen Staat gebraucht!

Im Friedensvertrag von Kütschük-Kainardschi (Bulgarien) vom 21. Juli 1774 wurde die „Unabhängigkeit" der Krim proklamiert. Die Herrschaft über beide Donaufürstentümer verlor die Pforte nicht, obgleich Rußland diese Gebiete während des Krieges besetzt hatte. Der russischen Handelsflotte wurde freie Fahrt im Schwarzen Meer und sogar durch den Bosporus und die Dardanellen gewährt. Schließlich vereinbarte man eine recht schleierhaft umschriebene Art von Schirmherrschaft der Zarin über die orthodoxen Christen im Osmanischen Reich. Rußland durfte auch ein Netz von „Konsulaten" auf osmanischem Territorium errichten. Die Konsuln widmeten sich weniger der Vertretung von Handelsinteressen des Entsendestaates. Vielmehr wurde da ein Agentennetz aufgebaut – der Schutz der orthodoxen Christen war immer ein vorzüglicher Vorwand für die Wühlarbeit.

Es blieb bis zum Ende beider Reiche – im 1. Weltkrieg – immer eine Frage der Machtverhältnisse, wie viel effektiven Gebrauch der Zar von seinem „Patronat" über die orthodoxen Christen, d. h. hauptsächlich die Balkanvölker machen konnte.

### Der neue Krieg mit den Russen (1787–1792)

Fürst Besborodko, Zarin Katharinas Großkanzler, arbeitete 1781 einen Plan zur Aufteilung des Osmanischen Reiches aus. Nach der Verdrängung der Ungläubigen aus Europa sollte das Byzantinische Reich wiederbelebt werden – unter einem Sproß der Zarendynastie Romanow, dem damals zweijährigen Großfürsten Konstantin (* 1779) als Kaiser. Österreich sollte Belgrad und größere Gebiete in Serbien erhalten. Sogar Frankreich wurde geködert, Ägypten und / oder andere osmanische Gebiete in Nordafrika wurden Versailles angeboten ...

Nur machten die Russen die Rechnung ohne den Wirt. Das Osmanische Reich war zwar geschwächt, aber keineswegs am Ende. Die Zarin präsentierte den Besborodko-Plan dem Habsburger Kaiser Joseph II. (1780–1790), der sich dafür nicht begeistern konnte, wurde doch Österreich auf dem Balkan viel zu wenig zugedacht. Für eine militärische Allianz mit Rußland gegen die Osmanen konnte Wien später allerdings gewonnen werden.

Nach dem Buchstaben des Friedens von 1774 sollten die Krimtataren unabhängig, aber keine russische Provinz werden. 1783 unterwarfen sie sich jedoch offiziell dem Zarenreich. Daraufhin versuchte der Sultan die vertraglich vorgesehene Unabhängigkeit der Krim auf diplomatischem Wege einzuklagen – vergebens. Die Krim wurde zum vorgeschobenen Marine-Stützpunkt ausgebaut. Die Gründung des Kriegshafens mit dem antikisierenden Namen „Sewastopol" („Stadt des Augustus") sollte Rußlands Expansion nach Süden unterstützen. In dieselbe Richtung zielte es, wenn Katharina durch ihren Günstling Potemkin (dem die Erfindung der gleichnamigen Kulissen-Dörfer zugeschrieben wird) in der Nähe der Dnjepr-Mündung einen weiteren Kriegshafen mit dem Namen „Cherson" (von altgriechisch „Chersonesos" = „Halbinsel") aus dem Boden stampfen ließ. Die Krim bekam den ebenfalls antikisierenden Namen „Taurien", Potemkin den imperialen Titel „Tawritschesky". Die Russen hatten am Schwarzen Meer, dem ehemaligen osmanischen Binnensee, das Übergewicht erlangt, und das bedeutete, daß der nächste Krieg zur, wie die Zarin hoffte, endgültigen Aufsprengung von Bosporus und Dardanellen nur eine Frage der Zeit war. Hinter dem russischen Drang ins Mittelmeer stand übrigens auch, je mehr die Briten sich in Indien festsetzten, die Absicht der Zaren, die Briten von den dortigen fabelhaften Reichtümern zu vertreiben, dadurch zusammen mit der Zerschlagung des Osmanischen Reiches zur größten Macht der Welt aufzusteigen. So nebulös solche Gedanken auch waren – sie trugen zur Todesgefahr für den Staat des Padischah auch einiges bei.

Als Auftakt zum Krieg provozierten nun die Zarin und Kaiser Joseph die Osmanen, zuletzt noch durch einen gemeinsamen demonstrativen Besuch auf der Krim 1787. Der Kaiser schwelgte in Aufteilungsplänen für den halben Orient und wollte Österreich zu einer Macht an der Ägäis befördern, d. h. für sich den Hafen Saloniki sichern, Makedonien an den Erwerb Serbiens anschließen.

Katharina nahm schließlich einen Zwischenfall zur See zum Anlaß für die Kriegserklärung an die Pforte (1787). Österreichs Kriegserklärung wurde dem Padischah am 9. Februar 1788 überbracht. Im September 1789 erzielte ein österreichisch-russisches Heer in der Moldau Erfolge gegen die osmanischen Truppen. Auf dem Balkan fiel Belgrad am 9. November 1789 in die Hände der Österreicher. Ansonsten brachte dieser Krieg keine spektakulären Erfolge für das antiosmanische Bündnis. 1790 starb Kaiser Joseph; ein Frieden zwischen Wien und der Pforte kam im bulgarischen Sistowo am 4. August 1791 zustande. Rußland schloß mit den Osmanen erst 1792 Frieden – im moldauischen Jassy. Die Krim ging endgültig an Rußland, das am Schwarzen Meer auch den Küstenstreifen zwischen Bug und Dnjestr hinzugewann, die Provinz „Jedisan". Ansonsten blieben die Bestimmungen des Friedens von 1774 bestehen.

Auswirkungen der Französischen Revolution

Schon während des eben erwähnten Krieges lag der Schwerpunkt der europäischen Politik in Westeuropa – das Interesse für den Südosten des Kontinents schwand. In Paris machte die Französische Revolution Weltgeschichte. Die atemberaubenden Umwälzungen in Frankreich und die Auseinandersetzungen verschiedener Mächte mit der 1792 ausgerufenen Französischen Republik verdrängten das Interesse für die „Orientalische Frage", wie Geschichtsschreibung und Publizistik alles, was mit dem Osmanischen Reich, seit dem späten 18. Jahrhundert verbunden war, gerne nannten.

Nicht der direkte Einfluß der Französischen Revolution auf das Osmanische Reich, sondern die langfristig wirkende Ausstrahlung der neuen Ära, die Spätfolgen der Revolution haben das weitere Schicksal des Imperiums geprägt. Das Stichwort ist: Nationalismus. Damit meinen wir die Bildung und die Festigung moderner Nationen, ein welthistorisches Phänomen der Moderne, welches aus der Französischen Revolution hervorging, oder durch sie entscheidend gefördert wurde. Die Bildung einer neuen, der bürgerlichen Gesellschaft ist ebenso eng mit dem Aufbruch der Französischen Revolution verbunden.

Diese Idee nun, in der Form eines späten Erwachens der Balkanvölker – viel eher als die viel beschworene innere Verrottung – prägte die letzte Phase der osmanischen Geschichte. Der Nationalismus – übrigens auch der türkische! – war letzten Endes der Totengräber des theokratisch fundiererten Vielvölkerstaates. Islamische Theokratie und Nationalstaat sind in der Praxis nicht vereinbar.

Zum ersten Mal brandeten die Wogen des europäischen Nationalismus an die Gestade des Reiches, als General Bonaparte mit einem französischen Expeditionskorps bei Alexandria landete (1798). Es war auch zum ersten Mal, daß eine europäische Macht ihre Hand nach islamischem Territorium ausstreckte – zumindest im bis heute lebendigen Bewußtsein aller Moslems, das die russische Okkupation der Krim, die doch schon früher stattgefunden hatte, dabei nicht zu erwähnen pflegt.

Napoleon Bonaparte landet in Alexandria (1798)

In Paris diskutierte im Jahre 1798 die Regierung des Direktoriums (1795–1799) darüber, ob man eine Invasion der britischen Insel riskieren könne, um Frankreichs Hauptgegner in die Knie zu zwingen. Napoleon Bonaparte (1769–1821), der dank seiner spektakulären Siege über Österreich in Italien 1796–1797 sein militärisches Genie und dank seiner Eingriffe in die französische Innenpolitik auch sein Durchsetzungsvermögen schon unter Beweis gestellt hatte, hielt es für unrealistisch, „gegen Engeland zu fahren" und befürwortete eine Expedition nach Ägypten, um Englands Lebensnerv auf der Indien-Route zu treffen. Der knapp Dreißigjährige war – nicht nur im militärischen Bereich – bereits der erste Mann in Frankreich, er schiffte sich in Toulon im Mai 1798 mit 35 000 Mann ein – viel Infanterie, wenig Kavallerie. Napoleons beste Generäle – und zahlreiche Wissenschaftler, die im Orient nützliche Forschungsarbeiten durchführen sollten – waren an Bord.

Es gelang Bonaparte, dem Zugriff des britischen Mittelmeergeschwaders auszuweichen. „Nebenher" eroberte er unterwegs die Inselfestung Malta, was einem Suleiman 1565 nicht gelungen war. Die Franzosen nahmen Alexandria Anfang Juli praktisch ohne Schwertstreich ein. Zu Lande wurden sie vorerst nur mit einem schwachen Gegner konfrontiert. Weder ein osmanisches noch ein britisches Heer befand sich in Ägypten, die französische Invasion kam überraschend für beide Mächte. Das Land stand zwar unter der Herrschaft des Sultans Selim III. (1789–1807) im fernen Istanbul, es wurde aber um diese Jahrhundertwende von örtlichen Feudalherren, Nachfahren der Mameluken, von der Pforte mehr oder weniger unabhängig regiert.

In einer Reihe von Gefechten fegte Bonaparte die Reiterei der Mameluken hinweg. Die Schlacht an den Pyramiden vom 21. Juli 1798 wurde durch die französische Historiographie – und durch Bonapartes Rhetorik in seiner Ansprache an die Soldaten: „Vierzig Jahrhunderte blicken auf euch herab" – hochgespielt. Für Bonaparte war der Kampf ein Kinderspiel, das Artillerie- und Gewehrfeuer der Franzosen schoß die gegnerischen Reiterscharen über den Haufen, am 22. Juli marschierte Bonaparte in Kairo ein. Von August bis Oktober nahmen die Franzosen, vom Nildelta ausgehend, ganz Ägypten in Besitz. Ein siegreiches, zugleich aber isoliertes Heer. Denn zu Wasser konnten die Franzosen gegen die inzwischen im Nildelta angelangte britische Flotte unter Admiral Nelson (1758–1805) nichts ausrichten: Am 1. August 1798 vernichtete der Brite die französische Transportflotte bei Abukir. Das französische Landheer war vom Mutterland abgeschnitten. Das Direktorium in Paris machte es sich leicht: Es schickte Bonaparte keine Verstärkungen, riet ihm aber, nach Indien oder auf Istanbul zu marschieren. Viel zu gerne wollten die Herren in Paris ihren gefährlichen Nebenbuhler loswerden: Bonaparte sollte sich im Orient zu Tode siegen. Doch richtete sich der Blick des jungen Generals auf Paris – wo er die Macht ergreifen wollte – und nicht auf unrealistische Fernziele.

Osmanischer Erfolg gegen Napoleon: Die Festung Akko

Zunächst mußte sich Bonaparte allerdings den Streitkräften des Osmanischen Reichs stellen, denn dieses hatte sich einer antifranzösischen Koalition angeschlossen, welche von England zusammengebastelt wurde. An ihr beteiligte sich auch Rußland – ein fragwürdiger Verbündeter der Osmanen gegen den traditionellen Freund Frankreich. Sultan Selim III. (1789–1807) entsandte zwei Armeen gegen den Eindringling: Eine marschierte über Syrien Richtung Süden, die zweite sollte über den Seeweg mit britischer Hilfe nach Ägypten gebracht werden.

Bonaparte wählte die Vorwärtsverteidigung. Er verließ Ägypten und marschierte den Osmanen entgegen. Am Nil hinterließ er nur kleine Garnisonen. Einen Einblick in die Denkweise von Bonapartes „Besatzungspolitik" gewinnt man durch sein Schreiben an General Berthier vom 5. September 1798. Er befahl, die Bataillone mit „einer Trikolorfahne auszustatten", auf welcher ein Zitat aus dem Koran und eine Schmähung der Mameluken zu lesen sein sollten. Es fehlte jeder Hinweis auf eine Feindschaft gegen den Padischah...

Bonaparte drang im Februar 1799 ins Heilige Land ein. Am 7. März 1799 besetzten die Franzosen Jaffa – im Herzen des heutigen Israel – nach einer viertägigen Belagerung. Hier wird die Szene tragisch: Das von seinen Basen abgeschnittene, schlecht verproviantierte Heer – das Trinkwasser war besonders knapp – war nicht in der Lage, Kriegsgefangene zu versorgen. Der General befahl, keine Gefangenen zu machen. Die türkische Garnison von Jaffa, 3000 Mann, ließ er über die Klinge springen.

Das über den Landweg anrückende osmanische Heer zählte 50 000 Mann, mit nur 40 Geschützen. Bonapartes Korps bestand aus 12 000 Mann Infanterie und 1000 Kavalleristen, letztere unter dem legendären General Murat (1767–1815). Die Franzosen verfügten über 50 Geschütze. Anstatt sich in eine große Feldschlacht zu stürzen, belagerte Bonaparte die aus den Kreuzzügen so berühmte Festung von Akko, im Norden des heutigen Israel.

Die Belagerung begann am 18. März 1799. Die Verteidiger wurden von Djezzar Pascha befehligt. Die englische Flotte half den Osmanen mit ihrer Schiffsartillerie. In der Festung befand sich Picard de Phélippeaux, ein ehemaliger Kamerad Bonapartes an der Offiziersschule, ein Artillerist wie der Korse. Der Franzose wirkte tatkräftig bei den osmanischen Artilleristen mit... Zwischen dem 5. und 16. April schlugen sich die Franzosen mit Kontingenten, welche Akko zu entsetzen hatten. Es wurde an Orten gekämpft, welche wir aus dem Neuen Testament kennen, in Kanaan, am

Berg Tabor – und bei Nazareth. Trotz französischer Erfolge in diesen Kämpfen fiel Akko nicht. Nach dem 7. und 8. Mai attackierten die Franzosen verzweifelt – die Festung zu bezwingen, vermochten sie nicht. Am 20. Mai zog Bonaparte mit seinem durch die ausgebrochene Pest dezimierten Korps ab. Am 14. Juni befand er sich bereits in Kairo. Die Truppe war unzufrieden, Bonaparte brauchte doch noch einen Erfolg im Felde. Diesen holte er sich im Kampf gegen die zweite osmanische Armee, die durch die englische Flotte von Rhodos nach Ägypten transportiert wurde und dort am 14. Juli an Land ging. Mit 10000 Mann einschließlich von 1000 Kavalleristen stürzte sich Bonaparte am 24. Juli auf den osmanischen Brückenkopf im Nildelta bei Abukir, warf den Feind ins Meer und machte viele Gefangene.

Durch diesen Sieg stimmte der General seine Truppen wieder optimistisch. Er dachte, sich nunmehr ganz seinen innenpolitischen Plänen widmen zu können. Den Oberbefehl übertrug er Kléber (1753–1800), dem ruhmreichen General der Revolutionskriege, mit der Auflage, einen Frieden auszuhandeln. Dann ließ Bonaparte seine Armee in Ägypten im Stich und segelte – unbemerkt von der englischen Flotte wie von der französischen Regierung – einsam zurück in die Heimat. Er kam in Paris am 14. Oktober an, um dort nach dem Rechten zu sehen – und sich am 9. November 1799, am berühmten 18. Brumaire, (unblutig) an die Macht zu putschen.

Kléber aber konnte den Krieg in Ägypten nicht beenden, seine Verhandlungen mit den Osmanen scheiterten, der General fand sein tragisches Ende durch einen Mordanschlag am 14. Juni 1801 in Kairo. Das ganze bizarre Abenteuer hatte Frankreich vorläufig nichts eingebracht, aber ein dauerhaftes französisches Interesse an Ägypten begründet, politisch und auch wissenschaftlich.

Kapitel IX

# Abstieg des Reiches 1800–1913

Der Niedergang des Osmanischen Reiches im 19. Jahrhundert war zwar alles andere als ein unaufhaltsamer, gerader Weg nach unten. Doch sprechen die Fakten eine klare, unbarmherzige Sprache, wenn man den Zustand – und den Umfang – des Reiches beim Erfolg gegen Napoleon (1799–1800) mit der Lage an der Schwelle des I. Weltkrieges vergleicht. Nun nahm der Abstieg weitaus bedrohlichere Formen an als im 18. Jahrhundert.

Das Reich wurde nicht so sehr auf den Schlachtfeldern besiegt als zu Tode europäisiert. Änderungen, Reformen gingen freilich auch von dem kategorischen Imperativ aus, sich einer neuen Epoche anpassen zu müssen. Sie erfolgten zugleich meistens unter unheilvollem äußerem Druck. Die Staaten des modernen, sich verbürgerlichenden Europa mischten sich in die Innenpolitik des Osmanischen Reiches ein, gebärdeten sich als die Gralshüter der Rechte von Christen unter osmanischer Herrschaft – stets nur, um ihr eigenes machtpolitisches Süppchen zu kochen.

In diesem Lichte betrachten wir die osmanische Geschichte des 19. Jahrhunderts einschließlich der Einflußnahmen auf den „kranken Mann am Bosporus", wie man das Osmanische Reich in dieser Epoche so gern und so tendenziös nannte. Denn: Ein Kranker bedarf wohl eines Doktors, der die Therapie vorschreibt, und der Medikus schafft nur selten umsonst, manche wirken sogar nur wegen des Honorars ... Übrigens stand es im Fall des späten Osmanischen Reiches gar nicht fest, inwiefern der Krankheitserreger – um bei dieser Parabel zu bleiben – nicht etwa absichtlich von den „Ärzten" eingeschleppt worden ist ... So sind Innen- und Außenpolitik des Imperiums nach 1800 dermaßen miteinander verflochten, daß sie in diesem Kapitel jeweils in einem Atemzug dargestellt werden.

Fairerweise darf man sich allerdings bei der Suche nach den Gründen des Verfalls doch nicht darauf beschränken, die bösen egoistischen äußeren Mächte zu geißeln, welche dem „Patienten" falsche Therapien verordneten. Es steht fest, daß das Reich der inneren Kräfte entbehrte, die es ihm ermöglicht hätten, den Erfordernissen der Epoche der industriellen Revolution gerecht zu werden. Die islamische Theokratie war letztendes unfähig und zu wenig lernwillig, um sich auf moderne Zeiten einzustellen. Und was sie lernte, wie z. B. den Nationalismus, trug nur noch mehr zu ihrem Verfall bei.

## Der Pascha von Kairo und der Aufstand der Wahhabiten

Zu einem formalen Friedensschluß zwischen Istanbul und Paris kam es 1802: Die Oberherrschaft der Pforte über Ägypten wurde wiederhergestellt. Nach den französischen Invasoren verschwanden 1803 auch die Engländer, nachdem sie sich mit Napoleon – durch den Frieden von Amiens, 1802 – momentan arrangiert hatten.

Die Pforte wollte nun in Ägypten reinen Tisch machen und die lokale Macht der Mamelukenemire brechen, um das Land wieder enger an sich zu binden. Aus den Kämpfen zwischen Osmanen und Mameluken trat eine Persönlichkeit siegreich hervor: Der in Mazedonien geborene Mehmed Ali, den die Geschichte als Mohammed Ali kennt (1769–1849), kommandierte in Ägypten eine albanische Truppeneinheit der osmanischen Streitkräfte. Er taktierte so geschickt im Wirrwarr der Auseinandersetzung mit den Mameluken, daß er von Sultan Selim III. 1805 zum Pascha von Kairo und 1806 zum Pascha – praktisch zum Statthalter – von ganz Ägypten ernannt wurde. Nach dem Intermezzo einer erneuten britischen Expedition nach Alexandrien, die 1807 – im Zeichen des anglo-französischen Konflikts – begann und noch im selben Jahr endete, herrschte Mohammed Ali über ganz Ägypten. Der begabte, ehrgeizige und brutale Mann entwickelte ein originelles Konzept: In Ägypten baute er sich ein Machtzentrum auf, festigte das Land von innen, förderte Handel und Schiffahrt, organisierte Feldzüge, machte große Politik, aber er brach vorerst nicht mit der Pforte. Vielmehr erklärte er sich zum Schwert des Sultans. Er war nicht nur ein eigenwilliger Provinzstatthalter mit zentrifugalen Bedürfnissen, wie z. B. sein Zeitgenosse Pasvanoglu von Widin. Er entfaltete, gestützt auf die Geographie und die Reichtümer Ägyptens, staatsmännisches Format.

Auf der Arabischen Halbinsel wurde das Reich Anfang des Jahrhunderts mit der gefährlichen religiösen Bewegung der „Wahhabiten" konfrontiert. Namensgeber war der Glaubensreformator Abd el Wahhab (1703–1793), ein Purist und Fundamentalist: Der Islam soll zu den ursprünglichen, von der Tradition unverfälschten Lehren des Koran, so wie sie der Prophet Mohammed von Allah empfangen hatte, zurückkehren, predigte er. Der Kult anderer Propheten und „Heiliger" sollte ebenso abgeschafft werden wie der Genuß von Kaffee und Tabak: das Alkohol- und Schweinefleischverbot reichte dem Eiferer nicht. Kühl und sachlich vermerkte der englische Konsul zu Aleppo 1812: „Man kann eine Parallele zwischen ihrer Denkart und derjenigen der christlichen Reformation des 15. Jahrhunderts (!) herstellen, welche die Religion zu ihrer ursprünglichen Schlichtheit zurückzuführen gedachte." Die Wahhabitische Lehre ist heute noch das Credo der Moslems im Königreich Saudi-Arabien.

Im frühen 19. Jahrhundert bemächtigten sich die Wahhabiten erst des – schiitischen – Heiligtums von Kerbela im Süden des Irak, um dann sogar die heiligsten aller islamischen Städte, Mekka und Medina, zu erobern (1806).

Mehmed Ali ist dann von der Pforte beauftragt worden, die alte osmanische Ordnung auf der Arabischen Halbinsel wiederherzustellen. Er führte gegen die Wahhabiten zwei Feldzüge (1812 und 1818) und schlug damit diesen Aufstand nieder.

Der Abstand in der Denkweise zwischen Türken und Arabern wurde dabei wieder einmal deutlich: hier politische Nüchternheit, dort religiöser Fanatismus auf den Spuren des Propheten, sofern eine solche Generalisierung auch am Ende des 20. Jahrhunderts noch erlaubt ist.

## *Der Serbenaufstand und der osmanisch-russische Krieg (1806–1812)*

Nun erhob der europäische Nationalismus auch auf dem Balkan sein Haupt. Die Serben, dieses zahlenmäßig relativ große Volk, das zusammen mit den Walachen und Moldauern von den Osmanen auf dem Balkan nur unter besonderen Schwierigkeiten gebändigt werden konnte, erhob sich 1806 gegen die Pforte. Es begann mit Forderungen nach serbischer Autonomie, die vom Übervater in St. Petersburg, dem Zaren, unterstützt wurden. Die Osmanen waren bereit, erhebliche Zugeständnisse zu machen, inzwischen brach jedoch ein neuer Krieg zwischen der Pforte und Rußland aus, und die Serben kämpften nunmehr mit der Waffe in der Hand an der Seite ihrer russischen Glaubensgenossen. Ihr Anführer war der Bauernsohn Djordje Petrović, „Schwarzer Georg", Kara Djordje genannt († 1818), Begründer der Karadjordjević-Dynastie, welche in Abwechslung mit den Nachkommen eines Zeitgenossen und Widersachers von Kara Djordje, Miloš Obrenović, bis zum II. Weltkrieg in Serbien und später in Jugoslawien herrschte: Die beiden rivalisierenden Familien Karadjordjević und Obrenović hörten nie auf, einander blutig zu befehden.

Beginnend mit der Zeit des hier erwähnten Aufstandes von Kara Djordje gegen die Osmanen Anfang des 19. Jahrhunders wurde um Serbien stets im Viereckverhältnis Istanbul–Belgrad–Wien–St. Petersburg gerungen. D. h. es ging in der einen oder anderen Form immer darum, wie selbständig Serbien sein kann bzw. darum, in welcher Abhängigkeit – vom Osmanenreich, vom Habsburgerreich oder vom großen Bruder in St. Petersburg – das Land leben mußte. Vorerst gelang es Djordje, den größeren Teil Serbiens – zuweilen mit direkter russischer Militärhilfe – bis 1812 zu halten. Dann wurde Rußland durch Napoleons Feldzug 1812 vorerst so arg bedrängt, daß es seine schützende Hand nicht länger über das slawische Bruderland halten konnte. Kara Djordje mußte vor den Osmanen nach Ungarn fliehen.

Ein anfangs undefinierter Vasallenstatus wurde Serbien seitens der Pforte 1817 zuerkannt; 1817–1839 regierte Miloš Obrenović das Land.

Die Ereignisse auf dem Balkan standen aber schon wegen der geographischen Lage Serbiens – fern von Rußland – nicht im Mittelpunkt des osmanisch-russischen Dauerkonflikts. Dieser entlud sich 1806 wieder in einem offenen Krieg, welcher bis 1812 andauerte.

Die Moldau und das andere Donaufürstentum, die Walachei, mußten Rußlands nächstes Ziel sein. In früheren Jahrhunderten hatten die Osmanen mit Polen um die Moldau gerungen. Seit der endgültigen Teilung Polens 1795 wurde die Szene dort vom Zarenreich allein beherrscht.

Auch da gab es eine Art Vierecksverhältnis, wenn man nun die beiden auf der ethnischen und der religiösen Ebene eng verwandten, d. h. von griechisch-orthodoxen Rumänen bewohnten Fürstentümer unter einen Hut nimmt: Istanbul – Fürstentümer (Hauptstädte Jassy und Bukarest) – St. Petersburg – Wien. Auch da ging es wie im Fall von Serbien um einen Vasallenstatus dieser Landstriche im osmanischen oder russischen Hegemonialbereich. Österreich hatte 1775 die Bukowina (mit Tschernowitz) an sich gerissen, als „Trinkgeld" dafür, daß es damals seine Vermittlungsdienste gegenüber den siegreichen Russen angeboten hatte. Der Besitz der Bukowina verstärkte sein besonderes Interesse am weiteren Schicksal der rumänischen Fürstentümer.

Die Europäisierung des osmanischen Heeres

Mit dem Verlauf des Krieges von 1806–1812 waren Entwicklungen in der osmanischen Innenpolitik eng verbunden. Gleichzeitig mit dem Beginn des Russenkrieges fühlte sich nämlich Sultan Selim III. (1789–1807) veranlaßt, seine – übrigens ebenfalls mit Rücksicht auf den gerade letzten Krieg mit Rußland 1793 begonnene – Heeresreform neu zu beleben, die Europäisierung der osmanischen Streitkräfte zu vervollkommnen und sein gesamtes Heerwesen nach neuen Prinzipien zu ordnen. Wieder waren es die Janitscharen, die sich der Reform widersetzten: Es ging letzten Endes um die Existenz der traditionellen Elitetruppe und diese war trotz ihrer allmählichen Entartung (S. 261 f.) noch kämpferisch genug, um ihrer Abservierung nicht tatenlos entgegenzusehen.

1806 zählten die nach westeuropäischem Vorbild ausgebildeten, organisierten und bewaffneten, von französischen Militärberatern über die Vermittlung türkischer Offiziere befehligten neuen Kontingente, die Nisam, nur 6500 Mann, 1500 Infanteristen und 5000 Mann Kavallerie. Die Nisamtruppe erschien allerdings schon als stark genug, um von Sultan Selim im Mai 1806 nach Edirne kommandiert zu werden, damit sie dort einen Janitscharenaufstand erstickte. Doch hatte sich Selim geirrt: Die Janitscharen gewannen die Oberhand und metzelten die „Regierungstruppen" nieder. Selim wurde abgesetzt und am Ende einer Serie von Staatsstreichen ermordet (1808).

Dieser Selim war nicht nur bei den Janitscharen, sondern auch bei den Vertretern der Ulema verhaßt, und zwar nicht nur wegen seiner militärischen Reformen: Ein Zeitgenosse der Französischen Revolution und Napoleons, spielte er mit allerlei aufklärerischen Gedanken und dachte dabei sogar an eine Gleichberechtigung der Frauen! Das war denn für die hohe islamische Geistlichkeit doch zu viel; auch deshalb unterstützte sie im Bürgerkrieg die Gegner Selims.

Im Mai 1812 fühlte sich St. Petersburg veranlaßt, mit der Pforte schnell Frieden zu schließen, um seiner Donauarmee den Marschbefehl gen Norden für den Einsatz im Krieg mit Napoleon geben zu können: Im Juni 1812 überschritt der Kaiser den Franzosen den Grenzfluß Njemen (Memel). In ihrer Notlage mußten die Russen den Osmanen relativ milde Friedensbedingungen gewähren und sich mit dem Gewinn Bessarabiens begnügen, obwohl sie die ganze Moldau und die Walachei hatten haben wollen.

1821 kam es zu einem neuen Waffengang mit Persien, das den Sultan zwar daran hinderte, seine Kräfte gegen den gleichzeitig ausgebrochenen griechischen Aufstand zu konzentrieren, schließlich aber keine bösen Folgen für das Reich heraufbeschwor. Die persische Armee wurde von Seuchen heimgesucht – und heimgetrieben.

## *Der griechische Befreiungskampf 1821–1829*

Der spezifische Standort der Griechen im Osmanenreich nach dem Fall von Byzanz und im 16. Jh. wurde schon dargestellt. Wir sahen, daß viele Griechen, die zum moslemischen Glauben durch Knabenlese oder auch freiwillig übergetreten waren, schon immer hohe Positionen im Reiche innehatten und daß ein großer Teil von Handel und Schiffahrt über die Jahrhunderte in der Hand griechischer Christen war. Im 18. Jahrhundert entstand dann eine Lage, die den Eindruck vermittelte, als gewänne das griechische Element im Osmanischen Reich geradezu die Oberhand. Eine, ihrem christlichen Glauben treu gebliebene griechische Oberschicht, Phanarioten genannt (siehe S. 178) eroberte im osmanischen Staat eine Spitzenposition nach der anderen. Beispielsweise stellten Phanarioten den Vasallenfürsten in der Moldau schon seit 1711 und in der Walachei seit 1716, der Pfortendolmetscher, zugleich meistens Spitzendiplomat, war in der Regel ein Phanariot, usw. Die griechischen Erzbischöfe auf Zypern, die sich autokephaler Tradition rühmten, galten – mit Zustimmung des Großherrn! – für mächtiger als der lokale Pascha. Von besonderer Tüchtigkeit im Handel und in der Seefahrt, wo die Turkvölker nicht exzellierten, beherrschten Griechen nunmehr den Seehandel im östlichen Mittelmeer dermaßen, daß sie von England als seriöse – und daher zu bekämpfende – Konkurrenz behandelt wurden. Der große Eifer Britanniens in der Vertreibung der Osmanen aus Griechenland erklärt sich denn auch weitgehend durch den Vorsatz, diese Konkurrenten – in einem von Istanbul unabhängigen, von London politisch und wirtschaftlich abhängigen Griechenland – unter englische Kontrolle zu bringen. Die griechische Oberschicht war sich ihrer gewachsenen politischen bzw. wirtschaftlichen Macht wohl bewußt. Im frühen 19. Jahrhundert wollte sie ihre starken Positionen dann noch weiter ausbauen. Viele begnügten sich nicht damit, die Gesellschaft und den Staat zu unterwandern: Das sowieso starke Griechentum sollte vielmehr das türkisch-islamische Element mehr oder weniger verdrängen und entmachten, ja den Staat von den Osmanen offen übernehmen.

Im späten 18. und im frühen 19. Jahrhundert kamen dann noch neue Faktoren hinzu. Die Ideen der Französischen Revolution begeisterte eine dünne Schicht griechischer Intellektueller. Eine Prise Nationalismus im modernen Sinn gab es ebenfalls unter den Auslösern des Griechenaufstandes. Aber bei den Griechen in jener Zeit überwog eher noch der Gedanke des „orthodoxen Volkes". D. h., das religiöse Profil gab den Ausschlag: Griechische Orthodoxie – im Gegensatz zum westlichen, zum katholischen Christentum, zum Protestantismus und daneben auch zum Islam – vereinte die Griechen eher als ihr Ethnikum. Der Trend, alle Balkanvölker, also auch die Slawen, unter der Flagge der griechischen Orthodoxie und auch unter griechischer politischer Vorherrschaft zu vereinen, muß hier ebenfalls erwähnt werden. Auch soziale Spannungen spielten eine Rolle: Mit dem Verfall des osmanischen Timarsystems verschlechterte sich die Situation der Bauern im Vergleich zu den „guten alten Zeiten". Die Entartung des Feudalsystems verschärfte sich noch Anfang des 19. Jahrhunderts. Der gut erträgliche Spahi als Herr über seinen kleinen, nicht vererblichen Timar wurde allmählich durch Großgrundbesitzer verdrängt, welche die Landbevölkerung eher auf westliche Art aussaugten.

Ein prominenter Grieche in russischen Diensten, Ypsilanti (1792–1828), ehemaliger Flügeladjutant des Zaren, versuchte am 6. März 1821, eine antiosmanische Revolte in der Moldau vom Zaun zu brechen, scheiterte jedoch kläglich. Somit mißlang eins der zahlreichen Manöver Rußlands, ein Balkanvolk, womöglich aber alle orthodoxen Christen im osmanischen Bereich unter dem russischen Andreaskreuz zu versammeln und vor den Karren des zaristischen Imperialismus zu spannen. Ypsilantis Mission blieb erfolglos, aber seine engen Kontakte zu den griechischen Unzufriedenen waren geeignet, einen Aufstand auf der Südspitze der Balkanhalbinsel zu fördern. Bis Ende 1821 war der gesamte Peloponnes in der Hand der Rebellen.

Die griechischen Aufständischen waren untereinander uneinig. Es gab eine „englische", eine „französische" und eine „russische" Partei, London, Paris und St. Petersburg regierten in die Berge und Schluchten des Peloponnes hinein. Anstatt Kampfhandlungen im eigentlichen Sinn gab es während mehrerer Phasen des Aufstandes eher Massaker. Die Griechen mordeten Osmanen, die Staatsmacht schlug grausam zurück. Die rivalisierenden griechischen Fraktionen bekriegten auch einander. Die Osmanen wußten nicht so recht, was sie mit einem solchen Aufstand – doch mehr oder weniger nationaler Couleur – anfangen sollten. Sie waren eher an Revolten von ehrgeizigen Provinzstatthaltern, Janitscharen oder religiösen Eiferern gewöhnt, nicht an Bewegungen wie diese nun. Das unwirtliche Gebirgsgelände machte es sowieso unmöglich, den Guerillakrieg zu ersticken. Die Reaktion der Staatsmacht wurde auch noch dadurch verzögert, daß erst der Pascha Ali von Janina in Epirus niedergezwungen werden mußte, einer der vielen lokalen Machthaber, die sich um Istanbul kaum mehr kümmerten.

Von einem militärischen Durchbruch des Aufstandes konnte während seiner gesamten Dauer – also bis 1827 – keine Rede sein, aber auch die Staatsmacht vermochte es nicht, der Lage Herr zu werden. Schließlich rief die Pforte den mächtigen Statthalter von Ägypten, Mehmed Ali, zu Hilfe. Als Belohnung schenkte ihm der Sultan gleich die Insel Kreta. Mehmed Ali entsandte 1825 seine Flotte und ein 10 000 Mann starkes arabisches Expeditionskorps unter seinem fähigen Sohn Ibrahim auf den Peloponnes. Ibrahims Truppen waren von französischen Offizieren ausgebildet worden. Diese mit den Osmanen vor Ort kombinierte Streitmacht drängte die Aufständischen zurück.

Sein Erfolg rief bei Sultan Mahmud II. (1808–1839) nicht nur Genugtuung hervor. Der Großherr war sich der Gefahr, die von Mehmed Ali ausging, durchaus bewußt. Der hatte die Machtmittel dazu, den Padischah von den Küsten des östlichen Mittelmeeres vollständig zu verdrängen. Er brauchte eine ebenso moderne Armee, wie sie die Ägypter bereits hatten.

Die Heeresreform Mahmuds II. – Die Ausschaltung der Janitscharen

So entschloß sich Mahmud 1826, das heiße Eisen der Heeresreform anzupacken. Der Sultan ging mit mehr Takt als sein Vorgänger Selim III. vor, indem er die Janitscharentruppe nicht etwa auflösen, sondern in das moderne Heer integrieren wollte. Ein neues stehendes Heer sollte entstehen. Die „wirklichen, im Dienst stehenden" Soldaten wurden *Eschkindschi* genannt. Aus den Streitkäften entlassen werden sollten Janitscharen und Mitglieder anderer herkömmlicher Truppenteile lediglich auf freiwilliger Basis. Wer im neuen Heer weiterdienen wollte, war willkommen.

Nicht nur das Konzept der Heeresreform, auch seine Durchführung war gut durchdacht. Der Sultan sorgte dafür, daß diesmal auch die moslemische Geistlichkeit eingespannt wurde. Die Theologen bescheinigten der Modernisierung des Heeres die Übereinstimmung mit den Lehren des Koran. Die Reform, über welche ein ausführlicher Erlaß des Sultans erging, wurde in einer erweiterten Sitzung des Diwan mit allen Würdenträgern beraten. Es gelang, selbst den Janitscharenaga Mohammed Dschelaleddin für die Reform zu gewinnen.

Doch die Truppe weigerte sich, mitzumachen. Die Janitscharen empfanden – und dabei irrten sie nicht –, daß ihre Privilegien nunmehr endgültig abgeschafft wurden. Sie wußten, daß sie aufhörten, das Elitekorps zu stellen, welchem das Reich zu großen Teilen den militärischen Aufstieg verdankte. Sang- und klanglos sollte die Legende über die Janitscharen in einer neuen Armee erlöschen. So meuterten sie wieder – nunmehr zum allerletzten Mal. Sie standen auf verlorenem Posten, weil sich andere Truppenteile ihrer Rebellion nicht anschlossen. Sie entbehrten ihrer Führer, welche der Reform zugestimmt hatten. Selbst die mittleren Ränge waren geteilter Meinung.

Die Janitscharen begaben sich auf das Gelände des ehemaligen byzantinischen Hippodroms, wo die Kaserne ihres Korps stand, und sahen mit äußerster Erbitterung, daß dort die Übungen der neuen Eschkindschitruppen bereits begonnen hatten. Die offene Rebellion begann am 15. Juni 1826. Jorga beschreibt diesen letzten Akt der Tragödie:

„Die Rebellen raubten das Haus des Wesirs, der abwesend war, aus; sie verlangten gebieterisch die Köpfe der schlechten Berater ihres Herrn. Das hergebrachte Programm der militärischen Meutereien wurde auch diesmal pünktlich erfüllt. Schon war aber der Wesir angekommen und bald erhielt er von Mahmud, der die höchsten Würdenträger empfangen und ihnen kräftig zugeredet hatte, die Erlaubnis, die heilige Fahne hervorzuholen ... ,Die Waffenübungen der Giaurs wollen wir nicht!', war das Losungswort der zum Kampfe bereiten Janitscharen. ,Keinen einzigen Stein aus dem neuen militärischen Gebäude werden wir herausreißen lassen', war die stolze Antwort Mohammed-Selims, der den Angriff auf die verwilderte, planlos hin und her wogende Menge leitete. Den Paschas Hussein und Mohammed gelang es aber nicht, sie ohne hartnäckigen Kampf, in dem Fanatismus und Verzweiflung schwer in die Waage fielen, zu bezwingen. Selbst vor dem Feuer der Kanonen, das ihre Kaserne bald in Brand setzte, zogen die Aufständischen nicht den kürzeren, und ein wohlgezielter Schuß eines jungen Unteroffiziers vereitelte allein ihren Versuch, durch eine der aus dem Atmeidan führenden engen Gassen zu entschlüpfen und die Stadt zu den Waffen zu rufen. Auf dem Platz Sultan Achmeds erhielt der Wesir die frohe Nachricht, daß die Schlacht beendigt sei und die Niedermetzelung der Unbotmäßigen ihren Fortgang nehme. Der konstantinopolitanische Pöbel beteiligte sich eifrig an der Vertilgung der anspruchsvollen, durch ihre Frechheit unerträglich gewordenen Söldlinge. Gegen Abend schwebten sieben Leichen an der alten Platane, inmitten des von Toten gefüllten Kampfplatzes. Während der Nacht wurden dann an den Pforten Konstantinopels und an anderen strategischen Punkten alle nötigen Maßregeln getroffen; der Wesir und der Mufti blieben mit der heiligen Fahne in ihrem bisherigen Quartier. Am folgenden Tage ordnete man die Hinrichtung aller Schuldigen an ... und ihre Leichen wurden vor die Platane geworfen ... Tatsächlich existierten in Konstantinopel nach einigen Tagen keine Janitscharen mehr."

Gemäß der unerbittlichen Logik von Abrechnungen dieser Art wurden auf der ideologisch-religiösen und zugleich auf der organisatorischen Ebene alle Maßnahmen getroffen, um den Ruf der Janitscharen endgültig zu zerstören, alle ihre mutmaßlichen Verbündeten auszuschalten. Der Sultan brandmarkte die Janitscharen als Verräter, als Handlanger der Griechen, als Feinde des Islam, als heimliche Christen! Die Geistlichkeit folgte dem Padischah, das Sultanswort, welches die Janitscharen verdammte, wurde von den Muezzins von der Höhe der Minarette verkündet. Die Kavallerietruppe der Spahis und alle anderen Heereseinheiten, welche als potentielle Verbündeten der Janitscharen galten, wurden gleichzeitig aufgelöst.

Nun stand das Reich aber ohne Schutzschild da, die alte Armee gab es nicht mehr, das neue Feldheer war noch nicht zum Einsatz bereit. Allerdings verfügten die Osmanen noch über ihre Seestreitkräfte.

Kriegseintritt der Westmächte

Dann griff das Ausland unter eigenartigen Umständen ein. Europa lebte in der Ära Metternich (1815–1848), die im Zeichen der Wahrung des Status quo stand. Nach den napoleonischen Kriegen schuf der Wiener Kongreß 1815 eine steife, reaktionäre Ordnung in Europa. Die Änderung des Besitzstandes und vor allem der erzkonservativen monarchischen inneren Einrichtung von Staaten kam nicht in Frage. Geächtet waren Grenzverschiebungen, nationale und soziale Revolutionen. Der hochbegabte Staatsmann und kultivierte Grandseigneur, Fürst Clemens Metternich (1773–1859), Kanzler des 1804 entstandenen Kaiserreichs Österreich, widmete seine Talente diesem rückschrittlichen alleuropäischen Konzept des Immobilismus. Eine nationale Bewegung paßte in Metternichs Bild am allerwenigsten hinein. Auch die griechische nicht, denn im Unterschied zu den Kaisern des 18. Jahrhunderts begriff Metternich das Osmanenreich als ein zu erhaltendes Gegengewicht zu Rußland. Die nationalistische Komponente des Aufstandes paßte nicht zur Erhaltung des übernationalen Staates Österreich. Die „apostolische Majestät" in Wien und der Padischah in Istanbul gleichermaßen standen für eine universalistische, religiös fundierte Staatsordnung, die nun immer mehr angefeindet wurde. Aber der Erfolg des Aufstandes in Griechenland wurde schließlich zu Metternichs erster großer diplomatischer Niederlage.

Verschiedene Kräfte in Westeuropa regten sich im Interesse einer Intervention in Griechenland:

1. Eine rein machtpolitische Interessengemeinschaft dreier Großmächte: England, Frankreich und Rußland, politisch und wirtschaftlich expandierende Mächte, fanden zusammen, um 1827 gegen das Osmanische Reich militärisch vorzugehen. Rußlands ideologischen Deckmantel für solche Fälle kennen wir bereits: Väterchen Zar war ja verpflichtet, die orthodoxen Christen unter seine Fittiche zu nehmen, die unter dem osmanischen Joch stöhnten. Für die englischen und französischen Machtpolitiker war ein westeuropäischer Kreuzzugsgedanke alten Stils im 19. Jahrhundert nicht brauchbar. Doch durften sich die edlen Abendländer für den heldenhaften Kampf des hellenischen Volkes begeistern – und sie tarnten ihre imperialistische Politik mit einer Scheinheiligkeit, mit der sie den gewohnten hohen Grad von Heuchelei womöglich noch überschritten. Dabei dachte England nicht an die Vernichtung des Osmanischen Reiches. Denn mittlerweile betrachtete es Rußland ebenfalls als eine Gefahr für das europäische Gleichgewicht und wollte den Bosporus verschlossen lassen. Die Unterstützung der Griechen war nur eine Konzession an den nationalen Gedanken, um gegenüber dem Immobilismus Metternichs Manövrierfreiheit zu gewinnen.

Was nun Frankreich angeht, zeigte es nach der Schwächung seiner Großmachtstellung als Ergebnis der napoleonischen Kriege gerne Flagge. Auf der Ebene der expansiven Außen- und Handelspolitik verfolgte es ähnliche Ziele wie die Briten. Paris wollte einen neuen – schwachen – griechischen Staat gerne bevormunden.

2. Die zweite Strömung zugunsten einer Intervention in Griechenland nährte sich aus Idealismus und aus Geschichtsbewußtsein – und sie unterstützte die erste, die rein machtpolitische Strömung. Ohne die intellektuelle Bewegung der „Philhellenen" für eine tatkräftige Unterstützung der Griechen waren die Voraussetzungen für den militärischen Streich gegen das Osmanenreich gar nicht gegeben.

Allerdings haben die modernen Griechen weder ethnisch noch kulturell viel Gemeinsames mit den Hellenen der Antike. Ethnische Spuren der alten Griechen sind höchstens noch auf den Inseln vorzufinden. Die heutigen Griechen sind ein weitgehend slawisiertes, auch mit Albanern und Walachen vermischtes Volk. Da kann keine Parallele zu den Italienern gezogen werden, die sich höchstens im Frühen Mittelalter mit Germanen vermischt und ansonsten ihre Eigenschaft als Nachfahren der antiken Römer bewahrt haben. Das Geschichtsbewußtsein der westeuropäischen Intellektuellen, die von den antiken zu den modernen Griechen eine wackelnde Brücke geschlagen haben, lehnen die heutigen Griechen selbst ab!

Ob nun von reellen oder von falschen historischen Vorstellungen ausgehend, setzten sich Parlamentarier, Publizisten und Literaten in Westeuropa für die Unterstützung des griechischen Freiheitskampfes ein. Ihre überwiegende Mehrheit bestand aus kultivierten, selbstlosen Menschen, aus echten Idealisten. Namen wie die von Béranger (1780–1857), Chateaubriand (1768–1848), Victor Hugo (1802–1885) und Lamartine (1790–1862) finden wir unter den Dichtern, welche die Heroen von Hellas besangen. Lord Byron (1782–1824) beschränkte sich nicht auf die Dichtung: Er schritt zur Tat. Er stiftete ein Schiff, spendete viel Geld, begab sich selbst nach Griechenland und kam dort bald an einer Krankheit um.

Noch ein Fall von Beeinflussung politischer Entwicklungen durch das Geschichtsbewußtsein im Ausland steht mit der osmanischen Geschichte ebenfalls in Verbindung. Er soll daher hier, anhand des Griechenaufstandes, erwähnt werden, auch wenn er erst in späteren Jahren aktuell wurde:

Die in der 2. Hälfte des 19. Jahrhunderts erfolgte vollständige Loslösung der beiden Fürstentümer Moldau und Walachei vom Osmanischen Reich wurde von den französischen Regierungen wegen der vermeintlichen, historisch nicht belegten gemeinsamen romanischen Abstammung von Franzosen und Rumänen tatkräftig gefördert. Um sich Einfluß auf dem Balkan zu schaffen, trat Frankreich der rumänischen Theorie von der dako-romanischen Kontinuität bei.

Die edlen christlichen Großmächte nun, welche doch dem „Dahinschlachten der Hellenen durch die osmanischen und ägyptischen Barbaren", wie das für die europäische öffentliche Meinung aussah, nicht tatenlos zusehen durften, verbündeten sich – nicht gegen das Osmanische Reich! Von einem Kriegszustand war keine Rede. England, Frankreich und Rußland fungierten als „überparteiliche Schiedsrichter", als Friedensstifter. Dem osmanischen Befehlshaber in Griechenland haben die Großmächte einen Waffenstillstand mit den Griechen aufgezwungen. Solange die Waffen ruhten, mußte verhandelt werden. Dieser Waffenstillstand sollte bis zum 20. Oktober 1827 dauern. Die drei Großmächte verpflichteten sich nur, ihn im Rahmen einer Friedensmission auf dem Balkan militärisch zu überwachen.

Die „Seeschlacht" von Navarino (1827)

Der Tag des 20. Oktober 1827 brach an. Eine mächtige osmanisch-ägyptische Flotte lag vor Anker in der Bucht von Navarino (Pylos) am Südwestufer des Peloponnes. Die Flotten Englands, Frankreichs und Rußlands waren ebenfalls in die Bucht eingelaufen. In friedlicher Ruhe lagen die Schiffe dicht nebeneinander auf engem Raum zusammengepfercht. Die meisten osmanischen Admiräle hielten sich, wie zu Friedenszeiten, an Land auf. Plötzlich fiel ein Schuß – man wußte nicht, von welchem Schiff.

Der rangälteste Admiral, der Brite, war sich der Unterstützung seiner zwei Kollegen sicher und nahm die osmanische Flotte als erster unter Beschuß.

„Ein ununterbrochenes Feuer aus den Geschützen der drei Geschwader zerstörte die türkischen Schiffe eines nach dem anderen. Vor Anker liegend, zusammengepfercht brannten" die Schiffe im mörderischen Artilleriefeuer aus. Endlich „erwiderten die Ägypter und die Türken das Feuer der Christen mit dem Mut des Fatalismus ... So kam es – nicht zum Sieg, sondern zum Verbrechen von Navarino.

In Asien brach man in ein Geschrei des Horrors aus, in Griechenland war es ein Seufzer der Erleichterung; mit Begeisterung klatschte man in Europa Beifall." (Lamartine)

So endete die edle Friedensmission. Selbstverständlich hatte es wenig Bedeutung, aus welchem Kanonenrohr nun der fatale Schuß abgefeuert worden ist – er mußte und durfte doch nicht zum Flächenbrand führen, welchen die alliierten Flotten in Navarino sofort entfachten.

In den Schulbüchern aber lasen wir vom glorreichen Unternehmen der christlichen Verbündeten, welche den Griechen zur Hilfe eilten und die osmanische Flotte in der Seeschlacht von Navarino besiegten ...

Kosaken vor Istanbul

Die Ausschaltung der Flotte war zu diesem Zeitpunkt äußerster Schwächung ihrer Landstreitkräfte ein vernichtender Schlag für die Osmanen. Trotzdem gaben sie vorerst noch nicht nach. Der Sultan forderte Genugtuung für das Kriegsverbrechen von Navarino. Die Engländer und Franzosen wanden sich; von Kriegszustand mit dem Osmanenreich war freilich keine Rede, vergessen wir doch nicht, daß es sich um eine der Friedensmissionen des kultivierten Westens auf dem Balkan handelte! Rußland war strammer, es erklärte den Osmanen am 14. April 1828 den Krieg. Zar Nikolaus I. (1825–1855), ein Autokrat durch und durch, tarnte seine neue

Aggression durch keine Hellenophilie und schloß das Schicksal der Griechen von seinen Kriegszielen aus. Die Russen drangen auf dem Balkan vor. Sie stießen auf den tapferen Widerstand des militärisch zu Land und zu Wasser überaus geschwächten Osmanenreiches. Nach blutigen Kämpfen, nach gescheiterten Gegenschlägen der Osmanen nahmen die Russen am 20. August 1829 Edirne ein und erreichten die Küste des Marmarameeres. Die Kosaken erschienen vor Istanbul. Der Sultan rüstete zum verzweifelten Kampf für die Hauptstadt – mit einer Würde, welche im Abendland Bewunderung hervorrief. Viel eher allerdings als aus Respekt vor der Tapferkeit der Osmanen waren die westlichen Mächte durch ihre Ablehnung einer so gefährlichen Erweiterung der russischen Machtsphäre motiviert. Auch wußte der Zar, daß England seine Kosaken nie am Bosporus dulden würde und ließ sich daher in Friedensverhandlungen mit dem Sultan ein. Der am 14. September 1829 in Edirne geschlossene Frieden enthielt harte Bedingungen. Horrende Reparationen waren an St. Petersburg zahlen; die Moldau und die Walachei – die ewigen Zankäpfel – erhielten einen für die Russen günstigeren Status als zuvor: die Fürstentümer wurden zu Pufferstaaten zwischen dem Osmanenreich und Rußland.

Griechenland wird unabhängig

Mittlerweile spielten England und Frankreich ihre Rolle als Griechenbeschützer weiter. Eine Londoner Konferenz tagte 1829–1830 mit dem Ziel, den Osmanen die Anerkennung eines griechischen Staates abzutrotzen und dessen Grenzen festzulegen. Bis zur Entscheidung der Konferenz maßten sich die Franzosen an, „Friedenstruppen" auf dem Peloponnes zu stationieren. Der Beschluß der Konferenz vom 3. Februar 1830, den das geschwächte Osmanenreich – zähneknirschend – anzunehmen gezwungen war, sanktionierte die Entstehung des unabhängigen Griechenland, dem der Peloponnes, das heutige Mittel-Griechenland nördlich des Golfs von Korinth, auch Attika sowie die Insel Euboia (Negroponte) und die Kykladen angehörten. Innerhalb des neu entstandenen Staates, einer Republik, herrschte Anarchie. Graf Johannes Kapodistrias (1776–1831), eine Art von provisorischem Präsidenten, ein ehrwürdiger Politiker, wurde ermordet, verfeindete Fraktionen verwickelten sich in einen Bürgerkrieg. Das Chaos endete mit der Ausrufung eines Königreichs Griechenland. Die Berufung von Mitgliedern deutscher Fürstengeschlechter auf den Thron von neuen Staaten, welche sich vom Osmanischen Reich loslösten, bahnte sich mit der Thronbesteigung Ottos von Wittelsbach

(1815–1867) am 6. Februar 1832 an. Der Wittelsbacher regierte bis 1862. Glücksburger auf dem griechischen, Fürsten und Könige aus dem Haus Sachsen-Coburg auf dem bulgarischen (ab 1887) und aus dem Haus Hohenzollern-Sigmaringen auf dem rumänischen Thron (ab 1866) sollten folgen. Diese von abendländischen Großmächten beeinflußte, wenn nicht diktierte dynastische Politik sollte dazu beitragen, daß in den „Nachfolgestaaten" des Imperiums weder der türkische noch insbesondere der russische Einfluß die Oberhand gewann.

## Die Nahostkrisen 1832–1841

Mehmed Alis Aggressionen

Schwäche fordert Aggressionen heraus. Nach dem Zaren fühlte sich auch der überstarke Statthalter der Pforte in Ägypten, Mehmed Ali, auf den Plan gerufen. Auch er wollte aus der militärischen Ohnmacht der Osmanen profitieren. So provozierte er gegen den Pascha im Libanon einen Konflikt, den Sultan Mahmud II. vergebens zu schlichten versuchte. 1832 kam es zum offenen Krieg mit dem nunmehr zum Rebellen erklärten Mehmed Ali. Im Felde war das Heer des Statthalters viel stärker als die der Regierung. Die Ägypter bemächtigten sich ganz Syriens und marschierten in Anatolien ein. Istanbul war bedroht.

Diesmal eilte die europäische Machtpolitik den Osmanen zur Hilfe: Wohl gelitten war Mehmed Ali nur in Paris. Franzosen hatten ihm bei der Organisation, der Ausbildung und Ausrüstung seiner Streitkräfte geholfen; vor allem sah der französische Hof im Statthalter recht gern ein Gegengewicht zur englischen Macht im Mittelmeer und im Orient. Genau aus demselben Grund hielten die Briten den Ägypter für gefährlich. Darüber hinaus befürchtete London eine tödliche Schwächung der Osmanen durch Mehmed Ali, welche wiederum die Russen zu den Meerengen einladen würde. Was nun Österreich anbelangt, war für den Status-quo-besessenen Kanzler Metternich der Ägypter sowieso nur ein gemeiner Rebell, den es zu züchtigen galt. Im übrigen hatte auch Österreich kein Interesse daran, den Padischah, der auch für Österreich den Bosporus gegen die Russen hielt, durch einen Freund Frankreichs ersetzt zu sehen. Denn in Wien war unvergessen, daß Frankreich unter Napoleon ins Auge gefaßt hatte, sich den Orient zusammen mit Rußland aufzuteilen. Wer Mehmed Ali traf, der schlug damit den französischen Versuch zu erneuter Hegemonial-Politik nieder!

Nun erging eine Einladung an den Zaren zum Bosporus – und zwar vom Sultan selbst! Den Ernst der Bedrohung durch Mehmed Ali erblickend, bat Mahmud II. den Erbfeind um Hilfe. Zur Verblüffung der europäischen Mächte warf im Februar 1833 ein russisches Geschwader Anker in Istanbul, russische Bodentruppen gingen an Land. Die Abschreckung war Mehmed Ali gegenüber erfolgreich, von seinem Marsch auf die Hauptstadt war keine Rede mehr. Er arrangierte sich noch im Jahr 1833 mit der Pforte und „begnügte sich" mit der Herrschaft über Syrien; sein Sohn und Feldherr Ibrahim erhielt die Statthalterschaft von Adana in Kilikien.

Die russische „Bruderhilfe" hatte freilich ihren Preis. Noch ehe des Zaren Streitkräfte vom Bosporus abzogen – hätten sie vor den Engländern keine Angst gehabt, wären sie ohnehin dort geblieben –, unterzeichnete die Pforte am 3. Juli 1833 in Unkiar Skelessi folgenden Vertrag mit Rußland: Das Osmanenreich und das Zarenreich schließen für acht Jahre ein Militärbündnis gegen Aggressionen von außen; die Osmanen verbieten den Kriegsschiffen von Drittmächten den Einlauf in die Dardanellen.

London war entsetzt, das Gespenst einer russischen Vorherrschaft am Marmarameer ging um. Allerdings geschah außer diplomatischen Stirnrunzelns vorläufig nicht viel.

Erst fünf Jahre später kam es zu einer erneuten Nahostkrise. Auslöser war wieder einmal Mehmed Ali, der seine militärische Überlegenheit den Osmanen gegenüber doch nicht unausgenutzt lassen wollte. Im Mai 1838 verkündete er seinen Entschluß, die Unabhängigkeit der sich unter seiner Herrschaft befindenden, formal noch osmanischen Provinzen zu erklären. Der Sultan konnte jedoch nicht dulden, daß die letzten Bande zwischen seinem Reich und Selims I. glorreichen Eroberungen im Orient zerrissen wurden und eröffnete im April 1839 die Feindseligkeiten gegen den Abtrünnigen. Doch war die Umstrukturierung des osmanischen Heeres noch nicht weit genug vorangeschritten. Mahmuds moderne Eliteeinheiten wurden von den Ägyptern im Juni 1839 vernichtend geschlagen. Die osmanische Flotte ging sogar zum Feind über.

In diesem kritischen Zeitpunkt – am 1. Juli 1839 – starb Sultan Mahmud II., ein starker und begabter Herrscher. Viel Freude an seinem neuen Heer hatte er nicht gehabt. Vielmehr mußten seine modernisierten Einheiten vorerst eine Niederlage nach der anderen einstecken. Mahmud verschied zu früh, um die Früchte der Umgestaltung seiner Streitkräfte zu ernten, auf die er doch so stolz war. Der Sultan zeigte sich gern als Kriegsherr europäischen Stils. Der Engländer MacFarlane beschreibt seinen Auftritt in der imponierenden Offiziersuniform nach westlicher Mode, in blauem Waffenrock, mit Reiterstiefeln, mit dem roten Fes – dem einzigen orientalischen Merkmal, welches beibehalten wurde – „auf dem ausdrucksvollen, stolzen Haupte". Dieser Sultan war es, der die preußischen Militärberater mit Helmuth von Moltke (1800–1891) in sein Reich holte, um das neue Heer aufzubauen (1835–1839).

Nachfolger Mahmuds wurde sein minderjähriger Sohn, der „milde und melancholische" Abdulmedschid (* 1823). Großwesir Khosrew Pascha oblag es nunmehr, den Weg aus der tiefen Krise zu finden, in welche Mehmed Alis Aggression das Imperium gestürzt hatte. Die europäische Großmachtpolitik sollte ihm aus der Bredouille helfen.

Denn der Ägypter hatte sich, wenn nicht militärisch, so doch auf der diplomatischen Ebene übernommen: In die als legitim angesehene Staatenwelt war er trotz seiner kriegerischen Potenz nicht aufgenommen worden. Die alte Autorität – und die geostrategische Schlüsselstellung – des Osmanischen Reiches gaben den Ausschlag. Außer Frankreich hatte Mehmed Ali keinen Sympathisanten im maßgeblichen Europa.

Die Dardanellenkonvention

Daher gelang es Kanzler Metternich, den Geist des Wiener Kongresses (1814–1815) wiederzubeleben und am 27. Juli 1839 die Verabschiedung einer gemeinsamen Stellungnahme Österreichs, Englands, Frankreichs, Rußlands und Preußens, vertreten durch ihre Botschafter in Wien, im folgenden Sinn zu gewährleisten: Die Großmächte überließen es nicht der Pforte und Mehmed Ali, ihre Auseinandersetzung einfach unter sich auszutragen. Kraft ihres (behaupteten) Anspruchs auf Mitsprache warnten sie die Pforte vor zu großen Zugeständnissen dem militärisch erfolgreichen ägyptischen Statthalter gegenüber. Am 15. Juli 1840 trafen dann England, Rußland, Preußen und Österreich eine Vereinbarung, wonach sie – in Ermangelung einer zufriedenstellenden Lösung auf dem Verhandlungswege – auch militärische Maßnahmen gegen Mehmed Ali ergreifen wollten. Bemerkenswerterweise zog Frankreich dabei nicht mehr mit.

Der schlaue Starke vom Nil mußte nun nachgeben. Er sah ein, daß er dem vereinten Unwillen der Großmächte nicht gewachsen war und daß Frankreich allein ihm nicht helfen konnte. Also verzichtete er – nach langem Zögern – auf seine Eroberungen außerhalb von Ägypten. Im Juni 1841 arrangierte er sich mit der Pforte dergestalt, daß er Ägypten als Erbland für seine Familie behielt und eine nicht nur nominelle Suzeränität des Osmanenreiches akzeptierte.

Das eigentliche Ergebnis der Lösung dieser Krise von 1838–1841 war das historische Instrument über den Status der Meerengen, das als Dardanellenkonvention oder Meerengenkonvention von Paris in die Welt- und in die Völkerrechtsgeschichte einging. Der Vertrag wurde durch die fünf Großmächte am 13. Juli 1841 verabschiedet und sah vor, daß – außer dem Fall, daß sich das Osmanenreich im Kriegszustand befindet – keine Kriegsschiffe die Meerengen passieren durften. Der Status des Bosporus und der Dardanellen wurde dann 1856 (nach dem Krimkrieg) und 1871 bekräftigt.

## Die Osmanen und das revolutionäre Europa 1848–1849

Die wichtigste Voraussetzung der Meerengenregelung von 1841 war das Einverständnis zwischen England und Rußland: Die Briten waren fest entschlossen, die Flotte des Zaren vom Marmarameer fernzuhalten; dem widersprach keineswegs, daß sie in den vierziger Jahren zu einer Verständigung mit St. Petersburg (eher als mit Paris) neigten. Zar Nikolaus nun willigte in die Sperrung der Meerengen ein, weil er den Briten zu Wasser sowieso nicht Paroli bieten, also einen Zugang zum Marmarameer gegen englischen Widerstand nicht erzwingen konnte. Ansonsten nahm er die – zwar zögernd – ausgestreckte Hand Englands gerne an und stattete 1844 Queen Victoria sogar einen Staatsbesuch ab. Gesprochen wurde dort über das Osmanische Reich, über die Meerengen und über den Balkan, der noch der Pforte angehörte, dessen Völker aber bestrebt waren, ihre Unterwerfung unter das Imperium zu lockern. Das vorübergehende englisch-russische Zusammenwirken wurde dann durch eine zusätzliche Komponente gestärkt, als Europa 1848 in Aufruhr geriet: Stabilität gab es nur in diesen beiden Reichen. England ging es um seine traditionelle Politik der „Balance of power" auf dem Kontinent, welche durch die Revolutionen in Frankreich, Deutschland und Italien stark gefährdet war; und Zar Nikolaus – als Antirevolutionsfanatiker selbst unter den Zaren an der Spitze – fürchtete sich vor Liberalismus und nationalen Bewegungen wie der Teufel vor dem Weihrauch.

Dieser Zusammenhalt Englands und Rußlands sollte dann aber die Niederwerfung aller revolutionärer und nationaler Bewegungen – im Sommer 1849 – nicht überdauern. Eine Komponente der rapiden Verschlechterung ihrer Beziehungen stand wiederum auch mit dem Osmanischen Reich in Verbindung: Der Kern des langfristigen englisch-russischen Interessenkonfliktes war und blieb freilich die Bedrohung des Osmanenreiches durch die Russen, welcher die Briten angesichts ihres Machtinteresses im Orient mit allen Mitteln entgegenzutreten entschlossen waren. 1849 kam es zur Verstimmung zwischen London und St. Petersburg in Verbindung mit einem russisch-osmanischen Konflikt besonderer Art, der die Pforte in einen neuen Krieg mit dem Zarenreich zu verwickeln drohte. Hintergrund war der folgende: Die Revolutionen in Europa hatten das Osmanenreich unmittelbar nicht berührt, vielmehr lenkten sie die Aufmerksamkeit der Großmächte von der „orientalischen Frage" zeitweilig ab. Doch erreichte ein Krieg zwischen Österreich und Rußland auf der einen, Ungarn auf der anderen Seite im Spätsommer 1849 die osmanische Nordgrenze – und er drohte, sie zu überschreiten. Der Ständeversammlung des ungarischen Hoch- und Landadels war es im März–April 1848 gelungen, ihr Konzept der konstitutionellen Monarchie unter einem Habsburgerkönig durchzusetzen. Kaiser und König Ferdinand (1835–1848, als Ungarnkönig Ferdinand V.) unterzeichnete und verkündete das entsprechende Paket von Verfassungsgesetzen im April 1848. Doch fiel Wien im Traum nicht ein, die weitgehende Selbständigkeit Ungarns zu respektieren. Sobald die Gegenrevolutionäre der Revolutionen im Reich Herr geworden waren, griffen sie die ungarischen Neuerer an. Es gelang den ungarischen Streitkräften, erst Kroatien, dann auch das Kaiserreich Österreich im Felde zu schlagen. Dann bat Wien um russische „Bruderhilfe", und im Juni 1849 marschierten 200 000 Russen in Ungarn ein – nach Golo Mann die „scheußlichste", rein ideologische „Intervention des 19. Jahrhunderts".

Anfang August 1849 wurden die Ungarn von den beiden Großmächten zur Kapitulation gezwungen, das Staatsoberhaupt, Reichsverweser Lajos Kossuth (1802–1894), überschritt mit Ministern und Generälen die Grenze des Osmanenreiches, um der österreichischen Vergeltung und damit den Massenhinrichtungen zu entgehen. Die Pforte hatte den Verteidigungskrieg der Ungarn stets mit Sympathie verfolgt, wahrte aber Neutralität. Jetzt blieb sie ihrer Tradition der Gastfreundschaft treu und gewährte den Ungarn sowie den deutschen und polnischen Freiheitskämpfern, welche gegen Österreich und Rußland mitgekämpft hatten, politisches Asyl.

Österreich und Rußland übten nun einen massiven diplomatischen und militärischen Druck auf die Pforte aus, um die Flüchtlinge ausgeliefert zu bekommen.

Dem Zaren waren jedoch die ungarischen Emigranten eher nur ein willkommener Vorwand, um die Osmanen wieder einmal zu demütigen und zu provozieren. Nikolaus entsandte im September 1849 den Fürsten Leon Radzivill nach Istanbul. Die Pforte verhielt sich würdevoll. Sie wies die österreichische und die russische Forderung nach Auslieferung oder

Ausweisung der Ungarn mit Hinweis auf die Souveränität des Osmanenreiches zurück und gab deutlich zu verstehen, daß sie einen Krieg dem Nachgeben vorziehe. Der Sultan konnte sich auch diplomatischer und militärischer Schützenhilfe aus dem Westen erfreuen: Großwesir Reschid Pascha und Außenminister Ali Pascha bemühten sich mit Erfolg um die Hilfe europäischer Mächte. So unterstützten der englische Gesandte an der Pforte, Sir Stratford Canning, sowie die Vertreter Frankreichs und Preußens die Osmanen gegen die Forderungen der beiden „Siegermächte" im Ungarnkrieg. Noch mehr Gewicht als die diplomatische Rückendeckung war die Unterstützung wert, welche aus den Kanonenrohren kam: Anfang Oktober kreuzte ein englisches Geschwader aus der Mittelmeerflotte Admiral Parkers und dann auch eine französische Flotteneinheit vor den Dardanellen auf. So halfen dem Zaren weder seine Drohgebärden in der Frage der Ungarn noch seine Provokationen in der Moldau: Er griff das Osmanenreich diesmal doch nicht an, weil er den Zusammenstoß mit England nicht riskieren konnte.

Dem ungarischen Staatsoberhaupt Kossuth und seinen Generälen nun wurde bei den Osmanen die Behandlung zuteil, „wie sie den in einem ehrenhaften, ritterlichen Kampfe für die Existenz ihrer Nation Besiegten, welche mehrmals ihre Sympathie für die Türkei bekundet hatten, der sie sogar einen Vertrag anbieten ließen, gebührte." (Jorga). Die meisten ungarischen Emigranten begaben sich bald nach Westeuropa und nach Amerika. Jedoch nicht alle ... Am 10. Dezember 1850 hatte die Pforte den Tod ihres Gouverneurs im syrischen Aleppo, Murad Tefvik Pascha, zu beklagen. Dieser Mann war kein anderer als einer der brillantesten Generäle des Ungarnheeres, der polnische Berufsoffizier Josef Bem (1794–1850). Der gebürtige polnische Katholik war in den Dienst des Sultans – und zum Islam – übergetreten. Ihm war es nicht mehr vergönnt, sein Schwert und sein militärisches Wissen in osmanischen Diensten gegen das Zarenreich wieder einzusetzen, wie es die ungarischen Generäle Klapka und Kmetty im Krimkrieg 1853–1856 dann taten.

## Das Reformwerk Abdulmedschids I. (1839–1861)

Zwischen der Krise 1838–1841 und dem sich Anfang der fünfziger Jahre bereits anbahnenden Krimkrieg herrschte relative Ruhe im Reich der Osmanen.

Die Prinzipien eines umfassenden Reformwerks waren noch mitten in der Krise von Sultan Mahmud II. verkündet worden. Die graduelle Verwirklichung der Maßnahmen im Geiste von Mahmuds II. Reformdekret vom 3. November 1839 begann dann unter Abdulmedschid I., nachdem 1841 Frieden eingekehrt war. Das Reformwerk stand, generell gesehen, im Zeichen einer Modernisierung, welche man heute als bürgerlich-rechtsstaatlich bezeichnen würde.

Die nunmehr angestrebte und dann 1856 perfektionierte Gleichberechtigung aller Bürger des Reiches ungeachtet ihrer Religion muß man im Lichte der früheren Stellung der nichtmoslemischen Bevölkerung betrachten. Christen aller Konfessionen wie Juden unterlagen auch vorher keiner totalen Diskriminierung. Abgesehen von ihrer – im Osmanenreich geradezu vorbildlichen – Religionsfreiheit und der Achtung ihrer Menschenwürde konnten sie eben nur an Privilegien nicht teilhaben, welche Moslems vorbehalten waren. Die wesentlichsten davon waren die prinzipielle Steuerfreiheit und das Recht, bestimmte mittlere und die meisten hohen Ämter zu bekleiden. Eine Staatsangehörigkeit im modernen Sinn hat es, abgesehen von Ansätzen, – etwa vor der Französischen Revolution – nirgends gegeben. Dennoch könnte man die Zäsur zwischen den moslemischen und den übrigen Untertanen der Sultane des 16.–18. Jahrhunderts anhand dieses Begriffs des modernen Europa wie folgt charakterisieren: In jener Zeit osmanischer Moslem zu sein, kann mit der Rechtslage der Staatsangehörigen moderner Staaten ihren ausländischen Mitbürgern gegenüber verglichen werden: Diese können zum Beispiel nicht Beamte werden. So entsprachen die Rechtsfolgen des Übertritts zum Islam – mit aller gebührenden Differenzierung zwischen religiösen und staatlichen Akten – in etwa derjenigen einer Einbürgerung! Nur war die Aufnahme in den Islam nicht an schwer zu erfüllende Bedingungen gebunden, und vor allem waren die neuen Moslems in den Augen der Osmanen nicht suspekt, wie etwa „frischgebackene" Katholiken oder Orthodoxe in Europa.

Im Gleichberechtigungsprozeß der vierziger und fünfziger Jahre sollten jetzt die Privilegien für Moslems aufgehoben, alle Ämter auch „Andersgläubigen" zugänglich werden. Das galt auch für die militärische Laufbahn.

Was den zweiten Eckpfeiler der Reform, eine allumfassende Modernisierung, anbelangt, galt die Einführung der generellen Wehrpflicht (1843) als besonders wichtige Maßnahme. Wie in den europäischen Heeren, wurde ein befristeter – hier fünfjähriger – Aktivdienst mit der darauffolgenden Pflicht des Dienstes in der Reserve vorgeschrieben. Nichtmoslemen sollte allerdings das Recht zustehen, sich vom Militärdienst freizukaufen. Die Verwaltung der Provinzen wurde nach dem Modell der

*Sultan Abdulmedschid I. (1839–1861)*

französischen Départements zentralisiert und gestrafft, die Justiz nach den Prinzipien der europäischen Rechtspflege umgestaltet; die religiöse Gerichtsbarkeit verschwand allerdings nicht; dem Justizministerium untergeordnet wurde sie auch erst kurz vor dem I. Weltkrieg.

Konservativ-religiöse Kräfte widersetzten sich den Reformen mit politischen und gesellschaftlichen Mitteln. Die Staatsmacht, welche die Reformen durchführte, konnte sie nicht ignorieren und machte ihnen mehr als nur verbale Zugeständnisse. Einen gänzlich laizistischen Staat wollten auch Sultan und Regierung nicht errichten; sie anerkannten und proklamierten die Aufgabe der Religion, als moralisches Fundament für den modernisierten Staat und seine Bevölkerung zu dienen.

Einer noch unter Mahmud II. (1838) geschaffenen Reformkommission stand Großwesir Reschid Pascha vor, ein talentierter Autodidakt, in westlichen Hauptstädten als Diplomat tätig, später Außenminister, der das große Werk mit viel Energie förderte.

Das Reformwerk war eine von der Staatsspitze durchgeführte Umgestaltung, es beruhte auf keiner Verfassung, kein Parlament hat es gebilligt – eine Volksvertretung gab es noch nicht.

Wirtschaft und Gesellschaft ergriffen die verschiedensten Initiativen, welche nicht oder nicht direkt dem staatlichen Aufgabenbereich angehörten. 1840 wurde die erste Bank gegründet, die Banque de Constantinople. 1842 entstand die von französischen Wirtschaftskreisen geförderte Osmanische Bank. 1840 erschien erstmalig eine halboffizielle Zeitung. Im Bildungsbereich brachte dieses Jahrzehnt die Gründung einer Universität (1845), eines Gymnasiums (1849) und der Akademie der Wissenschaften, welche sich in erster Linie der Pflege der osmanischen Kultur beziehungsweise der Turkologie widmete. Wir sehen, der Nachholbedarf war recht groß; solche Institutionen konnten in Europa zum Teil auf eine jahrhundertelange Tradition zurückblicken.

Auf dem wirtschaftlichen Gebiet bahnte sich in den vierziger Jahren eine für das Osmanische Reich mittel- und langfristig verheerende Entwicklung an, weil es immer mehr unter der Ausbeutung durch England und durch andere Industrieländer zu leiden hatte. Wir kennen die Funktion der „Kapitulationen" früherer Jahrhunderte.

Die „Kapitulationen" des 19. Jahrhunderts hatten dann aber wenig mit den ursprünglich außenpolitischen, juristischen und kulturellen Funktionen zu tun, welche beispielsweise den Vereinbarungen mit Frankreich im 16. Jahrhundert zugrunde gelegen hatten. Die englisch-osmanische „Kapitulation" von 1838, welche als Grundlage für ähnliche Übereinkünfte mit anderen europäischen Staaten diente, lieferte das Wirtschaftsleben des

Reiches gänzlich der aggressiven britischen Außenhandelspolitik aus. Unter der wohlklingenden Devise der Freiheit des Handels sicherte die Vereinbarung von 1838 den britischen Kaufleuten eine derartige Handelsfreiheit auf dem gesamten Territorium des Reiches zu, daß diese nicht nur den Import und Export, sondern selbst den Binnenhandel zu beherrschen in der Lage waren. Die Genehmigungspflicht durch osmanische Behörden im Warenhandel entfiel, das Binnenhandelsmonopol des Osmanenreiches wurde praktisch aufgehoben; die britischen Kaufleute mußten nur lächerliche Importzölle zahlen. Befanden sich die Briten im Handelskrieg mit einer Reihe von Staaten, welche ihren Markt gegen die Einfuhr englischer Waren mit einer Mauer von hohen Importzöllen schützten, so war jetzt der osmanische Markt ein Paradies für den britischen Export. Die Wirtschaft des Reiches geriet nunmehr hoffnungslos in einen halbkolonialen Status: Das Reich wurde zum Abnehmer englischer Waren zu ungünstigen Bedingungen für den Import und zur Rohstoffquelle, aus welcher England und andere Industrieländer zu Bedingungen schöpfen konnten, die sie praktisch diktierten.

Wirtschaftliche Unterordnung geht mit politischer und militärischer Abhängigkeit einher, dies sollte sich bald zeigen. Man muß aber vorweg einräumen, daß die zwangsläufig im Schlepptau westeuropäischer Mächte segelnden Osmanen aus ihrer Bindung mit diesen Staaten zwar keineswegs auf wirtschaftlichem, doch auf außenpolitischem und militärischem Gebiet auch Nutzen ziehen konnten...

## Der Krimkrieg 1853–1856

Die nächste russisch-osmanische Auseinandersetzung – die angesichts der seit 150 Jahren periodisch ausgefochtenen Kriege zwischen diesen Mächten nicht schwer zu prognostizieren war –, und darüber hinaus eine Einmischung der Westmächte, mit welcher man nicht von vornherein rechnen konnte, hatte der österreichische Regierungschef Fürst Felix von Schwarzenberg bereits Ende der vierziger Jahre vorausgesehen. Schwarzenberg erblickte nämlich eine baldige schwere Bedrängnis Rußlands, die freilich nicht von der Pforte allein ausgehen konnte und erklärte seinen Vertrauten 1849, als die massive Bruderhilfe des Zaren Österreich aus seiner Existenzkrise rettete: „Dankbar werden wir nicht sein."

Noch war es ruhig an den Grenzen des osmanischen und russischen Hegemonialgebietes, da wetteiferten Frankreich, die traditionelle katholische, und Rußland, die orthodoxe Schutzmacht im Heiligen Land, um die günstigere Stellung ihrer jeweiligen Christen an den heiligen Stätten. Auf der diplomatischen Ebene trat der Zar an England mit einem präzisen Plan der Aufteilung des Osmanenreiches heran. Der Entwurf wurde vom Zaren höchstpersönlich – wahrscheinlich im Dezember 1852 – im stillen Kämmerlein ausgearbeitet und eigenhändig skizziert, das Manuskript ist überliefert: Das Osmanenreich sollte – wenn es nicht völlig ausgelöscht werden konnte oder durfte – nach Asien verdrängt werden. Die Moldau, die Walachei und Nordbulgarien kämen an Rußland, Dalmatien an Österreich, Ägypten, eventuell Zypern und Rhodos an England, Kreta an Frankreich, die restlichen Ägäischen Inseln an Griechenland. Serbien und Südbulgarien durften unabhängig sein, versteht sich, mit enger Bindung an den großen russischen Bruder. Konstantinopel sollte zu einer „freien Stadt" werden. Am Bosporus sollten russische, an den Dardanellen österreichische Truppen stationiert werden.

Den großspurigen Plan erörterte der Zar mit dem englischen Botschafter Sir Hamilton Seymour in vier Unterredungen zwischen dem 9. Januar und dem 22. Februar 1853. Die Briten hörten sich die Vorschläge erst einmal aufmerksam an. Sie warteten bis April, ehe sie dem Zaren die kalte Schulter zeigten. Die Reaktion war charakteristisch für die Wirtschafts- und Seemacht Britannien. England gab sich mit der Beherrschung des osmanischen Marktes und mit der politischen Abhängigkeit des geschwächten Imperiums zufrieden; es ließ sich doch auf den brutalen Vorschlag territorialer Annexionen nicht ein. Mit anderen Worten, Rußland dachte in den Kategorien von Territorien, England in der von Märkten – an dieser Denkweise änderte sich bis zum Zusammenbruch des British Empire und der Sowjetunion nicht viel.

Die öffentliche Meinung in England und Frankreich war ohnehin gegen die „Moskowitertyrannei" aufgebracht. Liberale Großbürger in London und Paris zogen da an einem Strang mit den beiden deutschen Russenhassern Marx (1818–1883) und Engels (1820–1895), die in ihren Schriften unentwegt gegen den Zaren, den Gendarmen Europas, wetterten.

Da Nikolaus I. eine Teilung à la Polen im Fall des Osmanenreiches nicht durchsetzen konnte, fiel ihm nichts Neues mehr ein. Er besetzte wieder einmal die Moldau und die Walachei (Juni–Juli 1853). Die Pforte konnte diese erneute Verletzung ihres Machtbereichs nicht hinnehmen und erklärte Rußland im Oktober 1853 den Krieg – vorerst ohne die militärische Rückendeckung der Westmächte. Indes waren die Osmanen militärisch unterlegen. Einen besonders schweren Schlag erlitten sie zur See: Im November 1853 vernichteten die Russen eine osmanische Flotte bei Sinop, an der nordanatolischen Schwarzmeerküste. Trotz russischer militärischer Erfolge erwies sich jedoch der Plan des Zaren, mit den Osmanen fertig zu werden und sich am Bosporus zu etablieren, ohne daß andere Mächte ihn dabei störten, als eine Illusion. Nicht weniger unrealistisch war seine Vorstellung, daß Rußland im Fall westeuropäischer Einmischung mit Österreichs Hilfe rechnen konnte, als Erkenntlichkeit für den russischen Einmarsch in Ungarn 1849. Schwarzenberg war zwar 1852 gestorben, aber er hielt Wort über das Grab hinaus: Das Habsburgerreich engagierte sich diplomatisch und auch militärisch an der Seite der Osmanen gegen Rußland. Es schloß mit der Pforte einen Vertrag, wonach österreichische Truppen die Moldau und die Walachei für die Dauer des Krieges besetzten. Die Voraussetzung dafür war freilich, daß die Russen aus den Fürstentümern verdrängt wurden. Diese wurde unter englisch-französisch-österreichischem diplomatischem und militärischem Druck auch erfüllt, und die Österreicher marschierten ein. Darüber hinaus konzentrierte Österreich seine Truppen an mehreren Abschnitten seiner galizischen Grenze zu Rußland und band dort bedeutende russische Kräfte.

England, Frankreich und Piemont auf seiten der Osmanen

Fest entschlossen, die Osmanen vor einem russischen Vernichtungsschlag zu schützen und damit ihre eigenen Machtinteressen – die Schwächung Rußlands und die Aufrechterhaltung ihrer übermächtigen wirtschaftlichen und politischen Position im Osmanischen Reich – zu wahren, von ihrer öffentlichen Meinung zur Intervention getrieben, schlossen England und Frankreich am 12. März 1854 ein Militärbündnis mit der Pforte. Dann erklärten sie Rußland am 28. März den Krieg. Das Blatt hatte sich schnell gewendet: Nicht das Osmanische Reich, sondern Rußland stand allein da.

England und Frankreich befürchteten einen schnellen russischen Vorstoß bis vor die Tore von Istanbul und konzentrierten ihre ersten militärischen Anstrengungen auf die Verteidigung der Meerengen und der Hauptstadt. Sie setzten bei Gallipoli und am Bosporus Truppen an Land, und da die russische Blitzoffensive ausblieb, richteten sie sich vorerst bequem auf die Defensive im Raum des Marmarameeres ein. Nach der Einschätzung mehrerer Historiker hatten sich die Alliierten im Frühjahr 1854 noch nicht für eine offensive Kriegsführung gegen das Zarenreich entschieden. Als aber die Russen nicht angriffen, die anglo-französische Streitmacht an den Meerengen kräftig ausgebaut und den Verbündeten von Österreich eine massive militärische Rückendeckung gewährt wurde, änderten diese de, änderten diese ihr ursprüngliches Kriegsziel und dementsprechend auch ihre Strategie: Im Sommer 1854, nunmehr der Stärke ihrer Position bewußt, beschlossen sie, offensiv vorzugehen und das Zarenreich zu schlagen. Sie wollten Rußland an einem neuralgischen Punkt treffen.

Im September 1854 landete ihr Invasionsheer auf der Krim. Damit endete die „osmanische Phase" des Krieges und der eigentliche Krimkrieg begann. Der englische Militärhistoriker Liddell Hart charakterisiert ihn als „einen der am schlechtesten geführten Feldzüge der Geschichte der Neuzeit"! Anfangs versäumten die Alliierten, das noch schwach verteidigte Sewastopol, den Hauptstützpunkt der russischen Schwarzmeerflotte, im Handstreich zu nehmen, die Russen, den anglo-französischen Brückenkopf in der Krim zu liquidieren, ehe das gesamte Invasionsheer mit schweren Waffen an Land gegangen war. Der Krimfeldzug zog sich vom Herbst 1854 bis Anfang 1856 dahin. Entschieden wurde der Krieg – nach mehreren Feldschlachten, in welchen die Russen Niederlagen erlitten – durch die Einnahme von Sewastopol am 9. September 1855. Den Engländern und Franzosen hatte sich schon vorher auch ein italienisches Kontingent von 15 000 Mann aus dem Königreich von Piemont (oder „Sardinischem Königreich") angeschlossen. Eine französische Armee von 309 000, ein englisches Heer von 95 000 Mann waren aufmarschiert.

Der Krieg zwischen Osmanen und Russen konzentrierte sich auf die Kaukasusfront. Letztere drangen dort schon Anfang des Krieges vor – sie verzettelten ihre Kräfte, anstatt noch vor einem massiven Eingreifen der Westmächte auf Istanbul zu marschieren. Die wichtige Grenzfestung Kars in Armenien fiel am 28. November 1855 in die Hand der Russen; durch die Friedensregelung gewann der Großherr Kars wieder zurück.

Der Pariser Frieden (1856)

Der blutige Krieg endete am 30. März 1856 mit dem Frieden von Paris, der für das Osmanische Reich bedeutsame Vorteile brachte. Seine Integrität unterlag nunmehr internationaler Garantie, die Moldau und die Walachei blieben unter seiner Souveränität. Rußland galt nicht mehr als Schutzmacht der Fürstentümer, und es mußte an der Donaumündung geringfügige territoriale Verluste zugunsten der Moldau hinnehmen. Hart getroffen wurde das Zarenreich durch die maritime Regelung. Nicht nur wurde der Status des Bosporus und der Dardanellen – das Verbot ihrer Durchquerung durch andere als osmanische Kriegsschiffe – bekräftigt: Das gesamte Schwarze Meer wurde weitgehend entmilitarisiert. Das bedeutete, daß dort sowohl Rußland als auch der Sultan nur wenige Flotteneinheiten stationieren durften. Der russischen Großmachtposition wurde damit ein empfindlicher Schlag versetzt, während die Osmanen vor einem zukünftigen russischen Angriff zur See weitgehend abgeschirmt wurden; gleichzeitig litt nämlich ihre Flottenpräsenz im Mittelmeer unter dieser Regelung nicht.

Man soll zwar nicht unbedingt einen direkten, wohl aber einen mittelbaren Zusammenhang zwischen der für das Imperium günstigen und ermutigenden Friedensregelung von Paris und den kurz davor verkündeten Maßnahmen des Sultans zur weiteren Verwirklichung des 1839 beschlossenen und in den vierziger Jahren vorangetriebenen Reformwerks sehen. Durch das Großherrliche Handschreiben vom 18. Februar 1856, das Hatt-i-Humajun, bekräftigte Abdulmedschid I. insbesondere die Gleichberechtigung der nichtmoslemischen Bevölkerung. Darüber hinaus wurde Ausländern das Recht eingeräumt, auf osmanischem Gebiet Besitz zu erwerben. Auch um die „Menschenrechte" kümmerte sich der Padischah, dessen Schutz den „edlen Abendländern" stets am Herzen lag: Die Folter wurde abgeschafft und geächtet, ganz gewiß eine begrüßenswerte Maßnahme...

## *Äußerer Frieden, innere Unruhe: 1856–1876*

Den Frieden mit fremden Staaten, in erster Linie die relative Sicherheit gegen einen erneuten russischen Angriff sollte das Reich nach dem Pariser Frieden über gut zwei Jahrzehnte genießen können. Im Inneren des Imperiums war jedoch nur Schwächung zu registrieren. Der wirtschaftliche Verfall wurde insbesondere durch die englische Vorherrschaft über Produktion und Handel hervorgerufen und beschleunigt. Das Gegenteil des Aufbaus einer modernen Wirtschaft – etwa aufgrund des Europäisierungsprozesses in Staat und Gesellschaft – trat ein. Die britischen Waren verdrängten die Produkte der kleinen osmanischen Industrie und sogar die Qualitätserzeugnisse des traditionsreichen türkischen Handwerks. Ein Betrieb schloß nach dem anderen, der Export aus dem Reich ging immer mehr zurück.

Politisch gärte und brodelte es wie nie zuvor; die Zeit war insbesondere durch eine weitgehende Auflösung des sowieso schon fragilen osmanischen Herrschaftssystems auf dem Balkan gekennzeichnet. Im Verlauf dieses Auflösungsprozesses ist ein alter Staat wiedererstanden (Bulgarien), Fürstentümer, welche ihre Bande zur Pforte bereits gelockert hatten (Serbien, Montenegro), haben ihre Eigenständigkeit weiter ausgebaut und ihr Territorium erweitert, ein neuer Staat nahm Gestalt an (Rumänien) und ein Territorium (Bosnien-Herzegowina) geriet dann 1878 unter die Herrschaft der Habsburgermonarchie.

Nationale Unabhängigkeitsbewegungen

1867 konnte Serbien erreichen, daß die Osmanen das Land militärisch räumten – ohne die Serben aus ihrem Staatsverband zu entlassen. Die in früheren Jahrhunderten zum Islam übergetretenen Serben verließen massenhaft serbisches Gebiet, um sich in Bosnien niederzulassen, wo sie zu ihren ethnischen Brüdern stießen, die zusammen mit den islamischen Kroaten als „Bosniaken" bezeichnet werden.

Im Fürstentum Montenegro brach ein Aufstand aus, und das Land konnte sein Gebiet auf Kosten des Imperiums erweitern.

1864 setzten die zu neuem Nationalbewußtsein erwachten Bulgaren, welche auf eine stolze Geschichte im frühen Mittelalter und dann im 13. und 14. Jahrhundert zurückblicken konnten, eine neue Verwaltungsstruktur in ihrem Land durch, das nunmehr als eigenständiges Donau-Wilajet organisiert wurde. 1876 brachen die Bulgaren einen Aufstand vom Zaun, welcher letzten Endes zur Wiedergeburt eines bulgarischen Staates führen sollte.

Die Moldau und die Walachei (die beiden „Donaufürstentümer") hatten immer einen – wechselnden – Sonderstatus im osmanischen Herrschaftsbereich gehabt. Die Bojaren beider Fürstentümer boten 1859 den Osmanen die Stirn, indem sie gemeinsam einen Fürsten wählten. Eher nolens als volens anerkannte die Pforte am 28. Juni 1864 diesen Status der nunmehr unierten Fürstentümer, aus welchen später der neue Staat Rumänien entstehen sollte.

In Bosnien und Herzegowina kam es zu wiederholten Aufständen der christlichen Bauern (1857, 1875). Diese Territorien verblieben (bis 1908) nominell im osmanischen Staatenverband, wurden aber 1878 von österreichischen Truppen besetzt.

Auf Kreta brach 1866 ein Aufstand der griechischen Bevölkerung mit dem Ziel einer Vereinigung mit dem griechischen Mutterland aus. Die Osmanen konnten die Insel erst 1869 befrieden; sie machten Zugeständnisse, indem sie Kreta – nominell zwar als osmanischem Wilajet – einen Sonderstatus verliehen und die Einrichtung gewisser Verfassungsorgane akzeptierten. Dieser Prozeß der graduellen Abtrennung mehrerer Länder vom Osmanischen Reich spielte sich im Grunde genommen in einer Art von Grauzone zwischen Innen- und Außenpolitik ab, da das Ausland immer wieder in die Vorgänge eingriff. In der Innenpolitik im engeren Sinne kam es gleichzeitig zu bedeutsamen Entwicklungen.

Klar gegen die europäisch geartete Modernisierung schlechthin wandten sich nur die ultrakonservativen Kräfte. Ihr Gewicht in Staat und Gesellschaft war allerdings groß, insbesondere in der Verwaltung und im Offizierskorps. 1859 wurde eine militärische Verschwörung der Konservativen entlarvt und im Keim erstickt. Die Reformgegner ließen aber auch danach nicht locker: sie hintertrieben die Durchführung der Änderungen mit den ihnen besonders in der Verwaltung reichlich zur Verfügung stehenden Mitteln – und mit wechselndem Erfolg.

Die Jung-Osmanen

1867 führte der Nachfolger des 1861 verstorbenen Abdulmedschid I., Sultan Abdulasis (1861–1876), eine umfassende Reform der Territorialverwaltung ein. Die prinzipielle Einteilung des Reichsgebiets in die größere Territorialeinheit, das Wilajet, und die traditionelle kleinere Einheit, den Sandschak, blieb erhalten. Auch an dem zentralistischen Grundprinzip wurde nicht gerüttelt, im Gegenteil, der Zentralismus sollte noch verstärkt werden, allerdings nicht nach alt-osmanischen, sondern nach modernen Maßstäben: Das Modell war das französische System der Départements und der Arrondissements, der kleineren Einheiten, deren Pendant der Sandschak sein sollte. An der Spitze des Wilajets stand jetzt nicht mehr der Beglerbeg, sondern der Wali, der Sandschakbeg wurde durch den Mutasarrif (sinngemäß: Verwaltungsleiter) ersetzt, der örtliche Diwan hieß nunmehr Verwaltungsrat. Das war zunächst nur eine Umbenennung; ihr sollte aber ein Umbau der Verwaltung folgen.

Die Änderungen im Staatswesen mögen mehr oder minder erfolgreich durchgeführt worden sein –, eine Demokratisierung, eine Verfassungsentwicklung stellten sie noch nicht dar, auch wenn sie den Forderungen danach den Boden bereiteten.

Eine kleine radikaldemokratische Gruppe brandmarkte die von der Staatsmacht oktroyierten Maßnahmen; diese seien nichts als Kosmetik, sie verdienten den Namen „Reformen" gar nicht und sie dienten nur dem Zweck, das bestehende Herrschaftssystem zu erhalten. Die Politiker, die dieser Meinung waren, nannten sich Jung-Osmanen. 1865 gründeten sie einen winzigen Verein, deren Mitgliederzahl zwei Jahre danach 250 betrug. Die Oppositionellen wurden enttarnt und mußten emigrieren. Das Regime erkannte allerdings die Geringfügigkeit ihres politischen Einflusses: Sie konnten bereits 1870 ins Osmanenreich zurückkehren und dort eine gewisse publizistische Tätigkeit ausüben. Eine geistig-politische Verbindung zwischen der Pionierarbeit dieser Jung-Osmanen und der späteren Bewegung der Jungtürken (S. 325 f.) kann man nur bedingt erkennen. Die Jung-Osmanen haben jedoch ohne Zweifel dazu beigetragen, das Terrain für die erste Verfassung im Reich vorzubereiten, deren Verabschiedung aber wiederum auch außenpolitischen Erfordernissen gehorchte, welche mit der Balkankrise von 1876–1878 zusammenhingen. Und dies war der Hintergrund:

Die Lage des Reiches war in den siebziger Jahren katastrophal. Die Instabilität kann man daran messen, daß es zwischen 1871 und 1874 hoffnungslos verschuldet, wirtschaftlich den westeuropäischen Mächten – und den Gläubigern in London und Paris – auf Gedeih und Verderb ausgeliefert war. Es mußte sich zu einem radikalen Schritt entscheiden: Der Staatsbankrott wurde eingestanden, und die Pforte leistete im Oktober 1875 den Offenbarungseid. Dem Sultan selbst wurde noch mehr als seine – unbezweifelbare – Verantwortung für die Finanzmisere in die Schuhe geschoben. Abdulasis wurde am 30. Mai 1876, inmitten von innenpolitischen Wirren, welche auch mit der Auseinandersetzung zwischen Reformwilligen und Reformgegnern in Verbindung standen, zum Abdanken gezwungen. Am 4. Juni starb Abdulasis durch Mord oder durch Selbstmord, man weiß es nicht. Anschließend herrschte Murad V. (* 1840), ein Sohn Abdulmedschids, er wurde aber bereits am 31. August 1876 ebenfalls entmachtet, nachdem ihn die herrschenden Politiker für unfähig erklärt hatten. Es folgte das Sultanat von Abdulhamid II. (1876–1909), eines jüngeren Bruders von Murad, einer sehr umstrittenen Persönlichkeit. Manche Historiker halten Abdulhamid II. für einen der fähigsten Söhne des Hauses Osman; jedenfalls formte das Abendland nach seiner Erscheinung das typische Bild eines Sultans. Andere sehen in ihm jedoch einen blutrünstigen Tyrannen. In der spezifischen Situation nach seinem Regierungsantritt 1876 fiel es ausgerechnet diesem Mann zu, der vom Temperament her Autokrat war, die erste Verfassung des Osmanischen Reiches zu verkünden!

Kämpfe um Bosnien und Herzegowina

Im Juni 1876 brach ein Krieg zwischen Serbien und Montenegro auf der einen, den Osmanen auf der anderen Seite aus. Die Initiative zum Konflikt haben die beiden kleinen Staaten ergriffen, um ihr Territorium zu erweitern: Serbien wollte Bosnien, Montenegro seinerseits Herzegowina an sich reißen. An der Spitze des serbischen Heeres stand der russische

General Tschernjajew. Drei osmanische Korps brachen gegen die Serben auf, eines aus Vidin, eines aus Pirot und eines aus Nisch, und sie fügten den Serben schwere Niederlagen zu. Die Montenegriner schlugen sich erfolgreicher, allein konnten sie aber dem Gegner nicht Paroli bieten. Schon im Herbst 1876 ruhten die Waffen auf dem Balkan wieder, die Zentralmacht hatte sich noch einmal durchgesetzt.

Aber auch Österreich reflektierte auf Bosnien und Herzegowina. 1867 hatte es sich als Österreich-Ungarische Doppel-Monarchie neu konstituiert, nachdem es infolge seiner Niederlage bei Königgrätz 1866 geglaubt hatte, seinen Zusammenhalt nur noch durch eine weitgehende Teilung der Staatsgewalt mit den Magyaren aufrechterhalten zu können.

1876 nun lehnte sich die ungarische öffentliche Meinung gegen die Expansionsgelüste auf dem Balkan auf. Eine gewaltige osmanenfreundliche Woge erfaßte das Land. Schreibt der konservative Historiker und habsburgtreue Politiker Gustav Gratz (1875–1946): „In einer Art von österreichisch-ungarischer Schiedskommission betonte die ungarische Delegation, daß sich die Monarchie ... bemühen muß, die Integrität der Türkei aufrechtzuerhalten ...

In den türkisch-serbischen und russisch-türkischen Wirren nahm das Volk von Ungarn ... für die Türkei Stellung. Mitte Oktober 1876 beschlossen die Budapester Studenten, ihre Sympathie für die Türken durch einen Fackelzug zu Ehren des türkischen Generalkonsuls Schermed Effendi zu bekunden." Später strömten 12 000 Demonstranten auf die Straßen. „Am 4. Januar 1877 sendet die Budapester Jugend eine Delegation nach Konstantinopel und läßt dem türkischen Heerführer Abdul Kerim Pascha ein Prachtschwert überreichen ..." Der türkenfreundliche Enthusiasmus erfaßte das ganze Land, im Parlament wurden entsprechend begeisterte Reden gehalten. Denn die Ungarn legten keinen Wert darauf, noch mehr Slawen in der Donaumonarchie zu sehen, da der oben erwähnte Ausgleich von 1867 ihnen eine privilegierte, den slawischen Völkern aber keine besondere Rolle zugewiesen hatte. Der Unmut darüber war zumal von Seiten der Tschechen auch schon unüberhörbar artikuliert worden. Aber Außenminister Andrassy, selbst ein Ungar, verfolgte dennoch zusammen mit Kaiser Franz Joseph zielstrebig die Okkupationspolitik.

Während des Krieges mit Serbien übte Rußland massiven diplomatischen und militärischen Druck auf die Pforte aus – im Interesse der südslawischen Brüder und vor allem, um auf dem Balkan sein Süppchen nach dem alten Rezept weiterzukochen. Ein neuer russischer Feldzug gegen die Osmanen stand bevor. Zar Alexander II. (1855–1881) drohte im November 1876 offen damit.

Die Westmächte machten sich Sorgen um ihre Interessen auf dem Balkan. Am 23. Dezember 1876 trat in Istanbul eine Konferenz der wichtigsten europäischen Mächte, vertreten durch ihre Botschafter, zusammen, um nach dem Rechten zu schauen – in der Balkankrise und um das Osmanenreich herum. Umwandlungen innerhalb des Reiches wurden routinemäßig gefordert: Seine Praxis der mit scheinheiligen Reform-, Demokratisierungs- und Menschenrechtspostulaten getarnten gierigen politischen und wirtschaftlichen Expansion auf Kosten eines minderentwickelten Staates behielt das Abendland bei.

Abdulhamid II. durchschaute wohl die Lage, und die Osmanen „wanden sich – diesmal durch einen genialen Trick – heraus, indem sie erst eine Verfassung verkündeten und dann darauf beharrten, daß alle Änderungen einer verfassungsgebenden Versammlung unterbreitet werden müssen", faßt der Oxford-Historiker Taylor zusammen.

So platzte die Verkündung der ersten osmanische Verfassung am Tage der Eröffnung des Botschaftertreffens, am 23. Dezember 1876, in die internationale Konferenz hinein.

Die erste osmanische Verfassung (1876)

Der Verfassungstext wurde freilich nicht über Nacht herbeigezaubert. Großwesir Midhat Pascha, ein talentierter Staatsmann und Reformer, hatte bereits systematisch an seiner Formulierung gearbeitet. Das Grundgesetz ging von den Prinzipien der Reformdekrete von 1839 und 1856 (S. 329f.) aus. Die Unteilbarkeit des Reiches wurde bekräftigt. Die politische Gleichberechtigung der nichtislamischen Bevölkerung wurde zusätzlich akzentuiert, gleichzeitig aber der Islam zur Staatsreligion erklärt. Amtssprache war Türkisch, die Christen und die Juden, die nunmehr Ämter wie die Moslems bekleiden durften, wurden allerdings nur in den Staatsdienst berufen, wenn sie des Türkischen mächtig waren.

Völlig neu war die Einführung des Parlamentarismus. Im bikameralen System wurden die Abgeordneten der ersten Kammer gewählt, in Großstädten durch Direktwahl, sonst durch Vermittlung von Wahlmännern. Die christliche Bevölkerung war nicht nur gleichberechtigt, sie war dank des Wahlsystems sogar überrepräsentiert, da die europäischen Provinzen eine disproportional große Zahl von Abgeordneten entsandten.

Die Mitglieder des Senats – der zweiten Kammer – ernannte der Sultan. Ihm allein stand die Gesetzesinitiative und das Recht zu, das Parlament nach Belieben aufzulösen.

## Krieg mit Rußland 1877–1878

Nur wenige Monate waren nach der internationalen Konferenz und dem Verfassungsfeuerwerk vom 23. Dezember 1876 verstrichen, da brach schon der nächste Sturm über dem Reich der Osmanen los. Es kam zum russischen Angriffsfeldzug, mit dem der Zar schon vorher gedroht hatte. Rußland erklärte der Pforte am 24. April 1877 den Krieg. Es hoffte wieder auf einen Kollaps des Osmanenreiches, welches jetzt der englischen Rückendeckung entbehrte. Die Russen beschwichtigten England mit dem mageren Versprechen, auf die Einnahme von Istanbul zu verzichten. Zum Angriff über die Donau Richtung Südbalkan stand eine Armee von 120000 Mann zur Verfügung, in Asien sammelte sich ein 60000 Mann starkes Russenheer, um nach Ostanatolien vorzustoßen.

Bei den Osmanen hatte die Heeresreform nunmehr echte Früchte getragen. Das reguläre Landheer zählte rund 170000 Mann, davon 134000 Infanterie, 20000 Kavallerie und 15000 Artillerietruppe mit 540 erstklassigen Geschützen. Es war in sieben Armeekorps eingeteilt mit ihren Hauptquartieren in Istanbul, im bulgarischen Schumla, im makedonischen Monastir, im ostanatolischen Erserum, sowie in Damaskus, in Bagdad und im fernen Jemen. Die Zahl der verschiedenen Hilfstruppen dürfte sich auf etwa das Doppelte der regulären Armee belaufen haben. Das Offizierskorps war jung und gut geschult. Seit dem Krimkrieg hatte sich die Ausrüstung wesentlich verbessert. Die pünktliche Auszahlung des Soldes, welche einst zur Überlegenheit der osmanischen Heeresorganisation dem Abendland gegenüber beigetragen hatte, funktionierte 1877 allerdings nicht mehr.

Sultan Abdulasis hatte großen Wert auf den Flottenbau gelegt. 1870 zählte die Flotte bereits 21 Panzerschiffe, 5 Fregatten, 12 Korvetten und viele kleinere Einheiten mit 28000 Seeoffizieren und Mannschaften. Der Seekrieg spielte aber 1877–1878 keine große Rolle.

Im großen und ganzen brachte der Landkrieg Siege für Rußland und den Osmanen mehrere Niederlagen, das Zarenreich verfehlte aber sein Kriegsziel, das Imperium zu zerschlagen. Die osmanische Verteidigung war außerordentlich zäh, die russischen Erfolge galten als Pyrrhussiege. Die Russen konnten zwar das Balkangebirge überqueren, sogar Edirne einnehmen, sie erfreuten sich der militärischen Unterstützung von Serbien und Montenegro, eines bulgarischen Aufstandes – aber das Heer des Zaren wurde dabei aufgerieben; bis zum Winter 1877–1878 hatte es bereits seine Schlagkraft eingebüßt. Gebirgsgelände, Frost haben zum Verschleiß gewiß beigetragen, den Ausschlag gab aber die Widerstandskraft des osmanischen Heeres, das immer wieder Gegenangriffe startete, sich zäh und tapfer verteidigte. „Das war die große Überraschung", die russischen Streitkräfte waren außerstande, das Imperium zu zerschlagen, es „kollabierte nicht ... Die russischen Armeen schleppten sich Ende Januar 1878 bis vor die Tore von Konstantinopel", so faßt Taylor zusammen.

Immerhin aber befand sich der Zar militärisch und politisch in der Lage, der Pforte am 3. März 1878 einen Frieden zu diktieren, der das Osmanenreich nahezu aller europäischer Territorien beraubt hätte, wäre er wirksam geworden. Dort, wo man bei Flügen nach Istanbul landet, nahe des Flughafens Yeşilköy, d.h. beim ehemaligen Dorf San Stefano, wurde dieser Frieden unterzeichnet, durch welchen das Osmanenreich in Europa 195 000 km² und im ostanatolischen Grenzgebiet 35 000 km² verlor.

### Der Berliner Kongreß (1878)

Da griffen die Großmächte doch noch ein. Sie vertraten zwar unterschiedliche Interessen, darin aber stimmten sie überein, daß man den gesamten Balkan nicht den Russen und den Kleinstaaten überlassen durfte, die dann womöglich stets nur auf das Einsatzzeichen des großen Kapellmeisters aus St. Petersburg warten sollten. Kosaken an den Gestaden des Marmarameeres waren für die Großmächte kein erquickender Anblick.

Eine große Gestalt der Weltgeschichte trat 1878 plötzlich in den Mittelpunkt der Historie des späten Osmanischen Reiches: Die Initiative zu einer internationalen Regelung der Grenzen auf dem Balkan ergriff Fürst Otto von Bismarck (1815–1898), Kanzler des 1871 gegründeten Zweiten Deutschen Reiches. Berlin war der Ort, wo sich der feierliche Kongreß der europäischen Staatsmänner am 13. Juni 1878 versammelte. Zugegen waren die Außenminister der Großmächte und die Regierungschefs von Rußland und England. Mit dem greisen englischen Premier Disraeli (1804–1881) verstand sich Bismarck auf politischer und menschlicher Ebene besonders gut: Die beiden Staatsmänner waren es denn auch, welche den Verlauf des Kongresses geprägt haben.

Der Eiserne Kanzler bezog eine honorige und zugleich bequeme Stellung: Er beabsichtigte nicht, Ansprüche des Deutschen Reiches geltend zu machen. Vielmehr trat er als „ehrlicher Makler" zwischen den sich befehdenden Mächten auf. Als Grundlage für die Entscheidungen der Mächte galt von vornherein eine radikale Änderung des russischen Diktats vom 3. März 1878: Im Einladungsschreiben zum Kongreß wurde zur „freien Diskussion des gesamten Vertrages von Stefano" aufgerufen.

So geschah es denn auch: Der Berliner Vertrag vom 13. Juli 1878 beschnitt zwar die europäischen Besitzungen des Reiches beträchtlich, von der Verdrängung der Osmanen ans Marmarameer, an den Rand Europas, war jedoch keine Rede mehr. Das Herzstück des Friedens von San Stefano, die Schaffung von Großbulgarien mit einem Territorium von 163 965 km$^2$ – die Fläche des heutigen Bulgariens beträgt 110 912 km$^2$ – verschwand. Das Land unterlag einer Dreiteilung. Der Teil nördlich des Balkan-Gebirges wurde zu einem quasi selbständigen Fürstentum, „Ostrumelien" im Maritza-Tal wurde zu einer autonomen Provinz im osmanischen Staatsverband erklärt, ein Territorium, das „Mazedonien" genannt wurde, damals selbstverständlich als ein Teil Bulgariens angesehen, verblieb einfach im Osmanischen Reich.

Serbien, Montenegro und der aus der Walachei und der Moldau entstandene neue Staat Rumänien hörten auf, dem osmanischen Staatsverband anzugehören. Griechenland erhielt Thessalien und einen Teil von Epirus. Es konnte also sein Territorium erweitern, ohne sich, wie die Serben, Montenegriner und die aufständischen Bulgaren, am Krieg beteiligt zu haben.

Nominell verblieben Bosnien und Herzegowina im Osmanischen Staatsverband, jedoch erteilte der Kongreß der Habsburgermonarchie ein „Mandat" über diese Gebiete und gleich auch über den osmanischen Sandschak von Nowipasar (heute im südwestlichen Serbien). Somit erhielt Wien praktisch den dicksten Brocken vom osmanischen Kuchen, der in Berlin verteilt wurde, und seine Armee rückte Ende Juli in diese Gebiete ein. Die Bevölkerung leistete – von einigen osmanischen regulären Bataillonen unterstützt – Widerstand gegen das Habsburgerheer. Bis Oktober floß Blut, dann konnte das mittlerweile 280 000 Mann starke Heer Kaiser Franz Josephs die neuen Territorien pazifizieren.

An der Ostküste des Schwarzen Meeres gewann Rußland den wichtigen Hafen von Batum, in Ostanatolien das immer wieder schwer umkämpfte Kars. 9600 km$^2$ des armenisch bewohnten Gebietes von Ostanatolien verblieben im Osmanenreich. Den Armeniern sollte nach den Beschlüssen des Berliner Kongresses eine Autonomie zuteil werden, diese wurde aber nicht verwirklicht.

Bismarck und auch Disraeli verhielten sich auf dem Kongreß maßvoll. Sie schonten gewissermaßen das Imperium, ohne es freilich intakt zu lassen, und sie prügelten auch auf Rußland nicht zu kräftig ein. Bismarck, jedem Expansionismus abhold, hielt den Balkan nicht „der Knochen eines einzigen pommerschen Grenadiers wert" und holte für Deutschland durch den Berliner Kongreß viel Ehre, aber keine vertraglich verbürgten

345

Vorteile. Disraeli allerdings, der Imperialist klassischen Stils, ließ sich durch den Sultan Zypern geben, das dann zum britischen Bollwerk im östlichen Mittelmeer ausgebaut wurde. Und zwar ermutigte er zuerst hinter den Kulissen die Russen, sich Batum und Kars zu nehmen, und anschließend suggerierte er dem Sultan, daß England den Schutz seiner asiatischen Provinzen vor den Russen nur dann übernehmen könne, wenn es Zypern besetzen dürfe, unter Fortbestehen der osmanischen Oberhoheit über diese Insel.

Geschwächt und wieder geschrumpft, war das Osmanenreich noch einmal glimpflich davongekommen, nach der Verfassung von 1876 nominell – aber nicht faktisch – eine konstitutionelle Monarchie: Noch während des Krieges wurde das Parlament durch den Sultan einberufen und im Februar 1878 wieder aufgelöst, ein an und für sich legitimer Akt, wenn der Feind vor der Hauptstadt stand... Ab 1878 regierte Abdulhamid II. als Autokrat.

## Weiterer Zerfall des Reiches auf dem Balkan und in Nordafrika 1878–1908

Dem Vertragswerk von Berlin kann ein gewisser ausgewogener Charakter nicht abgesprochen werden. Doch ließ es eine Reihe von Problemen, einschließlich von Grenzfragen offen. Diese plagten dann das Reich in der anschließenden Periode; hier einige Beispiele:

Die nunmehr zur Gewohnheit gewordene Spaltung der Souveränität über Territorien, welche rein nominell oder teilweise auch substantiell unter osmanischer Herrschaft verblieben, aber gleichzeitig – in verschiedenem Maße – von anderen Staaten oder Staatsgebilden regiert wurden, lieferte einen Konfliktstoff par excellence. Ein Status von Bosnien und Herzegowina sowie eine – abweichende – Regelung über den Sandschak von Nowipasar wurden zwischen der österreichischen Okkupationsmacht und der Pforte erst am 21. April 1879 ausgehandelt und sanktioniert. Kaum wurde dieser Vertrag verabschiedet, gab es bereits Streit um seine russenfeindliche Geheimklausel. Die Regelung blieb sowieso nur auf dem Papier: Österreich etablierte in Bosnien einfach seine Zentralverwaltung. 1882 kam es auch zu einem Aufstand der Bosnier gegen die Besatzer.

Keine Regelung war, was Wunder, so geeignet, Konflikte wegen Unklarheit zu provozieren, wie die Schattierungen der Souveränitätsverteilung in den drei bulgarischen Landesteilen. Noch im späten 20. Jahrhundert spukt in den Beziehungen zwischen Bulgarien und der Türkei die Frage der starken türkischen Minderheit in Bulgarien. In der osmanischen Hoch-Zeit zum Islam übergetretene Bulgaren oder auch geborene Türken revoltierten auf dem Südbalkan schon 1878 gegen die Bulgaren. Diese Menschen wurden „Pomaken" genannt. Ein Auge des Sultans lachte, das andere weinte beim Anblick dieses Aufruhrs: Zu nahe der osmanischen Hauptstadt hörte man da Waffengetöse, viel zu sehr pochten die Aufständischen auf ihre Eigenständigkeit, um an der Pforte nur Wohlgefallen auszulösen.

Mitte der achtziger Jahre kam es in Bulgarien zu radikalen Änderungen –, welche eigentlich nicht überraschten: Das 1878 in osmanischer Souveränität belassene Ostrumelien erklärte 1885 seine Vereinigung mit dem nordbulgarischen Fürstentum. Am 7. Juli 1887 wählten die Bulgaren Ferdinand von Sachsen-Coburg-Gotha zu ihrem Fürsten. Bulgarien konnte den Osmanen die Anerkennung seiner formalen Unabhängigkeit erst 1908 abtrotzen. Dann wurde Ferdinand zum Zaren von Bulgarien gekrönt. Er herrschte bis zu seiner Abdankung 1918.

Der Berliner Kongreß hatte den Albanern keine Selbständigkeit, keinen eigenen Status eingeräumt. Insofern moslemische Albaner auf montenegrinischem Gebiet rebellierten, konnte dies dem Sultan im Prinzip gefallen. Eine reine Freude wollte er angesichts der internationalen Implikationen dennoch nicht empfinden. Österreich schielte auf Albanien wegen seiner guten Adriahäfen und betrachtete die Albaner als Gegengewicht zu Wiens serbischem Erbfeind. Darüber hinaus riefen die Albaner auf osmanischem Territorium nach Selbstverwaltung und kultureller Autonomie.

Die Bevölkerung von Kreta profitierte vom Berliner Vertrag ebensowenig wie die Albaner. Sie gab sich auch mit der Ernennung eines Christen an die Spitze der Verwaltung der Insel nicht zufrieden und entfesselte 1888 einen Aufstand, um die Vereinigung mit Griechenland zu erzwingen. Dies gelang aber weder in diesem Fall noch 1897, als Griechenland das Osmanenreich Kretas wegen bekriegte, aber eine schwere Niederlage erlitt. Die Pforte konnte ihren Sieg nicht ausnutzen, war sogar gezwungen, Kreta militärisch zu räumen und verlor die Insel damit schon vor der Jahrhundertwende. Am 6. Oktober 1908 erklärte Kreta auch formal seinen Anschluß an das griechische Königreich.

Da die in Berlin 1878 vorgesehene Autonomie der Armenier in Ostanatolien nicht durchgeführt worden war, kam es 1894 zu Unruhen in Armenien. 1895 demonstrierten die Armenier in Istanbul und die osmanische Polizei lieferte ihnen eine blutige Straßenschlacht. Der Pöbel ließ sich zu cinem Pogrom hinreißen, und 6000 Armenier wurden in der

Hauptstadt ermordet. Sultan Abdulhamid II. unternahm dann Maßnahmen zu einer gewissen Verwirklichung der Berliner Beschlüsse über die Autonomie und machte den Armeniern Zugeständnisse auf der Ebene einer Selbstverwaltung. Jedoch begnügten sich die Armenier mit den halbherzigen Reformen nicht. Sie griffen auch zur Waffe des Terrorismus. 1896 überfielen sie die Osmanische Bank in Istanbul. 1905 zielten sie dann auf das Leben des Sultans, doch entkam Abdulhamid dem Attentatsversuch. Viel Blut floß auf armenischer und auf osmanischer Seite vor und nach der Jahrhundertwende. Man muß der Einschätzung dieser Ereignisse durch Matuz zustimmen: „Der armenische Terrorismus vertiefte die Kluft zwischen den Armeniern und der muslimischen Bevölkerung ... und" weckte „bei den Muslimen im Reich heftige antiarmenische Ressentiments ... Die Aktionen der armenischen Terroristen haben sicher zu der schlimmen Entwicklung des Schicksals der Armenier beigetragen."

Gleichzeitig mit dem Schrumpfungsprozeß auf dem Balkan gingen im Mittelmeerraum die mit dem Osmanischen Reich meistens sowieso nur lose verbundenen Länder an die britische Weltmacht und an das französische Kolonialreich in Nordafrika verloren. Der aufsässige Mehmed Ali war zwar von den Großmächten mehrfach in die Schranken gewiesen worden, doch löste sich Ägypten auch unter seinen Nachfolgern immer mehr vom Osmanischen Reich. Sein Weg führte allerdings nicht in die Unabhängigkeit, vielmehr ins britische Vasallentum. England besetzte das Land 1882 und beherrschte es indirekt bis in die Zeit nach dem II. Weltkrieg. Rein formal verblieb Ägypten allerdings bis zum I. Weltkrieg im osmanischen Staatsverband.

Im westlichen Mittelmeerraum, wo der osmanische Einfluß schon vor dem modernen kolonialen Zeitalter dahingeschwunden war, setzten sich die Franzosen fest, am frühesten in Algerien (1830). In Marokko etablierten sie ein Protektoratsregime (1912). Im zentralen Mittelmeer besetzten sie 1881 auch Tunesien, das vorher noch ein Vasallenstaat der Pforte gewesen war. Um die Jahrhundertwende gehörte nur noch Libyen dem Osmanenreich an.

Am längsten hielt sich die osmanische Herrschaft in den arabischen Ländern des Nahen Ostens. Die Bevölkerung der Arabischen Halbinsel sowie des heutigen Irak und Syriens bestand mehrheitlich aus sunnitischen Arabern. Gewiß, es gab den Wahhabitenaufstand schon Anfang des 19. Jahrhunderts, es kam auch danach immer wieder zum Aufruhr im arabischen Raum, doch war von einem generellen „nationalen Erwachen" und von einem Sezessionismus – wie bei den Balkanvölkern – bis ins 20. Jahrhundert kaum die Rede. Hie und da empörten sich die Araber aus regionalen Gründen. Generell gesehen schwebte ihnen aber eher Autonomie innerhalb des Osmanenreiches, keine Loslösung, keine eigene Staatsgründung vor. Die Beziehungen zwischen Arabern und Osmanen verschlechterten sich dann erst nach 1909 und im Verlauf des I. Weltkriegs.

## Deutsch-osmanische Zusammenarbeit 1878–1914

Die Verdienste deutscher Militärberater unter Hellmuth von Moltke um die Modernisierung des osmanischen Heerwesens (1835–1839) haben wir bereits erwähnt. Diese Zusammenarbeit erwies sich als erfolgreich, sie wurde weiter ausgebaut und sie wurde zur Tradition bis zum Ende des Reiches.

Die militärische Kooperation ging mit politischer Freundschaft und mit wachsendem wirtschaftlichem Einfluß des Deutschen Reiches einher.

In der Spätzeit des Osmanischen Reiches sahen die Deutschen ein Wiedererstarken dieses Imperiums als ihr eigenes Interesse an, aus politischen, militärischen und wirtschaftlichen Gründen. Der erstarkende deutsche Wirtschaftsmacht brauchte Absatzmärkte und da kam dem Hohenzollernreich das tiefe Mißtrauen Abdulhamids gegen die Engländer gerade recht.

Das Zweite Deutsche Reich betrachtete sich nicht als eine mediterrane Seemacht; es hatte überhaupt keine territorialen Expansionspläne auf dem Balkan und strebte keine Kolonisation im Nahen Osten an. Das dauernde Bündnis mit Österreich-Ungarn vermittelte bereits den Weg in den Südosten. Militärpolitisch prägten der sich abzeichnende deutsch-britische Antagonismus und insbesondere nach 1905 auch der sich anbahnende Konflikt mit Rußland das Bestreben der Deutschen, das Osmanische Imperium zu stärken.

Drohgebärden und die überzogene Rhetorik von Wilhelm II. (1888–1918) trugen jedoch dazu bei, in London und Paris den Eindruck einer territorial expansionistischen deutschen Ostpolitik zu wecken, so daß die Westmächte angesichts des Vordringens der deutschen Wirtschaft um ihre frühere quasi-Monopolstellung auf dem osmanischen Markt bangten.

Persönliche Sympathien für Deutschland hatten sowohl Sultan Abdulhamid II. als auch seine schärfsten Gegner, die unter dem Namen „Jungtürken" bekannten türkischen Nationalisten.

Die Torpedierung des Diktatfriedens von San Stefano durch Bismarck und der Berliner Kongreß schafften eine solide Grundlage für zukünftige gute deutsch-osmanische Beziehungen. Beide Seiten suchten die Annäherung auf allen Ebenen. Der Sultan bemühte sich seit 1880 wiederholt um deutsche außenpolitische Unterstützung und um weitere Militärhilfe in Ausbildung und Rüstung. 1881 nahm eine deutsche Militärmission ihre Arbeit im Osmanischen Reich auf. Bald nach seiner Thronbesteigung 1888 verlieh Kaiser Wilhelm II. den Beziehungen zur Pforte einen demonstrativ herzlichen Charakter. Ein Jahr darauf stattete er dem Imperium einen Besuch ab. In Damaskus proklamierte er mit großen Worten die Freundschaft Deutschlands zur gesamten islamischen Welt.

Zu gleicher Zeit, 1888, erhielt ein deutsches Konsortium von der osmanischen Regierung die Konzession zum Bau einer Eisenbahnlinie von Üsküdar nach Ankara. Die Rolle dieses Engagements als Grund für den Ausbruch des I. Weltkrieges wird immer wieder tendenziös übertrieben.

Der Bau von Eisenbahnen hatte seit der zweiten Hälfte des 19. Jahrhunderts eine besondere wirtschaftliche und militärische Bedeutung. In dünnbesiedelte Gebiete brachte die Eisenbahn Fortschritt für Industrie und Handel der Region. Die Streckenführung vom Marmarameer ins Innere Anatoliens und bald auch darüber hinaus brachte der Pforte direkte militärische Vorteile bei Truppentransporten im Fall von kriegerischen Auseinandersetzungen im Nahen Osten.

Wenn des Kaisers markige Rede und der Bau einer transanatolischen Bahnlinie in westeuropäischen Hauptstädten gleich die Horrorvision von preußischen Regimentern weckte, die zum Persischen Golf marschierten, so war dies einer völligen Fehlinterpretation der Ausgangslage und der Politik des Deutschen Reiches zuzuschreiben. Mittelfristig erlagen die Regierungen in Paris und London wohl einem solchen Trugschluß. Diesen rechtfertigte auch eine der deutsch kontrollierten Anatolischen Eisenbahngesellschaft 1899 gewährte generelle Konzession nicht, die Bahnlinie weiter über Konya und Adana bis hin nach Bagdad und zum Persischen Golf auszubauen.

Immerhin wuchs Deutschlands Einfluß am Bosporus rapide. Der 1897 an der Pforte akkreditierte Botschafter und berühmte Völkerrechtsgelehrte Freiherr Marschall von Bieberstein machte sich um die deutsch-osmanischen Beziehungen auf allen Ebenen besonders verdient. Er wurde zu einer zentralen Figur des diplomatischen Lebens in Istanbul. „Eine Art von deutschem Wirtschaftsimperium entstand im Nahen Osten ... für die Türkei selbst erschienen diese Entwicklungen als höchst wünschenswert ... die wirtschaftliche und diplomatische Unterstützung des fernen und dem Anschein nach nicht eigene Interessen verfolgenden Deutschlands erschien als die beste Garantie für die türkische Integrität", schreibt der Cambridge-Historiker Bury. Im Kriegsfall lief Deutschland Gefahr, ohne eine Verständigung mit den Osmanen von den Rohstoffquellen im arabischen Raum abgeschnitten zu werden. So hatte die Osmanenpolitik Berlins eindeutig defensiven Charakter. Im wirtschaftlichen Bereich waren die Waffenaufträge vom Bosporus der deutschen Rüstungsindustrie höchst willkommen. Krupp ist bis heute ein wohlgelittener Name bei den Türken. Vor dem Heeresmuseum in Istanbul steht ein Riesengeschütz Kruppscher Herstellung, welches 1915 die Dardanellen erfolgreich verteidigte.

Der umfangreiche Handelsaustausch kam beiden Seiten zugute. Die Beziehungen zu Deutschland schufen zwar noch kein Gleichgewicht in der osmanischen Außenwirtschaft, doch waren sie geeignet, die vorherrschende Stellung englischen und französischen Kapitals im Osmanenreich einigermaßen zu schwächen.

## *Abdulhamids „aufgeklärter Absolutismus"*

Die Verfassung von 1876 mit ihren emanzipatorischen und anderen fortschrittlichen Bestimmungen blieb auch nach den Kriegen von 1876–1878 in Kraft, „nur" funktionierte das parlamentarische System nicht: Der Sultan hatte das Parlament 1878 aufgelöst und nicht wieder einberufen. Abdulhamid II. (1876–1909) regierte nunmehr autokratisch, repressiv – tatsächliche und vermeintliche Oppositionelle wurden zum Teil auch blutig verfolgt –, das Spitzelwesen feierte fröhliche Urständ, die Zensur war streng, zuweilen gnadenlos. Gleichzeitig war Abdulhamid ein Reformherrscher – er eignete sich die Methode seiner Vorgänger, nämlich die der oktroyierten Reformen an. Die Gewaltentrennung zwischen Exekutive und Justiz wurde weitgehend durchgesetzt, die Zivilgerichtsbarkeit zuungunsten der islamischen Gerichte ausgebaut, ein Bürgerliches Gesetzbuch in Kraft gesetzt.

Im Bildungswesen wurde die Säkularisation nicht radikal durchgeführt, das heißt, neben dem beachtlichen Ausbau eines Netzes von laizistischen Schulen einschließlich von Hoch- und Fachschulen behielt man auch die Koranschulen – die Medresen – bei. Dies war wiederum auch dem Staatsverständnis des Herrschers zu verdanken, der dem Gedanken eines „modern-rationalen" Islam verschrieben war. Abdulhamid verdrängte also keineswegs die religiösen Einflüsse aus dem staatlichen Leben, nur war er bestrebt, den Islam den Erfordernissen seiner Zeit wie irgend möglich

„anzupassen". Der Sultan selbst war kein Religionserneuerer, er folgte den Gedankengängen des großen islamischen Reformators al-Afghani (1839-1897). Des Sultans Staatsideologie war der Osmanismus, ein Gegenpol zum ethnischen Nationalismus: Das osmanische Selbstbewußtsein und der osmanische Patriotismus aller Bürger des Reiches sollte in den Vordergrund rücken, ohne Rücksicht auf ihre Herkunft und Sprache.

Die Jungtürken

Die radikale oppositionelle Bewegung, welche ihren Namen von einer in Paris erscheinenden Emigrantenzeitung, La Jeune Turquie, die junge Türkei, erhielt, entwickelte eine, dem Osmanismus diametral entgegengesetzte Ideologie –, sie basierte auf türkischem Nationalismus und trieb diesen auf die Spitze.

Die Bewegung formierte sich Anfang der neunziger Jahre im Untergrund: Studenten, junge Offiziere, verschiedene andere Intellektuelle und Staatsbedienstete schlossen sich zusammen. Die Polizei enttarnte den Geheimbund und der Sultan ließ ihn Mitte der neunziger Jahre zerschlagen. Viele Oppositionelle emigrierten nach Westeuropa, dort gaben sie Zeitungen heraus und schmuggelten diese in die Heimat.

Zur Opposition gehörten auch weniger radikale, liberale Gruppen, die auf der Grundlage des Osmanismus verharrten, sich also einer tolerantuniversalistischen Weltanschauung verschrieben, aber die undemokratische Regierung Abdulhamids bekämpften und sich für das parlamentarische System einsetzten, dessen Funktionieren der Sultan unterband.

Nach der Jahrhundertwende erstarkte die Opposition in der Emigration und im Inland. Dort beschränkte sich die Bewegung der Jungtürken – denn sie erwiesen sich als die stärkste Gruppe im Lager der Regimegegner – nicht mehr auf die Hauptstadt, vielmehr formierte sie sich in den größeren Städten, in erster Linie auf den verbliebenen europäischen Territorien. Da sich viele junge Offiziere beteiligten, konzentrierte sich die Bewegung auch um die Garnisonen. Zwischen den inländischen Oppositionellen und den Emigranten bestand Kontakt.

Der Sultan reagierte stets mit Terror, 1908 half ihm dieser aber nicht mehr. Die von jungtürkischen Offizieren angeführten Militäreinheiten meuterten auf dem Balkan und drohten, gegen die Hauptstadt zu marschieren. So war Abdulhamid gezwungen, die Verfassung von 1876 in vollem Umfang wieder in Kraft zu setzen.

Angesichts der inneren Unruhen im Osmanischen Reich witterte das Habsburgerreich Morgenluft und annektierte ohne viel Federlesens das ihm vom Berliner Kongreß 1878 als „Mandatsgebiet" übertragene und von ihm schon damals militärisch besetzte Bosnien-Herzegowina. Durch den endgültigen Verlust des großen Territoriums, das nominell noch dem osmanischen Staatsverband angehörte, wurde die öffentliche Meinung im Reich äußerst verbittert. Im März 1909 wagte der durch die Militärrevolte von 1908 zum konstitutionellen Monarchen „degradierte" Abdulhamid einen Putsch, um sich die Fülle seiner autoritären Macht wiederzuverschaffen, aber er scheiterte. Der radikale Flügel der Jungtürken, das Komitee „Einheit und Fortschritt", dessen führende Köpfe Enver Pascha und Talat Pascha waren, setzte nun Abdulhamid ab und inthronisierte dessen Bruder, der als Sultan den Namen Mehmed V. (1908–1918) erhielt. Der neue Herrscher führte die Verfassung wieder ein, diese wurde aber nunmehr nicht vom Sultan, sondern von den Jungtürken mißachtet, welche jetzt die effektive Macht ausübten. Die autoritären jungtürkischen Offiziere blieben in der Armee und schrieben der zivilen Regierung das Handeln vor. Die Macht des Sultans beschränkten sie beinahe auf diejenige des überwiegend nur zeremoniellen Präsidenten einer demokratischen Republik.

## Der Verlust Libyens und die Balkan-Kriege: 1911–1913

1911 war der afrikanische Kuchen unter den Kolonialmächten praktisch verteilt. Die traditionellen Kolonialmächte Spanien und Portugal behielten ihr Altenteil, England und Frankreich herrschten im größten Teil des Kontinents, Deutschland hatte seine Kolonien – nur die Mittelmeermacht Italien ging leer aus. Eritrea an der Küste des Roten Meeres, wo sie sich Ende des 19. Jahrhunderts festgesetzt hatte, war ihr zu wenig. So entschied sich die italienische Regierung, den letzten osmanischen Besitz in Nordafrika zu erobern und erklärte der Pforte am 29. September 1911 kurzerhand den Krieg. Rom kümmerte sich nicht sonderlich um Scheingründe für die Kriegserklärung oder gar um das Völkerrecht. Es war eine nackte, ungeschminkte Aggression. Die schwachen osmanischen Garnisonen vor Ort unterlagen bald dem Expeditionskorps der Angreifer, die italienischen Seestreitkräfte blockierten die Ägäis, damit die Pforte keinen Nachschub nach Afrika entsenden konnte, und besetzten zugleich den Dodekanes, eine Inselgruppe rund um Rhodos in der Südostägäis. Italien annektierte die beiden libyschen Provinzen Tripolitanien und Cyrenaika bereits Ende 1911. Die Pforte schluckte die bittere Pille und bekräftigte die italienischen Eroberungen im Frieden von Ouchy (bei Lausanne) im Oktober 1912. Aber insgeheim unterstützte sie die einheimische Widerstandsbewegung, die sich um den Derwisch-Orden der Senussi gruppierte und von den Oasen des Landesinneren aus bis in die 30er Jahre hinein Guerillakrieg führte. Dabei sammelte ein junger Offizier namens Mustafa Kemal Erfahrungen, der spätere Kemal Atatürk ... Den Italienern blieb wenig mehr als die Kontrolle über den Küstenraum.

Den Angriff einer Kriegskoalition der christlichen Balkanstaaten auf das Restterritorium der Osmanen in Europa, der als I. Balkankrieg in die Geschichte eingegangen ist, betrachten die Historiker als eine direkte Konsequenz der osmanischen Niederlage in Afrika: Serbien, Bulgarien, Montenegro und Griechenland nutzten die Schwäche der im Tripoliskrieg geschlagenen Osmanen, verbündeten sich im Frühjahr 1912 gegen das Reich und griffen es im Oktober an. Der Sandschak von Nowipasar in Südserbien, dessen militärische Okkupation Wien 1909 aufgegeben hatte und der 1912 von schwachen osmanischen Garnisonen verteidigt wurde, spielte eine besondere Rolle: Er trennte die traditionellen Verbündeten Serbien und Montenegro territorial voneinander, sie mußten ihn mit ihren Streitkräften durchqueren und die Osmanen verjagen, um eine Verbindung miteinander herzustellen. Die Balkanstaaten hatten es eilig. Sie sahen sich zu Recht gezwungen, vollendete Tatsachen auf dem Schlachtfeld zu schaffen, ehe ihre Interessen im komplizierten Ränkespiel der Großmächte Rußland, Österreich sowie Frankreich und England durch irgendwelche eigennützigen „Friedensstifter" lädiert wurden.

Die Rechnung der kleinen Staaten ging auf: Die Bulgaren näherten sich Istanbul bis zu den Linien von Çatalça, bereits im Weichbild der Hauptstadt (noch heute heißen bulgarische Cafés „Tschataldscha"). Die Serben stießen bis zur Adria vor, die Griechen besetzten Thessaloniki – sehr zum Leidwesen der Bulgaren, die selbst nach dem Hafen in der Ägäis trachteten. Schon am 3. Dezember 1912 unterzeichneten die siegreichen Balkanstaaten und die verblüffend schnell geschlagenen Osmanen einen Waffenstillstand. Eine Friedenskonferenz wurde nach London einberufen. Daselbst tagten die Botschafter der Großmächte, welche nicht bereit waren, jede Regelung unter den Kriegsparteien auf dem Balkan hinzunehmen. Durch den Friedensvertrag von London vom Mai 1913 ging das Imperium dennoch fast aller europäischen Territorien verlustig. Allein im Hinterland der Hauptstadt behielt es ein Gebiet, das sich nur auf die Hälfte des heute 27 000 km$^2$ umfassenden europäischen Territoriums der Türkei erstreckte und nicht einmal mehr Edirne umfaßte.

Ein wichtiger Punkt der Regelung war die Schaffung des Staates Albanien. Bei der Verteilung des vormalig osmanischen Territoriums schnitt Bulgarien besonders gut ab, doch wie zwischen den Friedensschlüssen von

San Stefano und London 1878 war der Traum von Großbulgarien auch 1913 binnen weniger Monate ausgeträumt: Die Verbündeten stießen Bulgarien, das die militärische Hauptarbeit gegen die Türken geleistet hatte, aus ihren Reihen aus und attackierten es gemeinsam. Rumänien schloß sich ihnen noch an. Auch die Osmanen stießen zur antibulgarischen Koalition. Es war der II. Balkankrieg, der mit dem Bukarester Frieden vom 13. August 1913 endete und Bulgariens Territorium stark beschnitt. Die Dobrudscha, südlich der Donaumündung, ging an Rumänien. Enver Pascha, ein maßgeblicher Mann bei den Jungtürken, eroberte Edirne zurück. Der Friedensvertrag erweiterte das Territorium des Reiches bis zur Marica, wo auch heute die türkisch-bulgarische Grenze verläuft.

Ursachen für den Ausbruch des Ersten Weltkrieges

Über die Hintergründe und Ursachen des I. Weltkrieges wurden zahllose Arbeiten geschrieben. Geschichtsschreiber von Rang betrachten die Balkankriege als einen der drei Hauptfaktoren im Vorfeld des I. Weltkrieges. So erkannte der Cambridge-Historiker Vyvyan 1. das System der Allianzen (England – Frankreich – Rußland gegen Deutschland und Österreich-Ungarn), 2. das Balkanproblem und 3. den englisch-deutschen Wettlauf im Flottenbau als die Hauptgründe für den großen Krieg.

Über das Projekt der Bagdadbahn einigten sich England und Deutschland noch kurz vor Kriegsausbruch 1914, das konnte also nicht den Funken ans Pulverfaß gelegt haben. Aber die diplomatischen Kraftproben, die Winkelzüge und die militärischen Drohgebärden der Großmächte in Verbindung mit den Balkankriegen zeichneten bereits, so Vyvyan, die Kraftlinien des Krieges von 1914. Die Schlachtordnung der Mächte formierte sich schon 1912–1913 um die Balkanfrage, um die verschiedenen Positionen, was den europäischen Besitzstand und die Existenz des Osmanischen Reiches anbelangt.

Der Krieg von 1914 ging aus einem „Balkankrieg" hervor, der Mord am österreichischen Thronfolger Franz Ferdinand in Sarajewo (28. Juni 1914) war kein vordergründiger, sondern ein echter Faktor des Kriegsausbruchs. Der deutsche Reichskanzler Bethmann-Hollweg (1856–1921) sprach 1913 ein „prophetisches" (Vyvyan) Wort: Er sah den großen Krieg in der Form einer russischen Intervention bei einem österreichischen Angriff auf Serbien kommen.

Der Kanzler und der deutsche Generalstabschef Helmuth von Moltke (1848–1916), Neffe des großen Moltke, den wir als Militärberater der

Osmanen bereits kennengelernt haben, bemühten sich denn auch 1913, „Österreich zu mäßigen" (Vyvyan), das einen aggressiven Balkanfeldzug aus Expansionsbedürfnis und Serbenhaß – lange vor den „Schüssen von Sarajewo" im Sommer 1914 – von langer Hand vorbereitet hatte.

Unter den Kriegsgründen von 1914 soll man auch nicht die Intensivierung der deutsch-osmanischen militärischen Zusammenarbeit sehen. Sie ärgerte und beunruhigte zwar alle Großmächte; zur Auslösung des Weltkrieges dürfte sie kaum beigetragen haben.

In Istanbul gewann die deutschfreundliche Partei – eben die Jungtürken – nach einer Episode vom Juli 1912 bis Januar 1913, als eine liberale, eher franko- und anglophile Regierung an der Macht war, wieder die Oberhand. Nach dem Staatsstreich der Jungtürken im Januar 1913 bildete der General Mahmud Schewket Pascha die Regierung, welche die Verfassung wieder einmal außer Kraft setzte und versuchte, die Wehrkraft des Reiches zu steigern. Nach der Ermordung Mahmud Schewket Paschas übernahm das jungtürkische Triumvirat Enver, Talat und Dschemal die Macht. Die Junta regierte mit eiserner Hand, gleichzeitig schickte sie sich an, radikale Reformen durchzuführen. Denn die Jungtürken waren nicht nur machtbesessene türkische Chauvinisten, sie waren zugleich auch reformfreudige, modern denkende Politiker. Jetzt wurden die Medresen vollkommen abgeschafft: Ein Netz von laizistischen Volksschulen sollte die Koranschulen ersetzen. Finanzwesen, Verwaltung und Justiz sollten weiter modernisiert werden, im Geiste der Überschaubarkeit, der Sauberkeit und des Laizismus.

Nur waren es eben keine Zeiten friedlicher Reformen. Mars regierte die Stunde. Die jungtürkischen Machthaber entschlossen sich zu einem kühnen Schritt: Zum Befehlshaber des I. Armeekorps (Istanbul) wurde ein Feldherr ernannt, der kein osmanischer Staatsangehöriger war: der deutsche Generalleutnant Otto Liman von Sanders. Die Ententemächte protestierten, Rußland geriet besonders in Rage, forderte seine Alliierten – vergebens – auf, Truppen nach Anatolien zu entsenden. Diese sogenannte „Limankrise" (1914) war ein Vorspiel zum Weltkrieg, zeigte aber, daß die deutsch-osmanische militärische Kooperation eben kein auslösender Kriegsgrund war: Die Spannung wurde nämlich abgebaut. Der deutsche General wurde zwar zum osmanischen Marschall befördert und zum Generalinspekteur der Streitkräfte ernannt, aber das unmittelbare Truppenkommando wurde ihm damit praktisch entzogen. Gleichzeitig erhielten Engländer und Franzosen osmanische Rüstungsaufträge; die Briten waren an der Organisation der osmanischen Kriegsmarine sowieso schon maßgeblich beteiligt gewesen.

So kam es – an der Schwelle des Weltkrieges – zu einer Art von Entspannung zwischen den Westmächten und Deutschland, wenigstens was den Fragenkomplex um das Osmanische Reich anbelangt. Der I. Weltkrieg ging weder von deutschem noch von osmanischem Boden aus, sondern bekanntlich von der Ermordung Franz Ferdinands. Diese kam der Kriegspartei in Wien und insbesondere dem Generalstabschef Conrad von Hötzendorf (1852–1925) gelegen, um den Serben endlich das Handwerk zu legen. Vergebens beugte sich Belgrad einem Ultimatum Wiens, wenn auch unter substantiellen Einschränkungen – Kaiser Wilhelm gratulierte Kaiser Franz Josef zu diesem eklatanten diplomatischen Erfolg –, vergebens votierte der ungarische Ministerpräsident Graf Tisza im Kronrat gegen den Waffengang. Wien erklärte Belgrad am 28. Juli 1914 den Krieg, Belgrad wurde bombardiert, die Landoffensive gegen Serbien eröffnet. Der Erste Weltkrieg begann.

Kapitel X

# Die Osmanen im Ersten Weltkrieg 1914–1918

*Der Bundesgenosse Deutschlands, Österreich-Ungarns und Bulgariens*

Das Osmanische Reich hatte vor Kriegsausbruch keinem Militärbündnis angehört. Trotz der ausgeprägten deutschen Orientierung einer Mehrheit der jungtürkischen Politiker war sein Anschluß an die Mittelmächte keine Selbstverständlichkeit. Die Regierung empfand auf der einen Seite zwar die Notwendigkeit, den Schutz eines der mächtigen Kriegsteilnehmer zu suchen, und für den „starken Mann", Kriegsminister Enver Pascha, war das eben Deutschland. Denn Deutschland war Rußlands Gegner, Rußland durfte nicht siegen, da es sonst seinen alten Traum des Griffes nach dem Bosporns unbarmherzig realisiert hätte. Die Donaumonarchie bildete keine Gefahr mehr; also mußte man zur deutschen und österreichischen Seite neigen. Auf der anderen Seite versuchten selbst die germanophilen Politiker, die Neutralität des Reiches einstweilen zu wahren und es auch mit den Entente-Mächten, selbst mit Rußland, nicht zu verderben.

Verständlicherweise wollten auch England, Frankreich und Rußland das Reich nicht im gegnerischen Lager sehen. Den Verbündeten lag insbesondere an der Sicherung der Verbindung untereinander. Da sich England – anders als im Zweiten Weltkrieg – nicht auf die Nordroute über das Eismeer nach Murmansk verließ, konnte eine Verbindung zu Rußland nur durch die Meerengen und das Schwarze Meer gewährleistet werden. So nahm die Entente einen gravierenden Zwischenfall, der sich bereits am 10. August 1914 ereignete, nicht zum Anlaß für eine Kriegserklärung an die Pforte: Zwei deutsche Kriegsschiffe suchten vor einem überlegenen feindlichen Geschwader am Goldenen Horn Zuflucht und sie wurde ihnen gewährt – eine schwere Verletzung der offiziell bestehenden Neutralität. Um eine einseitige Benutzung der Meerengen durch die deutsche Kriegsmarine – und ihre Sperrung für die Ententeflotte – zu vermeiden, brach die brüskierte Entente die Beziehungen zur Pforte dennoch nicht ab. Vielmehr führte sie mit der Regierung Verhandlungen über territoriale Fragen bei einer Nachkriegsregelung. Allerdings führte der Gedankenaustausch zu keinem Ergebnis.

Istanbul näherte sich immer mehr den Mittelmächten, und Berlin wünschte den Kriegseintritt der Osmanen. Die Pforte berief den deutschen Admiral Souchon zum Kommandierenden ihrer Seestreitkräfte – welche durch den Ankauf der beiden im August in die Dardanellen eingelaufenen, erwähnten deutschen Kriegsschiffe erheblich gestärkt wurde: Die modernen Einheiten „Goeben" und „Breslau" hißten nunmehr die Flagge mit dem Halbmond. Die Osmanen waren jetzt in der Lage, der vorher überlegenen, aber nunmehr von den Westalliierten abgeschnittenen russischen Schwarzmeerflotte Paroli zu bieten. Das deutsch-türkische Geschwader ging denn auch bald zum Angriff über und attackierte russische Schwarzmeerhäfen. Das Reich konnte aus dem Krieg nicht mehr herausgehalten werden. Die Westmächte erklärten der Pforte im Oktober 1914 den Krieg. Großbritannien sprach sogleich die Annexion der von ihm bereits besetzten Insel Zypern aus. Das längst unter britischer Herrschaft stehende Ägypten löste sich jetzt offiziell aus dem Osmanischen Staatsverband heraus, dem es nominell noch angehört hatte.

Militärisch stand das von Feinden eingekreiste Reich auf verlorenem Posten; es war gezwungen, an den folgenden Fronten zu kämpfen: 1. Im Kaukasus griffen die Russen an. 2. Die Dardanellen waren dem Angriff der überlegenen anglo-französischen Seemacht ausgesetzt. 3. Der arabische Raum war durch englische Landstreitkräfte und arabische Aufständische gefährdet. 4. Auf dem Balkan war das kleine, 1913 unter osmanischer Herrschaft verbliebene Gebiet zwar insbesondere durch den Anschluß Bulgariens an die Mittelmächte militärisch entlastet. Dort schlugen sich osmanische Truppen – Schulter an Schulter mit den Deutschen – außerhalb der Grenzen ihres geschrumpften Reiches, in Mazedonien und an der rumänischen Front.

Und sie schlugen sich tapfer in ihrer verzweifelten Lage! In Ostanatolien jedoch, nahe der russischen Front, bescherte die regierende jungtürkische Junta dem Reich die fürchterlichste Schmach seiner sechshundertjährigen Geschichte.

## Ostanatolien

Das Zarenreich griff Ostanatolien an. Die Osmanen erzielten zeitweilig beachtenswerte Abwehrerfolge. Doch ein von Enver Pascha im Winter 1914/15 befohlener Angriff, um den brüderlichen Turkvölkern im Zarenreich über Kaukasus und Kaspisches Meer hinweg die Hand zu bieten, scheiterte unter unsäglichen Leiden für die Truppe.

In Verbindung mit den militärischen Ereignissen an der Ostfront war es die Regierung der Jungtürken, welche die makabre Serie der drei großen Völkermorde des 20. Jahrhunderts im europäischen Raum eröffnete. Allgemein gesehen ist der Genozid ein Massaker, das an großen Menschenmassen – in diesen konkreten Fällen jeweils über eine halbe Million oder das Vielfache – durch die Staatsmacht, oder diejenigen, die sie mißbrauchen, nur wegen ihrer ethnischen, religiösen oder rassischen Zugehörigkeit verübt wird. Blutige einzelne Pogrome, das Dahinschlachten von Kriegsgefangenen oder von Bewohnern eroberter Städte und ähnliche Greueltaten unterscheiden sich also begrifflich vom Völkermord, auch wenn all diese Barbarismen gleichermaßen unentschuldbar sind.

Aus den zahlreichen Quellen über den Völkermord an wahrscheinlich einer Million Armeniern zitieren wir die Darstellung von Matuz, die man als sachgerecht akzeptieren sollte:

„Den Umstand, daß die armenische Bevölkerung in ... den osmanischen Ostgebieten, den russischen orthodoxen ‚Glaubensgenossen' nicht nur mit Sympathie entgegentrat, sondern sie auch direkt unterstützte, nahmen die Jungtürken zum Anlaß, die ‚Endlösung' der Armenierfrage in Angriff zu nehmen. Die Armenier" wurden im Jahr 1915 in ihren Städten und Dörfern grausam massakriert. Die „entkommen waren ..., wurden mit dem ... Vorwand, die dem Osmanenstaat feindlich gesonnenen Armenier seien von der gefährdeten Ostfront zu entfernen, in die syrische bzw. irakische Wüste getrieben. Die meisten von ihnen gingen hier elend zugrunde." Die deutschen Verbündeten erfuhren zuverlässig davon, aber sie schwiegen aus Staatsräson. Auch die türkischen Henker hatten einen Hauch von Staatsräson zu ihrer Begründung, wenn auch Chauvinismus und Glaubenshaß ihre Hauptbeweggründe gewesen sein dürften. Hitler hatte für seinen Judenmord Argumente nur in seinem rassistischen Wahnsystem. Der dritte große Völkermord schließlich, der der kroatischen „Ustascha"-Leute an den Serben während des 2. Weltkrieges, war nicht von Glaubenshaß allein diktiert, sondern von dem Willen, das Kräfteverhältnis zwischen Kroaten und Serben ein für allemal zugunsten der Kroaten zu verschieben.

Das Blutbad in Ostanatolien half natürlich nichts im Kampf gegen das Russenheer, das schließlich tief im Land eindringen und 1916 auch Trapezunt erobern konnte.

## Die Schlacht bei Gallipoli (1915–1916)

Die Westalliierten mußten versuchen, die Meerengen zu bezwingen, um zu ihrem russischen Verbündeten ins Schwarze Meer vorzustoßen. Ein mächtiges britisches Geschwader überzog am 18. März 1915 die osmanischen Befestigungsanlagen an den Dardanellen mit einem Kugelhagel, doch die Schiffsartillerie reichte nicht aus für den Durchbruch. Landtruppen wurden erst am 25. April herbeigeführt. Sie konnten auch einen Brückenkopf errichten, wurden aber von der 5. osmanischen Armee unter dem Oberbefehl des deutschen Generals Liman von Sanders in einen mörderischen Stellungskrieg verwickelt. Kurz vor Weihnachten 1915 räumte das dezimierte englische Expeditionskorps die Dardanellen. Die Verluste der wie Löwen kämpfenden Türken sollen diejenigen der Briten noch überstiegen haben. Ein alliierter Durchbruch hätte kriegsentscheidend sein können. Die Osmanen waren noch einmal vom Rande des Abgrundes zurückgerissen worden.

## „Lawrence von Arabien"

Im arabischen Raum standen die Briten der 6. osmanischen Armee gegenüber, die unter dem Kommando des legendären Goltz Pascha stand: Dieser Mann war kein anderer als der greise preußische Generalfeldmarschall Freiherr von der Goltz (1843–1916), der sich 1883–1898 als leitender Militärberater um die Organisation des osmanischen Heeres bereits verdient gemacht hatte. Er starb 1916 in Bagdad, als die Engländer gerade siegreich abgewehrt worden waren.

Erst 1917 konnten die Briten die osmanischen Stellungen im Heiligen Land durchbrechen. Am 9. Dezember zogen die Engländer unter General Edmund Allenby – dessen Namen die berühmte Brücke über den Jordan heute noch trägt – in Jerusalem ein.

Auf der arabischen Halbinsel und im gesamten arabischen Raum schadete die türkisch-nationalistische Politik der Regierung in Istanbul. Denn die nicht türkischen Moslems, welche ursprünglich nicht die Auflösung des Osmanischen Imperiums ersehnt und die Gründung von arabischen

Staaten betrieben hatten, wurden von den Jungtürken gedemütigt, mehrfach auch verfolgt und in eine Opposition getrieben, die nicht mehr auf dem Boden des osmanischen Staatsverbandes stand. Diese Opposition, die man mit einigem Vorbehalt dem arabischen Nationalismus zurechnen kann, nutzten die Briten gegen das Osmanische Reich aus, um sich im Nahen Osten auf seinen Trümmern als Kolonialmacht zu etablieren. Da erscheint die Figur des Thomas Edward Lawrence (1888–1935), des „Lawrence von Arabien", der die Araber gegen die Osmanen aufhetzte. Dieser Mann war alles andere als der Mantel- und Degenheld, als welcher er im – falschen – Geschichtsbild vieler Europäer lebt, schon gar nicht der blonde Gott in der Filmdarstellung durch Peter O'Toole. Ein intellektuell-schriftstellerisch hochbegabter und listenreicher kleiner Mann, wurde diese schillernde Persönlichkeit als englischer Geheimagent tätig und fügte sich erfolgreich – und nicht ohne persönlichen Mut – in die Intrigen arabischer Lokalfürsten. Lawrence trug dazu bei, daß die Araber mehrheitlich zu Feinden der Osmanen und zu Sezessionisten wurden und die Briten militärisch unterstützten. Gleichzeitig mit dem Kollaps der Mittelmächte im Herbst 1918 ging auch der Orient für die Osmanen verloren.

Auf dem Balkan, sogar an der deutschen Westfront in Flandern, kämpften osmanische Hilfskontingente an der Seite der Mittelmächte. Veteranen des Ersten Weltkrieges erzählten voller Respekt über den heldenhaften Einsatz ihrer türkischen Kameraden...

## *Waffenstillstand von Mudros (30.10.1918) und das Ende des Osmanischen Reiches*

Die sich abzeichnende Niederlage rief Verbitterung gegen die Regierung der Jungtürken hervor. Kurz vor Kriegsende wurde sie von liberaldemokratischen Kräften abgesetzt. Enver Pascha, Talat Pascha und ihre Konsorten gingen in die Emigration. Talat wurde in Berlin von einem armenischen Rächer umgebracht. Sultan Mehmed V. war im Juli 1918 gestorben. Mehmed VI. (1918–1922) bestieg den Thron.

Militärisch zurückgedrängt und mehrfach besiegt, aber nirgends vernichtend geschlagen, schloß das Osmanische Reich am 30. Oktober 1918 mit den Ententemächten einen Waffenstillstand in Mudros in der Ägäis. Das, was vom Imperium übrigblieb, sah dem Schicksal der Besiegten entgegen. Die Jungtürken, die angetreten waren, das Reich zu retten, hatten seinen Zusammenbruch nur beschleunigt. Ehe es zum Friedensschluß mit den Siegermächten – am 10. August 1920 in Sèvres bei Paris –

kam, zerfiel das Reich unter der Einwirkung der fremden Mächte, welche seine Überreste unter sich aufteilen wollten.

Die Meerengen gerieten unter Ententekontrolle. Den arabischen Raum teilte sich England mit Frankreich. Letzteres etablierte seine Macht in Syrien und im Libanon. Darüber hinaus besetzten französische Truppen Gebiete Kilikiens (Südostanatolien). England sicherte sich Palästina, das Gebiet östlich des Jordans (aus dem der Staat „Jordanien" wurde) sowie Mesopotamien (das zum Staat „Irak" wurde). Im westlichen Abschnitt der südanatolischen Küste, der heute als „Türkische Riviera" bekannt ist, landeten italienische Truppen. Diese militärisch starken, aber kriegsmüden Siegermächte beteiligten sich allerdings nur halbherzig an der Zerreißung der anatolischen Beute. Dafür begann Griechenland, das sich der Entente 1917 angeschlossen hatte, eine Art neobyzantinisches Imperium auf anatolischem Boden und rund um die Meerengen zu errichten und entsandte ein starkes, modern ausgerüstetes Expeditionskorps nach Kleinasien. Die Griechen wollten insbesondere Westanatolien und Teile der Nordküste an sich reißen, wo sie eine „Pontos-Republik" einzurichten beabsichtigten: Da knüpften sie an das „Kaiserreich Trapezunt" an, welches den Fall von Konstantinopel bis 1461 überlebt hatte. In Ostanatolien entstanden noch ein armenischer Staat, der von den Überlebenden des Genozids von 1915–1916 getragen wurde, sowie eine autonome kurdische Region um Diyarbekir.

Doch war die Zerstückelung Anatoliens nicht von Dauer. Aus der Niederlage heraus hat die national-revolutionäre Bewegung des Mustafa Kemal, der einst von den Jungtürken kaltgestellt worden war, die neue Türkische Republik geschaffen, die bis heute Bestand hat. Gleichzeitig wurde das Osmanische Reich zu Grabe getragen.

Das traditionelle Konzept des osmanischen Vielvölkerstaates, dessen 600jährige Geschichte wir behandelt haben, lebte noch an der Schwelle des Ersten Weltkrieges, allerdings in seiner modernisierten Form, welche die Reformsultane bis einschließlich Abdulhamid II. geprägt haben.

Die Jungtürken regierten das Reich während des I. Weltkrieges. Sie hatten auch einer Art Hyper-Chauvinismus gehuldigt, besonders Enver Pascha. Dieser hatte alle Turkvölker Asiens im Zeichen des „Pan-Turanismus" sammeln wollen und auch deshalb in den Krieg gegen Rußland eingegriffen, denn Usbeken, Turkmenen, Kasachen etc. waren ja des Zaren Untertanen. Doch haben die ethnischen und kulturellen Gemeinsamkeiten der Turkvölker kein politisch einigendes Band gefunden. Es zu erzwingen, ging weit über die Kräfte des späten Osmanischen Reiches hinaus. Daher war der Pan-Turanismus als nationaler Ersatz für die übernationale, islamische Reichsidee untauglich, seine Verfolgung als politisches Ziel lebensgefährlich für das Reich und für Enver Pascha selber, der 1922 in Turkestan umgebracht wurde, als er auf der Seite der türkischen Brüder und anti-kommunistischen „Basmatschi" dort gegen die Rote Armee kämpfte.

Derlei „-ismen" waren zu übersteigert, um die althergebrachte osmanische Staatsidee in wenigen Jahren ablösen zu können. Half Abdulhamids „Osmanismus" aber auch nicht weiter, so bedurfte es einer dritten Kraft, um die Türken mit einem neuen Geist zu erfüllen, der ihr staatliches Fortleben nach der Katastrophe sicherte. Diese räumte gründlich auf mit der osmanischen Vergangenheit und schuf die moderne Türkei, deren Geschichte eigentlich schon 1919 begann, in dem Jahr, da Mustafa Kemal von Ostanatolien den Alliierten, den Griechen und auch dem Sultan Widerstand zu leisten begann. Er wurde sehr bald zur beherrschenden Figur der neuen Republik. Sein Staatsverständnis forderte die Bildung eines starken türkischen Nationalstaates in gefestigten Grenzen, welche auch nationale Minderheiten – Kurden und Armenier in Ostanatolien – einschloß, aber auf jegliche Expansion verzichtete. Das „Nationale Viereck" als Ergebnis dieser Bescheidung, die gleichzeitig eine Stärkung war, ist das Territorium der heutigen Türkei, nur noch 1939 ergänzt um den „Sandschak von Alexandrette" (= Iskenderun) aus dem französischen Mandatsgebiet Syrien heraus und bis heute von Syrien zurückbeansprucht.

# Kemal Atatürk und die Gründung der Türkischen Republik 1923

Mustafa Kemal (1881-1938) ist ohne Zweifel einer der größten Staatsmänner des 20. Jahrhunderts, der Retter der Türkei vor der Zerstückelung, Urheber eines allumfassenden, radikalen und zugleich ausgewogenen Reformwerks. Atatürk, Vater der Türken, nennt man diesen Mann, dessen politische Ausrichtung von fernem etwa mit derjenigen des Heerführers und Reformdiktators Julius Caesar (100-44 v. Chr.) verglichen werden kann; ein bißchen Robespierre (1758-1794) wegen seines Hangs zur Volkssouveränität –, aber mit dem ungestümen Temperament eines Georges Danton (1759-1794), ein bißchen Napoleon Bonaparte, als herausragender Truppenführer und Machtmensch – mit etwas weniger militärischem Genie als dieser, aber der gleichen, notfalls unmenschlichen Härte.

Kemal war Kommandeur der 19. Division gewesen, welche sich gegen die Ententetruppen 1915 an den Dardanellen so tapfer schlug, daß sie den Ausschlag für den Mißerfolg des englischen Gallipoli-Unternehmens gab. Mit dem Oberkommandierenden Liman von Sanders hatte Kemal das respektvolle, aber stets von Spannungen belastete Verhältnis, wie es zwei harte Soldaten pflegen können. Kemal war weder deutschfreundlich noch deutschfeindlich, nur sah er von Anfang an keine Siegeschancen für die Mittelmächte. Damit zog er sich den Groll des mächtigen Enver Pascha zu, der ihn schnitt, wo er nur konnte. Jedoch war Enver nach Gallipoli nicht mehr in der Lage, den Kriegshelden Kemal kaltzustellen. Nach Kriegsende ernannte der Sultan den Helden von Gallipoli zum Inspekteur der 9. Armee in Anatolien, wo Kemal nach dem rechten schauen sollte: Dort herrschte Anarchie, es gab Aufruhr gegen die Truppen des Sultans und Widerstand gegen die fremden Besatzungskorps, welche die riesige Halbinsel in Stücke zerrissen.

General Kemal widmete sich nicht – dem Befehl des Padischah entsprechend – dieser Aufgabe der Ruhestiftung, sondern seinem großen Ziel, das ihm jetzt vorschwebte, nämlich der Vertreibung aller Okkupanten aus Kleinasien. Er organisierte den nationalen Widerstand gegen die Eindringlinge. An der Spitze der ihm unterstellten Armee mußte sich Kemal in erster Linie gegen die Griechen schlagen: Denn mit den Italienern und

Franzosen konnte er sich arrangieren. Diese von Kriegsmüdigkeit geplagten Großmächte verzichteten auf ihre Positionen in Anatolien, zumal ihre Besatzungstruppen von türkischen Freischärlern arg dezimiert wurden. Die Griechen aber, militärisch zwar instabil, doch fest entschlossen, einen großen nationalen Krieg für das weitgesteckte Ziel der Schaffung ihres neuen Imperiums auszufechten, verharrten mit ihrem modern ausgerüsteten Expeditionsheer auf anatolischem Boden. So war Kemals Befreiungskampf 1919–1922 – abgesehen von einem erfolgreichen Feldzug gegen die Armenier im Spätherbst 1920 – in erster Linie ein türkisch-griechischer Krieg. Viel Blut floß. Kemal integrierte türkische Freiwilligenverbände allmählich in seine Heereseinheiten. Die Türken gingen graduell vom Partisanenkampf zum Gefecht zwischen regulären Armeen über und schlugen dann die zäh kämpfenden Griechen, die bis kurz vor Ankara vorgedrungen waren, in blutigen Feldschlachten. Im Spätsommer 1922 gelang es der türkischen Armee, die letzten griechischen Truppen aus Anatolien zu vertreiben und in das Ägäische Meer zu werfen. Der griechische Traum der „megali idea" (= große Idee, d. h. Rückgewinnung Konstantinopels) war ausgeträumt.

An der Front der Innenpolitik vollzog sich der Bruch zwischen den Kemalschen nationalen Kräften in Anatolien und dem osmanischen Staat, durch den Sultan in Istanbul verkörpert und immer noch energisch vertreten, in Etappen. Als Kemal in Anatolien nicht die ihm vom Sultan aufgetragene Polizeiaktion durchführte, enthob dieser ihn erst seines Kommandopostens in der Armee; dann erklärte ihn Mehmed zum Rebellen.

Kemal rief erst einen nationalen Kongreß nach Sivas im Herzen Anatoliens zusammen (September 1919), der ihn zum Vorsitzenden eines Repräsentativkomitees mit staatlichen Vollmachten wählte. Diese de-facto-Regierung übte die Macht in sämtlichen Gebieten aus, wo sich Kemals Streitkräfte etablieren konnten. Den endgültigen Bruch vollzog in jenem Zeitpunkt allerdings weder Kemal noch die Pforte! Regierung in Istanbul und Gegenregierung in Anatolien ließen sich auf einen Kompromiß ein und beteiligten sich sogar an Wahlen zu einem gemeinsamen Parlament, welche im Dezember 1919 den Kemalisten einen Erdrutschsieg brachten. Doch schritt die britische Siegermacht angesichts der von ihr erkannten Gefahr einer überparteilichen Verständigung gegen die Entente bald ein. Die Engländer ließen Kemalisten in Istanbul verhaften und setzten die Auflösung des Parlaments am 11. April 1920 durch.

Sogleich trat in Ankara eine Große Türkische Nationalversammlung zusammen (23. April) und wählte Kemal zu ihrem Präsidenten. Diese

Versammlung erklärte sich zum höchsten souveränen Organ im Staat – die Anlehnung an das Modell der Französischen Revolution und ihre Machtstruktur ist unverkennbar. Prinzipiell ist der Sultan entmachtet, aber noch immer nicht für abgesetzt erklärt worden. Immerhin verurteilte der Sultan jetzt Kemal – in Abwesenheit – zum Tode. Faktisch isolierte er sich selbst, sein Heer, die „Kalifatsarmee", unterlag Kemals Streitkräften in einem kurzen Bürgerkrieg und die Truppen der Nationalen Regierung drangen bis zum asiatischen Ufer des Bosporus vor. Der Sultan war gezwungen, sich in die Arme der Entente zu werfen und einen Diktatfrieden zu akzeptieren, der in Sèvres bei Paris im August 1920 unterzeichnet wurde.

Danach erhielt Griechenland alle nach den Balkankriegen in osmanischer Hand verbliebenen europäischen Gebiete bis auf das unmittelbare Vorfeld Istanbuls, sowie die Ägäischen Inseln bis auf den Dodekanes, der bei Italien blieb. Teile Westanatoliens blieben unter griechischer, Kilikien unter französischer Verwaltung. In Ostanatolien wurden das um osmanische Gebiete vergrößerte Armenien zu einem selbständigen Staat, Kurdistan zum autonomen Territorium.

Schon im Februar 1921 befaßte sich eine Friedenskonferenz in London mit der Revision des Vertrages von Sèvres, sie führte aber zu keinem Ergebnis. Dieses diplomatische Zwischenspiel brachte allerdings die Regierung des Sultans und Kemals erstarkenden anatolischen Staat noch einmal zusammen; in London traten sie gemeinsam für die Sache des Vaterlandes ein, wenn auch vergebens, weil insbesondere Griechenland nicht kompromißbereit war. Der Vertrag von Sèvres wurde aber dennoch bald zur Makulatur: Kemals Schwert entschied für die Bildung des „Nationalen Vierecks".

In Anatolien konnte also Kemals Landarmee vollendete Tatsachen schaffen – nicht aber am Marmarameer und an den Meerengen, welche Großbritannien kontrollierte. Mit der englischen Seemacht mußte sich Kemal auf dem Verhandlungsweg verständigen –, was ihm auch gelang, weil die Briten ebenso kriegsmüde wie die anderen Siegermächte waren. Der im Herbst 1922 mit den Engländern vereinbarte Waffenstillstand brachte faktisch auch das Ende des Osmanischen Reiches: Die Briten nahmen Sultan Mehmed VI. an Bord eines Kriegsschiffes, der letzte Padischah ging ins Exil ... Ohne vorerst die neue Staatsform zu präzisieren, hatten die Kemalisten die Monarchie bereits im September 1922 für abgeschafft erklärt.

Einst, nach der Eroberung des Orients durch Selim I. war die Würde des Kalifen vom letzten Sproß der Abbasiden auf den Herrscher des triumphierenden Osmanischen Reiches übertragen worden. Der Sultan trat danach auch als geistliches Oberhaupt aller Moslems auf, seine weltliche Macht leitete er aber stets nur von der Herrschaft des Hauses Osman, nicht vom Kalifat ab. 1922 nun, nachdem Mehmed VI. die Macht endgültig verloren hatte, wurde ein Sohn des Sultans Abdulasis (1861–1876) unter dem Namen Abdulmedschid II. als Kalif eingesetzt (1922–1924). Wie schon vorher, war diese Würde mit keiner weltlichen Macht verbunden. Kemal verachtete sie ohnehin gründlich, denn nach seiner Auffassung war die Theokratie schuld an der Rückständigkeit der Türken, ein Hindernis der Modernisierung, nichts weiter. Wegen des Einflusses des Kalifen auf gläubige Moslems innerhalb und außerhalb der Türkei duldete Kemal den Kalifen jedoch noch für eine kurze Übergangszeit.

Kemals Armee hielt ihren feierlichen Einzug in Istanbul am 19. Oktober 1922. In Lausanne, am Genfer See, unterzeichneten die Ententemächte am 24. Juli 1923 einen Friedensvertrag mit dem neuen, starken türkischen Staat und anerkannten dessen Souveränität über das Gebiet, welches ihm auch heute angehört. Die Meerengen wurden allerdings entmilitarisiert.

Die Hauptstadt wurde am 13. Oktober 1923 nach Ankara verlegt, doch behielt das moderne Istanbul seine überragende wirtschaftliche, kulturelle und zum Teil auch politische Bedeutung.

Mit der Ausrufung der Republik am 29. Oktober 1923 endete die Geschichte des Osmanischen Reiches.

# Nachwort

## „Die Osmanen und die Gegenwart"

Jedes historische Thema, es sei so reich, faszinierend und von hohem Unterhaltungswert wie immer, muß sich mit der Frage konfrontieren lassen: Was sagt es uns heute noch? Jedes historische Thema kann, darf und muß auch unter dem Blickwinkel der Aktualität betrachtet werden. Der uns aus den Denkschulen des Historismus bekannte Gedanke, daß jede Epoche ihre Bedeutung, ihren Wert und ihre Würde in sich selber trage, kann diese Frage nicht zum Verstummen bringen, denn da dieser Gedanke auch für unsere aktuelle Zeit gilt, können wir ihn weiterentwickeln, indem wir sagen: Jede Epoche braucht die Definition ihres Verhältnisses zu den vorhergegangenen, denn da der Mensch ein mit Gedächtnis und daher mit Tradition ausgestattetes Wesen ist, bestimmt er Wert und Würde seiner eigenen Epoche immer auch in Relation zur Vergangenheit. Fügt man mit Ranke hinzu, daß jede Epoche „unmittelbar zu Gott" ist, kommt noch eine Erwägung hinzu, die bereits in die Geschichts-Theologie hineinreicht:

Bemüht man sich um eine transzendente Deutung der Geschichte, da sie als in Gott aufgehoben erscheint, fallen sogar die Begrenzungen von Aktualität und Tagesinteresse, und tausend Jahre werden ganz selbstverständlich wie ein Tag. Die der Menschheit bewußte Geschichte umfaßt keinen so unabsehbaren Zeitraum, daß solche Perspektiven undenkbar oder übermenschlich wären.

Die osmanische Geschichte lädt zu einer gedanklichen Verlängerung in die Gegenwart auf ganz besondere Weise ein. Denn die Turkvölker Anatoliens, nachmalige „Türken", die das Reich begründeten, haben den ganz überwiegenden Teil ihrer Geschichte unter osmanischem Vorzeichen verbracht, vom 13. noch bis ins 20. Jahrhundert hinein. Kein seit Ende des Ersten Weltkrieges erfolgter Traditionsbruch, auch der von dem erfolgreichen Entwicklungs-Diktator Kemal Atatürk initiierte nicht, kann dann so stark sein, um die osmanische Vergangenheit vollständig zum Verschwinden gebracht zu haben. Ferner: Seit Beginn ihres imperialen Ausgreifens waren die Osmanen auf Europa fixiert, erst auf die Byzantiner, dann auf die christlichen Reiche des Balkans, schließlich auf das Reich der Stephanskrone, den Kaiser in Wien, die Venezianer, den Papst quasi als „Gegen-Kalif", und so weiter. Die europäische Geschichte zeichnet sich jedoch, mit anderen Kulturkreisen verglichen, durch ein Maximum an Veränderung aus, in materiell-technischer wie in geistiger Hinsicht. Europas jahrhundertelanger Erzfeind konnte gar nicht anders, als in diesen Sog auch seinerseits hineinzugeraten, nur eben auf seine langsame und höchst spezifische Weise.

Die Sultane verpflichteten sich europäische Geschützmeister, weil sie noch früher als ihre christlichen Gegner erkannt hatten, welch neuartige Durchschlagskraft in dieser Waffe lag. Nachdem sie sich dann militärisch von der europäischen Technik doch noch hatten überholen lassen, importierten sie die moderne Zentralverwaltung, am Ende auch einen mit staatlicher Modernisierung sehr eng verbundenen Grundgedanken, den des geschlossenen Nationalstaates. Das Osmanische Reich ging auch an diesem Import zugrunde.

Aber es hatte, paradox ausgedrückt, kaum eine andere Wahl, solange es im Konzert der europäischen Mächte weiterhin präsent bleiben wollte, als sich deren zersetzenden Einflüssen zu öffnen. Es war ja niemals eine idealtypisch in sich geschlossene orientalische Despotie à la 1001 Nacht gewesen. Kein Staat der islamischen Welt war schon seit der frühen Neuzeit so relativ offen für die Entwicklung der politisch verfaßten Christenheit wie das Osmanische Reich gewesen, auch aus eigenem Willen. Atatürk hat daraus die abschließenden Konsequenzen gezogen, hat die Türkei durch grundsätzliche Rücksichtnahme auf das britische Empire und durch Säkularisierung und Nationalisierung des Staates definitiv an Europa und an die westliche Welt anzuschließen gesucht. Daß mit dem Nationalismus die schweren Hypotheken des Armenier- und Kurdenproblems überhaupt erst geschaffen wurden, sei hier nur am Rande erwähnt. Was die Sultane halbherzig angebahnt und die Jungtürken beschleunigt hatten, das hat er so fest wie möglich etabliert.

Es geht hier nicht darum, die Problematik aufzuzeigen, die mit diesem despotischen Versuch der Umerziehung und der Umorientierung für die Türkei bis heute verbunden ist. Es soll nur demonstriert werden, daß wir in den beständigen Modernisierungs- und Europäisierungsversuchen, erst im islamischen Großreich, dann in dessen übriggebliebenem Kern, dem türkischen Nationalstaat, wohl die wichtigste Kontinuität osmanisch-anatolisch-türkischer Geschichte entdeckt haben. Daß eine solche Kontinuität nicht über Jahrhunderte hinweg hätte verfolgt werden müssen, wenn das Objekt der Modernisierung sich nicht auch immer sehr resistent gegen diese gezeigt hätte, bildet allerdings die Negativ-Folie, das dialektisch notwendige Gegenteil zu der beobachteten Kontinuität. Diese Crux der osmanisch-türkischen Geschichte besteht auch heute noch fort, etwa in dem Grundsatz, daß ausgerechnet die Armee zum Wächter darüber bestellt ist, den Türken Demokratie und Pluralismus zu garantieren, indem sie nämlich eingreift und den Staat übernimmt, jedesmal wenn das demokratische Regime sich als unfähig erweist, die Probleme des Landes anzugehen, und damit seine eigene Grundlage in Gefahr bringt. Feiert da nicht der alte osmanische Militärstaat fröhliche Urständ, die Willkür der Janitscharen, die in der Verfallszeit die Sultane und Großwesire fast nach Belieben ein- und absetzten, sobald und solange ihnen keine Gegengewalt im Staate gewachsen war?

Eine solche Parallele ist allerdings vorschnell und bleibt in Äußerlichkeiten stecken. Man soll keine Kontinuität beschwören, wo sie nicht überzeugen kann. Die türkische Armee hat nach Atatürks Tod dreimal die Macht übernommen (1960, 1971 und 1980), und sie hat sie dreimal ohne Kampf auch wieder aufgegeben. Im Akt der Machtübernahme steckte stets schon der Wille, eines Tages wieder in die Kasernen zurückzukehren. Das kann, bei allem westlichen Widerwillen gegen das Militär als einer politischen Institution, nicht bestritten werden und unterscheidet die türkische Armee ganz wesentlich von ihren abenteuernden, absolut selbstsüchtigen Vorgängern in osmanischer Zeit.

Jedoch weisen die Eingriffe der Armee auf einen Zustand der türkischen Innenpolitik hin, der nicht anders als durch ein Fortwirken osmanischer Grundmuster erklärbar ist: auf die Schwierigkeiten, eine demokratisch-pluralistische Gesellschaft in der Türkei zu etablieren, die sich über alle Konflikte hinweg selbst trägt. Es haben sich in osmanischer Zeit nicht mit hinreichender Vitalität verschiedene Gruppen der Gesellschaft herausgebildet, die in ihrer politisch verfaßten Gesamtheit den Staat darstellten und der Zentralgewalt in Istanbul irgendwann einmal auch hätten entbehren können. Die Wirtschaft war von den Europäern dominiert gewesen; die Intelligenz gewann kaum politisch relevante Selbständigkeit, da die amtliche, von oben gehaltene islamische Orthodoxie eine Ausbildung nach westlichen Maßstäben nur in seltenen Fällen zuließ. Der Sultan und gleichzeitig Kalif als „Schatten Allahs auf Erden" auf der einen Seite und Humanismus, Liberalismus, Sozialismus auf der anderen Seite: das paßte nicht zusammen, solange Atatürk das Kalifat nicht abgeschafft hatte – und solange eben der Entwicklungs-Diktator am freien internen Spiel der Meinungen und Kräfte kein wirkliches Interesse hatte.

Die Europäer begannen im 19. und 20. Jahrhundert, die Monarchie als

Garanten staatlicher Einheit für überflüssig zu halten. Der patriarchalische Fürstenstaat wurde nach umständlichen Rückzugsgefechten abgeschafft, da weite Kreise der Bevölkerung zu politischer Selbstverantwortung herangereift waren. Diese Entwicklung blieb im Osmanischen Reich in den Anfängen stecken.

Atatürk war jedoch, um ihn mit einem feierlichen Ausdruck besonders zu ehren, historischer Seher genug, um seine Türken zum demokratischen Pluralismus auf die Dauer dennoch hinführen zu wollen. Aber er starb, bevor es ihm gelungen wäre, sich als oberste Autorität gewissermaßen planmäßig selber in Frage zu stellen.

Der Verwaltungsapparat, den er hinterließ, hatte das natürliche Bestreben aller Verwaltungsapparate der Welt, nämlich sich selbst unentbehrlich und zu diesem Zwecke seine eigenen Grundlagen statisch und „ewig" zu machen. Das soll konkret heißen: Wie die Bürokraten einst auf den Sultan geschworen hatten, schworen sie nun auf die als sakrosankt verkündeten Lehren Atatürks, ohne den großartigen Dynamismus, der in ihnen lag, wirksam aufzunehmen. Hierarchische Autorität, nunmehr in säkularisiertem Gewande, war und blieb der Gipfelpunkt der staatlichen Konstruktion. Das könnte man als typisch und historisch verfestigt akzeptieren – wenn Atatürk selbst es auf die Dauer nicht hätte anders haben wollen. Aber man befreit sich nicht so schnell von der Last der Jahrhunderte, zumal der Garant dieser geforderten Befreiung, die Armee, bei allem guten Willen und bei aller machtpolitischen Abgeklärtheit selbst ein starkes Beispiel für die Wirksamkeit hierarchischer Autorität bietet, gerade durch ihre Rolle in der Innenpolitik. Ganz zu schweigen davon, daß natürlich auch sie gegen eventuelle Degenerationserscheinungen, was ihren „pädagogischen" Auftrag angeht, nicht gefeit ist.

Die schon seit Jahrzehnten zu beobachtende Re-Islamisierung der Türkei, der im Staatsapparat und auch in der Armee deutliche Sympathien zugute kommen, wirft schließlich die Frage auf, ob hier nicht an die islamische Theokratie angeknüpft werden soll, als deren Haupt sich einst die osmanischen Sultane und Kalifen betrachtet haben. Nun sind historische Reminiszenzen eine Sache; eine andere aber ist es, ob sie die Zustände der Vergangenheit wieder zurückbringen können, ob sie eine Totenbeschwörung sind, die alte Zeiten wieder zum Leben erweckt. Nur in diesem Fall wäre es präzise, von Kontinuität zu sprechen. Denn die geistigkulturelle Atmosphäre allein schafft die politischen Strukturen, die mit ihr einst zwingend verbunden gewesen waren, noch nicht neu. Die Aussichten, ein übernationales, aus dem Islam legitimiertes Reich mit türkischem Mittelpunkt zu schaffen, bestehen jedoch nicht. Als die Türken in der islamischen Welt einst das Kalifat und den Kampf gegen die „Ungläubigen" für sich monopolisierten, da galten sie Arabern und Persern als Usurpatoren einer politisch-geistlichen Erbschaft, die ihren Angriffsschwung eigentlich schon lange eingebüßt hatte. Eine zweite Usurpation dieser Art ist auch in kleinerer Dimension undenkbar. Das Zeitalter des Nationalismus hat bewirkt, daß Araber, Perser und auch Balkan-Slawen dem türkischen Zugriff in ihrem neuen Selbstbewußtsein sich definitiv entziehen.

Der Appell an den gemeinsamen Glauben würde gar nichts bewirken. Der beste Beweis dafür ist das türkische Unvermögen, die bosnischen Moslems zu retten, solange die westlichen Verbündeten der Türkei dies nicht wollen. Wie kann denn auch die Türkei für den Westen bündnisfähig bleiben, wenn sie osmanische Expansion wieder aufnimmt, noch dazu unter islamischen Vorzeichen, in welcher indirekten, zeitgemäßen Form auch immer?

In diesem Fall erkennen wir, daß einer der Gewinne aus dem Studium der Geschichte darin besteht, zwischen den Scheintoten und den wirklichen Toten zu unterscheiden. Das osmanische, theokratische Großreich gehört zu den wirklichen Toten. Die Staatsmänner der Osmanen waren in der Anfangszeit von bündnisverachtender Arroganz; in der Verfallszeit lavierten sie dann zwischen den Großmächten. Seit Atatürk gilt der Imperativ der Verbundenheit mit dem Westen, erst mit dem britischen Empire, dann mit den USA. Der NATO-Beitritt der Türkei war die Konsequenz von Atatürks Außenpolitik, aber gerade in dieser Hinsicht eine Bestätigung des gründlichen Bruches mit der Außenpolitik osmanischer Zeiten.

Darüber können keine Reden der letzten Jahre hinwegtäuschen – etwa die Beschwörung von Interessenräumen, die der Türkei nach dem Zusammenbruch der Sowjetunion zugefallen seien und die einst der osmanischen Stoßrichtung unterlagen: des Balkans, des Nahen Ostens, des Kaukasus und Zentralasiens. Das bosnische Beispiel zeigt, wie wenig an türkischer „Ordnungsmacht" auf dem Balkan erwünscht und möglich ist. Das Israel-Problem wird nach wie vor ohne wichtige türkische Beteiligung behandelt. Die Grenzen des Irak gelten auch der Türkei als unverletzlich. Im Kaukasus ist die Türkei dadurch nachhaltig gelähmt, daß sie nichts gegen Armenien unternehmen kann, ohne die unseligen Armenier-Massaker heraufzubeschwören und damit im Westen ungeheuer viel politisches Kapital zu verspielen. Und die besondere Verbindung mit den Turkvölkern Zentralasiens beruht einerseits auf dem Gedankengut des Panturanismus, der den übernational-theokratischen Sultanen wegen seiner Ableitung aus dem europäischen Nationalstaatsgedanken suspekt war und unter Enver Paschas jungtürkischer Ägide zum Zusammenbruch des Reiches wesentlich beitrug. Zum anderen verflüchtigt sich hier der Panturanismus zur Wegweisung für wirtschaftliche Vorteile und kulturelle Zusammenarbeit. Das hat seine Verdienste, sofern es dazu beiträgt, die Russen nicht wieder nach Zentralasien zurückkehren zu lassen; aber dem geistigen Gehalt nach handelt es sich um ein neu-heidnisches Element, da es an die vor-islamische Zeit anknüpft, als die Türken noch nicht in Anatolien wohnten, und beinhaltet daher nichts spezifisch Osmanisches. Wie überhaupt das nationalstaatliche Denken, von Atatürk als Abschied vom Imperium endgültig verbindlich gemacht, den deutlichsten Bruch zwischen osmanischer Zeit und heutiger Türkei bezeichnet.

Bleiben die „osmanisierenden" Auswirkungen einer Re-Islamisierung im Innern der Türkei, etwa indem die geistlichen Orden wieder an Bedeutung gewinnen, die sich einst der Staatsgewalt gegenüber eine trotzige Autonomie bewahrt hatten, geistig und auch administrativ. Aber man darf für heute nicht vergessen, daß islamischer Fundamentalismus die Tendenz auch zur Eroberung der offiziellen Macht im Staate hat, eine Tendenz, die gegenüber Sultanen und Kalifen in deren festgefügter Herrschaft nicht bestanden hat. Falls die von Atatürk mit säkularem Geist imprägnierte staatliche Elite der Türkei sich als genügend resistent erweist, dann werden wir in dieser Hinsicht osmanische Strukturen neu erleben: hier Ankara, dort die tanzenden Derwische, und beide Welten respektieren sich gegenseitig.

Das Osmanische Reich ist einer kolossalen Ruine zu vergleichen, in deren Mitte Atatürk eine kompakte und auch komfortable Villa für die Türken gebaut hat, teilweise die Ruine dazu als Steinbruch benutzend. Es ist also nicht nur der Palast des Afrasiab, des von Ferdowsi besungenen Herrschers von Turan, in dessen leeren Fensterhöhlen nur noch die Eulen rufen. Und die Villa Atatürks wird allem menschlichen Ermessen nach nicht das Schicksal des Palastes Afrasiabs teilen, so daß am Ende für den vorbeiziehenden Wanderer beide nur noch totes Mauerwerk wären – auch wenn der vordringende Islamismus etwas an der Fassade und an der Zimmereinteilung ändern sollte.

# ANHANG

## Chronologie der wichtigsten Ereignisse

| | |
|---|---|
| 1299/1300 | Osman wird zum Emir (nach dem Erlöschen des Seldschukenreiches). |
| 1300–1326 | Osman baut das erste Staatswesen der Osmanen auf und erweitert sein Herrschaftsgebiet von etwa 1500 km$^2$ auf 18 000 km$^2$. |
| 1326 | Tod Osmans. Die Osmanen erobern Bursa. |
| 1326–1359 | Orhan, Osmans Sohn und Nachfolger, baut das Staatswesen weiter aus und erweitert sein Herrschaftsgebiet (in Anatolien) auf etwa 65 000 km$^2$. |
| 1331 | Einnahme von Nikaia (Iznik) |
| 1337 | Einnahme von Nikomedeia (Izmit) |
| 1353–1354 | Ein osmanischer Brückenkopf auf europäischem Gebiet wird errichtet. Die Halbinsel Gallipoli (Gelibolu) und die Küste des Marmarameeres bis Rodosto (Tekirdag) werden von den Osmanen besetzt. |
| 1359–1389 | Sultan Murad I. dehnt das osmanische Herrschaftsgebiet (auf dem Balkan und in Anatolien) auf etwa 260 000 km$^2$ aus. Aufstellung der Janitscharentruppe |
| 1361 | Adrianopolis (Edirne) wird erobert. |
| 1365 | Edirne wird Hauptstadt der Osmanen. |
| 1371 | Die Osmanen besiegen die Serben und ihre Verbündeten an der Maritza (?). |
| 1385 | Ein Beglerbeg für Rumelien und einer für Anatolien wird berufen. |
| 1389 | Erste Schlacht auf dem Amselfeld, Sieg der Osmanen. Tod Sultan Murads I. |
| 1389–1402 | Bajasid I. |
| 1396 | Sieg über das ungarisch-französische Kreuzritterheer bei Nikopolis |
| bis 1402 | Das Territorium des Osmanischen Reiches wird auf etwa 700 000 km$^2$ erweitert. |
| 1402 | Timur-Lenk besiegt die Osmanen bei Ankara und nimmt Bajasid I. gefangen. |
| 1403–1413 | Staatskrise. Zerfall des Reiches. Bruderkrieg zwischen den Söhnen Bajasids I. († 1403) |
| 1413–1421 | Alleinherrschaft von Sultan Mehmed I. |
| 1416–1420 | „Derwisch-Aufstand" |
| 1421–1451 | Murad II. Wiedererstarken des Reiches, dessen Territorium um 1450 wieder etwa 350 000 km$^2$ umfaßt. |
| Winter 1443–1444 | Hunyadis „Langer Feldzug" auf dem Balkan |

| | |
|---|---|
| November 1444 | Ungarisches Heer bei Varna besiegt |
| 1448 | Zweite Schlacht auf dem Amselfeld. Osmanischer Sieg über die Ungarn |
| 1451–1481 | Mehmed II., der „Eroberer" |
| 1453 | Einnahme Konstantinopels durch die Osmanen. Erster kampfentscheidender Großeinsatz der schweren Artillerie in der Militärgeschichte. Das Oströmische Reich erlischt. |
| 1456 | Erfolglose Belagerung Belgrads |
| 1456–1480 | Planmäßige osmanische Expansion, insbesondere auf dem Mittleren Balkan |
| 1463–1479 | Krieg gegen Venedig |
| 1480–1481 | Otranto-Feldzug, Osmanischer Brückenkopf in Süditalien |
| 1480 | Erfolglose Belagerung von Rhodos |
| 1481–1512 | Bajasid II. Weiterer Ausbau der Großmachtposition auf diplomatischer und militärischer Ebene. Intensive dipl. Kontakte der osmanischen Großmacht zu den wichtigen europäischen Staaten. Weitere territoriale Expansion, insbes. auf dem Nordbalkan, in der Ägäis und an der Nordküste des Schwarzen Meeres. Systematischer Ausbau der Kriegsmarine. Weitere innere Konsolidierung, geordnete Finanzen, volle Staatskasse, Prachtbauten in Istanbul und Bursa. |
| 1499–1502 | Seekrieg gegen Venedig; erster Seesieg der Osmanen in einem Gefecht mittlerer Größenordnung |
| 1512–1520 | Selim I. |
| 1516–1517 | Eroberung Syriens und Ägyptens |
| nach 1518 | Der Sultan der Osmanen wird zum Kalifen (zum geistlichen Oberhaupt aller Moslems) bis zum Ende des Reiches. |
| 1520–1566 | Suleiman II., der „Prächtige" |
| 1521 | Krieg gegen Ungarn, Belgrad wird eingenommen |
| 1526 | Vernichtung des ungarischen Heeres bei Mohács |
| 1526–1540 | János (Johann) Zápolya, König von Ungarn; Ferdinand I. von Habsburg, Gegenkönig; 1540–1564 König |
| 1528 | Bündnisvertrag zwischen der Pforte und König János |
| 1529, 1532 | Kräftedemonstration osmanischer Heere vor Wien |
| 16.–18. Jh. | Faktisches Bündnis zwischen der Pforte und Frankreich. Erster Kontakt: 1526. |
| 1534–1535 | Perserkrieg |
| 1533–1546 | Haireddin Barbarossa, Großadmiral des Osmanischen Reiches |
| 1536 | Entwurf der ersten „Kapitulation" mit Frankreich |
| 1538 | Niederlage der venezianischen Flotte bei Preveza |
| 1541 | Buda (Ofen) wird eingenommen. Dreiteilung Ungarns: Mittelungarn wird von den Osmanen annektiert. West- und Nordungarn wird habsburgisch, das magyarische Fürstentum Siebenbürgen entsteht (Verbündeter des Sultans) |
| 1541–1683 | Burgen- und Stellungskrieg in Ungarn zwischen dem Osmanenreich und Habsburg |
| 1565 | Erfolglose Belagerung von Malta |

| | |
|---|---|
| 1566 | Tod Suleimans des Prächtigen |
| bis 1566 | Während Suleimans Regierungszeit etabliert sich das Osmanische Reich als Weltmacht. Sein Territorium erweitert sich auf etwa 2 500 000 km², schließt den ganzen Balkan, eine gute Hälfte Ungarns, die Küsten des Schwarzen Meeres, Syrien, den Irak, die Arabische Halbinsel und die Südküste des Mittelmeeres ein. Das Staatswesen funktioniert bis zur Perfektion, die Wirtschaft floriert, die Kultur blüht auf. Suleiman führt eine zeitgemäße Gesetzgebung ein. |
| 1566–1574 | Selim II. |
| 1570 | Eroberung von Tunis |
| 1570–1571 | Eroberung von Zypern |
| 1571 | Seesieg der spanisch-päpstlich-venezianischen Flotte über die Osmanen bei Lepanto |
| 1574–1595 | Murad III. |
| 1578–1590 | Perserkrieg |
| 1593–1606 | „Langer Krieg" mit Österreich |
| 1595–1603 | Mehmed III. |
| 1596 | Feldschlacht bei Mezökeresztes: Sieg der Osmanen über die Österreicher |
| 1603–1617 | Ahmed I. |
| 1606 | Frieden von Zsitvatorok zwischen den Osmanen und Österreich. |
| 1618–1622 | Osman II. |
| 1620–1621 | Krieg gegen Polen |
| 1623–1640 | Murad IV. |
| 1626 | Wallensteins Hauptstreitmacht stößt auf ein osmanisch-magyarisches Heer in Ungarn. Beide Seiten vermeiden die Schlacht. |
| 1640–1648 | Sultan Ibrahim |
| 1645–1670 | Krieg gegen Venedig |
| 1648–1687 | Mehmed IV. |
| 1663–1664 | Krieg gegen Habsburg. Osmanische Niederlage bei St. Gotthard. |
| 1666 | Doroschenko, Hetman der Westukraine, wird zum osmanischen Vasallen. |
| 1669–1670 | Eroberung von Kreta |
| 1676–1683 | Kara Mustafa Pascha, Großwesir |
| 1678–1681 | Krieg gegen Rußland |
| 1683 | Gescheiterte Belagerung Wiens |
| 1684–1699 | Großer Türkenkrieg: Armeen der Heiligen Liga mit der Beteiligung des Papstes, von Habsburg, Polen und Venedig verdrängen die Osmanen aus Ungarn. |
| 1699 | Frieden von Karlowitz besiegelt die Niederlage der Osmanen. |
| 1700–1799 | Das Osmanische Reich bleibt auch nach dem Verlust Ungarns eine geachtete und gefürchtete Großmacht. Hauptgegner ist nunmehr Rußland. – Kulturelle Blüte am Bosporus |
| 1711 | Die Osmanen besiegen ein russisches Heer am Pruth. |
| 1716–1718 | Krieg mit Österreich: Prinz Eugen von Savoyen besiegt die Osmanen. |
| 1736–1739 | Krieg gegen Rußland |

| | |
|---|---|
| 1737–1739 | Krieg mit Österreich |
| 1768–1774 | Osmanisch-russischer Krieg |
| 1774–1789 | Abdulhamid I. |
| 1787–1792 | Krieg gegen Rußland und Österreich |
| 1789–1807 | Selim III. |
| 1798–1799 | Napoleon Bonapartes Expedition nach Ägypten. Französisch-osmanischer Krieg im Heiligen Land |
| 1800–1899 | Das Osmanische Reich wird graduell geschwächt: Die Balkanvölker erringen eine Teilunabhängigkeit, die nordafrikanische Küste geht an die Kolonialmächte verloren. Maßnahmen der inneren Modernisierung zeitigen nur Teilerfolge. Die Wirtschaft wird immer mehr durch Frankreich und England dominiert. |
| 1804–1806 | Serbischer Aufstand |
| 1806–1812 | Krieg mit Rußland |
| 1808–1839 | Mahmud II. |
| 1821–1829 | Griechischer Aufstand |
| 1826 | Die Janitscharentruppe meutert und wird durch Mahmud II. vernichtet. |
| 1827 | Die Osmanisch-ägyptische Flotte wird durch Engländer und Franzosen überfallen und vernichtet (sog. „Seeschlacht" von Navarino). |
| 1829 | Unabhängigkeitserklärung Griechenlands |
| 1831 | Abschaffung des Timar-Systems |
| 1839–1861 | Abdulmedschid I. |
| 1846 | Gründung der ersten osmanischen Universität |
| 1853–1856 | Krimkrieg |
| 1861–1876 | Abdulasis I. |
| 1876–1909 | Abdulhamid II. |
| 1876 | Abdulhamid verkündet eine „halb-parlamentarische" Verfassung |
| 1876–1918 | Intensive politische, militärische, wirtschaftliche und kulturelle Zusammenarbeit mit Deutschland, bis hin zur Waffenbrüderschaft im I. Weltkrieg |
| 1877–1878 | Krieg mit Rußland: Pyrrhussieg der Russen |
| 1878 | Berliner Kongreß: Serbien, Montenegro und Rumänien lösen sich aus dem osmanischen Staatsverband; Österreich besetzt Bosnien-Herzegowina. |
| 1896–1908 | Die Jungtürken-Bewegung erstarkt. |
| 1909 | Jungtürkische Revolution, Sultan Abdulhamid wird abgesetzt. Die Jungtürken regieren (mit kurzer Unterbrechung) bis 1918. |
| 1909–1918 | Mehmed V. |
| 1912 | Tripoliskrieg: Libyen geht an Italien verloren. |
| 1912–1913 | Erster Balkankrieg |
| 1913 | Zweiter Balkankrieg. In Europa verbleibt das heutige Territorium der europäischen Türkei osmanisch. |
| 1914 | Eintritt des Osmanischen Reiches in den I. Weltkrieg |
| 1915 | Massenvernichtung von Armeniern durch die jung-türkische Regierung |
| 1915 | Die Briten landen bei Gallipoli, werden aber verdrängt. |

| | |
|---|---|
| 1918 | Waffenstillstand von Mudros mit den Siegermächten: Einfahrt der alliierten Flotte in den Bosporus, Beginn der Okkupation Anatoliens durch die Ententetruppen. |
| 1919 | Die Griechen besetzen Izmir. |
| 1919–1923 | Agonie des Osmanischen Reiches. Mustafa Kemal Pascha, glorreicher General des Weltkrieges, organisiert eine türkische nationale Armee, vertreibt die Ententetruppen und die griechischen Besatzer aus ganz Anatolien. Zugleich schafft Kemal allmählich ein neues Staatswesen, entmachtet graduell den Sultan und proklamiert die Türkische Republik. |

# Herrscher aus dem Hause Osman

Die beiden ersten Herrscher waren Fürsten, Emire; den Titel Sultan trugen die Herrscher seit der 2. Hälfte des 14. Jahrhunderts, bis zum Ausklang des Osmanischen Reiches. – Die Jahreszahlen entsprechen der Regierungszeit.

Osman I. 1299/1300–1326
Orhan 1326–1359
Murad I. 1359–1389
Bajasid I. 1389–1402
Suleiman I. 1402–1411
    Brüder Suleimans, „Gegensultane"
    zur Zeit des Interregnums
    1402–1413:
Isa, Musa, Mehmed (nach 1413 Alleinherrscher)
Mehmed I. 1413–1421
Murad II. 1421–1451
Mehmed II. 1451–1481
    der Eroberer
Bajasid II. 1481–1512
Selim I. 1512–1520
Suleiman II. 1520–1566
    der Prächtige
Selim II. 1566–1574
Murad III. 1574–1595
Mehmed III. 1595–1603
Ahmed I. 1603–1617
Mustafa I. 1617–1618

Osman II. 1618–1622
Mustafa I. 1622–1623
    (2. Mal)
Murad IV. 1623–1640
Ibrahim 1640–1648
Mehmed IV. 1648–1687
Suleiman III. 1687–1691
Ahmed II. 1691–1695
Mustafa II. 1695–1703
Ahmed III. 1703–1730
Mahmud I. 1730–1754
Osman III. 1754–1757
Mustafa III. 1757–1773
Abdulhamid I. 1773–1789
Selim III. 1789–1807
Mustafa IV. 1807–1808
Mahmud II. 1808–1839
Abdulmedschid I. 1839–1861
Abdulasis 1861–1876
Murad V. 30. Mai–31. August 1876
Abdulhamid II. 1876–1909
Mehmed V. 1909–1918
Mehmed VI. 1918–1922

# Literatur

*Vorbemerkung*

Aus der Anfangszeit des Osmanischen Reiches, dem 14. Jahrhundert, ist kein Geschichtswerk überliefert, das aus der Feder türkischer Chronisten stammt. Richard Kreutel skizziert die osmanische Historiographie nach 1400 folgendermaßen: „Verhältnismäßig spät und nur zögernd bildeten sich die Anfänge der osmanischen Geschichtsschreibung. Sie sind in einigen wenigen Werken erst aus dem zweiten Jahrhundert des Reiches faßbar, als nach der verhängnisvollen Niederlage Bayezids I. ... bei Ankara (1402) der Dichter Ahmedi ... in einem Epos den Ruhm der Osmanendynastie besang und unter Murad II. mehrere kalenderartige Geschichtstafeln verfaßt wurden. Aber nach der welthistorischen Eroberung von Konstantinopel im Jahre 1453 mehrten sich endlich die Versuche, den ruhmreichen Aufstieg der osmanischen Dynastie zur Großmacht in seinem geschichtlichen Ablauf festzuhalten und gebührend zu feiern. ... Unter der Regierung von Mehmeds II. Sohn und Nachfolger Bayezid II. entstand eine ganze Reihe osmanischer Chroniken, von denen ein Teil anonym blieb."

Autor der unter dem Titel „*Denkwürdigkeiten und Zeitläufte des Hauses Osman*" bekannt gewordenen – 1959 von KREUTEL auch in deutscher Sprache edierten – Chronik ist DERWISCH AHMED, genannt „Asik-Pascha-Sohn". Der Chronist, 1400 geboren, nach 1486 gestorben, greift auch auf eine ältere – verschollene – Urchronik zurück. Ahmeds Werk umfaßt die osmanische Geschichte von den historisch belegten Anfängen bis in die Regierungszeit von Mehmed II. (1451–1481). Der gelehrte und fromme Mann war in der Lage, z. B. über die zweite Schlacht auf dem Amselfeld (1448) als Augenzeuge zu berichten.

Zwei weitere frühe Chroniken sind die „*Memoiren eines Janitscharen*" (15. Jh.) des KONSTANTIN AUS OSTROVIZA und die „*Chronik des Orudsch*".

Aus der Regierungszeit von Sultan Bajasid II. (1481–1512) ist eine historische Arbeit unter dem Titel „*Weltschau*" des Gelehrten NESCHRI erhalten. Auf MEWLANA IDRIS († 1523) geht ein Werk zurück, das den Titel „*Acht Paradiese*" führt. Im Gegensatz zu anderen frühen Chroniken, welche in eher rudimentärem türkischem Stil verfaßt worden sind, war dieser Verfasser der erste, der „die osmanische Geschichte mit rednerischem Schmucke, aber nicht türkisch, sondern persisch schrieb".

Ein gelehrter Großwesir, LUTFI PASCHA, gesellte sich Mitte des 16. Jahrhunderts zu den Chronisten, und schrieb eine „*Geschichte der Osmanen*". Schließlich verfaßte MUHIJEDDIN DSCHEMALI, Richter zu Edirne, ebenfalls eine „*Osmanische Geschichte*", die er mit dem Jahre 1550 schloß.

Zu den zeitgenössischen morgenländischen Quellen zählen außerdem Einzelkapitel universalgeschichtlicher Werke über die Osmanen, Biographien, Arbeiten über spezifische Fragen der osmanischen Geschichte, genealogische, geographische Werke, Gesetzessammlungen und eine Vielzahl von Staatsurkunden.

Die Genese einer offiziellen, institutionalisierten Hofhistoriographie ist mit dem Namen des Heeresrichters und Prinzenlehrers SAEDEDDIN verbunden, der unter Murad III. (1574–1595) beauftragt wurde, eine Reichsgeschichte von den Anfängen des osmanischen Staates an zu verfassen. Das Amt des Reichshistoriographen wurde eingerichtet; Saededdins Werk, das unter dem Titel „*Krone der Geschichten*" Berühmtheit erlangt hat, wurde von seinen Nachfolgern fortgesetzt. Unter den zeitgenössischen christlichen Quellen sind für die

Frühperiode die byzantinischen Chroniken, für das 16. Jahrhundert die Berichte abendländischer Diplomaten hervorzuheben.

Von beachtlichem Wert sind insbesondere die Arbeiten der Byzantiner GEORGIOS PACHYMERES, JOANNES KANTAKUZENOS, MICHAEL DUKAS, LAONIKOS CHALCOCONDYLAS und GEORGIOS PHRANZES. Die Werke der beiden Letztgenannten wurden in der vorhandenen Sekundärliteratur mit großer Intensität berücksichtigt und verarbeitet.

Und vergessen wir unseren JOHANNES SCHILTBERGER aus Freising nicht. Der Bayer geriet 1396 bei Nikopolis in türkische Gefangenschaft, verbrachte viele Jahre bei den Osmanen und hielt seine Beobachtungen in einem „*Reisebuch*" fest.

Historische Dokumente von herausragendem Wert sind Berichte von Botschaftern Frankreichs und Venedigs, die im diplomatischen Austausch mit der Pforte tätig und somit in der Lage waren, nicht nur als Zeitgenossen, sondern als Akteure Rechenschaft zu geben. Besonders sind hier auch die Berichte des Gesandten Wiens im 16. Jahrhundert, des Flamen BUSBECQ, von Interesse.

Drei Arbeiten in deutscher Sprache – HAMMER-PURGSTALLS Werk in 10 Bänden, ZINKEISENS 7bändige und JORGAS 5bändige Arbeit über das Osmanenreich – möchten wir besonders hervorheben. Diese Verfasser haben die Quellen der Primärliteratur, die Chroniken, die Gesandtenberichte usw. systematisch verarbeitet und haben, wenn auch in Einzelheiten mittlerweile überholt, zur Synthese des immensen Stoffes Bahnbrechendes geleistet.

---

An dieser Stelle gebührt dem Militärhistoriker DR. PHIL. DIETER BANGERT, Oberstleutnant i. G., für die freundliche Beratung in militärischen Fachfragen, in Fragen der Strategie und Taktik ganz besonderer, herzlichster Dank.

---

*Weitere ausgewählte Quellen und Sekundärliteratur*
*(Auf Titel in orientalischen Sprachen – hauptsächlich türkisch, arabisch, persisch – wurde bewußt verzichtet.)*

Acsády, I.: Magyarország három részre oszlásának története (= Geschichte der Dreiteilung Ungarns), in: Szilágyi, Bd. 5
Armstadt, J.: Die k. k. Militärgrenze 1522–1881, 2 Bde., Würzburg 1969
Babinger, F.: Mehmed der Eroberer und seine Zeit. Weltenstürmer einer Zeitenwende, München 1953
Babinger, F.: Die Geschichtsschreiber der Osmanen und ihre Werke, Leipzig 1927
Baráthosi-Balogh, B.: A magyar nemzet igazi története III. (Die wahre Geschichte der ungarischen Nation III.) Budapest 1937
Barker, Th. N.: Doppeladler und Halbmond. Entscheidungsjahr 1683, Graz 1982
Benoist-Méchin, J.: Die Türkei 1908–1938. Das Ende des Osmanischen Reiches, Kehl a. Rhein 1980
Brodarics, I.: De conflictu Hungarorum cum Solymano Turcorum imperatore ad Mohach historia verissima, Krakkau 1527
Cambridge Modern History (= The New Cambridge Modern History), 12 Bde. Cambridge 1957–1970
Cantemir, D.: Extracts from „The history of the Ottoman Empire", Bukarest 1973
Clausewitz, C. v.: Vom Kriege (1823–1834). Vollst. Ausgabe im Urtext, 3 Tle., Bonn $^{19}$1980
D'Ohsson, M.: Tableau général de l'Empire ottoman, 7 Bde., Paris 1787–1824
Endress, G.: Einführung in die islamische Geschichte, München 1982
Fekete, L. u. L. Nagy: Budapest története a török korban (= Geschichte Budapests in der Türkenzeit), Budapest 1986
Finkel, C.: The Administration of Warfare: the Ottoman Military Campaigns in Hungary, 1593–1606, Wien 1988

Fraknói, V.: A Hunyadiak és a Jegellók Kora (= Das Zeitalter der Dynastie v. Hunyadi und der Jagellonen), in: Szilágyi, Bd. 4
Grothusen, K.-D. (Hrsg.): Türkei. Südosteuropa-Handbuch, Bd. 4, Göttingen 1985
Hale, J. R.: Armies, Navies and the Art of War, in: Cambridge Modern Hist., 2.
Hammer-Purgstall, J. v.: Des Osmanischen Reiches Staatsverfassung und Staatsverwaltung, dargestellt aus den Quellen seiner Grundgesetze, 2 Bde., Wien 1815 (Nachdruck Hildesheim 1964)
Hammer-Purgstall, J. v.: Geschichte des Osmanischen Reiches, 10 Bde., Pest 1827–53 (Nachdruck Graz 1963)
Handbuch der Orientalistik, I/5 Altaistik, Erster Abschnitt: Turkologie, Leiden–Köln 1963
Heiss, G. / Klingenstein, G. (Hrsg.): Das Osmanische Reich und Europa 1683–1789. Konflikt, Entspannung und Austausch (= Wiener Beiträge z. Gesch. d. Neuzeit 10), München 1983
Hóman, B. u. Gy. Szekfü: Magyar történet (= Ungarische Geschichte), 5 Bde, Budapest 1935
Inalcik, H.: The Ottoman Empire. The classical age 1300–1600, London 1973
Jansky, H.: Das Osmanische Reich in Südosteuropa v. 1453 bis 1648, in: Schieder (Hrsg.): Handbuch der europäischen Geschichte, Bd. 3
Jorga, N.: Geschichte des Osmanischen Reiches. Nach den Quellen dargestellt, 5 Bde., Gotha 1908–1913 (Nachdruck Frankfurt a. M. 1990)
Kent, M. (Hrsg.): The great powers and the end of the Ottoman Empire, Totowa 1979
Klever, U.: Das Weltreich der Türken. Vom Steppenvolk zur modernen Nation, Bayreuth 1978
Köprülüzade, M. F.: Les origines de l'Empire Ottoman, Études Orientales III, Paris 1935
Kössler, A.: Aktionsfeld Osmanisches Reich. Die Wirtschaftsinteressen des Deutschen Kaiserreichs in der Türkei 1871–1908 (unter besonderer Berücksichtigung Europäischer Literatur), New York 1981
Kreutel, R. F. (Hrsg.): Vom Hirtenzelt zur Hohen Pforte. Chronik ... v. Derwisch Ahmed, Graz 1959
Kreutel, R. F. (Hrsg.): Zwischen Paschas und Generälen. Bericht des Osman Aĝa aus Temesvar über die Höhepunkte seines Wirkens als Diwandolmetscher ... Graz 1966
Kreutel, R. F. (Hrsg.): Leben und Taten der türkischen Kaiser. Die anonyme Chronik Codex Barberinianus Graecus ..., Graz 1970
Kreutel, R. F. (Hrsg.): Leben und Abenteuer des Osman Aga. Eine türkische Autobiografie aus der Zeit der großen Kriege gegen Österreich (= Bonner Oriental. Studien 2), Wiesbaden 1954
Kreutel, R. F. (Hrsg.): Osmanische Geschichtsschreiber, Bd. 1: Kara Mustafa vor Wien. Das türkische Tagebuch der Belagerung Wiens 1683 verfaßt v. Zeremonienmeister der Hohen Pforte, Graz ³1977
Krüger, H.: Fetwa und Siyar, Köln 1975
Lachmann (Hrsg.), s. Memoiren
Liddell Hart, B. H.: Armed Forces and the Art of War: Armies, in: Cambridge Modern Hist., Bd. 10
Lybyer, A. H.: The Government of the Ottoman Empire in the Time of Suleiman the Magnificent, Cambridge 1913
Markov, W., s. Werner, E.
Marsigli, Graf L. F. v.: Stato Militare dell'Imperio Ottomanno, Graz 1972 (Nachdruck der Edition v. 1737)
Matuz, J.: Das Osmanische Reich. Grundlinien seiner Geschichte, Darmstadt ²1990
Memoiren eines Janitscharen oder Türkische Chronik. Eingeleitet u. übersetzt v. R. Lachmann, Graz 1975
Merriman, R. B.: Suleiman the Magnificent 1520–1566, Cambridge 1944
Miller, W.: The Ottoman Empire and its successors 1801–1927, London ³1966
Nagy, siehe Fekete
The New Cambridge Modern History, s. Cambridge Modern Hist.

Noradounghian, G. E.: Recueil d'actes internationaux de l'Empire Ottoman 1300–1904, 4 Bde., Paris 1897–1904
Öke, Mim Kemal: The Armenian Question 1914–1923, Oxford 1988
Papoulia, B. D.: Ursprung und Wesen der „Knabenlese" im Osmanischen Reich, München 1963
Parry, W. J.: The Ottoman Empire, in: Cambridge Modern Hist., Bde. 1–5
Pemsel, H.: Seeherrschaft. Eine maritime Weltgeschichte ... Bd. 1: Beginn der Seefahrt bis 1850, Koblenz 1985
Phrantzes, siehe Sphrantzes
Rill, B.: Kemal Atatürk (= rowohlt monographien Nr. 234), Reinbek 1987
Röhrborn, K.: Untersuchungen zur osmanischen Verwaltungsgeschichte, Berlin–New York 1973
Roy, G.: Der rote Sultan Abdul-Hamid (1842–1918), Breslau 1937
Runciman, S.: Die Eroberung von Konstantinopel 1453, München 1977
Runciman, S.: Geschichte der Kreuzzüge, München 1989
Sax, C. Ritter v.: Geschichte des Machtverfalls der Türkei bis Ende des 19. Jhs. und die Phasen der „orientalischen Frage" bis auf die Gegenwart, Wien 1913.
Schiltberger, J.: Als Sklave im Osmanischen Reich und bei den Tataren 1394–1427, Stuttgart 1983
Schmidtchen, V.: Kriegswesen im späten Mittelalter. Technik, Taktik, Theorie, Weinheim 1989
Schreiner, S. (Hrsg.): Die Osmanen in Europa. Erinnerungen und Berichte türkischer Geschichtsschreiber, Graz 1985
Shaw, S. J.: History of the Ottoman Empire and modern Turkey, 2 Bde., New York 1976/77
Sphrantzes: The Fall of the Byzantine Empire. A Chronicle by George Sphrantzes, transl. by M. Philippides, Amherst 1980
Stavriancs, L. S.: The Balkans since 1453, New York 1965
Steinhaus, H.: Soziologie der türkischen Revolution, Frankfurt/Main 1969
Sturminger, W. (Hrsg.): Die Türken vor Wien in Augenzeugenberichten, München 1983
Sugar, P. F.: Southeastern Europe under Ottoman Rule, 1354–1804, Seattle–London, ²1993
Szekfü, s. Hóman, B.
Szilágyi, S. (Hrsg.), A magyar nemzet története (= Geschichte der ungarischen Nation), 10 Bde., Budapest 1896–1898. S. auch bei einzelnen Autoren: Acsády, Fraknói
Taeschner, F., The Ottoman Turk to 1453, in: The Cambridge Medieval History, Bd. IV, 1
Tansel, S.: Sultan II. Bayezit in: Siyasi Hayati, Istanbul 1964
Treffer, G.: Franz I. von Frankreich, Herrscher und Mäzen, Regensburg 1993
Tübinger Atlas des Vorderen Orients (TAVO), B VII 11: Kleinasien im 14. Jh.; B IX: Die osmanische Zeit bis 1918, Tübingen
Turetschek, C.: Die Türkenpolitik Ferdinands I. von 1529–1532, Wien 1968
Wallach, J. L.: Anatomie einer Militärhilfe. Die preußisch-deutschen Militärmissionen in der Türkei 1835–1919, Düsseldorf 1976
Werner, E.: Die Geburt einer Großmacht. Die Osmanen (1300–1481), Wien ²1972
Werner, E. u. W. Markov: Geschichte der Türken von den Anfängen bis zur Gegenwart, Berlin (Ost), 1978
Wittek, P.: The Rise of the Ottoman Empire, London 1939 (Nachdruck London 1963)
Zinkeisen, J. W.: Geschichte des Osmanischen Reiches in Europa, 7 Bde., Hamburg-Gotha 1840–63

# Register

*Personen*

Abbas d. Gr. (Schah v. Persien, gest. 1629) 291
Abbasiden (Kalifen-Dynastie) 367
Abdal Kumral (Derwisch, Ende 13. Jh.) 94
Abd el Wahhab (islam. Reformer, 1703–1793) 311
Abdulasis (Sultan 1861–1876) 339f., 343, 368
Abdulhamid II. (Sultan 1876–1909) 340, 342, 346, 348f., 351, 353, 363f.
Abdul Kerim Pascha (osman. Heerführer, 2. Hälfte 19. Jh.) 341
Abdullah Efendi (Scheich ul Islam 1718–1730) 87
Abdulmedschid I. (Sultan 1839–1861) 326, 330f., 337
Abdulmedschid II. (Kalif 1922–1924) 368
Abdurrahman (Pascha v. Ofen 1686) 285
Acsády (ungar. Historiker) 243, 246
Afghanen 291
Afrasiab (myth. König bei Ferdowsi) 374
Aga Jusuf (Kontaktmann der Pforte mit Siebenbürgen 1625) 269
Agis-Bictas (= Hadschi Begtasch) 18
Ahmed (Bruder Selims I.) 209
Ahmed I. (Sultan 1603–1617) 263
Ahmed III. (Sultan 1703–1730) 293, 296
Ahmed Pascha (türk. Lyriker, 15. Jh.) 182
Alaeddin II. (Seldschuken-Sultan) 93
Alaeddin (Sohn Murads II.) 149
Al-Afghani (islam. Reformator, 1839–1897) 352
Albrecht (dt. König, König von Ungarn, 1438/39) 135
Albaner (Stellung im osman. Reich, Albanien) 21, 81, 121, 136
Alexander der Große (356–323 v. Chr.) 155
Alexander VI. (Papst 1492–1503) 204
Alexander II. (russ. Zar 1855–1881) 341
Alfons V. (König von Neapel, Sizilien, Aragon, 1416–1458) 152
Alfonso (Herzog v. Kalabrien, Sohn Ferrantes v. Aragon) 176
Ali (Großwesir, gefallen bei Peterwardein 1716) 295
Ali Pascha (Gegner Michaels „des Tapferen") 257
Ali (Pascha v. Janina) 317
Allenby (engl. General 1914–1918) 361

Des Alleurs, Marquis (Diplomat Ludwigs XIV.) 293
Andrassy (österr.-ung. Außenminister) 341
Andronikos III. Palaiologos (byzant. Kaiser 1328–1341) 101, 104
Andronikos (Sohn des byzant. Kaisers Johannes V.) 114
Angyal, Dávid (ungar. Historiker) 262
Apafi (Fürst von Siebenbürgen, Ende 17. Jh.) 284
Araber 312, 348f., 361f., 373
Arco, Graf (bayer. Regiment vor Wien 1683) 283
Armenier (Stellung im osman. Reich) 68, 360f., 364, 370
Atatürk, Mustafa Kemal (1881–1938) 212, 354, 363f., 365–374
Attila (Hunnenkhan, 5. Jh.) 91
D'Aubusson (Großmeister der Johanniter) 203
D'Aviano, Marco (Emissär Innozenz' XI.) 282
Awaren 9, 18
Awni (Dichter-Pseudonym Mehmeds II.) 182

Babinger, Franz (Historiker) 36, 81, 83, 158, 160, 175
Bajasid I. (Sultan 1389–1402) 10, 44, 119ff., 209
Bajasid II. (Sultan 1481–1512) 84, 183, 201ff.
Bajasid Pascha 140f.
Bajasid (Sohn Suleimans II.) 250
Balbi, Domenico (Bailo der Rep. Venedig in Istanbul, 15. Jh.) 81
Balbus, Hieronymus (ungar. Gesandter in Worms 1521) 218
Bali, Beg (Kommandeur bei Mohács 1526) 224
Baltadschi Mohammed (Großwesir 1711) 294
Baltioglu (Befehlsh. vor Konstantinopel 1453) 36
Baráthosi-Balogh (ungar. Historiker) 63
Barbarigo (venez. Admiral bei Lepanto 1571) 253
Barbarossa: siehe Haireddin
De Baroncelli, Bernardo Bandini

385

(Teilnehmer der Pazzi-Verschwörung 1478) 177
Basmatschi 364
Basta (kaiserl. General um 1600) 257, 264
Báthory, Andreas (Teilnehmer bei Mohács 1526) 225
Báthori, István (Fürst v. Siebenbürgen, König v. Polen 1575–1586) 254, 256
Báthori, Zsigmond (Sohn v. Báthori, István, Fürst v. Siebenbürgen 1588–1602) 256, 265
Bedreddin, Scheich 138 f.
Bellini, Gentile (ital. Maler) 84 f., 154
Bem, Josef (ung. Heerführer 1848–1849, später: „Murad Tefvik Pascha") 329
Béranger (franz. Dichter, 1780–1857) 321
Berthier (General Napoleons) 308
Bertholdo di Giovanni 154
Besborodko (Großkanzler Katharinas d. Gr.) 304
Béthlen, Gabor (Fürst v. Siebenbürgen) 64, 262, 268 ff., 280
Bethmann-Hollweg (dt. Reichskanzler 1909–1917) 355
Bieberstein, Freiherr Marschall v. (dt. Botschafter in Istanbul um 1900) 350
Bismarck, Otto v. (Reichskanzler 1871–1890) 344 f., 349
Bocskay, Istvan (Fürst v. Siebenbürgen) 64, 264–266, 280
Bonifatius IX. (Papst 1389–1404) 122
Bonneval, Graf (1675–1747) 296 f., 299
Bosnier 51
Bourbonen (Dynastie) 301
Bradford, Ernle (engl. Historiker) 220
Brodarics, István (um 1470–1539, Kanzler Ludwigs II. v. Ungarn) 222 ff.
Bürklüce, Mustafa 139
Bulgaren (Bulgarien, bulg. Reich) 49, 105, 109, 110, 113, 153, 219, 290, 337 f., 345, 347, 354
Buonvisi (Kardinal, Nuntius unter Innozenz XI. in Wien) 282
Burckhardt, Jacob (Historiker u. Kulturphilosoph) 95
Bury (engl. Historiker) 351
Byron, Lord (engl. Dichter, 1782–1824) 321

Caesar, Julius (100–44 v. Chr.) 365
Canning, Sir Stratford (engl. Gesandter in Istanbul 1849) 329
Capestrano, Giovanni da (Kreuzzugsprediger, 1386–1456) 167 f.
Chalil (Sohn Orhans) 106, 109
Chalkokondylas (byzant. Historiker) 118, 127
Chalil (Großwesir Mehmeds II.) 157
Chateaubriand (franz. Dichter u. Staatsmann, 1768–1848) 321

Chazaren 9
Chodscha-Sade (Privatlehrer Mehmeds II.) 183
Choiseul (franz. Staatsmann) 301 f.
Clausewitz, Karl v. 40 f., 147 ff.
Costanzo da Ferrara (ital. Künstler) 154
Creasy (engl. Historiker) 46

Dänen (Dänemark) 267 f., 301
Danton, Georges (1759–1794) 365
Daud (Beglerbeg vor Skutari 1476) 34
Dei, Benedetto (Spion aus Florenz) 82
Derwisch Ahmed (osman. Chronist) 97, 100, 119 f., 132, 141, 163
Dindar (Onkel Osmans) 99
Disraeli (engl. Premierminister) 344 f.
Djezzar Pascha (Verteidiger Akkos 1799) 308
Doria, Andrea (Admiral Karls V., 1466–1560) 233
Doria, Giovanni Andrea (1539–1606) 252
Doroschenko (Kosaken-Hetman) 277
Drake, Francis (engl. Pirat) 23
Dschem (Bruder Bajasids II.) 201
Dschemal (Jungtürke) 356
Dschihandschir (Sohn Suleimans II.) 249
Dschingis Khan 92, 95, 126, 130
Dukas (byzant. Chronist) 141, 154, 161, 178

Ebu Su'ud (Scheich ul Islam im 16. Jh.) 87
Edebali (Scheich aus Adana, um 1300) 93
Elisabeth I. (Königin v. England) 23
Elmas Mehmed (Großwesir 1697) 287
Engels, Friedrich (1820–1895) 334
Enver Pascha (Jungtürke) 353, 355 f., 358, 360, 362–364, 365, 374
Erkel, Ferenc (Komponist der ungar. Nationalhymne 1844) 62
Ertogrul (Vater Osmans, 13. Jh.) 70, 92 f., 99
Ertogrul (Sohn Bajasids I.) 127
Esterházy (Kuruzzen-General) 296
Eugen v. Savoyen-Carignan („Prinz Eugen", 1663–1736) 287 f., 295 f.
Evrenos (Heerführer unter Murad I.) 114
Eyubiden (kurdisch-ägypt. Dynastie des 12./13. Jh.) 211

Ferdinand (König von Aragon, Gemahl der Isabella v. Kastilien) 176
Ferdinand (Bruder Karls V., hl. röm. Kaiser 1556–1564) 62, 76, 79, 217, 222, 227 f., 229, 242
Ferdinand (bulg. Zar, 1887 bzw. 1908–1918) 347
Ferdinand Maria (bayer. Kurfürst 1651–1679) 278
Ferdowsi (pers. Dichter) 374

Ferrante (Sohn Alfons' V. von Aragon) 152, 176
Finnen 9, 63
De la Forêt (franz. Botschafter in Istanbul 1535) 57, 77
Frangepán, Ferenc (Verschwörer 1670) 279
Frangipani, Johann (Botschafter Franz' I. v. Fr.) 56
Franz I. (König von Frankreich 1515–1547) 56 ff., 76, 77, 216, 238
Franz v. Bourbon (Admiral Franz' I. v. Frankreich) 238
Franz Ferdinand (österr. Thronfolger 1900–1914) 355, 357
Franz Joseph I. (österr. Kaiser 1848–1916) 341, 345, 357
Fregoso (Begleiter des Antonio Rincón) 238
Friedrich III. (Hl. röm. Kaiser 1440–1493) 53, 61, 152, 165, 170, 173, 217
Friedrich II., „der Große" (König v. Preußen 1740–1786) 298 ff.
Friedrich Wilhelm (Kurfürst v. Brandenburg 1640–1688) 285
Fronsperger, Leonhart (Schriftsteller) 20

De la Garde, Polin (franz. Botschafter in Istanbul, 1541–1547) 57
Gedik Ahmed Pascha (Eroberer v. Kaffa 1476 und Otranto 1480) 34, 176
Gennadios (Patriarch v. Konstantinopel) 164
Georg Branković (Serbenfürst) 82, 136, 145 ff.
Georg Kastriota: siehe Skander Beg
Georgios Phrantzes (Sphrantzes), byzant. Historiker 154
Giustiniani-Longo (genues. Admiral) 162
Giustiniano, Francesco (Schiffsbaumeister) 37
Glücksburg (Dynastie für Griechenland) 324
„Goldene Horde" 174, 209
Goltz Pascha (Freiherr v. d. Goltz, 1843–1916, Militärberater u. Kommandeur) 361
Gratz, Gustav (Politiker 1875–1946) 341
Griechen (Ihre Stellung im osman. Reich, Griechenland) 68, 81, 113, 121, 178 f., 252, 290, 303 f., 315–317, 319–324, 354, 363, 365 f.
Griechenland: siehe Griechen
Gustav Adolf (König v. Schweden 1611–1632) 267

Habsburger (Haus Habsburg) 55, 61, 228 ff., 292
Hadschi Begtasch 18
Hadschi Ilbeki (siegt über die Serben, 1363 oder 1371) 112, 114

Haga, Cornelius (holländ. Botschafter an der Pforte) 270
Haireddin (Architekt unter Bajasid II.) 208
Haireddin (= Barbarossa; Kapudan Pascha im 16. Jh.) 38, 233 f., 238 f.
Hale (engl. Militärhistoriker) 235
Halil Pascha 163
Halweti (Derwischorden) 184
Hammer-Purgstall (österr. Historiker) 18, 80, 91, 94, 99 f., 102, 107, 117 f., 127 f., 130, 141, 216, 263
Hasan-Beg (Botschafter Mehmeds II.) 172
Hasan Pascha (Sohn Haireddins = Barbarossas) 252
Has-Murad (Beglerbeg) 34
Heinrich VIII. (König v. England 1509–1547) 216, 241
Heinrich II. (franz. König, 1547–1559) 59
Heinrich v. Orléans (Sohn Franz' I. v. Frankreich) 240
Heinrich IV. (König v. Frankreich 1589–1610) 262
Höning (bayer. Reiteroberst bei St. Gotthard 1664) 278
v. Hötzendorf, Conrad (österr. Generalstabschef, 1852–1925) 357
Hohenzollern-Sigmaringen (ab 1866 Dynastie in Rumänien) 324
Hóman (ungar. Mediävist) 134, 145
Hugo, Victor (franz. Dichter, 1802–1885) 321
Hunnen 9 f., 18
Hus, Johann 134
Hussiten 24, 150

Ibrahim (Großwesir Suleimans II.) 76, 237, 250
Ibrahim (Sultan 1640–1648) 264, 272
Ibrahim (Sohn Mehmed Alis) 317, 325
Ilyas Ali (Architekt) 140
Innozenz VIII. (Papst 1484–1492) 204
Innozenz XI. (Papst 1676–1689) 282
Isa (Sohn Bajasids I.) 132
Isabella (v. Kastilien, Gemahlin Ferdinands v. Aragon) 176
Isabella (Gemahlin des János Zápolya) 242
Ischak Pascha (Statth. v. Bosnien) 22
Ismail (Schah, Begr. der Safawiden-Dynastie) 206, 208, 209, 210
Ismail (Pascha v. Bender, 1713) 295
Iwan IV. (russ. Zar 1547–1584) 253

Jagiellonen (poln.-litauische Dynastie, 14.–16. Jh.) 217
Jakob I. (König v. England 1603–1625) 262
Jakšić, Dmitar (Botschafter Ungarns in Istanbul, 15. Jh.) 84
Jakub (Bruder Bajasids I.) 119
Jakub Pascha (Leibarzt Mehmeds II.) 81

387

Jakub Schah Bin Sultanschah (Baumeister unter Bajasid II.) 208
Jan Sobieski (König v. Polen 1683) 283f., 288
János Hunyadi (ungar. Reichsverweser) 143ff., 166ff.
János Zápolya (ung. König 1526–1540) 64, 78, 221, 227–229, 240ff.
János Zsigmond (Johann Sigmund, Sohn v. König János Zápolya) 64, 229, 241f., 245
Jansky (Mitarbeiter an Schieders „Europäischer Geschichte") 39
Jean de Vienne (Admiral v. Frankreich bei Nikopolis 1396) 123
Johannes V. (byzant. Kaiser, Sohn v. Andronikos III.) 104f.
Johannes VI. Kantakuzenos (byzant. Kaiser 1347–1354) 101f., 104
Johannes VIII. (byzant. Kaiser, 1425–1448) 141
Johannes v. Gubbio (Kreuzzugsprediger, Ende 14. Jh.) 123
Johann v. Hohenzollern (Teilnehmer bei Nikopolis 1396) 123
Johann, Graf v. Nevers (Kommando bei Nikopolis) 123
Johannes der Täufer 203, 224
Jorga, Nicolae (rumän. Historiker) 24, 50, 102, 112f., 116, 141, 155, 180, 182, 209, 234, 263, 282f., 291, 318, 329
Joseph II. (Hl. röm. Kaiser 1765–1790) 304
Juan D'Austria (Sohn Karls V.) 252f.
Juden (Stellung im osman. Reich) 53, 68, 81, 178, 286
Jung-Osmanen (Reformpolitiker des 19. Jh.) 339
Jung-Türken (Reformpolitiker um 1900) 340, 349, 352f., 356, 360, 362, 370
Junisbeg, Dragoman der Pforte 80, 81
Jussuf Dschurdschi (Großwesir nach Baltadschi Mohammed) 294

Kapodistrias, Graf (griech. Staatsmann, 1776–1831) 323
Kara Chalil Tschendereli (Wesir etc. im 14. Jh.) 18, 114
Kara Djordje (D. Petrović, Begr. der serb. Dynastie Karadjordjević) 312f.
Karadscha (Statth. v. Myra) 36
Karadscha Pascha (Beglerbeg von Rumelien, 1456) 167
Karamanen 128
Karamani Mehmed Pascha (Großwesir 1481) 202
Kara Mustafa (Großwesir 1676–1683) 272, 281–283
Karl VI. (König v. Frankreich 1380–1422) 123
Karl VIII. (König v. Frankreich 1483–1499) 204

Karl V. (span. König 1516–1556, Hl. röm. Kaiser 1519–1556) 55, 57, 62, 216, 218, 228, 229, 235f., 238
Karl IX. (König v. Frankreich 1560–1574) 59
Karl „der Kühne" (Herzog v. Burgund) 24
Karl XII. (König v. Schweden 1697–1718) 292–295
Karl VI. (Hl. röm. Kaiser 1711–1740) 296
Karl v. Lothringen (kaiserl. Feldherr 1683ff.) 281, 285f.
Kasachen 128, 363
Kasim (Sohn Bajasids I.) 132
Kassim Pascha 146
Kastriota, Georg: siehe Skander Beg
Katharina („die Große", russ. Zarin 1762–1796) 300
Kemény, Simon 145
Khosrew Pascha (Großwesir Abdulmedschids I.) 326
Khurrem (siehe: Roxelane)
Kinizsi, Pál (ungar. Feldherr unter Mathias Corvinus) 172
Kirgisen 128
Kisilbaschi („Rotköpfe", Sekte unter Bajasid II.) 207, 209
Klapka (ung. General 1848/49 u. 1953/56) 329
Kléber (franz. General, 1753–1800) 309
Kmetty (ung. General 1848/49 u. 1853/56) 329
Kölcsey, Ferenc (Dichter der ungar. Nationalhymne, 1790–1838) 62
Köprülü Fasil Ahmed Pascha (Großwesir 1661–1676) 272, 278
Köprülü Mehmed Pascha (Großwesir 1656–1661) 272f.
Köse Michail (Freund Osmans) 96
Kodschi Bey (Gegner Michaels „des Tapferen") 257
Konstantin XI. (byzant. Kaiser, 1448–1453) 159ff.
Konstantin (Sohn Katharinas d. Gr.) 304
Konstantin von Ostroviza 28f., 33, 117, 121, 154, 163
Korkut (Bruder Selims I.) 209
Kosaken 276f., 344
Kossuth, Lajos (ung. Reichsverweser, 1802–1894) 328
Krim Girai (Tatarenkhan) 302
Krimtataren 46, 253, 276, 295, 304
Krüger, Hilmar (zeitgen. Kenner des islam. Rechts) 87
Krupp (Firma) 351
Kuličević, Vuk (Spion, 15. Jh.) 83f.
Kurden 364, 370
Kuruzzen 280, 299

Ladislaus V. (Sohn Albrechts I.) 144
Lala Mehmed (Großwesir 1605) 265f.

Lala Schahin (Beglerbeg v. Rumelien unter Murad I.) 114
Lamartine (franz. Dichter, 1790–1862) 321
Laszky (Botschafter von János Zápolya in Istanbul) 78 ff.
Lawrence, Thomas Edward („L. v. Arabien", 1888–1935) 362
Lazar I. (serb. König, † 1389) 113, 116 ff.
Leo X. (Papst 1513–1521) 218
Leopold I. (Hl. röm. Kaiser 1658–1705) 283 f., 286
Lewis, Michael (engl. Militärhistoriker) 336
Liman v. Sanders (Generalinspekteur der osman. Streitkräfte) 356, 361, 365
Loewe, Carl (Komponist) 295
Loredano (Doge v. Venedig im 16. Jh.) 75, 78
Louise v. Savoyen (Mutter Franz' I. v. Frankreich) 56
Ligeti (Turkologe u. Fenno-Ugrist) 62
Ludwig I. (König v. Ungarn, † 1382) 113, 122
Ludwig XI. (König v. Frankreich 1461–1483) 216
Ludwig II. (König v. Ungarn 1516–1526) 63, 218, 221 ff.
Ludwig XIV. (König v. Frankreich 1643–1715) 278 f., 281, 284, 286 f., 293, 297
Ludwig XV. (König v. Frankreich 1715–1774) 298
Lukas Notaras 155, 161
Luther, Martin 201, 218

MacFarlane (engl. Berichterstatter über Mahmud II.) 325
Machiavelli, Niccoló (1469–1527) 126
Mahmud I. (Sultan 1730–1754) 296
Mahmud II. (Sultan 1808–1839) 317 ff., 324 ff., 329, 332
Mahmud Schewket Pascha (osman. Ministerpräsident 1913) 356
Malatesta, Sigismondo (Herr v. Rimini, 1417–1468) 83
Malvezzi (Botschafter von König Ferdinand v. Habsburg in Istanbul, 1549) 80, 242
Mameluken (ägypt. Herrscher) 69, 174, 206, 211 f., 237, 307, 311
Mann, Golo (dt. Historiker) 328
Mansfeld (General im 30j. Krieg) 270
Manuel II. (byzant. Kaiser, 1391–1425) 122, 135
Mara (Tochter des Georg Branković) 81, 136
Maria (Gemahlin Kaiser Sigmunds) 122
Maria Theresia (Herrscherin in Österreich u. Kaiserin, 1740–1780) 298
De Marillac, Charles (franz. Botschafter in Istanbul, 16. Jh.) 57

Marsigli (Militärschriftsteller, 1658–1730) 17 f., 25, 31 ff., 37, 262 f., 282, 284, 286 f.
Martinuzzi, Georg (1482–1551) 230, 241 f.
Marx, Karl (1818–1883) 334
Mathias Corvinus (ungar. König 1458–1490) 55, 61, 63, 83 f., 170 ff., 207, 217
Matuz (zeitgen. Historiker) 117, 128, 348, 360
Max Emanuel (bayer. Kurfürst 1679–1726) 283, 285 f.
Maximilian II. (Hl. röm. Kaiser 1564–1576) 254
Maximilian (Erzherzog, Bruder Rudolfs II.) 258
Medici (florentin. Fürstenhaus) 177
Mehmed I. (Sohn Bajasids I.) 132 ff., 138
Mehmed II. („der Eroberer", Sultan 1451–1481) 22, 24, 33, 36, 40, 43, 50, 53, 54, 60, 63, 66, 81, 82, 83, 117, 154 ff., 207, 209, 213, 215, 232, 246
Mehmed III. (Sultan 1595–1603) 74, 256, 263
Mehmed IV. (Sultan 1648–1687) 108, 272, 281
Mehmed V. (Sultan 1909–1918) 353, 362
Mehmed VI. (Sultan 1918–1922) 362, 367
Mehmed Sokollu Pascha (Großwesir, gest. 1579) 251, 255
Messih Pascha (Flottenbef. vor Rhodos 1480) 34
Metternich (österr. Staatskanzler 1809–1848) 319 ff., 324 ff.
Mewlana Idris (Chronist, gest. 1523) 94
Mewlana Lutf-i Divane (Gelehrter z. Zeit Bajasids II.) 208
Mewlana Schereseddin (arab. Historiker) 129
Mesid Beg 145
Michael, „der Tapfere" (Woiwode der Walachei, † 1601) 256 f.
Michael Racovita (Fürst der Moldau 1710) 293
Michaloglu (Familie) 22
Midhat Pascha (Großwesir 1876) 342
Mihri-Chatun (Dichterin) 182
Mikó Ferenc (Beauftragter von Bethlen, Gábor in Istanbul 1619) 269
Mocenigo (Doge v. Venedig, 1479) 84
Mocenigo (venez. Diplomat im 16. Jh.) 75
Mohamed Aga (Vertrauter des Großwesirs Köprülü) 38
Mohammed (der Prophet) 212, 216, 312
Mohammed (Mehmed) Ali (1769–1849) 311, 317 ff., 324–327, 348
Mohammed Dschelaleddin (Janitscharenaga 1826) 317
Mohammed Said (Botschafter bei Ludwig XV. v. Frankreich) 298
Moltke, Hellmuth v. (1800–1891) 326, 349

389

Moltke, Helmuth v. (dt. Generalstabschef, 1848–1916) 355
Mongolen 9f., 18, 128, 212
Montecuccoli (kaiserl. Feldherr bei St. Gotthard 1664) 278
Moskowiter (M.-Reich, Moskau) 205, 217, 253, 277
Münnich (russ. Feldmarschall 1737–1739) 297
Muesinsade Ali (Kapudan Pascha bei Lepanto 1571) 252
Muhji Ed-Din (Richter, Statistiker) 178
Munir Ali (Büchsenmeister) 24
Murad I. (Sultan 1360–1389) 10, 12, 109 ff., 131, 137
Murad II. (Sultan 1421–1451) 82, 109, 134 ff.
Murad III. (Sultan 1574–1595) 251, 256
Murad IV. (Sultan 1623–1640) 264, 269
Murad V. (Sultan 1876) 340
Murad Tefvik Pascha, siehe: Bem, Josef
Murat (General Napoleons) 308
Murtesa Pascha (Gegner Wallensteins 1626) 270f.
Musa (Sohn Bajasids I.) 132f.
Mustafa (Sohn Bajasids I.) 139, 141
Mustafa (Sohn Suleimans II.) 249f.
Mustafa (Sultan 1617) 263
Mustafa II. (Sultan 1695–1703) 287
Mustafa III. (Sultan 1757–1774) 301
Mustafa Pascha (Flottenkommandant vor Rhodos 1522) 220, 249

Nadir Schah (Schah v. Persien, ermordet 1747) 298f.
Napoleon (I.) Bonaparte 290, 306–309, 313f., 324, 365
Nelson (engl. Admiral 1758–1805) 307
Nikolaus I. (russ. Zar 1825–1855) 322, 327, 334

Obilić, Miloš (Mörder Murads I.) 118
Obrenović, Miloš (Begr. der serb. Dynastie der Obrenović) 313
Oghusen (v. Oghus Khan) 92f.
Omayaden (Kalifendynastie bis 750) 212
Orban (Büchsenmeister Mehmeds II.) 157ff.
Orhan (Sohn Osmans, Herrscher 1326–1360) 99ff., 110, 119
Orhan (Bruder Mehmeds II.) 157
Orudsch (osman. Historiker) 205, 208
Osman (Staatsgründer 1258–1326) 21, 31, 91, 92, 93ff., 137
Osman II. (Sultan 1618–1622) 263
Otto (v. Wittelsbach, griech. König 1832–1862) 324

Panajotti (kaiserl. Spion) 279
Parker (engl. Admiral 1849) 329

De' Pasti, Matteo (Hofmaler von Malatesta, Sigismondo) 83
Pasvanoglu (Pascha v. Vidin) 311
Pendinelli, Stefan (Erzb. v. Otranto) 176
Perényi, Ferenc (Bischof v. Großwardein) 223
Perser 253, 259, 288, 298f., 373
Pertev Pascha (Komm. der Landtruppen bei Lepanto 1571) 252
Peter d. Gr. (russ. Zar 1682–1725) 253, 284, 292, 294f.
Petremol (franz. Botschafter in Istanbul, 16. Jh.) 37
Phanarioten (griech. Oberschicht in Istanbul) 315
De Phélippeaux, Picard (Verteidigt Akko 1799) 308
Philhellenen 320f.
Philipp II. (König v. Spanien 1556–1598) 59
Piale Pascha (osman. Admiral des 16. Jh.) 234, 249, 251
Pius II. (Papst 1458–1464) 66
Pomaken 347
Poniatowski, Stanislaus (König v. Polen 1764–1795) 300
Portugiesen (Portugal) 69, 237, 353
Potemkin (Günstling Katharinas d. Gr.) 304
Protestanten (im Hl. röm. Reich) 254, 267f.
Prusias (antiker König v. Bithynien, Gründer von Bursa) 107

Radziwill, Leon (Gesandter Nikolaus' I. in Istanbul) 328
Rákóczi II., Ferenc (Aufstand 1703–1711) 292, 296
Rákóczi I, György (Fürst v. Siebenbürgen 1631–1648) 272
Rákóczi II., György (Fürst v. Siebenbürgen 1648–1660) 273
Ranke, Leopold v. (dt. Historiker) 116
Repnin (russ. Fürst, Gesandter Katharinas der Großen in Polen) 300
Reschid Pascha (Großwesir 1849) 329, 332
Richelieu, Kardinal (1585–1642) 267
Rincón, Antonio (franz. Botschafter in Istanbul, 16. Jh.) 57, 238, 240
Robespierre, Maximilien (1758–1794) 365
Roe, Sir Thomas (engl. Botschafter in Istanbul im 17. Jh.) 262
Roggendorf (belagert 1541 Ofen) 229
Roxelane (Khurrem, Lieblingsfrau Suleimans II.) 215, 250
Rudolf I. v. Habsburg (dt. König 1273–1291) 55
Rudolf II. (Hl. röm. Kaiser 1576–1612) 254, 266
Rueber (kaiserl. Militär im 16. Jh.) 254

Runciman, Steven (engl. Historiker) 116
Rupprecht (Pfalzgraf bei Rhein, dt. König, † 1410) 123
Rustem (Großwesir Suleimans II.) 59

Sachsen (vor Wien 1683) 283
Sachsen-Coburg (ab 1887 Dynastie in Bulgarien) 324
Saededdin (osman. Historiker) 129
Safawiden (pers. Dynastie) 206, 298
Salm, Niklas v. (Kommandeur in Wien 1529) 228
Samaniden (zentralasiat. Dynastie des 10. Jh.) 211
Sandschi (Sohn Murads I.) 114
Schermed Effendi (osman. Generalkonsul 1876 in Budapest) 341
Schiltberger, Johannes (Knappe aus Freising, ab 1396 im osman. Reich) 124 ff., 128
Schwarzenberg, Fürst Felix v. (österr. Staatsmann, 1800–1852) 333, 335
Schwendi, Lazarus (kaiserl. Militär im 16. Jh.) 254
Sejneo-Chatun (Dichterin) 182
Seldschuk (und Seldschuken) 92 f.
Selim I. (Sultan 1512–1520) 208, 209 ff., 237, 325, 367
Selim II. (Sultan 1566–1574) 59, 246, 249, 256
Selim III. (Sultan 1789–1807) 87, 307 f., 311, 314
Senussi (Derwisch-Orden) 354
Serben (Servier, auch: Serbien) 81, 105, 109, 111 ff., 116 f., 128, 219, 290, 312 f., 338, 340 f., 345, 357
Seymour, Sir Hamilton (engl. Botschafter am Zarenhof 1853) 334
Sidi Ali Reis (Admiral 1554) 237
Sigmund (König von Ungarn 1386–1436, dt. König 1410–1437, Hl. röm. Kaiser 1433–1437) 122 ff., 133 f., 143
Sinan (Janitscharen-Aga) 202
Sinan Pascha (Großwesir ab 1593) 255
Skander Beg (Georg Kastriota) 152, 169
Souchon (dt. Admiral, Kommandeur der osman. Marine 1914) 359
Statileo (Bischof v. Siebenbürgen) 240
Stephan IX. Dušan (serb. König 1331–1355) 111 f.
Stephan (Sohn König Lazars v. Serbien) 121
Stephan „der Große" (Woiwode der Moldau 1458–1504) 174, 205
Südslawen 51
Suleiman (Großvater des Staatsgründers Osman, 13. Jh.) 91
Suleiman (Sohn Bajasids I.) 132 f.
Suleiman II., „der Prächtige" (Sultan 1520–1566) 17, 36, 37, 44, 53, 54, 56 ff.,
62, 63, 74, 75, 78, 114, 209, 213–250, 257, 259, 281, 307
Suleiman Pascha (Sohn Orhans) 103, 105 f., 109
Suleiman Pascha (Großwesir 1686) 285
Szekfü (ungar. Historiker) 281

Tadini, Gabriele (Militärtechniker in Rhodos 1522) 220
Tahmasp (Schah v. Persien, gest. 1576) 253
Talat Pascha (Jungtürke) 353, 356, 362
Tamerlan siehe: Timur Lenk
Tataren 93, 128 f., 282
Taylor (engl. Historiker) 342, 344
Theodora (Tochter des Johannes VI. Kantakuzenos) 104
Theodosius (röm. Kaiser, † 395) 179
Thököly, Imre (Fürst in Nordungarn, 17. Jh.) 64, 279 f., 281 f.
Tilly (kaiser.-bayr. General, 1559–1632) 267
Timur Lenk (= Tamerlan, 1335–1405) 126 ff., 137
Timurtasch (Beglerbeg v. Rumelien unter Murad I.) 114
Tintoretto (ital. Maler) 159
Tisza (ungar. Ministerpräsident) 357
Titus Dugovics (ungar. Krieger) 168
Toldalagi, Mihály (Botschafter Siebenbürgens in Istanbul) 262, 270
Tomory, Paul (Erzb. v. Kálocsa, Teilnehmer bei Mohács 1526) 225
Torgut (Dragut) 234, 236, 248 f.
Torlak (Sekte) 139
Torlak Kemal 139
De Tott (franz. General im Dienst des Krimkhans) 302
Tschernjajew (russ. General in serb. Diensten 1876) 341
Tumanbeg (letzter Mameluken-Sultan) 211
Turkmenen 128, 139, 363
Twrtko (bosn. Herrscher, † 1391) 113, 117, 121

Uglješa (serb. Fürst, 14. Jh.) 112
Uiguren 128
Uludsch Pascha (Beglerbeg v. Algier 1571) 252 f.
Umur (Emir von Aydin) 104
Unrest, Jakob (dt. Chronist, 1472) 83
Usbeken 253, 363
Usun Hassan (Fürst des Stammesbundes der „Weißen Hammel") 173 f.

De la Vallette, Jean Parisot (Großmeister der Johanniter auf Malta 1565) 248
Valturio, Roberto (Militärschriftsteller, 15. Jh.) 83

391

Vegetius (= Flavius Vegetius Renatus, spätant. Militärschriftsteller) 40
Vellano, Bartolomeo (Bronzebildner, 15. Jh.) 85
De la Vigne (franz. Botschafter in Istanbul, 16. Jh.) 59
Villiers de l'Isle d'Adam (Großmeister der Johanniter 1522) 220
Da Vinci, Leonardo 177
Vlad Tepesch („Drakula", Woiwode der Walachei, † 1477) 174, 257
Vörösmarty (ungar. Dichter, 1799–1851) 222
Vuk Branković (Schwiegersohn des serb. Königs Lazar) 117
Vukašin (serb. Fürst, 14. Jh.) 112
Vyvyan (engl. Historiker) 355 f.

Wahhabiten (islam. Reformbewegung) 311 f.
Wallenstein (1583–1634) 267, 270–272
Wilhelm II. (dt. Kaiser 1888–1918) 349 f., 357
Wladislaw Jagiello (König v. Polen u. Ungarn, 1440–1444) 142 ff., 150 ff.
Wladislaw II. (Jagiellone, König v. Ungarn 1490–1516) 206

Ypsilanti (Aufstandsversuch 1821) 316

Zápolya, János (ungar. König) 50
Zinkeisen, Georg (Historiker des 19. Jh.) 37, 38, 60, 64, 66, 166, 175, 225, 235
Zrinyi, Miklós (Szigetvár 1566) 244, 246
Zriny, Péter (Verschwörer 1670) 279

## Orte

Abukir (Seeschlacht 1798) 307
Abukir (Landschlacht 1799) 309
Adana (in Kilikien) 325, 350
Adria 354
Adrianopel: siehe Edirne
Ägäisches Meer 67, 275, 305, 353 f., 366
Ägypten 203, 217 f., 233, 235, 237, 298, 306 f., 311, 326, 348, 359
Agra (Hauptstadt des Großmoguls) 298
Aigues-Mortes (Treffen Karl V. – Franz I.) 59
Akkerman (Festung) 205
Akko (Festung) 308 f.
Albanien (bis 1912) 21, 136; (ab 1912) 354
Alexandria 238, 306
Algerien (nach 1830) 348
Algier (Korsarenstaat) 38, 233, 236, 252, 291
Altai 91
Amiens (Frieden 1802) 311
Amselfeld (Schlacht 1389) 116 ff., (Schlacht 1448) 152, 156
Amu-Darja (Fluß) 253
Ancona (Tod Pius' II. 1464) 66
Ankara (auch: Schlacht 1402) 101, 115, 128, 288, 350, 366, 368, 374
Apulien 36, 175
Armenien 298, 336, 347 f.
Asow (Festung) 284, 288, 292, 294, 297
Athen 169
Attalia (Antalya) 137
Antalya – siehe: Attalia
Aserbeidschan 253
Aydin (Emirat) 104, 139

Bab el Mandeb (Meeresstraße) 237
Bachtscheseraj (Krim, Frieden 1681) 277, 280

Bagdad 291, 343, 350, 361
Banat 288, 296
Banjaluka 297
Barbaresken-Staaten (Algier, Tunis, Tripolis) 291
Batum (Hafen) 345 f.
Belgrad 29, 42, 111, 136, 145, 165 ff., 218 ff., 221, 227, 278, 281, 283, 286, 291, 296 f., 305, 313, 357
Bender (Festung) 293
Bergama (Pergamon) 137
Berlin (Kongreß 1878) 344 f., 353
Böhmen (Königreich) 109, 228
Bosnien 109, 113, 168, 172, 286, 338, 345, 353
Buda: siehe Ofen
Bug (südl. – Fluß) 305
Bukarest (auch: Frieden 1913) 286, 313, 355
Bukowina 313
Bulgarien (bulg. Reich) siehe: Bulgaren
Bursa 30 f., 95, 100, 104, 107, 114 f., 132, 138, 140, 203, 204, 208

Cateau-Cambrésis (Frieden von 1559) 59
Cherson (russ. Kriegshafen am Schwarzen Meer) 305
China 130
Chios 37, 69
Craiova 297
Cyrenaika 353

Dalmatien 169, 235, 284, 288, 334
Damaskus 211, 343
Debrecin 295
Demotika 209
Deutsches Reich (Kaiserreich 1871–1918)

349, 353, 397; siehe auch Heiliges Römisches Reich
Diyarbekir (Kurdistan) 363
Dobrudscha 21, 22, 355
Dodekanes (Inselgruppe) 353, 367
Dnjepr 277
Dnjestr (Fluß) 305
Drau (Fluß) 221
Drégelypalank (Treffen Murtesa Pascha – Wallenstein 1626) 271
Dscherba 236
Dsungarei (Zentral-Asien) 91
Dubrovnik (Ragusa) 46, 115, 170

Edirne (= Adrianopel) 32, 110f., 112, 132, 140f., 159, 170, 208, 218, 246, 281, 294, 323, 343, 355
Eger (= Erlau) 49, 257, 266
England 109, 268, 274, 294, 301, 315ff., 320ff., 335ff., 343ff., 348, 353, 358, 367
Ephesus 139
Epirus 345
Eritrea 353
Ermeni (Paß) 94
Erzurum (Erserum) 92, 343
Esseg (Osijek, Eszék) 221, 281
Euboia (= Negroponte) 67, 175, 284, 323
Euphrat 126

Famagusta 251
Filibe: siehe Plovdiv
Flandern (dt. Westfront 1914–1918) 362
Fontainebleau (Vertrag von, 1528) 240
Frankreich (Franzosen) 55, 109, 122ff., 232, 238–241, 268, 273ff., 292, 297, 306, 316, 335ff., 353, 358, 366

Galamboć (ung. Festung; türk.: Gögerdschinlik) 134f.
Galata (Stadtteil Istanbuls) 38
Gallipoli (Gelibolu) 105, 136, 233, 335, 365
Genua (Genuesen) 67ff., 104ff., 126, 159, 178, 234
Georgien 253, 298
Goa (Indien) 237
Gobi, Wüste 91
Gran (= Esztergom) 59, 257, 278, 280
Granada 201
„Groß-Bulgarien" 355
„Groß-Rumänien" 257
Großwardein (Oradea; Nagyvarad) 223

Habsburgerreich: siehe Österreich
Hagia Sophia (Kathedrale) 163f., 178f.
Haleb (Aleppo) 211, 329
Heiliges Römisches Reich (Deutsches Reich) 109, 114, 216, 295
Hermannstadt (Siebenbürgen) 145
Herzegowina 149, 338, 345, 353

Holland 268f., 274, 294, 301
Hormus, Meerenge von 237

Iconium: siehe Konya
Ikonia: siehe Konya
Indien, ind. Ozean 69, 211, 232, 298
Irak 237, 238, 348, 363
Italien, Italiener (nach 1860) 353, 365, 367
Iskenderun (Alexandrette) 364

Jaffa 308
Jajce 170f.
Jassy (auch: Frieden 1792) 305, 313
Jedisan (osman. Provinz) 302, 305
Jemen 237, 343
Jerusalem 239
Jordanien 363

Kärnten 23, 60, 173, 217
Kaffa (Krim) 34, 69
Kahlenberg (Schlacht 1683) 282f., 288, 296
Kairo 211f., 237, 307, 309
Kandia (Iraklion) 276
Kap-Route 275
Karaburun 139
Karacahisar 97
Karaman (Emirat) 126, 149, 173
Karlowitz (Frieden 1699) 288, 291, 297
Kars (Festung) 336, 345f.
Kaspisches Meer 360
Kastamonu: siehe Pompeiupolis
Kaukasus 301f., 336, 360, 373
Kefalonia 67, 206
Kenyérmező (Schlacht 1479) 172
Kerbela (im Irak) 312
Kilia 205
Kilikien (Besetzung 1918ff.) 363, 367
Kiratova (Bergwerk in Serbien) 120
Kirchenstaat 251f.
Klausenburg (Koloszvár, Cluj) 242
Kleine Walachei 297
Königgrätz (Schlacht 1866) 341
Komorn 266
Konya (= Ikonia) 92, 126, 130, 149, 202f., 350
Korfu 67, 296
Korinth, Golf von 111
Koron 121, 206, 233
Korsika 234
Kortrijk („Sporenschlacht" 1302) 30
Kragujewatz 145
Krain 23
Kreta 67, 69, 275f., 295, 317, 338, 347
Krim 303, 305, 336
Kroatien 23, 63, 221
Kruschewatz 145, 166, 246
Kütschük-Kainardschi 303
Kujunhissar (Schlacht 1301 oder 1302) 95
Kunawitza (Berg) 146
Kurdistan 367

393

Kykladen 323
Kythera (Cerigo) 121

Laibach 23
Latakia (syr. Hafen) 238
Lausanne (Frieden 1923) 368
Lepanto (auch Seeschlacht 1571) 62, 206, 251 ff.
Lesbos 38, 69
Libanon 363
Libyen 236, 348
Linz (Frieden Rákóczi I. – Kaiser, 1645) 272
Lissabon 238
Loiblpaß 173
London (Frieden 1913) 354 f.
Lugos (Schlacht 1695) 284

Madrid 57, 238, 301
Mäander (Büyük Menderes) 139
Mähren 123, 228
Magnesia (Manisa) 139, 217
Makedonien (Mazedonien) 305, 345
Malta 37, 236, 248 f., 307
Munzikert (Schlacht 1071) 92
Maritza (Fluß) 110, 112, 355
Marokko 348
Marseille 239
Medina 298, 312
Mekka 298, 312
Mesopotamien 298, 363
Messina 252
Mezökeresztes (Schlacht 1596) 258
Mistra (in Lakonien) 121
Modon 121, 206, 233, 249
Mohács (Schlacht 1526) 29, 41, 43, 61, 220, 221–227
Moldau (rumän. Fürstentum) 36, 136, 205, 230, 241, 256 f., 276, 290, 301 f., 305, 313, 321, 329, 334 f., 336
Monastir (Makedonien) 343
Monemuasia 121
Montenegro 49, 301, 337 f., 340 f., 343, 354
Morawa (serb. Fluß) 145
Morea (Peloponnes) 135, 169, 249, 284, 291, 295, 316
Morgarten (Schlacht 1315) 30
Mudros (Waffenstillstand 1918) 362
Murmansk 358
Myra (Lykien) 36

Navarino („Seeschlacht" 1827) 322
Nazareth 309
Neapel 204
Nicosia 251
Nikaia (= Iznik) 95 f., 101 f.
Nikomedeia (= Izmit) 95, 101, 103, 106
Nikopolis (Schlacht 1396) 55, 122 ff., 133
Nisch 113, 146, 153, 286, 341
Nizza 238 f.

Nowipasar (Sandschak) 345 f., 354
Nürnberg (Teilnahme bei Nikopolis 1396) 123

Österreich (Habsburgerreich bzw. nur Ober- und Niederösterreich) 60, 74, 76, 173, 217 ff., 240, 242, 262, 264, 269, 278, 282, 290, 293, 299, 313, 319 ff., 328, 335, 341, 346, 349, 352 f.
Ofen (= Buda) 59, 123, 146, 227, 229 f., 240 f., 244, 258, 278, 284, 285 f.
Orsova 134
Otranto (Feldzug 1480) 41, 175 ff.
Ouchy (Frieden 1912) 353

Palästina 363
Paris (Frieden 1856) 336
Passarowitz (Frieden 1718) 296
Pécs (Fünfkirchen) 244
Peloponnes: siehe Morea
Persischer Golf 237, 350
Pest 231
Peterwardein 167, 221, 295
Philippopel: siehe Plovdiv
Philokrene (= Tavaschayil, Schlacht 1329) 101 f., 117
Piemont (Königreich Piemont-Sardinien) 335 f.
Pirot (Serbien) 341
Plotschnik (Schlacht 1387)
Plovdiv (Philippopel, Filibe) 111
Podolien 277, 284
Polen („Rzeczpospolita") 109, 205, 217, 253, 276, 300 f., 303, 313
Poltawa (Schlacht 1709) 293
Pompeiupolis (= Kastamonu) 130
Pontos-Republik 363
Portugal – siehe: Portugiesen
Preßburg 223
Preußen (Königreich) 299 f., 301, 326, 341
Prevesa (Seeschlacht 1538) 234
Pruth (Fluß) 294

Radania (Schlacht nahe Kairo 1517) 211
Ragusa: siehe Dubrovnik
Reggio (Kalabrien) 238
Rhodos 34, 175, 220, 236, 353
Rijswijk (Frieden 1697) 286
Rodosto: siehe Tekirdag
Rotes Meer 211, 232, 237
Rottenmann (Steiermark) 173
Rumänien (mod. Staat) 338, 345, 355
Rumelien 10, 12, 111
Rumeli Hissari 157 f.
Rußland (Zarenreich) 253, 277, 284, 290, 293, 295, 297, 299, 301 f., 313, 319, 326, 344, 349, 358
Rzeczpospolita: siehe Polen

Saloniki: siehe Thessaloniki
San Stefano (Frieden 1878) 344 f., 349, 355

Saudi-Arabien 312  
Save 64, 166  
Schabatz 171f., 219  
Schlesien 228  
Schumla (Bulgarien) 343  
Schwarzes Meer 292, 297, 304, 336, 345, 358  
Schweden 253, 268, 272, 276, 290, 301  
Semendria (= Smederevo) 134f.  
Semlin (Zemun, Zimony) 245  
Serbien: siehe Serben  
Sèvres (Frieden 1920) 362, 367  
Sewastopol 304, 336  
Siebenbürgen (Fürstentum) 21, 64, 65, 143, 242, 244, 246, 256f., 264, 268, 279f., 288  
Sinop (Flottenkatastrophe 1853) 334  
Sistowo (Frieden 1791) 305  
Sivas 126, 366  
Sizilien 235, 248  
Skopje: siehe Üsküb  
Skutari 34  
Slatiza-Paß 146  
Slawonien 221  
Sofia 110, 146  
Sokotra (Insel) 237  
Spanien 216, 232, 234, 235, 238, 292, 353  
Steiermark 63, 173, 218, 229  
St. Gotthard (Schlacht 1664) 278, 281  
Stockerau (bei Wien) 282  
Stralsund 295  
Straßburg (Teilnahme bei Nikopolis 1396) 123  
Stuhlweißenburg 59  
Suez 237  
Syrien 211, 233, 237, 298, 325, 348, 363f.  
Sziget(vár) 244ff., 261  

Tabor (Berg) 309  
Täbris 209f.  
Taurien (russ. Name für Gebiet des Krim-Khanates) 305  
Tekirdag (Rodosto) 105, 292  
Theiß (Tisza) 287  
Thessalien 345  
Thessaloniki (Saloniki) 110, 121, 135, 178, 305, 354  

Tirgoviste 174, 257  
Tirnowo (bulg. Residenz) 121  
Toplitza (Fluß) 113  
Toulon 239, 307  
Trajan-Pforte 146  
Trapezunt (Trabzon, Kaisertum bis 1461) 173, 361, 363  
Tripolis (in Libyen) 236, 248, 291  
Tripolitanien 353  
Tschaldiran (Schlacht 1514) 209  
Tschataldscha, Linien von 354  
Tscheschme (Seeschlacht 1770) 302  
Türkei (Moderner Staat) 364–374  
Tullner Feld 282  
Tunis, Tunesien 235, 291, 348  
Turkestan 364  
Tzympe (bei Gallipoli) 105  

Üsküb (Skopje) 51, 110, 120  
Üsküdar 183, 350  
Ukraine 174, 276, 294, 303  
Ungarn 109, 170ff., 176, 221ff., 291, 328  
Unkiar Skelessi (Vertrag 1833) 325  
USA 373  

Valjevo 297  
Vansee (Ostanatolien) 92  
Varna (Schlacht 1444) 41, 142, 150ff., 205  
Vasvár (Eisenburg; Frieden 1664) 278  
Venedig 67ff., 76, 77, 82, 104ff., 110, 121, 135, 156, 206, 217, 232, 234, 238, 252f., 268, 275f., 284, 295f.  
Versailles 281, 292, 298  
Vidin 120, 286, 311, 341  
Villefranche 239  

Walachei 22, 136, 145, 149, 174, 184, 230, 256f., 286, 290, 302, 313, 321, 334f., 336  
Wasserburg (am Inn) 83  
Wien 62, 63, 228f., 230, 238, 267, 269, 279, 282f., 288, 292, 313, 354, 370  

Zenta (Schlacht 1697) 287f., 296  
Zentralasien 373  
Zsitvatorok (Friede 1606) 266  
Zypern 69, 251ff., 275, 315, 346, 359

# Bildnachweis

Archiv für Kunst und Geschichte, Berlin: 187 (o.), 198, 199 (o.)
Bildarchiv Preußischer Kulturbesitz, Berlin: 187 (u.), 199 (u.)
Bilderdienst Süddeutscher Verlag, München: 200
Historisches Museum der Stadt Wien: 194
Aus: Högg, H., Türkenburgen an Bosporus und Hellespont, Dresden 1932: 158
Aus: Marsigli, L. F., Stato Militare dell' Imperio Ottomanno (Nachdruck), Graz 1972: 25, 27, 32, 35, 72, 108, 219, 247
Österreichische Nationalbibliothek, Wien: 185, 191, 192, 193, 195, 210, 331
Pfistermeister, U., Fürnried: 186, 188
Nach: Schmidtchen, V., Kriegswesen im späten Mittelalter. Technik, Taktik, Theorie, Weinheim 1989: 151
Aus: Szilágyi, S. (Hrsg.), A magyar nemzet története, 10 Bde, Budapest 1896–1898: 79, 144, 171, 189, 214, 225, 231, 243, 255, 269
Topkapi Serail Museum, Istanbul: 190, 196, 197
Die Karten wurden angefertigt von Adolf Böhme, Aschheim

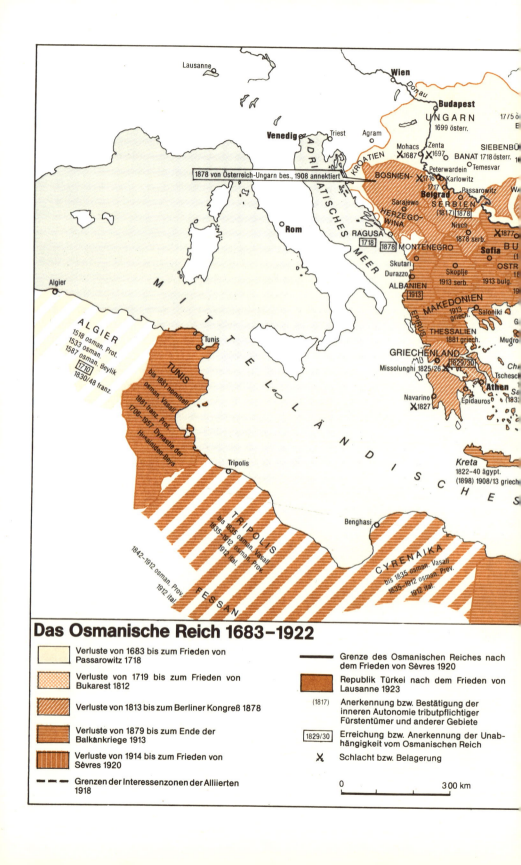